BESTSELLER

Anabel Hernández es reconocida como una de las mejores periodistas de investigación en México. Se ha forjado una gran trayectoria enfocada en la denuncia de hechos de corrupción. Su trabajo de reportera ha sido publicado en diversos medios como *Reforma* (1993-1996), *Milenio* (1999-2002), *El Universal* y su suplemento *La Revista* (2002-2006). Actualmente colabora con la revista electrónica *Reporte Índigo*. Su prestigio está fincado en los diversos libros que ha escrito y publicado con gran éxito: *La familia presidencial* (2005), *Fin de fiesta en Los Pinos* (2006) y *Los cómplices del presidente* (2008), los tres bajo el sello Grijalbo.

ANABEL HERNÁNDEZ

Los cómplices del presidente

DEBOLS!LLO

Los cómplices del presidente

Primera edición en Debolsillo: marzo, 2010

D. R. © 2008, Anabel Hernández

D. R. © 2008, derechos de edición mundiales en lengua castellana:
    Random House Mondadori, S. A. de C. V.
    Av. Homero núm. 544, col. Chapultepec Morales,
    Delegación Miguel Hidalgo, 11570, México, D. F.

www.rhmx.com.mx

Comentarios sobre la edición y contenido de este libro a:
literaria@rhmx.com.mx

Queda rigurosamente prohibida, sin autorización escrita de los titulares del *copyright*, bajo las sanciones establecidas por las leyes, la reproducción total o parcial de esta obra por cualquier medio o procedimiento, comprendidos la reprografía, el tratamiento informático, así como la distribución de ejemplares de la misma mediante alquiler o préstamo públicos.

ISBN 978-607-429-870-3

Impreso en México / *Printed in Mexico*

Nota de la autora a la edición en Debolsillo

Han pasado un año y tres meses desde la aparición de *Los cómplices del presidente*. En este corto periodo el libro ha adquirido gran importancia y demanda una nueva lectura, incluso para mí como autora. Hoy más que nunca sus líneas se vuelven vigentes para comprender la convulsa época que vivimos. En septiembre de 2008, cuando le puse punto final a esta obra, tuve la certeza de que ninguno de los tres protagonistas —Felipe Calderón, Juan Camilo Mouriño y Genaro García Luna— terminaría bien el sexenio. El tiempo me ha dado la razón.

El 4 de noviembre de 2008 se produjo el trágico avionazo en el que falleció Mouriño. Hasta ahora la versión oficial, avalada por Calderón, es que se trató de un "accidente" provocado por la "impericia" de los pilotos; sin embargo, la familia del joven campechano se ha negado a aceptar esta explicación. La misma semana del percance, Carlos, el hermano mayor de Mouriño, se enfrentó cara a cara con el presidente y le exigió que le informara quién había matado a Juan Camilo. Calderón no dijo nada. Después de todo lo que hicieron los Mouriño para que Felipe llegara a la Presidencia, lo menos que merecían era la verdad.

La muerte de Juan Camilo Mouriño lo convirtió en mártir y no en el político que tenía que rendir cuentas sobre sus abusos y excesos. Por lo demás su ausencia sigue doliendo en Los Pinos. Calderón vive su propio infierno. Sin JC y con una guerra perdida contra el narcotráfico, su vida está fuera de control. Conjuntamente, ante la desaparición de Mouriño, una mujer, Patricia Flores Elizondo, ha cobrado preeminencia en la residencia oficial; mientras tanto la relación del presidente con la primera dama atraviesa su peor crisis.

De la triada fatal, el que ha conseguido mayor relevancia es sin duda Genaro García Luna, quien se ha vuelto más influyente y más impune. Adonde quiera que van, él y su temible ejército negro de la Policía Federal llevan la desgracia, porque en vez de poner orden, aumentan el caos y la violencia. Hasta hace poco casi no había voces que se atrevieran a cuestionar su gestión corrupta. No obstante, la mirada de la opinión pública se ha dirigido hacia este hombre gracias a las revelaciones del presente libro y a diversos sucesos ocurridos en 2009.

En el mes de marzo publiqué en *Reporte Índigo* un reportaje sobre la excesiva riqueza de García Luna; en él se mostraba que sus propiedades no corresponden con su salario como titular de la Secretaría de Seguridad Pública (SSP), ni con sus declaraciones fiscales y patrimoniales. Como prueba se dio a conocer la existencia de una ostentosa vivienda en el fraccionamiento capitalino de Jardines en la Montaña, con un costo real de no menos de 20 millones de pesos, según los corredores que le vendieron el terreno y le construyeron la casa al secretario.

Este elemental ejercicio periodístico para exigir la rendición de cuentas de un funcionario público fue causa de un ataque desmedido a mi persona por parte del propio García Luna, y de una defensa vergonzosa de periodistas que intentaron desmentir la información para protegerlo y victimizarlo. Además originó la detención arbitraria de periodistas del canal TVC que seguían la nota, y el despido del prestigiado periodista Miguel Ángel Camino, director de noticias de esa empresa. Con todo, la desproporcionada reacción exhibió un punto débil en el hasta entonces inconmovible García Luna: no tiene cómo explicar legalmente el origen de todos sus recursos. Esto ha abierto nuevas líneas de investigación.

Cada vez hay más sospechas de que en la SSP opera un "mega cártel" desde donde se protege al crimen organizado y se ejecutan muchas de sus acciones. Tan sólo en 2009, "milagrosamente" fallecieron dos testigos colaboradores que incriminaban directamente a esa dependencia: Jesús Zambada Reyes, quien le imputaba a la Policía Federal la protección al cártel de Sinaloa, fue hallado sin vida y se dictaminó "suicidio" como la causa de su muerte; Edgar Enrique Bayardo del Villar, ex subdirector de la Policía Federal, fue ejecutado a plena luz del día en un Starbucks de la ciudad de México cuando estaba a punto de dar más detalles sobre los funcionarios de la SSP que operan para el narco.

Hoy García Luna es señalado públicamente por políticos de oposición como "siniestro", "asesino" y "corrupto". Asimismo columnistas de prestigiados diarios se preguntan cada vez con más frecuencia sobre su misterioso poder. Es por ello que *Los cómplices del presidente* se ha convertido para mí en una lectura obligada que permite entender lo que está sucediendo en nuestro país. Espero que usted como lector también encuentre respuestas.

México D.F., diciembre de 2009

A Emiliano Hernández, mi padre. Porque cuando fue secuestrado y asesinado en 2000 comprendí que la corrupción y la impunidad no es cuestión de números sino de víctimas con nombre y apellido.

A Ramón Alberto Garza porque al invitarme a trabajar en Reporte Índigo *me devolvió la ilusión de hacer periodismo.*

A Random House Mondadori por todo.

Presentación

Mientras Felipe Calderón se entretiene aprendiendo a navegar un lujoso velero en las aguas turbias de la bahía de Acapulco, México empieza a naufragar en una crisis de ineficacia, corrupción y simulación por parte de quienes encabezan áreas vitales del gobierno federal. El viento del Pacífico mueve con facilidad la blanca embarcación de unos siete metros de longitud, pero el país luce estancado. Pareciera, desde la cubierta del velero y la majestuosa vista de la residencia que el presidente visita en el puerto, que día tras día se le desdibujan los problemas del país.

A casi dos años de gobierno, el jefe del Ejecutivo aún no aprende a controlar el timón de la embarcación, ni el del país. Con los meses su equipo se convierte en equipaje. Dicen que donde manda capitán no gobierna marinero, pero en la tripulación del gobierno de Calderón aparentemente la cosa es al revés. Hay dos marineros que tienen una gran influencia en el presidente y éste los ha puesto al mando de áreas neurálgicas del país: la política interna y la seguridad pública. Hasta ahora los dos han fracasado.

Uno intenta llevar la política interna alternándola con los negocios de su familia en Pemex, el ISSSTE, el IMSS y donde se pueda. Tiene como pasatiempo mandar a espiar a los líderes de la oposición y a los del propio equipo del presidente. Visita entre semana los antros de moda hasta altas horas de la madrugada (ver capítulo 3, págs. 130-131). Planea relevar a su jefe en 2012.

El otro se supone que debe frenar a los narcotraficantes y secuestradores, aunque él y sus muchachos son acusados de ser parte de esa misma delincuencia. En sus ratos libres se dedica al espionaje y se va de cacería con un integrante de la familia Slim, a quien ha adjudicado sin licitación pública importantes contratos (ver capítulo 8, a partir de la pág. 353).

Ellos son Juan Camilo Mouriño Terrazo, secretario de Gobernación, y Genaro García Luna, secretario de Seguridad Pública. Los dos son, hasta hoy, los intocables del sexenio. En el gabinete de Calderón, estos dos personajes acaparan los reflectores por su incompetencia y corrupción. Sin embargo, no importa qué tan fuertes sean las críticas ni qué tan contundentes sean las denuncias en su contra, hasta ahora siguen contando con el favor del presidente.

No es fortuito que hoy por hoy uno sea el pilar en el que se sostiene el otro. En las reuniones de gabinete, Genaro y Juan Camilo se apoyan mutuamente y neutralizan los comentarios críticos de los demás. Se solapan, se protegen, se ayudan. La mancuerna que han conformado luce irrompible. Mientras tanto Calderón, hasta ahora alejado del equipo que durante años lo acompañó en su carrera política, se ha entregado a las decisiones de los dos con las consecuencias que todos padecemos.

En los tiempos de la transición del gobierno de Vicente Fox al de Felipe Calderón, Genaro García Luna fue puesto en una lista negra elaborada por altos mandos militares. En ella advirtieron su sombrío historial y el de su equipo, señalando incluso presuntos vínculos con el narcotráfico. La información se envió por distintas vías al presidente, una de ellas Juan Camilo Mouriño. Los militares presumen, por la llegada de Genaro a la Secretaría de Seguridad Pública (SSP), que en realidad el mensaje nunca llegó al presidente. Si llegó es peor. Lo que es un hecho es que Juan Camilo, encargado de armar el gabinete, lo aceptó como titular de la SSP pese a los malos antecedentes.

Genaro ya tenía boleto asegurado en la administración de Calderón. En el segundo semestre de 2006 le tocó descubrir una casa en la que se hicieron intervenciones telefónicas ilegales a Manuel Espino, entonces líder del Partido Acción Nacional (PAN). El espionaje, hasta donde tiene conocimiento Espino, actual líder de la Organización Demócrata Cristiana, había sido orquestado por Juan Camilo desde sus oficinas en la etapa de transición. ¿Pagadas con recursos públicos? Genaro guardó celosamente el secreto. El expediente de la investigación que tendría consecuencias penales para el primer hombre del presidente ahora está extraviado y García Luna sigue inamovible de su cargo, tan inamovible como Juan Camilo.

Cuando el secretario de Gobernación naufragaba por el escándalo de sus negocios familiares con Pemex, el primero que le lanzó un salvavidas, después del presidente, fue García Luna, quien lo invitaba a eventos de seguridad pública en calidad de jefe del gabinete de seguridad mientras en el PAN al "churumbel" —como llaman a Mouriño— ya lo daban por muerto.

En 15 años de ejercer el periodismo en medios de comunicación nacionales como *Reforma*, *Milenio*, *El Universal* y hoy en *Reporte Índigo*, me he dedicado a investigar la corrupción, los excesos y el abuso de poder que hay en la clase política del país. Historias interminables que no por eso deben dejar de ser contadas. Cuando uno pierde la capacidad de indignarse ante el abuso de poder, la frivolidad, la ilegalidad y la ineficacia, pierde la esencia de periodista y ciudadano.

En los inicios del siglo XX, cuando una corriente de periodistas estadounidenses comenzó a investigar las profundidades de la política encontrando y denunciando corrupción y excesos, el presidente Theodore Roosevelt los llamó *muckrakers* (rastrilladores de estiércol) en un vano intento por desprestigiarlos. Roosevelt se quejaba de que los periodistas se dedicaban a buscar "basura política" en lugar de informar sobre los logros de su gobierno.

Gracias a la tarea realizada por esos periodistas, actualmente en Estados Unidos y en muchos otros países existe una verdadera cultura de rendición de cuentas. Esto no significa que ya no haya actos de corrupción y abusos, pero en su gran mayoría son sucesos que no quedan impunes, porque hay una prensa y una sociedad que cumplen con sus funciones: la primera informa, la segunda participa al tomar decisiones que sancionan esas conductas.

El trabajo de periodismo de investigación que he realizado ha sido a contracorriente, sobre todo porque lo he hecho sobre personajes que en su momento tuvieron el poder del poder. El sexenio pasado investigué el caso de Vicente Fox, Marta Sahagún —junto con sus hijos y hermanos— y empresarios consentidos de la autodenominada "pareja presidencial", cuya corrupción y excesos expuse y documenté en los libros *La familia presidencial* y *Fin de fiesta en Los Pinos*.

Revelé la transformación milagrosa del desvencijado rancho San Cristóbal, pagada por Cosme Mares, el empresario carretero del sexenio, ya que Fox y su familia estaban en bancarrota. Asimismo di a conocer la existencia del rancho secreto La Estancia, construido por Fox a inicios de su administración con recursos inexplicables a espaldas del escrutinio de la Secretaría de la Función Pública y de la sociedad; los indicios de la protección del gobierno foxista al narcotraficante Joaquín Guzmán Loera, el Chapo, y la aerolínea que los hijos de Marta Sahagún constituyeron. Padecí el espionaje y la censura soterrada de la entonces familia presidencial. Después la verdad se abrió paso por sí misma. Las fotografías del interior del rancho San Cristóbal, publicadas por la revista de sociales *Quién* en marzo de 2007, confirmaron lo que yo había difundido dos años antes.

Gracias a las componendas en el poder, los Fox y los Sahagún siguen impunes. El gobierno anterior y el actual bloquearon las investigaciones abiertas en la Cámara de Diputados para indagar sobre el tráfico de influencias y el enriquecimiento inexplicable. Se asfixió a las comisiones especiales al no darles la información que solicitaban. Así, el caso Fox-Sahagún es todavía una asignatura pendiente. La sociedad merece una explicación a fondo: ¿realmente la Procuraduría General de la República (PGR) investigó a los hijos de Marta Sahagún? ¿Cuál fue el curso de la investigación que se realizó y por qué fueron exonerados antes de que terminara el sexenio de Fox? Hasta ahora el acceso a dicho expediente ha sido negado.

Ryszard Kapuściński dice que los cínicos no sirven para el oficio periodístico. Yo añadiría que tampoco sirven para ser servidores públicos. Cuando investigué al clan Fox-Sahagún señalé lo que señalo ahora. El ejercicio del periodismo de investigación no se basa en simpatías o antipatías personales. Su objetivo es revisar todo aquello que hacen quienes están obligados a rendir cuentas a la ciudadanía sobre todos sus actos, sean del partido que sean, estén en el cargo que estén.

El papel de los periodistas en esa rendición de cuentas debe ser más agudo cuando las instituciones del Estado, creadas para hacer esa labor, no cumplen imparcialmente con su trabajo y sirven más a los intereses políticos que a los intereses ciudadanos. Para mí, ser periodista no es ser juez, pero tampoco significa convertirse en un testigo mudo que con su silencio se vuelve cómplice.

Durante la campaña presidencial, en más de una ocasión Calderón se ufanó con picardía de que sus hijos no tenían edad para firmar cheques ni para abrir cuentas de banco, en alusión a los hijos de Marta Sahagún. Lo malo es que Juan Camilo Mouriño y Genaro García Luna sí. Conforme avanza el sexenio, resulta inevitable investigar a profundidad quiénes son esos dos personajes y por qué han ganado tanto poder ante el presidente de la República. La tarea ha sido descubrir detrás de los hechos a los seres humanos, personas de carne y hueso afectadas por sus propias historias y debilidades. Hombres cuyos errores o aciertos, por el cargo público que ocupan, impactan en la vida de más de 100 millones de mexicanos.

La frontera entre lo público y lo privado termina con la toma de decisiones y la rendición de cuentas. El silencio es el mejor amigo del abuso de poder, los excesos y la corrupción en los asuntos del Estado. En búsqueda de la verdad, durante la investigación se revelaron las circunstancias en las que el jefe del Ejecutivo gobierna el país. Se trata de secretos a voces reservados para el postre y el café en las comidas de la clase política y empresarial, pero que hasta ahora no han sido difundidos abiertamente a la sociedad en general, que tiene derecho a conocer quiénes y cómo son los que nos gobiernan.

Los servidores públicos usan cada vez más artimañas para los manejos discrecionales de la administración. Eso nos obliga a los periodistas a tener que romper barreras para poder llegar al núcleo de la verdad. La aureola de poder que envuelve a los funcionarios estorba la visibilidad de lo que realmente son, sobre todo cuando se trata de secretarios de Estado, primeras damas o del mismísimo presidente. No es posible entender la actuación pública de las autoridades sin conocer lo que hacen en privado, porque es ahí, justamente ahí, donde se dan las componendas. Para tener mejores gobernantes debemos conocerlos mejor.

El propósito de esta investigación es anteponer ante todo el derecho a la información que tiene la sociedad, romper el cómodo silencio de los que ya ni se inmutan ante la corrupción. La crisis política y de inseguridad pública que atraviesa el país obliga a indagar sobre los tres principales causantes de este conflicto: Mouriño Terrazo, García Luna y Calderón Hinojosa. Los cómplices.

No se puede pensar en la crisis de ingobernabilidad, inseguridad, impunidad, hijos que son secuestrados, niños traficados, cuerpos sin cabeza, cabezas rodando sin cuerpo, personas mutiladas por granadas, sin entender que la corrupción está directamente ligada con ella.

Durante mucho tiempo la sociedad se volvió inmune a la corrupción, dejó de ser afectada, sintió que era parte de la cotidianidad. Denuncia tras denuncia se pensaba que la corrupción de Fox y Sahagún entraba en los parámetros de lo normal.

Es hasta ahora que se puede ver que la corrupción arrastrada por años y que explotó el sexenio pasado comprometió a las instituciones del país, su paz y la vida de los ciudadanos.

La corrupción tiene víctimas. No se trata sólo de los millones que se pagan en sobornos para conseguir contratos o para que los narcotraficantes tengan la protección de las policías, se trata de algo más. Se trata de víctimas de carne y hueso secuestradas, chantajeadas o asesinadas, niños, mujeres y hombres.

Los Fernando Martí, las Silvia Vargas y muchos más que aunque no salgan en primera plana igualmente son víctimas. La impunidad es el alimento de la corrupción, y la corrupción es el alimento principal de la violencia que hoy vivimos. Si los funcionarios públicos ponen el mal ejemplo, ¿qué sigue? Por eso dediqué meses a esta investigación, para encontrar respuestas a tantas preguntas. Si todo comenzó mal desde el principio, ¿cómo corregir el rumbo?

Toda historia tiene interrogantes y en este caso sí hay respuestas.

¿Bajo qué circunstancias llegó Calderón a la Presidencia? ¿Quiénes se reunían en Los Pinos durante el proceso electoral de 2006? ¿Qué grupo tuvo coptado al Instituto Federal Electoral (IFE)? ¿Dónde están ahora? ¿Qué hay detrás del secretario de Gobernación, quien se promociona como el más guapo del gabinete? ¿Por qué espió a sus propios compañeros de equipo? ¿Cuáles son los contratos y franquicias que ha obtenido su familia al amparo de sus cargos públicos? ¿Cuál es el compromiso de Calderón con los Mouriño? ¿Por qué al interior del equipo más cercano de Calderón se dice que hay una "guerracivil"?

¿Es Genaro García Luna el hombre apacible e inmutable que aparenta ser? ¿Por qué lo acusan de proteger a bandas de secuestradores y narcotraficantes? ¿Por qué los operativos contra la inseguridad no funcionan? ¿Por qué sus colaboradores más cercanos están involucrados con el homicidio de Enrique Salinas de Gortari? ¿Por qué se comienza a decir que en la SSP opera un megacártel?

¿De quién es el velero en el que se pasea el presidente? ¿De quién es la casa donde Calderón se hospeda cuando va a Acapulco y donde dicen que Arturo Montiel y Maude Versini pasaban ratos inolvidables? ¿Cuáles son las complicidades de

Calderón? ¿Cuál fue el financiamiento paralelo en su campaña que nadie ha investigado? ¿Por qué la mayoría de las veces, en lo que va de su sexenio, sus eventos públicos terminan después de la hora de la comida? ¿Dónde está la casa secreta de la Presidencia de la República?

Mientras me adentraba en el caso, me encontré con una realidad mucho más grave que la hipótesis que la originó. Ante la gravedad de los hechos fui más meticulosa, crucé datos, hablé con protagonistas de esta historia, rescaté documentos internos, documentos oficiales, expedientes enterrados, grabaciones desconocidas.

El 2 de octubre de 2008 presenté una queja ante la Comisión Nacional de Derechos Humanos (CNDH/5/2008/4678/Q) por las amenazas que recibí por parte del coordinador general de Inteligencia para la Prevención del Delito, Luis Cárdenas Palomino, uno de los hombres más cercanos a García Luna, a raíz de las investigaciones que he publicado sobre su grupo.

Entre 2007 y 2008 el Instituto Internacional de Prensa, con sede en Viena, ha declarado que México es el segundo país más peligroso para ejercer el periodismo, sólo después de Irak, que está en guerra.

De 2000 a 2008 la CNDH ha abierto expedientes relacionados con la muerte de 41 periodistas o trabajadores de los medios de comunicación. Y de 2005 a 2008 ha documentado la desaparición de ocho periodistas. La mayoría de esos homicidios han quedado impunes y no sólo eso, sino que muchas veces para minimizar los crímenes se ha dicho que las víctimas estaban involucradas en actividades ilícitas. Muchos de esos rumores son originados principalmente por servidores públicos.

La CNDH ha dicho que es alarmante la indiferencia y omisión de las autoridades para investigar los asesinatos y desapariciones de los periodistas. No seré una más. Seguiré con mis investigaciones a fondo para revelar la corrupción y el abuso de poder.

Dicen que la prensa de los países es el reflejo de su democracia. Yo quiero contribuir a que el periodismo en México sea el reflejo de lo que los mexicanos merecemos y queremos: un país libre de impunidad, en el que la corrupción ya no sea más una conducta institucionalizada del Estado.

Cuando uno inicia una investigación, no encuentra las respuestas que quiere, sino las que hay. La simulación y la corrupción son la amalgama que une a los cómplices. Sólo la denuncia y el reclamo social pueden romperla.

CAPÍTULO 1

Operaciones previas

El pacto

—¡Tú no tienes autoridad moral, ni la tendrás, para pedirnos que hagamos algo a favor del partido! —sentenció el ex gobernador de Jalisco, Alberto Cárdenas Jiménez, trabado del coraje— ¡Tú no me conoces, Felipe!

—¡Pues ya te estoy conociendo! —le respondió Felipe Calderón colérico, retándolo.

La noche del lunes 10 de octubre de 2005 hubo una cena en el tercer piso de la sede nacional del PAN, en la colonia del Valle. Se supone que era para limar asperezas entre los aspirantes del PAN a la candidatura presidencial, pero al terminar, la relación quedó más áspera que nunca. Los integrantes del Consejo Político y la Comisión de Elecciones de Acción Nacional fueron testigos de un intenso agarrón entre los tres precandidatos: Calderón, Cárdenas y el ex secretario de Gobernación, Santiago Creel.

El líder nacional del PAN, Manuel Espino, evitaba a toda costa que las intensas discusiones por las "marranadas" cometidas en la contienda interna no transcendieran a la opinión pública. Todos tenían reproches que hacerse: Yucatán, Veracruz, Jalisco. Creel permaneció moderado en la reunión, su carácter lánguido e indeciso le impedía tomar partido hasta por sí mismo. Pero su equipo, encabezado por Luis Correa, de espíritu mucho más aguerrido que el de su candidato, preparaba una auténtica bomba yucateca en caso de que la Comisión de Elecciones actuara parcialmente respecto al caso Yucatán. Según las pruebas a las que tuve acceso, en la segunda etapa de la elección interna realizada el 2 de octubre en esa entidad habían votado hasta panistas muertos el año anterior.

El cónclave comenzó a las 20:30 y se prolongó hasta la medianoche. Entre el vino tinto, las empanadas, la carne y el tequila, la discusión se hizo cada vez más ríspida. Como testigos estuvieron: Espino, el líder nacional; José Espina, secretario general; José González Morfín, coordinador de la bancada del PAN en la Cámara de Diputados; Carlos Angulo; Luis H. Álvarez, quien no abrió la boca en toda la noche; Ricardo García Cervantes; Pedro Cerisola, el secretario de Comunicaciones y Transportes; y Francisco Salazar, el secretario del Trabajo.

A la reunión no asistió la secretaria de Desarrollo Social, Josefina Vázquez Mota. Hubiera ido porque sus muchachos eran en buena parte causa de la discusión. Algunos funcionarios, como el entonces oficial mayor de la Sedesol, Julio Castellanos, causaron molestia en los equipos de campaña de Cárdenas y Creel por usar recursos públicos para presionar el voto a favor de Calderón.

También estuvieron los integrantes de la Comisión de Elecciones: Rogelio Carvajal, María Elena Álvarez, Héctor Larios, Gabriel Llamas Mojardín y Maricarmen Corral, así como el secretario técnico José Loyola.

Cuando inició el encuentro, Espino hizo un llamado para evitar que saliera a la luz pública lo ocurrido el 2 de octubre en Yucatán y Veracruz. Demasiado tarde. En declaraciones y pruebas que me fueron entregadas entonces por integrantes de los tres equipos, quedaron delatadas todas las prácticas irregulares que el PAN tanto criticaba en el PRI: compra de votos, acarreo, uso de la fuerza pública, condicionamiento del voto, suplantación de electores y hasta la operación "cochinita".

Cárdenas y Creel exigían la anulación de la elección en Yucatán por las irregularidades ocurridas en la gran mayoría de las 99 casillas instaladas. Sin embargo, el PAN prefirió guardar su "cochinero" debajo del tapete en vez de ventilarlo públicamente. No se anuló la elección en ese estado, y el 24 de octubre se cerró la tercera y última fase de la contienda interna.

Velorio en Los Pinos

El día después de que Felipe Calderón fue declarado oficialmente candidato del PAN a la Presidencia de la República, Los Pinos parecía un cementerio. Ese lunes 25 de octubre de 2005 el aire en las oficinas de la Presidencia era tan pesado como la contundente derrota de Santiago Creel, "haiga sido como haiga sido".

El ex secretario de Gobernación era el candidato que más a modo quedaba para Vicente Fox y Marta Sahagún. Su derrota hacía las cosas más difíciles para su incierto futuro después del 1º de diciembre de 2006. Las cuentas pendientes eran muchas. Marta por lo pronto comenzó a pedir la asesoría de abogados para ella y sus hijos. Tenía muchos flancos vulnerables. La corrupción había sido campal. Ahora, en conversaciones con sus amigos, se queja amargamente de que la productividad de los negocios de sus vástagos ya no es la misma.

"Los ven en las actas constitutivas y ya nadie quiere hacer negocios con ellos", comenta cambiando la "s" por "dz". No entiende que su tiempo ya pasó y que hoy son otros los que hacen negocios desde el poder.

El presidente y la primera dama sabían que no contaban con la simpatía de los miembros del equipo de Calderón, que se pasó toda la campaña interna amenazándolos con el petate del muerto. Decían que no iban a ser como Fox. Ellos sí iban a gobernar. Ellos no iban a ser corruptos. Ellos los iban a encarcelar. Hasta ahora ninguna de las tres cosas las han cumplido.

Margarita Zavala del Campo, la esposa de Calderón, en más de una ocasión fue a Los Pinos para reclamarle a Marta Sahagún su apoyo a Creel. Aunque en el horizonte del clan Fox-Sahagún había alguien peor que Calderón: Andrés Manuel López Obrador. El pragmatismo en ambos bandos se impuso. Los Fox-Sahagún garantizaron su futuro. Calderón pasó de ser el "hijo desobediente" al hijo exigente. Su equipo recurrió a las mismas prácticas de las que echó mano en la polémica contienda interna —que los propios panistas describieron como una "marranada".

La operación cochinita

La noche era plena y tranquila cuando Luis Correa Mena arribó al comité local del PAN en el municipio de Teabó, uno de los más pobres del estado de Yucatán. Pasaban 10 minutos después de las 8 de la noche del sábado 1º de octubre de 2005. De haber llegado unos minutos antes, todavía hubiera alcanzado a escuchar los chillidos de un puerco en agonía.

—¿Por qué no pasa? —dijo un lugareño a Correa, integrante del equipo de campaña de Santiago Creel, quien se acercó sorprendido a la escena.

Sobre una piedra ubicada en el terregoso patio central del comité panista —en cuyas paredes estaba escrito a mano el nombre "Felipe Calderón"— había un marrano blanco muerto. Ya le estaban echando agua caliente para comenzar a rasurarlo.

—¿Qué hacen? —preguntó Correa.

—Estamos beneficiando un puerquito, es para la taquiza de mañana.

Correa llamó al presidente estatal del PAN, Edgar Ramírez Pech, para quejarse de que el comité local, en donde al otro día se instalaría la casilla 55 de votación para elegir al candidato del Acción Nacional a la presidencia de la República, estaba tapizado de propaganda a favor de Calderón. También protestó por la operación cochinita para coaccionar el voto de los indígenas mayas.

En Yucatán 70 por ciento de los sufragios fueron a favor de Calderón.

"Fue una marranada", me dijo Juan Camilo Mouriño, entonces coordinador de la campaña de Felipe Calderón, en una entrevista que le hice para *La Revista* del periódico *El Universal*. Pero no se refería a la operación cochinita, sino a la del alcalde panista Joaquín Guzmán a favor de Santiago Creel, en Veracruz.

En el municipio de Celestún, Yucatán, el entonces presidente municipal Antonio Solís "amenazó a militantes con quitarles el empleo, despensas del DIF y becas de Oportunidades si no votaban por Felipe Calderón", se señaló en un escrito enviado por el equipo de Creel a la comisión electoral del PAN.

María Dass Tzuc y Lourdes Aguayo, presidenta y directora del DIF en Kinchil, "amenazaron a la militancia con quitarles sus despensas del DIF si no votaban por Calderón". En Samahil, el señor

Silvio de la Cruz Martín Martín, empleado del DIF estatal, hizo la misma operación.

—Tenemos vídeos que se tomaron —me dijo Correa visiblemente molesto en una entrevista—. Hay gente que se acredita con la credencial de elector, que aparece en el listado nominal, que entró a la mesa de votaciones y sin embargo no lo dejaron votar.

"Pedimos la apertura de paquetes para una verificación muestral. Ahí están palomeados los que votaron. Si hay personas que supuestamente votaron, que se les pregunte si efectivamente votaron. Estamos recabando casos de personas que dicen que no fueron a votar y sí aparecen como que acudieron a votar. Lo que nos dice la gente es que esto fue un fenómeno generalizado."

—¿Por qué pasó esto en Yucatán? —le pregunté.

—No lo sé. Lo único que puedo decir es que las personalidades del partido, mayoritariamente, estaban con Felipe. Patricio nunca dijo abiertamente su preferencia, lo que es un hecho es que los funcionarios del gobierno del estado estaban con Felipe.

"Ésta parece una elección no organizada por el PAN. Queremos que se sancione a los responsables. Que se corrija todo porque durante muchos años el PAN señaló que la impunidad es la entrada a nuevos delitos."

En la casilla donde se puso en marcha la operación cochinita, Calderón ganó con 172 votos, Alberto Cárdenas obtuvo 31 y Creel 21.

Ana Rosa

—¿Ana Rosa?

—Sí....

—Habla Anabel Hernández de *El Universal*. Gente del equipo de Creel me comentó que tú tenías más pruebas de cómo estuvo el cochinero en Yucatán; ¿puedo platicar contigo? Voy a Yucatán.

—Mira, no puedo hablar contigo... son cosas internas del partido, discúlpame pero por ahora no puedo: estamos esperando a lo que resuelva el CEN del PAN.

—Tú siempre estuviste en contra de esas cosas...

—No puedo, otro día platicamos —dijo cortésmente con ese tono yucateco en el que hablan cantando.

Ana Rosa Payán era la líder moral histórica del PAN en Yucatán. Durante años hizo una lucha civil en contra de las prácticas electorales fraudulentas del PRI. Ella era del equipo de Alberto Cárdenas.

No pudimos platicar hasta el mes de mayo de 2008, en una reunión que organizó Manuel Espino Barrientos en las oficinas que la Organización Demócrata Cristiana de América (ODCA) tiene en Lomas de Chapultepec, en la ciudad de México.

La menuda figura de Ana Rosa flotaba sobre el mármol blanco del salón en donde se llevó a cabo el coctel. Ya no estaba en el PAN. Había renunciado al partido después de 23 años de militancia, luego de que Patricio Patrón Laviada y operadores de la presidencia de Felipe Calderón le hicieran marranadas para que no quedara como candidata a la gubernatura de Yucatán. ¿Qué fue lo que no le perdonaron si su carrera política es prácticamente intachable? El hecho de haber preferido apoyar a un candidato diferente de Felipe Calderón.

En lugar de Payán quedó Xavier Abreu Sierra, quien en 2006 fue el coordinador de la campaña presidencial de Calderón en el estado. Como lo hicieron Creel y Cárdenas en su momento, Ana Rosa pidió que se anulara la elección de candidatos en Yucatán.

Tampoco pasó nada y Abreu quedó como candidato. "Funcionarios de la Presidencia dieron la orden de que el Comité Ejecutivo Nacional del PAN desechara la impugnación y ratificara la elección", diría la yucateca antes de renunciar al PAN. La salida de Ana Rosa tuvo un costo muy alto: fue nominada candidata a gobernadora por la Coalición por el Bien de Todos (PRD-PT-Convergencia). No ganó pero restó muchos votos a Abreu, y el PRI, a través de la candidata Ivonne Ortega, recuperó el gobierno del Estado.

—¿Te acuerdas que te llamé cuando pasó lo de la elección interna del PAN para elegir al candidato presidencial? —le pregunté en las oficinas de la ODCA, esa noche en la que varios panistas la saludaban con gusto.

—Sí...

—¿No crees que fue un error no haber denunciado todo lo que pasó ese 2 de octubre?

—Sí, fue un error —respondió serenamente con una sombra de tristeza en sus ojos. Después se retiró sola. El chofer de Manuel Espino la llevó a su hotel.

En la elección presidencial, Calderón ganó en Yucatán por un amplio margen de votos al PRI y a la Coalición. Obtuvo 164 mil votos más que el Revolucionario Institucional —que ocupó el segundo lugar con 260 mil votos—. No era una cifra despreciable a la hora de contar el escaso margen de 243 934 votos por encima de Andrés Manuel López Obrador con el que fue declarado presidente electo.

Cadena de favores

Patricio Patrón Laviada terminó la gubernatura de Yucatán el 31 de julio de 2007 en medio de una ola de señalamientos de corrupción contra él y su familia. Durante unos meses se quedó en la fría banca, pero el 18 de enero de 2008 fue rescatado por Felipe Calderón y lo nombró titular de la Procuraduría Federal de Protección al Ambiente (Profepa). Gana 189 944 pesos al mes. También su hermano Carlos José está bien ubicado actualmente: es el delegado de la Comisión Nacional Forestal en Campeche. Todo parecía indicar que el momento del pago de facturas había llegado.

Ana Teresa Aranda, ex directora del DIF nacional, actualmente es subsecretaria de población, migración y asuntos religiosos. Trabaja con Juan Camilo en el palacio de Covián, con un sueldo de 194 708 pesos mensuales.

Edgar Ramírez Pech, entonces dirigente estatal del PAN en Yucatán, entró en la codiciada lista de candidatos a diputados federales, y hoy ocupa la curul E-120 del recinto de San Lázaro. Por cierto, Ramírez Pech fue uno de los más fervientes defensores del secretario de Gobernación Juan Camilo Mouriño Terrazo en el escabroso tema de los contratos que firmó con Pemex cuando era presidente de la Comisión de Energía de la Cámara de Diputados.

Xavier Abreu, después de su dolorosa derrota, fue nombrado jefe de la Unidad de Coordinación y Enlace de la Comisión Nacional para el Desarrollo de los Pueblos Indígenas (CDI). No es un puesto rimbombante, pero el sueldo sí. Percibe mensualmente 190 021 pesos al mes.

Hasta Alberto Cárdenas, con todo y las mentadas de madre del 10 de octubre de 2005, se llevó su parte y actualmente es secretario de Agricultura, a la fuerza, muy incómodo, pero ahí está. Lo ocurrido en la elección interna del PAN en 2005 quedó como ejemplo del estilo de operación política de Felipe Calderón y su equipo. Ya tenían sus planes para tener mayores seguridades de ganar la elección presidencial de 2006.

Su equipo, sobre todo Juan Camilo Mouriño Terrazo —el autor material de muchas de las acciones mas no el autor intelectual—, ha presumido de cómo de la nada se hicieron de la candidatura interna del PAN y de la Presidencia de la República. El mecanismo no fue muy distinto al del PRI en sus años dorados, y ésa es una historia que hay que contar. Tenía razón Luis Correa, también yucateco: las ilegalidades perpetradas en 2005 abrieron la puerta para las que cometerían después.

Los 60 instrumentos de la orquesta

"¡Es un delito electoral! ¿Qué no entienden que hay cosas que se hacen pero no se hacen?", estalló ese día Ramón Muñoz Muñoz, jefe de la Oficina de la Presidencia para la Innovación Gubernamental.

Era febrero de 2006 y Muñoz, el brazo derecho de Vicente Fox —su Joseph Marie Córdoba Montoya—, estaba que no lo calentaba ni el sol. No podía haber más estupidez en Los Pinos. Frente a él estaban Pedro Langre Rosado, secretario técnico del programa de Innovación Gubernamental de Presidencia de la República, y su jefe Juan Carlos Murillo Flores, director adjunto del programa de Innovación y Calidad del gobierno federal. Tenían cara de compungidos, la habían regado: no deberían haber dejado pruebas de la operación encubierta.

En vísperas de una reunión para ajustar la estrategia en el apoyo irrestricto que el gobierno federal iba a dar para la campaña de Felipe Calderón, Langre había impreso en el *plotter* de

Los Pinos 60 mapas mentales de los servidores públicos que desde las secretarías de Estado ayudarían a Calderón y su equipo de campaña.

Quienes tuvieron en sus manos el documento señalan que el mapa mental era un inventario de las oficinas del gobierno federal en el que se identificaron a los funcionarios "panistas" de cada secretaría de Estado. Sesenta aparecían en el documento.

La operación que se orquestó entre Los Pinos y Calderón ante todo requería secrecía y servidores públicos con absoluta subordinación. Esos funcionarios eran los responsables de ejecutar desde sus puestos públicos una bien afinada sinfonía. La batuta la llevaban quienes tenían acceso directo a recursos públicos que iban directamente a la población: Progresa, Oportunidades, Diconsa, Liconsa, DIF, Fonaes, Procampo, etcétera. Iban a ofrecer recursos a organizaciones sociales a cambio de apoyos a la débil campaña de Felipe Calderón, que no despegaba. En Los Pinos los focos rojos estaban encendidos. Había que rescatar la candidatura presidencial que iba a pique.

Cada uno de esos 60 funcionarios era enlace entre la secretaría de Estado y el equipo de campaña de Felipe Calderón. Por parte de la Presidencia de la República, el director de orquesta era Ramón Muñoz Muñoz; por parte de Calderón, era Juan Camilo Mouriño Terrazo, hoy secretario de Gobernación. Los mapas mentales fueron distribuidos por el equipo de Ramón en una junta organizada en Los Pinos con los enlaces del gobierno. La instrucción que recibieron fue que desde sus oficinas apoyaran a Felipe Calderón en todo lo que les solicitara.

Las reuniones secretas

A los pocos días de que Felipe ganó la contienda interna en el PAN, él y su equipo, con la soberbia que da un triunfo inesperado, llegaron a Los Pinos a exigir. Desde ese momento hasta diciembre de 2006 las juntas se realizaban cuando menos una vez a la semana, corroboraron varias fuentes que fueron testigos de esas reuniones y de la forma en que se orquestaban.

Del lado del gobierno federal asistían: Vicente Fox; Ramón Muñoz; Emilio Goicoechea, secretario particular del presidente; y Rubén Aguilar, el vocero presidencial. Por parte del equipo de campaña panista iban: Felipe Calderón; Josefina Vázquez Mota, ex secretaria de Desarrollo Social y coordinadora de la campaña presidencial; Max Cortázar, actual vocero de la Presidencia; César Nava, actual secretario particular de Calderón; y Juan Camilo Mouriño, quien fungía como una especie de subcoordinador de la campaña presidencial.

Cuando las reuniones eran en Los Pinos, se hacían en el salón Francisco I. Madero, ubicado en el sótano de la residencia Miguel Alemán, o en la "cabaña" que habitaban Vicente Fox y Marta Sahagún. El primero es una sala de juntas construida por la administración foxista equipada con los implementos tecnológicos más modernos, llamada la sala de "situación".

También llegaron a realizar reuniones de esa índole en una casona blanca ubicada en Paseo de la Reforma 1030, esquina con Montes Pirineos. El inmueble es usado como oficina de la Presidencia de la República desde el inicio del sexenio de Fox. Ahí llegó a despachar Juan Hernández, el efímero jefe de la Oficina de Representación para Mexicanos en el Exterior, a quien entrevisté en el lugar en varias ocasiones.

En las reuniones entre la Presidencia y Calderón se llegaba a acuerdos concretos. De ahí salía una lista de tareas que el gobierno federal debía realizar. Las oficinas de Ramón Muñoz y Juan Camilo Mouriño les daban seguimiento hasta que se cumplieran plenamente. De las reuniones cupulares entre Fox y Calderón para diseñar y orquestar la estrategia de la campaña se derivaban otras con funcionarios de menor nivel.

Por ejemplo, el vocero presidencial, Rubén Aguilar, tenía reuniones periódicas con Antonio Solá, el asesor español de Felipe Calderón. Como se sabe, Solá fue el creador de la campaña del miedo en donde acusaban a López Obrador de ser un peligro para México. A los encuentros también asistía, afirma uno de los testigos, Roberto Mourey Romero, encargado de la Oficina de Opinión Pública e Imagen de la Presidencia. Gente del equipo de Mourey Romero que me brindó su testimonio aseguró que gran parte del presupuesto de 90 millones asignado al área de Opinión Pública fue destinado a la campaña de Calderón. La Presidencia pagaba las encuestas, y al final del sexenio se manipularon facturas y se llenaron formatos fantasma para justificar el gasto.

Con Mourey Romero trabajaba Mónica Zavala Gómez del Campo, la cuñada de Felipe Calderón. Según el directorio oficial de la Presidencia era directora de Logística de Imagen y despachaba en la residencia oficial de Los Pinos, Puerta 1, Casa Benito Juárez, planta alta. Tenía un salario mensual de 30 mil pesos libres. Entró a trabajar en Los Pinos el 1º de mayo de 2001 como directora de área en la Coordinación de Opinión Pública e Imagen. Su único grado de estudio es la carrera técnica de inglés cursada en Evanston, Illinois.

De acuerdo con su declaración patrimonial final, Mónica dejó Los Pinos a fines de 2005 y se fue formalmente a trabajar a la campaña de su cuñado colaborando en el área de Josefina Vázquez Mota, junto con Lía Limón, ex esposa de Luis Carlos Ugalde, presidente del Instituto Federal Electoral (IFE). De aquel episodio lo más probable es que no haya quedado huella documental alguna. De hecho, los archivos confidenciales de la Presidencia han sido destruidos desde 2005 para tapar las "fugas de información" de los actos que no conviene que se sepan a los intereses de los inquilinos de Los Pinos.

El 23 de enero de 2005 el entonces jefe del Estado Mayor Presidencial, José Tamayo Casillas, ordenó en una carta que cada oficina de la Presidencia cuente con trituradoras para destruir documentos clasificados o borradores, lo cual viola la *Ley Federal de Transparencia* y la Constitución.

La misiva iba con copia a los jefes de las oficinas de la Presidencia: Eduardo Sojo, de Políticas Públicas; Emilio Goicoechea, secretario particular de Vicente Fox; Rubén Aguilar, coordinador general de Comunicación Social de la Presidencia; Roberto Mourey, de Opinión Pública e Imagen; Xóchitl Gálvez Ruiz, de la Comisión del Desarrollo de los Pueblos Indígenas; Omar Saavedra, secretario particular de Marta Sahagún; Víctor Hugo Flores, de la Oficina de Personas con Discapacidad; y Benigno Aladro, coordinador de la Red Federal de Servicio a la Ciudadanía.

Tamayo fue recompensado. Una semana antes de terminar el sexenio foxista fue ascendido a general de división, el grado máximo en el ejército. Actualmente es comandante de la 6ª región militar, cuya base está en Veracruz.

Por supuesto las esperanzas de Calderón y su equipo no estaban fincadas sólo en el apoyo del Estado a su campaña. Años atrás hicieron una operación que buscaba influir en las áreas medulares del IFE.

ESTADO MAYOR PRESIDENCIAL.

Los Pinos, D.F., a 23 de enero del 2005.

C. Lic. RAMON MUÑOZ GUTIERREZ,
Jefe de la Oficina de la Presidencia para la
Innovación Gubernamental.
Presente.

Con motivo de las diversas fugas de información que se han detectado, y con el fin de evitar que en el futuro se sigan presentando, me permito hacer llegar a usted, las siguientes recomendaciones que considero le serán de gran utilidad en su aplicación, ejecución y supervisión por parte del personal que labora con usted y con todo aquel que ingrese a la Residencia Oficial de Los Pinos por cualquier razón.

- NO PERMITIR QUE DOCUMENTOS CLASIFICADOS O IMPORTANTES SE ENCUENTREN AL ALCANCE DE PERSONAS, DEBIENDO ESTAR EN CAJA FUERTE O BAJO LLAVE.

- QUE CADA OFICINA, CUENTE CON TRITURADORAS DE PAPEL PARA LA DESTRUCCION DE DOCUMENTOS CLASIFICADOS O BORRADORES DE DOCUMENTOS NO UTILES.

- SUPERVISAR QUE LA DOCUMENTACION DE DESECHO QUE SE GENERE EN SU OFICINA, SALGA DEBIDAMENTE TRITURADA A LA BASURA.

- LOS EQUIPOS DE COMPUTO DEBERAN CONTAR CON UN CODIGO DE SEGURIDAD PARA PODER ACCESAR A LOS MISMOS, EL CUAL SERA CONOCIDO POR PERSONAL AUTORIZADO.

- EVITAR QUE PERSONAS AJENAS A SUS OFICINAS SE INTRODUZCAN EN LA MISMA SIN LA AUTORIZACION DEL TITULAR.

- PROHIBIR QUE SU PERSONAL INTRODUZCA A SUS OFICINAS COMPUTADORAS PERSONALES, ASI COMO CAMARAS DE VIDEO, FOTOGRAFICAS Y GRABADORAS, ASI COMO TELEFONOS CELULARES QUE TOMAN VIDEO Y FOTOGRAFIAS O ALGUN OTRO OBJETO SIMILAR.

- NO PERMITIR QUE SU PERSONAL SAQUE DE SUS OFICINAS COMPUTADORAS PORTATILES, CDS, DISKETTES Y DOCUMENTOS A OTRAS OFICINAS O A SU DOMICILIO PARTICULAR CON EL PRETEXTO DE QUE TRABAJARAN FUERA DE LA MISMA.

- NO HACER COMENTARIOS DE ACTIVIDADES OFICIALES O LABORALES Y MUCHO MENOS ANTE PERSONAS EXTRAÑAS.

- DISCRECION ABSOLUTA.

- USO RESTRINGIDO DEL CELULAR PARA ASUNTOS CONFIDENCIALES.

- CONTROL DE LA DOCUMENTACION.

A la vuelta...

De la vuelta...

- CONTROL DEL INTERNET O CORREO ELECTRONICO (BORRAR INMEDIATAMENTE INFORMACION CONFIDENCIAL A FIN DE QUE NO PERMANEZCA EN LOS ARCHIVOS).

- VER QUE SUS EMPLEADOS SEAN PERSONAS CONFIABLES Y HONESTAS.

- INVESTIGAR PREVIAMENTE AL PERSONAL QUE PRETENDAN CONTRATAR BUSCANDO QUE SEAN PERSONAS HONESTAS Y DE BUENA CONDUCTA.

- LOS TITULARES DE OFICINAS Y FUNCIONARIOS, UTILICEN PREFERENTEMENTE CELULARES ENCRIPTADOS.

- INSTALACION DE CHAPAS ELECTRONICAS EN LAS PUERTAS DE ACCESO A LAS OFICINAS DE LOS TITULARES DE CADA UNA.

Agradeciendo su atención al presente, aprovecho la ocasión para reiterarle mi atenta y distinguida consideración.

SUFRAGIO EFECTIVO. NO REELECCIÓN.
EL JEFE DEL ESTADO MAYOR PRESIDENCIAL.

GRAL. BGDA. DEM. JOSÉ ARMANDO TAMAYO CASILLAS.

PARA SU CONOCIMIENTO Y MISMO TEXTO.
c.c.p. El C. DR. EDUARDO SOJO GARZA ALDAPE, Jefe de la Oficina de Políticas Públicas.-PRESENTE.
c.c.p. El C. LIC. EMILIO GOICOECHEA LUNA, Secretario Particular del C. Presidente de los Estados Unidos Mexicanos.-PRESENTE.
c.c.p. El C. DR. RUBEN AGUILAR VALENZUELA, Coordinador General de Comunicación Social de Presidencia de la República.-PRESENTE.
c.c.p. El C. LIC. ROBERTO MOUREY ROMERO, Coordinador General de Opinión Pública e Imagen.-PRESENTE.
c.c.p. La C. ING. XOCHITL GÁLVEZ RUIZ, Directora General de la Comisión del Desarrollo de los Pueblos Indígenas.-PRESENTE.
c.c.p. El C. LIC. OMAR SAAVEDRA BOODY, Secretario Particular de la Sra. Marta Sahagun de Fox.-PRESENTE.
c.c.p. El C. ING. VICTOR HUGO FLORES HIGUERA, Titular de la Oficina de Personas con Discapacidad.-PRESENTE.
c.c.p. El C. DR. BENIGNO ALADRO FERNANDEZ, Coordinador de la Red Federal de Servicios a la Ciudadanía de Presidencia de la República.-PRESENTE.

JCM/RDN/JGLH/GDG/hpn.

Carta del general José Tamayo Casillas al licenciado Ramón Muñoz (23 de enero de 2005).

La boda

Mucho se ha hablado y escrito sobre las implicaciones políticas de una boda: la de Luis Carlos Ugalde y Lía Limón, el 6 de diciembre de 2003. Según una crónica del evento, se veían muy enamorados y en el baile de los novios Lía le cantó a Luis Carlos dulcemente al oído la canción *Coincidir*, interpretada por Mexicanto.[1]

Para Ugalde era su segundo matrimonio. Había sucumbido a los encantos y el carácter recio de la hija de Miguel Limón Rojas, secretario de Educación en el sexenio de Ernesto Zedillo. El enlace se llevó a cabo en una hacienda en el estado de Morelos. Durante el día los jardines brillaron por su esplendor y en la noche la fiesta fue iluminada por velas colocadas alrededor de un lago artificial.

Los invitados más destacados fueron la entonces diputada Margarita Zavala y Felipe Calderón, secretario de Energía en ese momento. De hecho Margarita firmó como testigo en el acta del registro civil. A la pareja se le veía muy sonriente y festiva.

También estuvo presente Jesús Reyes Heroles, entonces director general de Grupo de Economistas y Asociados (GEA). No podía faltar María del Carmen Alanís Figueroa, hija de Agustín Alanís Fuentes, procurador del D. F. en tiempos de José López Portillo. Lía, Margarita y María del Carmen son grandes amigas desde hace décadas, algo así como un trío dinámico, y su amistad es a prueba de fuego.

Sin duda era un día feliz para todos. No era el epílogo sino el prólogo de una historia. Apenas un par de meses antes, Luis

---

[1] Katia D'Artigues, "Campos Elíseos", *El Universal*, México, 8 de diciembre de 2003.

Carlos Ugalde había sido nombrado por la Cámara de Diputados consejero presidente del Instituto Federal Electoral, con los votos del PAN, PRI, PVEM y Convergencia y la oposición del PRD. Que ese día se casara con una querida amiga de Margarita sería interpretado después como algo que allanó el camino a Los Pinos, el cual Felipe ya tenía claro que quería andar.

El consejero presidente del IFE trabajó de 1996 a 2001 con Jesús Reyes Heroles, actual director de Pemex, socio fundador de GEA. Este grupo le ha dado asesoría política y le ha hecho trabajos de inteligencia a Felipe Calderón desde que el actual presidente aspiraba a ser líder nacional del PAN.

Reyes Heroles estuvo al frente de GEA de 1991 a 1994; conducía directamente la empresa cuando Ernesto Zedillo lo invitó a incorporarse a su gabinete como director de Banobras. Después fue nombrado secretario de Energía (1995-1997) y finalmente terminó su gestión como embajador en Washington (noviembre de 2000).

Luis Carlos Ugalde trabajó con él en la Secretaría de Energía (1996-1997) y en la embajada de México en Estados Unidos (1997-2001). En enero de 2001 Reyes Heroles regresó formalmente a tomar las riendas de su negocio como presidente ejecutivo de GEA. En realidad nunca estuvo desvinculado de su empresa. Dejó como encargados a un equipo encabezado por Mariano Ruiz Funes Macedo, quien fue director de la compañía de 1991 a enero de 2007, y a Guillermo Valdés Castellanos.

Ruiz Funes Macedo había trabajado en la Secretaría de Hacienda de 1983 a 1988 y en Banco Mexicano Somex de 1989 a 1990 y después se salió para irse a GEA. Valdés Castellanos tenía ya una larga experiencia en cuestiones de información política. Trabajó en la Presidencia de la República con Carlos Salinas de

Gortari, como director de estudios políticos y sociales (1989-1991). Su trabajo fue eficiente. Luis Donaldo Colosio se lo llevó a la Secretaría de Desarrollo Social como asesor en cuestiones sociales y políticas (1992-1993).

Para conformar su equipo en la administración pública, Reyes Heroles se llevó a Ugalde, Roberto Ortega Lomelín y Manuel López Bernal. Ortega Lomelín, actual coordinador ejecutivo de Pemex, ha trabajado con Reyes Heroles desde Banobras (1994) y como oficial mayor y secretario del Consejo de Administración de Pemex (1996-1997), cuando Reyes Heroles fue secretario de Energía. En el currículum de Ortega Lomelín llama la atención que es socio fundador de Grupo de Asesoría Estratégica, S. C., empresa de la que oficialmente formó parte de enero de 1998 a diciembre de 2006.

López Bernal trabajó también con Reyes Heroles en Banobras y posteriormente en Pemex cuando Reyes Heroles fue secretario de Energía. López Bernal tiene una gran cercanía y amistad con Ortega Lomelín. Según su currículum oficial, Reyes Heroles, Ortega Lomelín y Ruiz Funes fueron socios de la empresa Structura (2001-2006).

La cercanía de Calderón con GEA iba más allá de un contrato. "Quiero ser presidente de mi partido, pero estoy muy chavo y no me van a querer", decía, casi en llanto, Felipe Calderón en una cantina del centro de la ciudad de México, una tarde de diciembre de 1995.[2] "Estaban ahí, entre otros, Rodrigo Morales, amigo íntimo de Felipe y hoy consejero del IFE; Guillermo Valdés Castellanos, analista del Grupo de Economistas y Aso-

---

[2] Jorge Zepeda Patterson (coord.), *Los suspirantes*, México, Planeta 2006.

OPERACIONES PREVIAS

ciados; y Andrés Albo, hoy también consejero del IFE. 'Casi lloraba', recuerda Valdés. 'Felipe, si quieres, sí puedes', le animaban los ahí reunidos."

La boda de Ugalde con Lía parecía un asunto benéfico para los planes de Felipe Calderón a largo plazo, en los cuales figuraba de manera estratégica el GEA.

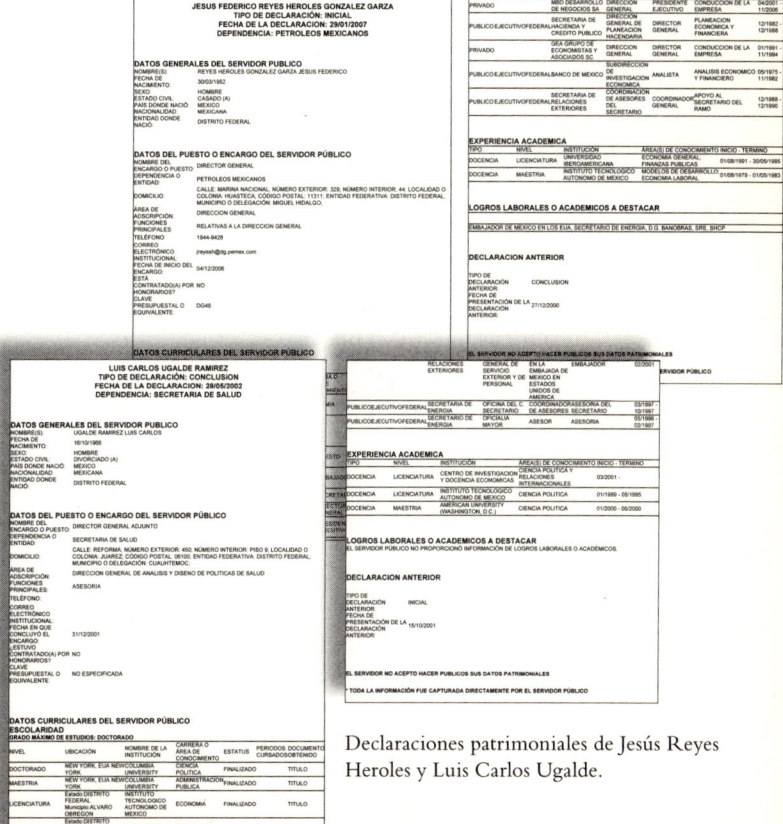

Declaraciones patrimoniales de Jesús Reyes Heroles y Luis Carlos Ugalde.

GUILLERMO VALDES CASTELLANOS
TIPO DE DECLARACIÓN: INICIAL
FECHA DE LA DECLARACIÓN: 08/03/2007
DEPENDENCIA: CENTRO DE INVESTIGACION Y SEGURIDAD NACIONAL

DATOS GENERALES DEL SERVIDOR PUBLICO

NOMBRE(S):	VALDES CASTELLANOS GUILLERMO
FECHA DE NACIMIENTO:	24/05/1955
SEXO:	HOMBRE
ESTADO CIVIL:	CASADO (A)
PAIS DONDE NACIÓ:	MEXICO
NACIONALIDAD:	MEXICANA
ENTIDAD DONDE NACIÓ:	JALISCO

DATOS DEL PUESTO O ENCARGO DEL SERVIDOR PÚBLICO

NOMBRE DEL ENCARGO O PUESTO:	DIRECTOR GENERAL
DEPENDENCIA O ENTIDAD:	CENTRO DE INVESTIGACION Y SEGURIDAD NACIONAL
AREA DE ADSCRIPCIÓN:	DIRECCIÓN GENERAL
FUNCIONES PRINCIPALES:	AREAS TECNICAS; ADMIN. DE UN ÓRGANO DESCONCENTRADO
FECHA DE INICIO DEL ENCARGO:	10/01/2007
ESTÁ CONTRATADO(A) POR HONORARIOS?	NO
CLAVE PRESUPUESTAL O EQUIVALENTE:	IC1

DATOS CURRICULARES DEL SERVIDOR PÚBLICO
ESCOLARIDAD
GRADO MÁXIMO DE ESTUDIOS: LICENCIATURA

NIVEL	UBICACIÓN	NOMBRE DE LA INSTITUCIÓN	CARRERA O ÁREA DE CONOCIMIENTO	ESTATUS	PERIODOS CURSADOS	DOCUMENTO OBTENIDO
LICENCIATURA	Estado:DISTRITO FEDERAL Municipio:ALVARO OBREGON	INSTITUTO TECNOLOGICO AUTÓNOMO DE MÉXICO	CIENCIAS SOCIALES	FINALIZADO		CERTIFICADO

EXPERIENCIA LABORAL

SECTOR PODER	AMBITO	INSTITUCIÓN O EMPRESA	UNIDAD ADMINISTRATIVA	PUESTO	FUNCIÓN PRINCIPAL	INGRESO - EGRESO
PUBLICO	EJECUTIVO	FEDERAL	SECRETARIA DE DESARROLLO SOCIAL	SUBSECRETARIA DE DESARROLLO URBANO Y VIVIENDA	ASESOR	DISEÑAR POLITICAS PÚBLICAS Y ASESORAR EN CUESTIONES SOCIALES Y POLITICAS	05/1992 - 12/1993
PRIVADO			GEA, GRUPO DE ECONOMISTAS Y ASOCIADOS, S.C.	ANÁLISIS POLÍTICO	SOCIO DIRECTOR	COORDINAR AREA POLITICA Y DESARROLLAR PROYECTOS	02/1994 - 12/2006
PUBLICO	EJECUTIVO	FEDERAL	PRESIDENCIA DE LA REPÚBLICA	UNIDAD DE LA CRÓNICA	DIRECTOR DE ESTUDIOS SOCIALES Y CRÓNICA POLITICOS	INVESTIGAR Y REDACTAR CAPÍTULOS DE LA PRESIDENCIAL	02/1989 - 05/1991

EXPERIENCIA ACADEMICA
EL SERVIDOR PÚBLICO NO PROPORCIONÓ INFORMACIÓN DE EXPERIENCIA ACADÉMICA.

LOGROS LABORALES O ACADEMICOS A DESTACAR
EL SERVIDOR PÚBLICO NO PROPORCIONÓ INFORMACIÓN DE LOGROS LABORALES O ACADÉMICOS.

DECLARACION ANTERIOR
EL SERVIDOR NO INDICÓ INFORMACIÓN DE LA DECLARACIÓN ANTERIOR.

EL SERVIDOR NO ACEPTO HACER PUBLICOS SUS DATOS PATRIMONIALES

* TODA LA INFORMACIÓN FUE CAPTURADA DIRECTAMENTE POR EL SERVIDOR PÚBLICO

Declaración patrimonial de Guillermo Valdés Castellanos.

PERFIL BIOGRÁFICO DE MANUEL LÓPEZ BERNAL
Secretario Ejecutivo
Manuel López Bernal
Viaducto Tlalpan 100, Col. Arenal Tepepan, 14610 México, D.F.
Oficina 5655-33-48 / 32 56 / 32 57
Dirección electrónica mlbernal@ife.org.mx

Se desempeñó como Director Ejecutivo de Administración del IFE, de febrero de 2004 a octubre de 2005.

Es licenciado en Derecho y Notario Público, Universidad de Guanajuato 1972. Diplomado en Administración Pública, Instituto Internacional de Administración Pública, Paris, Francia. 1973-1975. Estudia en Administración de la Educación. Oficina Internacional de la Educación. Ginebra, Suiza. 1975. Diplomado en Recursos Humanos para la Empresa Pública. Instituto Internacional de la Empresa Pública. Lyubliana, Yugoslavia. 1981. En los últimos años ha realizado diversos diplomados y cursos de especialización en Relaciones Laborales, Innovación, Recursos Humanos, Planeación Estratégica, Capacitación, Administración, Calidad, Six Sigma, Trabajo en Equipo y de Actualización Jurídica. El más reciente, sobre la aplicación de la Ley Federal de Transparencia y Acceso a la Información Pública Gubernamental.

En la administración pública se ha desempeñado como Asesor del Subsecretario y Director de Programación y Presupuesto de la Secretaría de Gobernación (1975-1976). Asesor del Subsecretario en la Secretaría de Educación Pública (1977-1978). Asesor del Subsecretario (1978-1979) y Asesor del Subsecretario (1978-1979) en la Secretaría del Patrimonio y Fomento Industrial. Secretario Particular del C. Secretario, en la Secretaría del Trabajo y Previsión Social (1981-1982). Con el rango de Oficial Mayor desempeñó los cargos de Contralor Interno (1982-1985) y Director General de Administración (1985-1988) en la Procuraduría General de la República. Gerente Jurídico Consultivo de Nacional Financiera (1989). Director Corporativo de Recursos Humanos y Organización en Banco Internacional Bital (1989-1993). Contralor Interno (1993-1994) y Magistrado, por designación del Senado de la República (1995) en el Tribunal Superior Agrario. Director Adjunto de Administración en Banco Nacional de Obras y Servicios Públicos, **Banobras** (1995-1996). Titular de la Unidad de Administración de la dependencia y Comisionado Especial para la Desincorporación del Sistema de Gas Natural de Monterrey de la CFE; Consejero Titular de las empresas Instalaciones Inmobiliarias para Industrias, S.A. de C.V. y Triple III Servicios, S.A. de C.V. y Consejero Suplente de las empresas petroquímicas: Cangrejera, Morelos, Pajaritos, Escolin, Tula, Cosoleacaque y Camargo en la Secretaría de Energía. Director General Adjunto en la Unidad de Inversiones en la Secretaría de Hacienda y Crédito Público. Subdirector de Administración y Finanzas en **Pemex** Petroquímica (1997-1998). Director Ejecutivo de Administración y Finanzas en el Instituto Mexicano del Petróleo (1999-2004).

Ha realizado actividades profesionales y académicas como Investigador Titular por Oposición, Instituto de Investigaciones Jurídicas, UNAM. Profesor Titular de la Facultad de Ciencias Políticas y Sociales de la UNAM. Profesor Titular de Historia Contemporánea de México en la Escuela Normal Primaria del Estado de Guanajuato. En el Estado de Guanajuato ocupó los cargos de Jefe del Departamento de Acción Cívica y Social de la Dirección General de Educación Pública de Estado y Jefe del Departamento de Registro y Control de Bienes del Gobierno Estatal; Jefe del Departamento de Escuelas Incorporadas de la Universidad de Guanajuato, Secretario Particular del Rector y Director de Acción Social y Cultural de dicha Universidad. Es autor de diversos ensayos de carácter jurídico y administrativo. Destacan sus participaciones en: Revista Mexicana de Prevención y Readaptación Social, Secretaría de Gobernación, El Sistema Penitenciario y Correccional en los Informes de Gobierno, Primera edición del Diccionario Jurídico Mexicano, Tomo II, Instituto de Investigaciones Jurídicas de la UNAM, La Reforma Jurídica de 1983 en la Administración de Justicia, Procuraduría General de la República, Política de Control Interno y Ombudsman en la Procuraduría General de la República, Memoria de la Reunión Nacional de Procuradores Generales de Justicia, 1986, Modernización Administrativa, Organización, Procedimiento y Desconcentración, la Reforma Jurídica de 1985 y 1986 en la Administración de Justicia, Procuraduría General de la República, 1987, El Reglamento de la Ley Orgánica de la Procuraduría General de la República, Colaborador en la Segunda Edición de "Las Empresas Públicas en México", Miguel Ángel Porrúa, S.A., 1983, Coordinación de las ediciones de los Informes de Labores de la Procuraduría General de la República, correspondientes a los períodos 1983 a 1986.

Asimismo ha recibido distinciones como el Premio al "Mejor Estudiante de México" otorgado por el Gobierno Federal y El Diario de México, por haber obtenido el promedio más elevado durante la carrera profesional en la Escuela de Derecho en la Universidad de Guanajuato y Reconocimiento del Instituto Internacional de Administración Pública de Paris, Francia, por haber ocupado uno de los tres primeros lugares de la generación en la Sección América Latina de su Institución.

Instituto Federal Electoral, Oficinas Centrales: Viaducto Tlalpan núm. 100
Col. Arenal Tepepan, Delegación Tlalpan, C.P. 14610, México, D.F.

Currículum oficial de Manuel López Bernal

La estrategia Zavala

Felipe tenía una relación con Ugalde por doble vía: una era a través de su ex jefe Reyes Heroles, la otra era su esposa Lía.

El 13 de febrero de 2004 Maricarmen Alanís Figueroa, la amiga de Lía, pasó de ser la directora ejecutiva de Capacitación Electoral y Educación Cívica del IFE a secretaria ejecutiva. Pero también en marzo de ese mismo año Lía y el consejero presidente del IFE se divorciaron.

Por supuesto, Ugalde puso en el cargo a María del Carmen porque no era una improvisada. Tenía 15 años de experiencia en materia electoral. Había trabajado 10 años en el Trife y cinco en el IFE. Quien conoce el instituto en su interior sabe que la secretaria ejecutiva es el cargo más importante del órgano electoral, en los hechos incluso más que el propio consejero presidente. En ese puesto recae la responsabilidad operativa en el día a día. Se encarga del registro federal de electores (padrón electoral y listado nominal), de la organización electoral, de las juntas locales ejecutivas y de las juntas locales distritales. En pocas palabras, se trata del brazo operativo que organizó la elección presidencial de 2006.

Sin embargo, como en toda estrategia interviene el factor humano, el 30 de septiembre de 2005, Alanís Figueroa renunció a la Secretaría Ejecutiva porque no se entendió con Manuel López Bernal, entonces director ejecutivo de Administración del IFE.

En noviembre de 2006, días antes de que Calderón asumiera formalmente la presidencia, pero con el poder del "presidente electo", Alanís Figueroa entró como magistrada al Trife, cargo en el que durará 10 años. En una carrera relámpago, el 6 de agosto de 2007, cuando Calderón y Margarita ya despachaban en Los

Pinos, fue nombrada presidenta del tribunal. Su presencia ahí es clave. El Trife es el órgano encargado de resolver las impugnaciones que se presenten en la elección federal de diputados y senadores y en la elección de presidente de la República. En ambos casos el Trife es el que declara la validez de la elección y entrega la constancia de mayoría al ganador.

Alanís Figueroa durará como presidenta del tribunal cuatro años, es decir, su periodo concluye en 2011. Bajo sus órdenes el Trife calificará las elecciones federales de 2009 para elegir a diputados y senadores. De acuerdo con la ley podría ser reelecta en el cargo cuatro años más. Si eso sucede en sus manos estaría la calificación de la elección presidencial de 2012, en la que Calderón pretende impulsar a su amigo, colaborador y confidente Juan Camilo Mouriño Terrazo.

La gestión de Alanís Figueroa no se prevé a salvo de compromisos. Para muestra un botón. Su actual coordinador general de asesores es Patricio Ballados Villagómez, de 36 años de edad. Ballados trabajó en 2001 con el panista Luis H. Álvarez —uno de los hombres que más ha apoyado y apoya la carrera política de Felipe Calderón— como director de investigación de estudios de la Coordinación para el Diálogo y la Negociación en Chiapas. También fungió como coordinador editorial (1996) en la revista *Voz y Voto*, fundada y dirigida por otro calderonista, Jorge Alcocer Villanueva.

El 19 de octubre de 2006 Calderón nombró a Alcocer "enlace legislativo del equipo de transición". Su tarea era mantener el contacto y las negociaciones de Calderón y su equipo con las fracciones parlamentarias del Congreso, rumbo a la toma de posesión que se veía casi imposible.

Operación GEA

La salida del IFE de María del Carmen Alanís Figueroa no desanimó a Calderón y su equipo. Toda una red de GEA ya estaba incrustada en los puestos clave del IFE. Manuel López Bernal, nombrado inicialmente por Ugalde director ejecutivo de administración del IFE, sustituyó a Alanís Figueroa y terminó de organizar la elección presidencial en 2006. Hombre de toda la confianza de Reyes Heroles y su equipo, obedeció más a los intereses del grupo que a los intereses de la sociedad.

El secretario particular de Ugalde era Alejandro Ríos Camarena Rodríguez, quien trabajó con Jesús Reyes Heroles y su equipo en Banobras y en la Secretaría de Energía. En esta última dependencia fungió como secretario particular de Reyes Heroles. Ríos Camarena se quedó los tres años en el IFE al lado de Ugalde, como una sombra.

Como parte de la red de GEA también estaba Rodrigo Morales Manzanares. Oficialmente se declara consultor externo de dicha empresa, aunque se afirma que también es socio. Tomó protesta como consejero del IFE el 3 de noviembre de 2003. Fue nombrado presidente de la Comisión del Registro Federal de Electores. Fue gerente de control presupuestal y pagos en Banobras en 1995, cuando Reyes Heroles era el director general de la institución.

Desde esta perspectiva, parecía que el consejero presidente del IFE estaba atado de manos. Ugalde tuvo poca oportunidad de colocar en puestos importantes a gente de su entera confianza, como Jaime Gutiérrez, su antiguo amigo de la infancia, a quien nombró coordinador administrativo de la Dirección Ejecutiva del Registro Federal de Electores. El puesto es clave porque desde ahí se controla el padrón electoral y el listado nominal con el que se vota en las elecciones federales. La elección que estaba en puerta era la presidencial del 2 de julio de 2006.

En su paso por el IFE, Gutiérrez previno a Ugalde sobre posibles maniobras en el instituto. Jaime Gutiérrez estaba bajo las órdenes directas de López Bernal. Se encargó de hacer la primera auditoría al Registro Federal de Electores y limpió la casa. Aunque también había trabajado dos meses en la Secretaría de Energía con Reyes Heroles, no era incondicional de él ni de su grupo.

Sobre el escritorio de Jaime Gutiérrez estuvieron los borradores de los contratos con la empresa Sagem, de la cual era subcontratista Diego Hildebrando Zavala Gómez del Campo, hermano de la hoy primera dama. Como no tenía claro con qué intereses y quién estaba detrás de esos contratos, se negó a firmarlos. Finalmente Gutiérrez salió del IFE.

En lugar de Jaime Gutiérrez llegó Alfredo Bouchot Alfaro, quien, como López Bernal, había trabajado con Reyes Heroles y Roberto Ortega Lomelín. Él era el rostro de la Coordinación Administrativa de la Dirección Ejecutiva del Registro Federal de Electores, pero, como él no se metía, Manuel López Bernal era quien desde su cargo como director ejecutivo de Administración del IFE tenía el control de esa coordinación. López Bernal no está en el IFE desde marzo de 2008.

Ya sin Jaime Gutiérrez se concretaron los contratos con Sagem, que un mes antes de las elecciones del 2 de julio de 2006 fueron revelados por la Coalición por el Bien de Todos. Con la salida de sus hombres, Luis Carlos quedó debilitado. El grupo GEA se comió al IFE.

PATRICIO BALLADOS VILLAGÓMEZ
TIPO DE DECLARACIÓN: CONCLUSION
FECHA DE LA DECLARACIÓN: 28/05/2002
DEPENDENCIA: SECRETARIA DE GOBERNACION

DATOS GENERALES DEL SERVIDOR PUBLICO
- **NOMBRE(S):** BALLADOS VILLAGÓMEZ PATRICIO
- **FECHA DE NACIMIENTO:** 01/04/1972
- **SEXO:** HOMBRE
- **ESTADO CIVIL:** SOLTERO (A)
- **PAÍS DONDE NACIÓ:** MEXICO
- **NACIONALIDAD:** MEXICANA
- **ENTIDAD DONDE NACIÓ:** DISTRITO FEDERAL

DATOS DEL PUESTO O ENCARGO DEL SERVIDOR PÚBLICO
- **NOMBRE DEL ENCARGO O PUESTO:** DIRECTOR DE AREA
- **DEPENDENCIA O ENTIDAD:** SECRETARIA DE GOBERNACION
- **DOMICILIO:** CALLE: HAMBURGO; NÚMERO EXTERIOR: 135; NÚMERO INTERIOR: 3; LOCALIDAD O COLONIA: JUAREZ; CÓDIGO POSTAL: 06600; ENTIDAD FEDERATIVA: DISTRITO FEDERAL; MUNICIPIO O DELEGACIÓN: CUAUHTEMOC;
- **ÁREA DE ADSCRIPCIÓN:** COORDINACION PARA EL DIALOGO Y LA NEGOCIACION EN CHIAPAS
- **FUNCIONES PRINCIPALES:** INVESTIGACION Y ESTUDIOS
- **TELÉFONO:** 52 09 88 94
- **CORREO ELECTRÓNICO INSTITUCIONAL:** -
- **FECHA EN QUE CONCLUYÓ EL ENCARGO:** 31/08/2001
- **¿ESTUVO CONTRATADO(A) POR SI HONORARIOS?:** -
- **CLAVE PRESUPUESTAL O EQUIVALENTE:** NO ESPECIFICADA

DATOS CURRICULARES DEL SERVIDOR PÚBLICO
ESCOLARIDAD
GRADO MÁXIMO DE ESTUDIOS: MAESTRIA

NIVEL	UBICACIÓN	NOMBRE DE LA INSTITUCIÓN	CARRERA O ÁREA DE CONOCIMIENTO	ESTATUS	PERIODOS CURSADOS	DOCUMENTO OBTENIDO
MAESTRIA	REINO UNIDO LONDRES ALDWITCH	LONDON SCHOOL OF ECONOMICS AND POLITICAL SCIENCE	CIENCIA POLITICA	FINALIZADO		TITULO
LICENCIATURA	Estado:DISTRITO FEDERAL Municipio:COYOACAN	UNIVERSIDAD NACIONAL AUTONOMA DE MEXICO	DERECHO	FINALIZADO		TITULO

EXPERIENCIA LABORAL

SECTOR PODER	AMBITO	INSTITUCIÓN O EMPRESA	UNIDAD ADMINISTRATIVA	PUESTO	FUNCIÓN PRINCIPAL	INGRESO EGRESO
PRIVADO		CONSULTIVA S.A. DE C.V.	CONSULTORIA	CONSULTOR ASOCIADO	CONSULTORIA Y ANALISIS	07/1996 - 12/2000
PUBLICO	EJECUTIVO FEDERAL	INSTITUTO FEDERAL ELECTORAL	DIRECCION EJECUTIVA DE CAPACITACION ELECTORAL Y	SUBDIRECTOR DE APOYO TECNICO	ASESORIA JURIDICA Y SEGUIMIENTO DE COMISION	11/1996 - 05/1998
PRIVADO		NUEVO HORIZONTE EDITORES	REVISTA VOZ Y VOTO	COORDINADOR EDITORIAL	COORDINAR EL PROCESO EDITORIAL	01/1996 - 11/1996

EXPERIENCIA ACADEMICA

TIPO	NIVEL	INSTITUCIÓN	AREA(S) DE CONOCIMIENTO	INICIO - TERMINO
DOCENCIA	LICENCIATURA	UNIVERSIDAD NACIONAL AUTONOMA DE MEXICO	DERECHO	03/2000 -

LOGROS LABORALES O ACADEMICOS A DESTACAR
ENTRENADOR DEL EQUIPO QUE OBTUVO EL PRIMER LUGAR A NIVEL INTERNACIONAL DEL CONCURSO PHILIP C. JESSUP

DECLARACION ANTERIOR
- **TIPO DE DECLARACIÓN ANTERIOR:** CONCLUSION
- **FECHA DE PRESENTACIÓN DE LA DECLARACIÓN ANTERIOR:** 23/07/1998

EL SERVIDOR ACEPTO HACER PUBLICOS SUS DATOS PATRIMONIALES

DATOS PATRIMONIALES.- INGRESOS MENSUALES NETOS

POR CARGO PÚBLICO	32645
POR ACTIVIDAD INDUSTRIAL O COMERCIAL	
POR ACTIVIDAD FINANCIERA	
POR SERVICIOS PROFESIONALES	3500
OTROS	
TOTAL	36145

1.-LOS DATOS CORRESPONDEN A LA FECHA DE CONCLUSION DEL ENCARGO
2.-SÓLO SE INCLUYEN LOS INGRESOS DEL SERVIDOR PÚBLICO.
NO SE INCORPORAN LOS DEL CÓNYUGE Y DEPENDIENTES ECONÓMICOS.

DATOS PATRIMONIALES.- BIENES INMUEBLES
EL SERVIDOR PÚBLICO NO PROPORCIONÓ INFORMACIÓN DE BIENES INMUEBLES A SU NOMBRE.

DATOS PATRIMONIALES.- VEHÍCULOS

TIPO DE OPERACIÓN	MARCA	TIPO	MODELO	FORMA DE OPERACIÓN	VALOR DE LA OPERACIÓN	MONEDA	FECHA
INCORPORACION	FORD	EXPLORER	1999	CONTADO	180000	PESOS MEXICANOS	01/10/2000

1.-LOS DATOS CORRESPONDEN A LA FECHA DE CONCLUSION DEL ENCARGO
2.-SÓLO SE PROPORCIONAN LOS VEHÍCULOS QUE REPORTÓ EL SERVIDOR PÚBLICO A NOMBRE DEL DECLARANTE O DEL DECLARANTE Y SU CÓNYUGE.
NO SE INCLUYEN LOS BIENES DECLARADOS A NOMBRE DE SU CÓNYUGE, SUS DEPENDIENTES ECONÓMICOS O DE OTROS.

DATOS PATRIMONIALES.- BIENES MUEBLES
EL SERVIDOR PÚBLICO NO PROPORCIONÓ INFORMACIÓN DE BIENES MUEBLES A SU NOMBRE.

DATOS PATRIMONIALES.- INVERSIONES

TIPO DE OPERACION	TIPO DE INVERSIÓN	SALDO	MONEDA
INCORPORACION	BANCARIA	24360	PESOS MEXICANOS

1.-LOS DATOS CORRESPONDEN A LA FECHA DE CONCLUSION DEL ENCARGO
2.-LOS DATOS CORRESPONDEN A LAS CUENTAS REPORTADAS POR TIPO DE INVERSIÓN Y MONEDA.
3.-SÓLO SE INCORPORA LA INFORMACIÓN REPORTADA DE CUENTAS E INVERSIONES A NOMBRE DEL DECLARANTE Y DEL DECLARANTE Y SU CÓNYUGE.
NO SE INCLUYEN LAS QUE ESTÁN A NOMBRE DEL CÓNYUGE, DEPENDIENTES ECONÓMICOS O DE OTROS.

DATOS PATRIMONIALES.- ADEUDOS
EL SERVIDOR PÚBLICO NO PROPORCIONÓ INFORMACIÓN DE ADEUDOS A SU NOMBRE.

* TODA LA INFORMACIÓN FUE CAPTURADA DIRECTAMENTE POR EL SERVIDOR PÚBLICO

Declaración patrimonial de Patricio Ballados Villagómez.

Declaraciones patrimoniales de Alejandro Ríos Camarena y Alfredo Bouchot Alfaro.

2 DE JULIO

En junio de 2006, cuando estalló el escándalo de que Diego Hildebrando había participado indirectamente en un contrato con el IFE para detectar registros múltiples y fraudes de identidad en el registro nacional, el primero que salió a defenderlo fue López Bernal. Negó que Hildebrando tuviera alguna participación "directa o indirecta" con los trabajos de implementación y operación del Programa de Resultados Electorales Preliminares (PREP). En estricto sentido eso era real, pero el IFE sí tenía relación indirecta con el cuñado del candidato presidencial del PAN, en lo que se refiere al Padrón Electoral.

A una semana de la elección presidencial del 2 de julio, Luis Carlos Ugalde intentó apagar el fuego dando a conocer los resultados de una auditoría solicitada por los partidos políticos de oposición sobre los contratos firmados por el IFE. "La auditoría externa debe ser, en términos reales, el fin de esta historia, en donde queda plenamente demostrado que no ha existido operación alguna, contrato alguno, ni relación alguna entre el IFE y esta empresa y el señor Zavala desde hace más de 10 años", afirmó el ex colaborador de Reyes Heroles el 26 de junio de 2006.

Un día después, el 27 de junio, la tormenta reinició cuando la periodista Carmen Aristegui, en su noticiero radiofónico matutino, dio a conocer una página de internet en donde se tenía acceso al padrón electoral y en la cual aparecían mapas de ubicación de electores hechas por el PAN. Se presumió que Diego Hildebrando Zavala estaba detrás del uso que el PAN hacía del padrón electoral. Esa vez le tocó a otro hombre de GEA entrar al quite, el consejero Morales Manzanares: "Tajantemente diría no, no hay crisis en términos de la credibilidad de este instrumento [...], simplemente ofrece datos respondiendo a una consulta puntual, pero no hay modo de que se afecte la integralidad de la base de datos".

Con todas esas dudas llegó el día de la elección presidencial. Años de planeación, operación cochinita, operación GEA y por supuesto la operación Los Pinos iba a dar su resultado, "haiga sido como haiga sido", diría Felipe Calderón Hinojosa.

Quienes conocen a Calderón afirman que tiene su lista de amados y odiados, y quien entra en una de las dos listas es muy difícil que salga. Tan grande habrá sido la ayuda prestada por Reyes Heroles al actual presidente de la República que, sin mucha sorpresa, fue nombrado director de Pemex en diciembre de 2006. Toda su gente quedó en puestos. A Guillermo Valdés Castellanos lo nombró director general del Centro de Investigación y Seguridad Nacional (Cisen), otro sitio clave en cuanto a información política se refiere. Incluso Ugalde tuvo su premio.

Al final el equipo de Calderón no quedó muy contento con el papel que hizo Ugalde el 2 de julio, porque se negó a salir a dar un ganador o a dar las cifras del programa de preliminares.

La ayuda prestada por Vicente Fox a la campaña de Calderón tuvo efecto. Pese a las presiones de la opinión pública y al alarde del equipo del actual presidente de que iban a encarcelar por lo menos a Manuel Bribiesca Sahagún, la posibilidad de ver a algún Fox o a algún Sahagún sancionado se ha ido diluyendo.

No sólo por gratitud, claro. Quienes participaron en la operación de la campaña desde Los Pinos señalan que la ex pareja presidencial se llevó consigo algunos documentos comprometedores que delatarían la operación del Estado a favor de la campaña de Calderón, no sólo con recursos humanos, sino también con recursos del erario. Así comenzó el sexenio de Felipe Calderón Hinojosa, un mal presagio de lo que pasaría después.

CAPÍTULO 2

Don Carlos

Ese día el patriarca de la familia Mouriño-Terrazo, Manuel Carlos Mouriño Atanes, gallego de 65 años, de estatura media, complexión gruesa y vientre voluminoso, estaba preocupado.

Hacía apenas unos días el presidente Felipe Calderón acababa de regresar de su visita de Estado a España, en donde estuvo del 11 al 15 de junio de 2008. Todo había salido de maravilla. El presidente se había sentido mejor que en casa. Allá todos le aplaudieron y lo alabaron. Hasta el rey Juan Carlos I le brindó su apoyo en la lucha contra el narcotráfico: "Contáis con el pleno apoyo de España en la valerosa lucha contra el narcotráfico que habéis emprendido desde el comienzo de vuestro mandato", dijo don Juan Carlos ceremonioso en el palacio real de Madrid ante un Calderón emocionado.

Los acuerdos económicos se afianzaron. El rey hizo hincapié en que México se ha consolidado como primer destino de la exportación española a Iberoamérica y que el intercambio comercial logró su máximo histórico el año pasado.

Pese a todo, el padre del secretario de Gobernación, Juan Camilo Mouriño Terrazo, generalmente más dado a las bromas que a la preocupación, estaba francamente alarmado. Contó a sus allegados que se había reunido con Felipe durante la gira en la madre patria y que había notado que el presidente estaba muy distraído, distante y quizá bebiendo un poco más de lo habitual.

Si Mouriño Atanes está abrumado tal vez se deba a que es "amigo" del presidente, como él mismo señala. O quizá por los millones que invirtió en su campaña presidencial y que seguramente espera recuperar de un modo u otro. Con su "amigo" distraído en otras cosas sería difícil lograrlo.

Fuentes allegadas a Grupo Energético del Sureste (GES) corroboraron que Manuel Carlos Mouriño Atanes, ante todo un hombre de negocios, había dado "muchos" millones a la campaña presidencial de Felipe Calderón. Donativos muy por arriba de los topes de campaña estipulados por el IFE, que no permite más de un millón de pesos por persona física.

En una entrevista que le hice en enero de 2006, en sus oficinas de la calle de Sacramento, colonia del Valle, ciudad de México, Juan Camilo Mouriño —entonces coordinador operativo de la campaña presidencial de Calderón— dio otra versión: "Mi aportación es en especie, de forma voluntaria. Durante un tiempo Felipe utilizó un vehículo que era mío, no estamos participando económicamente porque no queremos mezclar las cosas y que se entienda que es el tipo de apoyo que le estamos dando a Felipe, no hay ninguna aportación económica a Felipe", afirmó.

Sin embargo, de acuerdo con la información proporcionada por personas muy cercanas a Mouriño Atanes, el ánimo de apoyar al amigo y jefe de su hijo fue más allá. No sólo le dio dinero suyo, sino que también le consiguió dinero de otros. Se afirma que el padre de Juan Camilo logró convencer a varios empresarios españoles de aportar dinero a la campaña de Calderón, aunque eso estuviera en contra del Código Federal de Instituciones y Procedimientos Electorales (Cofipe).

Por supuesto en los informes del financiamiento a la campaña de Felipe Calderón que se entregaron al IFE, el candidato del PAN recibió sólo 492 610 pesos en aportaciones en efectivo de simpatizantes y 287 674 pesos en especie de militantes. Su mayor financiamiento supuestamente fue por el Comité Ejecutivo Nacional de su partido, que aportó a la campaña 518 701 992 pesos. El CEN trianguló los grandes donativos de empresarios, como los del todopoderoso Carlos Slim; Roberto Servitje y su familia, de Grupo Bimbo; los Escandón Cusi, de Nacional de Drogas; los Garza Sada, entre otros. Juan Camilo Mouriño Terrazo oficialmente sólo donó al PAN 1 500 pesos el 21 de enero de 2005, aunque extraoficialmente personas de sus empresas señalen otra cosa.

No sería la primera vez que este tipo de donativos se niegan de manera oficial. Ése fue el caso de Amigos de Fox, en el que el candidato presidencial Vicente Fox recibió en 1999 y 2000 dinero para su campaña a través de un financiamiento paralelo oculto. De acuerdo con la investigación del IFE, no sólo tuvo donativos de mexicanos que rebasaban el tope permitido, sino también donativos provenientes del extranjero. Incluso, ha señalado el ex consejero del IFE Jaime Cárdenas, uno de los encargados de analizar las cuentas de Amigos de Fox, también se detectaron recursos provenientes de Miami de grupos anticastristas.

Lo que es un hecho para quienes vivieron por dentro la campaña de Calderón es que en diciembre de 2005 no tenía dinero para continuar su campaña, y a partir de febrero de 2006 el tema monetario nunca volvió a ser preocupación en el equipo ni en las reuniones de trabajo que durante toda la campaña sostuvieron con la Presidencia de la República.

Alumno de Hank

Manuel Carlos Mouriño Atanes nació el 5 de marzo de 1943 en Vigo, Pontevedra, en la región de Galicia. Más allá de los socorridos chistes sobre gallegos, Mouriño Atanes es un hombre astuto, "con chispa", de trato fino y muy bueno para las relaciones públicas.

Resultó mucho más exitoso como contratista y franquiciatario de Pemex que como dueño del equipo de futbol Real Celta de Vigo, del cual en 2006 compró el 40 por ciento de las acciones por 4 millones de euros. Si manejara sus relaciones políticas en México como maneja allá el fútbol, seguramente ya estaría quebrado. Cuando se hizo del equipo estaba en primera división, ahora está en segunda. Los aficionados no van a los partidos y la organización atraviesa por una severa crisis financiera que podría costarle a Mouriño Atanes la descomunal cifra de 11 millones de euros (165 millones de pesos).[1]

Este hombre ha practicado en los últimos 23 años una fórmula de negocios dolosamente opaca y enredosa —para dificultar la rendición de cuentas—, plagada de inconsistencias y mentiras que, en un país como México donde todo se resuelve con dinero y relaciones políticas, hasta ahora le ha dado resultado. Investigar el mundo de los negocios de los Mouriño ha significado meterse en un río de agua turbia.

Don Carlos, como lo llaman en Campeche, proviene de una familia de clase media del área rural de Ourense. Se casó en el puerto de Vigo, donde vivió su juventud, con María de los

---

[1] Antonio Saborido, "Mouriño corre el riesgo de perder un aval personal de 11 millones de euros", *La Voz de Galicia*, Coruña, 3 de julio de 2008.

Ángeles Terrazo Blanco, originaria de Avión.[2] De buen trato, doña Gely, como la llaman sus amigos, es siete años menor que su esposo. Nació el 3 de mayo de 1950, según su acta de nacimiento, en el Hospital Español de la ciudad de México, hija de españoles naturalizados mexicanos. En honor a ella, los Mouriño tienen una hermosa finca a las afueras de la ciudad de Campeche llamada Villa Gely.

El matrimonio Mouriño-Terrazo tuvo tres hijos: Carlos, nacido el 21 de septiembre de 1970 en Vigo, Pontevedra; Juan Camilo, nacido el 1º de agosto de 1971 en Madrid, y María de los Ángeles, nacida el 25 de mayo de 1975, también en Madrid, a quien su familia llama Marian.

Antes de emigrar a México, Mouriño Atanes trabajó como auxiliar administrativo en una agencia de viajes y fue vendedor de accesorios para autos. En Madrid fue jefe de administración de la fábrica de productos metálicos Riomiño y gerente de la firma estadounidense Nautrónica.[3] A finales de la década de 1970 Mouriño Atanes viajó a México con su esposa y sus tres hijos, como quien llega a la tierra prometida.

No eran tiempos de vacas gordas. Mouriño Atanes llegó primero a la ciudad de México a probar fortuna en hoteles que eran propiedad de familiares de su esposa. No eran hoteles de lujo, más bien segundones circunvecinos a la sede nacional del PRI en Insurgentes norte, muy cerca de la vieja estación de trenes Buenavista. Unos dicen que llegó a los hoteles para administrarlos,[4] otros para tender camas. Las dos versiones coinciden en que era un hombre sin capital.

[2] *Faro de Vigo*, Vigo, 18 de mayo de 2006.
[3] *Ibid*.
[4] *Contenido*, 539.

En fiestas organizadas en esos hoteles por la clase política del PRI se presume que conoció al legendario y polémico líder del Grupo Atlacomulco, Carlos Hank González, ex gobernador del Estado de México y ex regente del Distrito Federal, cuya fortuna, cinismo y prácticas de corrupción le ganaron un lugar en la historia negra de México. Desde 1964 el priísta, que acuñó la frase "un político pobre es un pobre político", ya era dueño de una de las principales empresas transportistas de hidrocarburos para Pemex.[5]

Cuando los Mouriño-Terrazo decidieron emigrar a Campeche, Rafael Rodríguez Barrera estaba terminando su periodo de gobernador (1973-1979). Al poco tiempo Hank González impuso como mandatario —según narra Enrique Pastor Cruz Carranza, cronista político de Campeche y uno de los periodistas que mejor han seguido los pasos de la familia Mouriño— al ingeniero Eugenio Echeverría Castellot.

LLEGANDO A CAMPECHE

"Ellos venían de la ciudad de México de manejar una cadena de hoteles, propiedad de la familia de María de los Ángeles Terrazo, destacándose unos que están entre Orozco y Berra, hoteles de segunda y tercera categoría alrededor de la zona centro, de las sedes de la CTM. Ahí se presume que se dieron los primeros vínculos de relación entre el señor y algunos líderes obreros", narra Cruz Carranza en una entrevista que le hice.

"Cuando ellos aparecen en Campeche se habla indiscutiblemente de una afinidad política con Jorge Carpizo McGregor,

[5] *La Jornada*, México, 19 de agosto de 2001.

porque el señor Mouriño empieza a tener participación en cuestiones de transporte de petróleo, de gasolina, cuando era una actividad que estaba completa y totalmente acaparada por los transportes de Carlos Hank González. Jorge Carpizo McGregor —afirma— representaba en Campeche, en el sureste del país, los intereses políticos y económicos de Hank González."

Cruz Carranza señala que Hank González, con la ayuda de su amigo el presidente José López Portillo, impuso como gobernador de Campeche al ingeniero Eugenio Echeverría Castellot, salido del Comité Administrador del Programa Federal de Construcción de Escuelas (CAPFCE) de Toluca. Gobernó la entidad de 1979 a 1985. Es padre de Arcadio Echeverría Lanz —uno de los mejores amigos de Juan Camilo Mouriño—, quien actualmente trabaja en la Segob como coordinador de eventos y administrador del titular de la entidad.

"Su misión fundamental era terminar de una vez y para siempre con el cacicazgo de Carlos Sansores Pérez (gobernador de Campeche de 1967 a 1973) y el control político que se extendía al estado de Yucatán, con su seguidor Víctor Cervera Pacheco.

"Para ese tenor se requería un contrapeso ideológico que combatiera la tendencia de esos dos gobernadores con formación nacionalista —en ese entonces considerados populacheros—, y es cuando aparece Carlos Castillo Peraza en el sureste, recomendado por Jorge Carpizo y el ex gobernador Rafael Rodríguez Barrera, amigo entrañable de Carpizo. En términos muy coloquiales se dice que fueron inseparables, para dejarlo ahí a la imaginación.

"Estamos situados a principios de los años ochenta. Surge Carlos Castillo Peraza; se crea el *Diario de Campeche* —que se maquilaba en los talleres del *Diario de Yucatán*—, al frente estaba el que siempre fue el corresponsal en Campeche del *Diario de Yucatán*, el señor José Luis Llovera Baranda", narra el cronista Enrique Pastor Cruz Carranza.

Aunado al testimonio de Cruz Carranza, pude corroborar que en 1986, cuando ocurrió un problema poselectoral en Chihuahua porque presuntamente le arrebataron el triunfo a Francisco Barrio, el entonces líder nacional del PAN, Luis H Álvarez caminó desde Chihuahua hasta la ciudad de México. Carlos Castillo Peraza, quien ya era militante del PAN, hizo la cobertura de la caravana para el *Diario de Yucatán*.

"Castillo Peraza llegó a vivir al hotel Baluartes, del señor Álvaro Arceo Corchera, y desde ahí combatió al sansorismo. Aunque en la hemeroteca de la Universidad de Campeche no hay registro ni antecedentes del *Diario de Campeche*, la sociedad sí tiene memoria de la existencia de ese periódico.

"Había un restaurante enfrente del palacio de gobierno que se llamaba El 303, un restaurantito donde se reunía Castillo Peraza con sus colaboradores; tenían una gran afición por el ron. Ahí prácticamente se elaboraba la agenda de combate, que provocó que mucha gente que estaba vinculada con el sansorismo fuera expulsada del estado de Campeche, sobre todo en el aspecto magisterial. El inseparable asistente de Carlos Castillo Peraza era Felipe Calderón, un jovencito que lo asistía y lo acompañaba en todo", recuerda el cronista.

Calderón también llegó a hospedarse en el hotel Baluartes y era común —dicen en Campeche— verlo caminar en las noches al lado de su maestro Castillo Peraza. Los dos militantes del PAN se habían conocido en la organización Acción Católica de la Juventud Mexicana (ACJM). Felipe tenía unos 18 años. Su padre, Luis Calderón Vega, había formado parte de la Unión Nacional de Estudiantes Católicos, organismo antecesor de la ACJM.

Por otra parte, los mejores tiempos para Manuel Carlos Mouriño estaban por venir y llegaron cuando su amigo Abelardo Carrillo Zavala fue gobernador de Campeche (1985-1991).

El hombre de las paellas

"Los Mouriño enfrentaron algunas vicisitudes. No pegaba el negocio de la gasolina, no había éxito, tenían conflictos económicos. Incluso hubo un momento en que estuvieron a punto de irse del estado —relata Cruz Carranza en entrevista—. Llegaron con una situación económica apretada, pero con las posibilidades de crecer por la concesión gasolinera. Se hablaba de que se las había dado Carlos Hank González.

"Estaban a punto de retirarse del negocio de la gasolina y de incursionar en el ámbito pesquero en Baja California, donde otros familiares de la esposa les estaban ofreciendo trabajo, porque la ayuda económica que recibía de México ya la familia no estaba dispuesta a darla. El señor tenía problemas, incluso estaba a punto de ser encarcelado por emitir cheques sin fondos; sus socios lo demandaron —afirma el cronista de Campeche—. Pero hay algo que aflora, dicen en el futbol que portero que no tiene suerte no es portero, y en la vida, aventurero que no tiene buena suerte no es aventurero. El señor Mouriño, a diferencia de su hijo, es un hombre con chispa, cae bien, de buenos tratos, cortés, caballeroso y simpático. Tan agradable que fue capaz de ganarse la aceptación de la siempre apretada sociedad campechana.

"Se presumía que era él quien llevaba paella a las casas. Se metió en el ánimo de la gente. No era muy común que en un lugar donde todos eran indios y mestizos un hombre blanco, alto, de ojos azules, se metiera a tu cocina a hacerte paella —narra Cruz Carranza—. Eso para la vanidad burguesa fracasada de mis paisanos era algo muy grande."

Los campechanos recuerdan que los Mouriño primero llegaron a Campeche sin casa propia. Poco tiempo después mandaron construir una en Avenida Justo Sierra número 326, en la colonia San Román, en su momento una de las mejores de la ciudad.

"Toda la sociedad campechana hacía cola para ir a sus fiestas. Por cierto muy buenas —señaló en entrevista un importante empresario de la entidad—. Pese a que en Campeche somos muchos extranjeros, o hijos de extranjeros, es una sociedad muy cerrada. Para los campechanos todos los que venimos de afuera venimos a saquear."

La casa sigue siendo propiedad de ellos hasta ahora y es el domicilio oficial de Juan Camilo Mouriño.

El origen de la fortuna

La primera empresa que Mouriño Atanes fundó, contrario a lo que se piensa, no fue Transportes Especializados Ivancar, S. A. de C. V., sino Diesel y Lubricantes Industriales, S. A. de C. V., en 1979.

De acuerdo con la constancia obtenida en el Registro Público de la Propiedad de Campeche, su objeto social principal es la comercialización de gasolinas y diesel suministrados por Pemex Refinación, así como la comercialización de aceites y lubricantes. Quedó inscrita en el registro mercantil de Campeche el 19 de junio de 1979, con el folio 340.

La empresa, aunque poco mencionada, no ha estado exenta de escándalos. En el año 2000 la Cámara Nacional de la Indus-

FOLIO DE MERCANTILES / FOLIO DE MUEBLES

Página 1 de 2
Fecha y hora de impresión:
26-03-2008 12:57:30

DATOS GENERALES

Folio 340 **1** **RFC / No. de Serie** 01 **Fecha de Registro** 19-06-1979
Antecedentes LIBRO III SECC. I SOC. Y PODERES, TOMO XVII, REGISTRO 2222

Nombre o Denominación Social / DIESEL Y LUBRICANTES INDUSTRIALES S.A. DE C.V.
Especie del bien

Duración 50 **Giro** 99 CONSTRUCCION

Domicilio /
Ubicación CAMPECHE

C.P. 0 **Edo** 4 CAMPECHE **Municipio** 12 NO CONSTA

Objeto / Descripción del bien

EL OBJETO PRINCIPAL DE LA SOCIEDAD SERÁ LA COMERCIALIZACIÓN DE GASOLINAS Y DIES SUMINISTRADOS POR PEMEX-REFINACIÓN, ASÍ COMO LA COMERCIALIZACIÓN DE ACEITES LUBRICANTES MAI PEMEX.LA SOCIEDAD OBSERVARÁ LO DISPUESTO EN LA LEY MEXICANA EN MATERIA DE INVERSIÓN EXTRAN. Y LA LEY DE LA PROPIEDAD INDUSTRIAL RESPECTO A LOS CAPÍTULOS SECRETO INDUSTRIAL, MARCAS Y NOMBRES COMERCIALES, LICENCIA Y TRANSMISIÓN DE DERECHOS, ASÍ COMO POLÍTICAS Y LINEAMIENTOS OPERACIÓN EN A FRANQUICIA PEMEX, PARA LOS SIGUIENTES OBJETOS A).- OPERAR COMO EMPRESA CONTROLADORA, DE TODO TIPO DE SOCIEDADES, POR LO CUAL SE DEDICARÁ A PROMOVER CONSTRUIR, ADMINISTRAR, ORGANIZAR, EXPLORAR Y LIQUIDAR Y TOMAR PARTICIPACIÓN EN EL CAPITAL Y PATRIMON: DE TODO GENERO DE SOCIEDADES MERCANTILES, CIVILES, ASOCIACIONES O SOCIEDADES, EMPRESAS INDUSTRIALES, COMERCIALES O DE SERVICIOS O DE CUALQUIER OTRA ÍNDOLE Y DE MANERA ENUNCIATIV MAS NO LIMITATIVAMENTE TAMBIÉNB).- PODRÁ EJECUTAR TODA CLASE DE ACTOS DE COMERCIO, PUDIEND COMPRAR O VENDER TODA CLASE DE ARTÍCULOS Y MERCANCÍAS NECESARIOS PARA EL FUNCIONAMIENTO DE FINES SOCIALES. CELEBRAR TODA CLASE DE OPERACIONES, ACTOS CONTRATOS O CONVENIOS, MERCANTILI CIVILES, FIDEICOMISOS, NECESARIOS PARA LA REALIZACIÓN DE SU OBJETO DE SOCIAL Y EL OTORGAMIE DE TODO TIPO DE DOCUMENTOS DE MANERA ESPECIAL QUE FUEREN NECESARIOS PARA LA REALIZACIÓN DE OBJETOS ANTES INDICADOS.C).- EN CASO DE VENTA, CESIÓN, TRANSMISIÓN TOTAL O PARCIAL DE ACCIONES, AMPLIACIÓN O REDUCCIÓN DE CAPITAL O MODIFICACIÓN DE LA ESTRUCTURA ACCIONARÍA, EL FRANQUICIATARIO Y/O LA SOCIEDAD SE OBLIGA A NOTIFICARLO POR ESCRITO A PEMEX POR ESCRITO A PEMEX REFINACIÓN DENTRO DE LOS QUINCE DÍAS NATURALES ANTERIORES A LA REALIZACIÓN DE ALGUNA ESTAS CIRCUNSTANCIAS, EN LA INTELIGENCIA DE QUE PEMEX REFINACIÓN SE RESERVA EL DERECHO DE APROBAR LA OPERACIÓN.E).- INSTALAR, ADMINISTRAR, OPERAR GASOLINERAS, COMERCIAR CON LA GASOLINA, DIESEL, ACEITES LUBRICANTES MARCA PEMEX Y SUS DERIVADOS DIRECTOS E INDIRECTOS, E TODAS SUS CLASES, FORMAS, TIPOS, ESTRUCTURAS Y ESPECIES.F).- SOLICITAR EL SERVICIO DE TRANSPORTACIÓN Y DISTRIBUCIÓN, DE GASOLINA, DIESEL, ACEITES Y LUBRICANTES, SUS DERIVADOS DIRECTOS E INDIRECTOS EN TODAS SUS CLASES, FORMAS TIPOS, ESTRUCTURAS O ESPECIES. G).- LA INSTALACIÓN Y OPERACIÓN POR CUENTA PROPIA Y AJENA DE RESTAURANTES, LONCHERÍAS Y DE CUALQUII OTRO TIPO DE ESTABLECIMIENTO EN DONDE SE COMERCIE CON ALIMENTOS Y BEBIDAS, ASÍ COMO EXPEND: DE DULCES, GOLOSINAS Y REFRESCOS.H).- PROMOVER, ORGANIZAR ADMINISTRAR, ADQUIRIR O ENAJENAI INTERÉS O PARTICIPACIÓN EN OTRAS SOCIEDADES MERCANTILES Y CIVILES, FORMANDO PARTE DE SU CONSTITUCIÓN O ADQUIRIENDO ACCIONES O PARTICIPACIONES EN LAS YA CONSTITUIDAS, ASÍ COMO ENAJENAR Y TRASPASAR TALES ACCIONES O PARTICIPACIONES.I).- PROPORCIONAR A LAS SOCIEDADES DI QUE SEA ACCIONISTAS SERVICIO Y ASESORÍA Y CONSULTORÍA TÉCNICA EN MATERIA INDUSTRIAL, CONTA! MERCANTIL O FINANCIERA.J).- OTORGAR PRÉSTAMOS A LAS SOCIEDADES MERCANTILES O CIVILES EN LA! QUE TENGA INTERÉS O PARTICIPACIÓN MAYORITARIA O QUE PUEDA EJERCITAR LA FACULTAD DE DESIGNAI MAYORÍA DE LOS ÓRGANOS DE ADMINISTRACIÓN.K).- GIRAR TÍTULOS DE CRÉDITO, ACEPTARLOS, ENDOSARLOS, AVALARLOS, O GARANTIZAR EN CUALQUIER FORMA, EL CUMPLIMIENTO DE LAS OBLIGACIONES CARGO DE LAS SOCIEDADES EN QUE TENGA PARTICIPACIÓN MAYORITARIA O QUE PUEDA EJERCITAR LA FACULTAD DE DESIGNAR LA MAYORÍA DE LOS ÓRGANOS DE ADMINISTRACIÓN.L).- LA CONSTRUCCIÓN, INSTALACIÓN Y OPERACIÓN POR CUENTA PROPIA O AJENA DE LAS FÁBRICAS, TALLERES, LABORATORIOS, EXPENDIOS, ALMACENES, BODEGAS NECESARIAS O CONVENIENTES PARA LA REALIZACIÓN DE LOS FINES SOCIALES.M).- SOLICITAR Y OBTENER LICENCIAS, FRANQUICIAS, PATENTES, MARCAS, NOMBRES COMERCIALES, CONCESIONES, AUTORIZACIONES DE CUALESQUIERA OTROS DERECHOS DE LA PROPIEDAD INDUSTRIAL.

Movimientos

Constancia de la empresa Diesel y Lubricantes, S. A. de C. V.
Fuente: RPPC.

tria Pesquera remitió a la Procuraduría Federal del Consumidor (Profeco) las quejas de los socios por "servicios y surtimientos incompletos" de la empresa de Mouriño Atanes.

La delegada de Profeco en la entidad, Norma Cuevas, envió a Guillermo Rubio, coordinador de enlace del programa Profeco-Pemex, una solicitud para la "calibración de medidores de alto flujo" de Diesel y Lubricantes Industriales porque no se surtía de manera completa el combustible.[6] No surtían litros de a litro.

Mouriño Atanes también participó en el ramo inmobiliario, señalan empresarios de Campeche. Uno de sus primeros socios fue Ramón Espínola Toraya, casado con la hermana de Arceo Corchera. Formaron la empresa Grupo Empresarial Gamma III, construyeron la Plaza Universidad y el fraccionamiento Villas Universidad, donde Carlos Mouriño Terrazo vive, concretamente en la calle Gama número 7. También edificaron los departamentos Novia del Mar y las llamadas Torres de Cristal, donde están las oficinas de su consorcio Grupo Energético del Sureste.

Espínola Toraya también tiene la empresa Constructores Unidos de Campeche, actualmente una de las empresas consentidas de la delegación de la Secretaría de Comunicaciones y Transportes. Amigos de Espínola Toraya platican que hace unos meses el empresario fue a España a buscar a Mouriño Atanes para pedirle que le ayudara a conseguir un contrato que le habían negado. Supuestamente don Carlos le dijo que no podía ayudarlo, que él no podía intervenir. Espínola Toraya no podrá quejarse, no le ha ido mal en los negocios. En 2007 y 2008 ha obtenido contratos de la Secretaría de Comunicaciones y Transportes por más de 80 millones de pesos, más de lo que obtuvo de 2005 a 2006.

[6] Renato Dávalos, "Patriarca de candidatos en Campeche es investigado…", *La Jornada*, México, 5 de julio de 2003.

CONSTRUCTORES UNIDOS DE CAMPECHE S.A. DE C.V.	
R.F.C.	CUC-751014-TIA
Domicilio	AV. AVIACIÓN 84, , EL HUANAL,CAMPECHE,CAMPECHE 24070
Teléfono	01 981 81 5 16 43
Fax	01 981 81 5 16 43
Correo electrónico	CUCSA@PRODIGY.NET.MX
Giro u objeto social de la empresa	CONSTRUCCIONES EN GENERAL, URBANIZACIÓN DE FRACCIONAMIENTOS.

LICITACIONES		
No. de licitación	Cantidad de partidas	Importe sin IVA
00009017-003-07	1	$51,653,095.85
00009017-018-08	1	$6,068,351.14
00009017-022-06	1	$6,618,746.63
00009017-025-06	1	$28,529,943.63
00009017-071-05	1	$5,526,217.20
00009017-071-07	1	$7,886,469.16
00009017-084-07	1	$4,065,366.02
00009017-085-07	1	$11,259,552.58
34002001-011-06	1	$7,395,667.14
Subtotal acumulado durante el año 2005		$5,526,217.20
Subtotal acumulado durante el año 2006		$42,544,357.40
Subtotal acumulado durante el año 2007		$74,864,483.61
Subtotal acumulado durante el año 2008		$6,068,351.14
Total acumulado en licitaciones		$129,003,409.35
TOTALES POR AÑO (LICITACIONES, INVITACIONES Y ADJUDICACIONES)		
Total acumulado durante el año 2005		$5,526,217.20
Total acumulado durante el año 2006		$42,544,357.40
Total acumulado durante el año 2007		$74,864,483.61
Total acumulado durante el año 2008		$6,068,351.14
Gran total acumulado		$129,003,409.35

Contratos otorgados a la empresa Constructores Unidos de Campeche.
Fuente: www.compranet.gob.mx

El 17 de julio de 1985 Mouriño Atanes dio el primer gran golpe en México. Pemex no daba concesiones de gasolina como quien reparte cacahuates, pero ese día el empresario de origen español constituyó cuatro gasolineras de un jalón: Servicio Malecón, Gasolinera Champotón, Servicio Candelaria y Hecelchakán Servicio. Para don Carlos el negocio redondo, sin duda, era crear su propia empresa de transporte de gasolina para no depender del servicio de otros.

E.S	INICIO OPERACIÓN	RAZON SOCIAL ANTERIOR	RAZON SOCIAL ACTUAL
E00364	18/01/1993	SERVICIO CALKINI, S.A. DE C.V.	E.S.G.E.S.
E00369	27/10/1992	SERVICIO MALECON, S.A. DE C.V.	E.S.G.E.S.
E00371	18/01/1993	GASOLINERA CHAPOTON, S.A. DE C.V.	E.S.G.E.S.
E00376	23/09/1993	SERVICIO HOPELCHEN, S.A. DE C.V.	E.S.G.E.S.
E00541	13/11/1992	SERVICIO HALACHO, S.A. DE C.V.	E.S.G.E.S.
E01049	30/04/1993	GASOLINERA ZAPATA, S.A. DE C.V.	E.S.G.E.S.
E01054	24/05/1993	SERVICIO JONUTLA, S.A. DE C.V	E.S.G.E.S.
E01058	17/06/1993	SERVICIO PALIZADA, S.A. DE C.V.	E.S.G.E.S.
E02497	08/08/1992	SERVICIO XPUJIL, S.A. DE C.V.	E.S.G.E.S.
E02599	21/06/1993	ESTACIÓN DE SERVICIO TRES BRAZOS, S.A. DE C.V.	E.S.G.E.S.
E03038	23/09/1993	SERVICIO CANDELARIA, S.A. DE C.V.	E.S.G.E.S.
E03196	19/11/1992	HECELCHAKAW SERVICIO, S.A. DE C.V.	E.S.G.E.S.
E03421	26/03/1993	SERVICIO MACUSPANA, S.A. DE C.V.	E.S.G.E.S.
E03426	04/11/1993	SERVICIO SAC-XAN, S.A. DE C.V.	E.S.G.E.S.
E03580	19/11/1992	SERVICIO SAN JOSE, S.A. DE C.V.	E.S.G.E.S.
E03801	23/09/1993	GASOLINERA SAVANCUY, S.A. DE C.V.	E.S.G.E.S.
E04027	24/03/1994	NEGOCIOS Y CONCESIONES MEXICANAS, S.A. DE C.V.	E.S.G.E.S.
E04174	30/01/1995	SERVICIO MONTERREY, S.A. DE C.V.	E.S.G.E.S.
E04270	30/06/1995	GASOLINERA LERMA, S.A. DE C.V.	E.S.G.E.S.
E04442	29/01/1996	SERVICIO NOVIA DEL MAR, S.A. DE C.V.	E.S.G.E.S.
E04898	03/10/1997	SERVICIO CASA DE JUSTICIA, S.A. DE C.V.	E.S.G.E.S.
E05222	27/10/1998	SERVICIO ISLA AGUADA, S.A. DE C.V.	E.S.G.E.S.
E06001	24/05/2001	ESTACIÓN DE SERVICIO MINA, S.A. DE C.V.	E.S.G.E.S.
E06003	24/04/2001	ESTACIÓN DE SERVICIO UNIVERSIDAD, S.A. DE C.V.	E.S.G.E.S.
E06045	21/06/2001	SERVICIO NUEVA FRONTERA, S.A. DE C.V.	E.S.G.E.S.
E06142	01/09/2001	JOSE JESUS HERNANDEZ CANTARELL	E.S.G.E.S.
E06243	01/11/2001	GASOLINERA KIN-HA, S.A. DE C.V.	E.S.G.E.S.
E06489	08/05/2002	SERVICIO ESCARCEGA, S.A. DE C.V.	E.S.G.E.S.
E06832	07/03/2003	GASOLINERA LOPEZ MATEOS	E.S.G.E.S.
E06875	10/02/2003	GASOLINERA PALENQUE, S.A. DE C.V.	E.S.G.E.S.
E06901	28/02/2003	SERVICIO ISLA DE TRIS, S.A. DE C.V.	E.S.G.E.S.
E07239	03/08/2003	SERVICIO LOMAS DE OCUITZAPOTITLAN, S.A. DE C.V.	E.S.G.E.S.
E07638	29/04/2004	SUPER SERVICIO MARINO, S.A. DE C.V.	E.S.G.E.S.
E07803	04/08/2004	SERVICIO HEROES, S.A. DE C.V.	E.S.G.E.S.
E08581	24/07/2006	NO APLICA	E.S.G.E.S.
E08936	31/01/2007	NO APLICA	E.S.G.E.S.
E09121	01/10/2007	NO APLICA	E.S.G.E.S.

Lista de franquicias consesionadas a Carlos Mouriño Atanes.

Para ese entonces el gobernador de Campeche era Abelardo Carrillo Zavala, quien era tan amigo de Mouriño Atanes que incluso llegó a pensarse que este último era su prestanombres.

El 2 de agosto de 1985, asociado con siete personas más, una de ellas su esposa, Mouriño Atanes fundó en la notaría número 60 de la ciudad de México la empresa Transportes Especializados Ivancar, S. A. de C. V. (TEISA). Su domicilio sería la ciudad de

Campeche, pero podría establecer sucursales y agencias en otros estados del país. Se fundó con un capital de 5 millones de pesos (viejos pesos) y mil acciones. Quedaron como socios: Juan Carlos Merelles Díaz (50 acciones), María del Carmen Vázquez Aguirre (100 acciones), Manuel Carlos Mouriño Atanes (200 acciones), María de los Ángeles Terrazo Blanco (250 acciones), Juan Carlos Lorenzo Relloso —originario de Orense como Mouriño Atanes— (25 acciones), Santiago Espósito Semerena (200 acciones), Esther Janeiro Barros de Merelles (50 acciones) y Sinforiano Miguel Maza Ruiz (125 acciones), también originario de España, de la provincia de Santander.

Espósito Samarena pagó su parte de acciones con tres camiones Dina con capacidad para transportar más de 40 mil litros. Quedaron como administradores únicos de la sociedad Evaristo Vázquez Cendón, Maza Ruiz y Mouriño Atanes.

Al poco tiempo Mouriño Atanes absorbió la empresa como con popote. Los accionistas terminaron por transmitir sus acciones a favor de Mouriño Atanes, sin que haya quedado constancia de algún pago, o simplemente renunciaron a sus derechos. Primero metió como accionista a Carlos, su hijo mayor, y luego al resto de sus hijos. Se apoderó de la empresa, pero los cambios se oficializaron mucho tiempo después. Por ejemplo, asambleas de 1987 se consignaron ante notario hasta el año 2000, lo que provocó que los datos del Registro Público de la Propiedad y de Comercio (RPPC) sean confusos al hacer un seguimiento operativo de la empresa. Este modo de proceder se convirtió en un sello de los negocios de la familia.

En 1995 Mouriño Atanes otorgó poder a Carlos y Juan Camilo para que en representación suya atendieran pleitos, cobranzas y actos de administración relativos a dicha empresa.

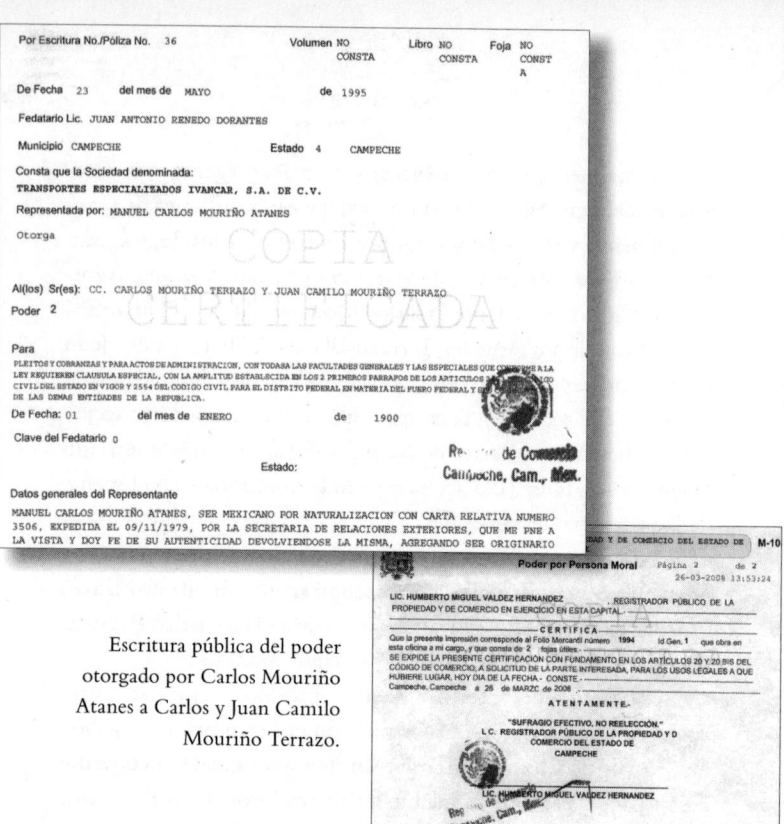

Escritura pública del poder otorgado por Carlos Mouriño Atanes a Carlos y Juan Camilo Mouriño Terrazo.

En la escritura pública de dicho poder quedó asentado que también tenían facultades para: "Comparecer ante las oficinas de Pemex Refinación en esta ciudad o de cualquier otra entidad federativa del país y tratar todo lo relacionado con la compraventa de productos petrolíferos y de cualquier otro asunto inherente a la sociedad mercantil que representan".

Dicho documento fue vigente durante la carrera legislativa local y federal de Mouriño —siendo presidente de la Comisión de Energía en la Cámara de Diputados— y siendo subsecretario de Energía. De hecho, según los registros del RPPC de Campeche no ha sido anulado o retirado.

Se supone que en 1999 doña Gely, Carlos y Juan Camilo transmitieron sus acciones a GES. Sin embargo, la acción quedó formalizada ante notario público hasta el 2 de julio de 2004, cinco años después, cuando Juan Camilo todavía fungía como subsecretario de Energía. Hasta entonces la supuesta donación tuvo validez ante el RPPC de Campeche y ante terceros. De esta manera, Pemex Refinación firmó contratos con la empresa de la que era accionista el presidente de la Comisión de Energía (2001-2003) y el subsecretario de Energía (2003-2004).

Con esa maniobra, la supuesta donación de sus acciones a GES, JC ha intentado desmarcarse del conflicto de intereses de los contratos que él firmó en 2003 y 2004 a nombre de TEISA con Pemex.

Actualmente ante el RPPC de Campeche los socios de TEISA son Grupo Energético del Sureste con 99 acciones y Mouriño Atanes con una acción. Y los socios de GES son don Carlos, doña Gely, y sus dos hijos varones Carlos y Juan Camilo, según las últimas asambleas de la empresa. Se trató pues sólo de un cambio de denominación social y no de dueño.

La fórmula secreta

"El negocio ya no daba. En el momento en que Mouriño Atanes está a punto de cerrar las gasolineras, va a Yucatán y observa que ahí las gasolineras son un éxito extraordinario, un meganegocio; nadie quiere deshacerse de sus gasolineras, mientras que en Campeche apenas y sale —recuerda Cruz Carranza—. Allá conoció a una persona que estuvo muy involucrada en las cuestiones petroleras de la paraestatal, sólo tengo el apellido, Puig.

"Este yucateco, Puig, le cuenta a Mouriño cuál es el secreto, la fórmula mágica para hacer negocio en Pemex con la gasolina. Le enseña a adulterar la gasolina y a modificar la bomba. Le explica que es indispensable establecer buenos contactos con el gobierno del estado porque la clave está en la negociación de las aportaciones en especie que Pemex otorga a los estados. El gasolinero que tenga buenas relaciones con el gobernador va a hacer extraordinarios negocios.

"Él [Mouriño Atanes] regresa a Campeche, enfila sus baterías a la política, sabe que no puede participar por su condición de español, que la Constitución se lo prohíbe, pero comienza a cultivar más sus relaciones políticas. Cuando regresó de su viaje a Yucatán se vuelve un feroz priísta no afiliado, y prueba de ello es que en la campaña interna del PRI para la candidatura a la Presidencia de la República ellos apoyan con gasolina la campaña de Roberto Madrazo Pintado en 1999, cosa que presume el papá de Mouriño.

"Ya estaba en calidad de 'mariscal' de Fox, pero también apoyaban a Roberto Madrazo para ir en contra de la campaña de [Francisco] Labastida", vuelve a narrar Cruz Carranza.

Mouriño Atanes aprendió pronto y bien la vieja manera de hacer negocios en México. Debía quedar bien con Dios y con el Diablo. No podía poner todos los huevos en una canasta. Debía tener un plan B por si se equivocaba de candidato y Fox no ganaba. Si al mismo tiempo apoyaba la campaña de Madrazo caería parado de una u otra manera. Pude verificar para esta investigación que lo señalado por Cruz Carranza era real.

El 19 de agosto de 1999 el coordinador del comité estatal de campaña de Roberto Madrazo, Óscar Rodríguez Cabrera, reveló que el Grupo Energético del Sureste (GES), propiedad de Manuel Carlos Mouriño Atanes, coordinador regional de la asociación civil Amigos de Fox, había otorgado apoyos para la campaña del precandidato del PRI. Específicamente le habían regalado gasolina.[7]

—¿La gasolina es aportación del Grupo Energético del Sureste? —se le preguntó en una conferencia de prensa.

—Bueno, sí, pero Adalberto Füguemann —subdirector del GES— es priísta.

—Adalberto Füguemann es el asesor de Mouriño en Amigos de Fox —le replicaron los periodistas.

—Sí. Tiene ese nombramiento, pero Amigos de Fox es una asociación civil que no pertenece al PAN, y Adalberto Füguemann es priísta de siempre —rebatió.

En esa misma conferencia añadió que durante la gira que realizó Madrazo el 25 de julio de 1999 en Campeche, Füguemann y Carlos Mouriño Terrazo —el hijo mayor de Mouriño Atanes— asistieron a la reunión que el precandidato priísta sostuvo en la capital del estado con los diferentes sectores de su partido. Actualmente Adalberto Füguemann, a petición de Carlos, es director de Administración e Inversión Turística del Fondo Nacional de Fomento al Turismo (Fonatur) desde el primero de febrero de 2007. Los Mouriño actualmente tienen intereses en la industria inmobiliaria y hotelera, por lo que el puesto en dicha entidad resulta clave para sus intereses.

---

[7] *La Jornada*, México, 19 de agosto de 1999.

ADALBERTO ENRIQUE FUGUEMANN Y LOPEZ
TIPO DE DECLARACIÓN: INICIAL
FECHA DE LA DECLARACIÓN: 28/03/2007
DEPENDENCIA: FONDO NACIONAL DE FOMENTO AL TURISMO

DATOS GENERALES DEL SERVIDOR PÚBLICO

NOMBRE(S):	FUGUEMANN Y LOPEZ ADALBERTO ENRIQUE
FECHA DE NACIMIENTO:	02/07/1950
SEXO:	HOMBRE
ESTADO CIVIL:	CASADO (A)
PAÍS DONDE NACIÓ:	MEXICO
NACIONALIDAD:	MEXICANA
ENTIDAD DONDE NACIÓ:	PUEBLA

DATOS DEL PUESTO O ENCARGO DEL SERVIDOR PÚBLICO

NOMBRE DEL ENCARGO O PUESTO:	DIRECTOR
DEPENDENCIA O ENTIDAD:	FONDO NACIONAL DE FOMENTO AL TURISMO
DOMICILIO:	CALLE: TECOYOTITLA; NÚMERO EXTERIOR: 100; NÚMERO INTERIOR: PISO 2; LOCALIDAD O COLONIA: FLORIDA; CÓDIGO POSTAL: 01030; ENTIDAD FEDERATIVA: DISTRITO FEDERAL, MUNICIPIO O DELEGACIÓN: ALVARO OBREGON;
ÁREA DE ADSCRIPCIÓN:	DIRECCIÓN DE ADMINISTRACIÓN E INVERSIONES TURÍSTICAS
FUNCIONES PRINCIPALES:	ADMINISTRACION DE BIENES MATERIALES, LICITACIONES Y ADJUDICACION DE CONTRATOS DE BIENES Y SERVICIOS; MANEJO DE RECURSOS FINANCIEROS; MANEJO DE RECURSOS HUMANOS;
TELÉFONO:	5090-4285
CORREO ELECTRÓNICO INSTITUCIONAL:	aef@fonatur.gob.mx
FECHA DE INICIO DEL ENCARGO:	01/02/2007
ESTÁ CONTRATADO(A) POR HONORARIOS?	NO
CLAVE PRESUPUESTAL O EQUIVALENTE:	K82

DATOS CURRICULARES DEL SERVIDOR PÚBLICO

ESCOLARIDAD
GRADO MÁXIMO DE ESTUDIOS: LICENCIATURA

NIVEL	UBICACIÓN	NOMBRE DE LA INSTITUCIÓN	CARRERA O ÁREA DE CONOCIMIENTO	ESTATUS	PERIODOS CURSADOS	DOCUMENTO OBTENIDO
LICENCIATURA	Estado:PUEBLA,Municipio:PUEBLA	UNIVERSIDAD AUTÓNOMA DE PUEBLA	LICENCIATURA EN ECONOMÍA	FINALIZADO		TITULO

EXPERIENCIA LABORAL

SECTOR	PODER	AMBITO	INSTITUCIÓN O EMPRESA	UNIDAD ADMINISTRATIVA	PUESTO	FUNCIÓN PRINCIPAL	INGRESO EGRESO
PRIVADO			GRUPO INDUSTRIAL BONASA	DIRECCIÓN GENERAL	DIRECTOR GENERAL	ORGANIZAR, PLANEAR Y DIRIGIR LA EMPRESA	06/2002 - 01/2007
PRIVADO			HIGH YIELD CONSULTING (ASESORIA PATRIMONIAL)	DIRECCIÓN GENERAL	DIRECTOR GENERAL	ORGANIZAR, PLANEAR Y DIRIGIR LA EMPRESA	02/2000 - 05/2002
PRIVADO			GRUPO ENERGÉTICO DEL SURESTE, CORPORATIVO GES	DIRECCIÓN GENERAL	DIRECTOR GENERAL	PLANEAR, ORGANIZAR Y DIRIGIR LA EMPRESA	09/1997 - 01/2000

EXPERIENCIA ACADÉMICA

TIPO	NIVEL	INSTITUCIÓN	ÁREA(S) DE CONOCIMIENTO	INICIO - TERMINO
DOCENCIA	MAESTRIA	UNIVERSIDAD DEL MAYAB (MÉRIDA)	ECONOMÍA Y FINANZAS	01/01/1992 - 01/01/1999
DOCENCIA	MAESTRIA	UNIVERSIDAD AUTÓNOMA DEL ESTADO DE CAMPECHE	ECONOMÍA Y FINANZAS	01/01/1992 - 31/12/1999
DOCENCIA	MAESTRIA	UNIVERSIDAD DE LAS AMÉRICAS	ECONOMÍA Y FINANZAS	01/01/1980 - 31/12/1985
DOCENCIA	MAESTRIA	UNIVERSIDAD POPULAR DEL ESTADO DE PUEBLA	ECONOMÍA Y FINANZAS	01/01/1977 - 31/12/1983

LOGROS LABORALES O ACADÉMICOS A DESTACAR
PRESIDENTE FUNDADOR DEL INSTITUTO DE ADMINISTRACIÓN PÚBLICA DEL ESTADO DE PUEBLA
NEGOCIADOR DEL TLC DE NORTE AMÉRICA POR EL SECTOR MOLIENDA DE TRIGO
RECONOCIMIENTOS ACADÉMICOS DE LA UNIVERSIDAD DE LAS AMÉRICAS
RECONOCIMIENTOS ACADÉMICOS DE LA UNIVERSIDAD POPULAR AUTÓNOMA DE PUEBLA
RECONOCIMIENTOS ACADÉMICOS DE LA UNIVERSIDAD AUTÓNOMA DE CAMPECHE
RECONOCIMIENTOS ACADÉMICOS DEL INSTITUTO DE EST. SUPERIORES JORGE WASHINGTON
IMPLEMENTACIÓN DEL SISTEMA DE GESTIÓN DE CALIDAD ISO 9001-2000
RECONOCIMIENTOS ACADÉMICOS DE LA UNIVERSIDAD DEL MAYAB

DECLARACION ANTERIOR
EL SERVIDOR NO INDICÓ INFORMACIÓN DE LA DECLARACIÓN ANTERIOR.
EL SERVIDOR NO ACEPTO HACER PUBLICOS SUS DATOS PATRIMONIALES
* TODA LA INFORMACIÓN FUE CAPTURADA DIRECTAMENTE POR EL SERVIDOR PÚBLICO

Declaración patrimonial y currículum oficial de Adalberto Füguemann.

ADALBERTO ENRIQUE FÜGUEMANN Y LÓPEZ

ESCOLARIDAD:
LICENCIATURA EN ECONOMÍA
Por la Benemérita Universidad Autónoma de Puebla Primer Lugar. Generación 1968-1972

Especialidad en Administración de Hospitales, Administración Pública, Alta Dirección de Empresas y Mercado de Valores y Evaluación de Riesgos.

ACTIVIDADES DOCENTES:
Catedrático Universitario a Nivel Licenciatura y Maestría.
Conferencista a Nivel Nacional e Internacional (1972-2007)

EXPERIENCIA:

FONDO NACIONAL DE FOMENTO AL TURISMO
Director de Administración e Inversiones Turísticas.

GRUPO INDUSTRIAL BONASA, S.A. DE C.V.
Director General.

HIGH YIELD CONSULTING. CONSULTORIA PATRIMONIAL, S.C.
Director General.

GRUPO ENERGETICO DEL SURESTE.
Director General.

MOLINOS DEL SUDESTE., S.A. DE C.V.
Director General
HARINEROS UNIDOS, S.A. DE C.V.
Director General.
INDUSTRIAL HARINERA LA ASUNCIÓN, S.A. DE C.V.
Director General.
FUNDACIÓN TAMARIZ OREPEZA. SANATORIO BETANIA, S.B.P.
Director General.

ACTIVIDADES DESTACADAS:
Coordinador del Sector Molienda de Trigo para los Tratados de Libre Comercio (Chile, TLC y G3).

Consultor Asociado para América Latina: US WHEAT ASSOCIATES.

Comentarista de Economía y Finanzas: Radio ACIR Puebla.

Conferencista Asociado: DELOITTE AND TOUCHE Puebla.

Presidente Fundador del Instituto de Administración Pública del Estado de Puebla.

"Füguemann está ahí por una exigencia de Carlos", me comentó una fuente relacionada con GES.

"Para los Mouriño llegó otro golpe de suerte—afirma Cruz Carranza—. Juan Camilo se casó con Marigely Escalante Castillo, hija del ingeniero Eduardo Escalante Escalante, el constructor número uno de Campeche, casado con Armida Castillo Carpizo, la nieta de Ángel Castillo Lanz, el último gran cacique de Campeche.

"Al contraer su hijo nupcias con Marigely su estatus social se catapulta. La boda fue todo un acontecimiento. Vienen Jorge Carpizo, Rafael Rodríguez Barrera, Eugenio Echeverría, Roberto Madrazo. Es una megaboda.

"El señor Escalante, además de ser dueño de la empresa constructora, era el presidente del Instituto Electoral del Estado de Campeche (IEEC). Se le atribuía el prestigio de ser un hombre intachable.

"A partir de aquel momento la vida de Juan Camilo sería otra, las condiciones económicas y políticas son diferentes."

Política & bussines

"Carlos Mouriño padre es un hombre muy afable, educado, él es el que hace, junto con su esposa, el entramado político. Es la típica familia que vincula negocios con política —comenta en entrevista para esta investigación la diputada de Convergencia Layda Sansores, una de las políticas campechanas más destacadas, hija del legendario gobernador de Campeche Carlos Sansores.

"Mouriño Atanes era el mecenas de todos los políticos con posibilidades en Campeche. Daba apoyos económicos en dinero o en especie a cualquiera que veía con posibilidades de ganar, quedaba bien con todos y así siempre caía parado."

A partir de 1996 Mouriño Atanes vio la conveniencia de incursionar en la política mexicana de manera directa. De sus dos hijos varones el que más madera tenía para los negocios era Carlos, su hijo mayor, así que era un desperdicio enviarlo a la aventura a hacer carrera política.

Juan Camilo había conocido a Felipe Calderón en 1996 en Campeche cuando este último era secretario general del PAN y había ido al estado a reorganizar al partido, cuya presencia era prácticamente nula; fue entonces que decidió afiliarse al partido según comenta él mismo.

Juan Camilo era menos hábil para manejar las empresas de la familia —señalan sus propios parientes—, así que su padre decidió impulsarlo para que fuera candidato a diputado local por el PAN, con el capital económico de la familia atrás de él.

Para lograr el primer triunfo de un candidato del PAN en el estado, Juan Camilo recurrió a las viejas prácticas del PRI, tan socorridas en el sureste. La gente de Campeche narra que regaló ventiladores, refrigeradores, lavadoras y bicicletas, además de fotografías suyas autografiadas para las fans que tenía en el estado. Fue una contienda polémica porque su principal contrincante era nada más y nada menos el candidato del PRI Francisco Gilberto Brown Gantús, hermano de Giselle, la esposa de su hermano Carlos.

La campaña se volvió álgida cuando fue la propia Giselle la que filtró a los medios de comunicación de Campeche el pasaporte español número 8800581 que usó Juan Camilo para entrar a México desde Estados Unidos. El documento había sido expedido el 20 de abril de 1994 con fecha de vencimiento el 13 de junio de 1998 y firmado por el cónsul Jesús A. Marinas, reconociéndolo como ciudadano español nacido en Madrid. Juan Camilo uso el pasaporte para ingresar a la ciudad de México el 21 de agosto de 1996.

No era una estrategia ajena a los Mouriño: si su papá usaba dos cartas de naturalización, por qué él no iba a usar su pasaporte español cuando le diera la gana.

"Vota por un campechano de verdad" era el slogan de campaña de Pancho Brown. Juan Camilo estaba furioso, principalmente con su hermano Carlos, quien siempre lo ha menospreciado. Su respuesta fue visceral. Descalificó a su contrincante cuestionando sus preferencias sexuales. "Vota por un hombre de verdad", fue la frase de campaña de Juan Camilo.

Su suegro Eduardo Escalante Escalante renunció a la presidencia del Instituto Electoral del Estado de Campeche. Con eso y con todo el dinero que le metieron a la campaña ganó el primer distrito local para el PAN. Quienes lo recuerdan en la LVI Legislatura de Campeche se refieren a él como un legislador gris, ausente, sin iniciativas ni propuestas. Quizá lo que más se les haya grabado a sus compañeros diputados eran los chistes de gallegos que solía contar.

En febrero de 2006 Brown Gantús renunció al PRI y actualmente es precandidato del PRD a la gubernatura de Campeche; el cuñado de Juan Camilo, Carlos Eduardo Escalante Castillo, suena como candidato del PAN en la contienda.

Cómo comprar una curul

Con su viejo estilo, Mouriño Atanes dio apoyos a todos en la elección presidencial del año 2000. Para él no era un gasto que podía contarse en miles de pesos, sino una inversión. Por eso al igual que apoyaba a Roberto Madrazo del PRI, era mariscal de Amigos de Fox para apoyar la candidatura de Vicente Fox, del PAN.

"Ser mariscal significaba pagar todos los gastos operativos de la campaña; de operación política no hacía nada, no tenía experiencia —recuerda Layda Sansores—. Don Carlos era un hombre espléndido con los políticos: daba sin que nadie le pidiera, era muy generoso porque sabía que así se aseguraban sus negocios. Se sabe mover en el medio político, igual abre las puertas de su casa y su cartera.

"Cuando decidí apoyar a Fox en su candidatura presidencial, Rodolfo Elizondo —hoy secretario de Turismo— me dijo que hablara con Mouriño, el encargado de organizar la elección. Ya para entonces quien estaba de mariscal era Juan Camilo, no su papá. Él pagó a todos los representantes de casilla del PAN, bueno, dijo que iba a pagar a todos, aunque al final sólo pagó la mitad."

La generosidad de Mouriño Atanes fue compensada. Juan Camilo aseguró el lugar número nueve de la lista de candidatos a diputados plurinominales por la tercera circunscripción. Llegó al recinto de San Lázaro en agosto de 2000 sin hacer campaña.

El sha

"Cuando Manuel Carlos Mouriño Atanes llega a Campeche parece que llega el sha", narra uno de sus colaboradores.

Y lo dice no sólo porque Mouriño Atanes llega en su jet privado rodeado de todos los lujos y comodidades, sino porque en la sociedad campechana todos le rinden pleitesía. En los últimos ocho años Mouriño Atanes se convirtió en el segundo gasolinero más importante del país, sólo debajo de Grupo Gasolinera México. Y es un hombre muy rico. Habrá que añadir que lo del sha le viene bien porque entre las clases populares de Campeche Mouriño Atanes tiene fama de abusivo y explotador. Los taxistas se quejan de que prefieren ir a las afueras de la ciudad a cargar gasolina porque en las franquicias de los Mouriño no dan litros completos, y sus empleados se quejan de que los hacen trabajar horas extra sin pago de por medio.

Hace cuatro años Silvia Priego Navarro, Verónica Rangel Ayala y Ana Talía Hernández Alemán, empleadas de la Tintorería Max, propiedad de los Mouriño, fueron despedidas injustificadamente y no recibieron la liquidación correspondiente. Después de años de juicio laboral, el tribunal les dio la razón y ordenó a la empresa de Mouriño Atanes pagarles una indemnización de 667 mil pesos, pero la compañía no ha liquidado a las trabajadoras porque argumentan que no tienen dinero.

"Aquí se ve la prepotencia y el abuso de autoridad del secretario de Gobernación, quien pisotea el derecho de los trabajadores, y de continuar así el día de mañana será peor", señaló a los medios de comunicación Silvia Priego Navarro.[8]

Sí, Campeche se ha convertido en un territorio dominado por los Mouriño. Nada más habría que preguntar a los dueños de las franquicias OXXO que han intentado abrir sus tiendas de 24 horas en tres puntos de la ciudad de Campeche. Ya están acondicionados los locales, pero no los han podido abrir porque la familia Mouriño no lo ha permitido, ya que esos establecimientos podrían significar una gran competencia contra sus expendios llamados Tiendas GES, también de 24 horas.

---

[8] *Por esto!*, Mérida, jueves 29 de mayo de 2008.

Las empresas de Manuel Carlos Mouriño en España

Empresa	Ciudad	Giro
Gándara-Censa, S. A.	La Coruña	Construcción de elementos metálicos, preferentemente normalizados y elementos de calderería ligera y pesada, así como bienes de equipo para industria cementera y petroquímica.
Molduras del Noroeste, S. L.		Fabricación, comercialización y venta de toda clase de molduras y piezas de madera, en especial las destinadas a la industria de la construcción.
Porta América Inmobiliaria, S. A.	Pontevedra	Estudio, promoción, construcción y uso de toda clase de inmuebles y venta o arriendo de los mismos, así como la adquisición de terrenos, su urbanización, parcelación, uso, arrendamiento y venta.
Inverhismex, S. L.	Pontevedra	Prestación de asesoramiento mercantil, jurídico y fiscal a cualquier tipo de personas físicas y jurídicas. La actuación como mediador de seguros o como agente de los mismos.
Grupo Corporativo GES	Pontevedra	Adquisición, gestión, urbanización, administración y comercialización del suelo y sus construcciones. Promoción de edificaciones y actuaciones urbanísticas, tanto de naturaleza industrial o comercial, como residencial.
Grupo GES Restauración	Pontevedra	Gestión, administración, dirección y explotación de toda clase de establecimientos e instalaciones del sector de la restauración, hostelería y análogos.
Corporativo Inmobiliario GES, S. L.	Pontevedra	Promoción, gestión, urbanización, administración y comercializacion del suelo y sus construcciones. Promoción de edificaciones y actuaciones urbanísticas, tanto de naturaleza industrial o comercial, como residencial.
Desarrollo Inmobiliario GES, S. L.	Pontevedra	Promoción, gestión, urbanización, administración y comercializacion del suelo y sus construcciones. Promoción de edificaciones y actuaciones urbanísticas, tanto de naturaleza industrial o comercial, como residencial.
Moutanes, S. L.	Pontevedra	Adquisición, enajenación, inversión, tenencia, disfrute, administración, gestión y negociación en general de toda clase de títulos y valores mobiliarios, cotizados en bolsa o no.
Motebur, S. L.	Pontevedra	Gestión, administración, comercialización, gerencia y dirección de toda clase de negocios de restauración, hostelería, cafetería, ocio, recreativos y, en general, alimentación.
Metrowest Europa, S. L.	Pontevedra	Construcción y promoción de edificios, viviendas, locales, apartamentos, garajes, acogidos o no a los beneficios de protección oficial.
Rialper-Vigo, S. L.	Pontevedra	Construcción y promoción de edificios, viviendas, locales, apartamentos, garajes, acogidos o no a los beneficios de protección oficial, compra venta de solares, locales y terrenos.
Sant Batllo Cataluna Inversiones, S. L.	La coruña	Construcción y uso de toda clase de inmuebles y la venta o arriendo de los mismos, así como la adquisición de terrenos, su urbanización y parcelación, uso, arrendamiento y venta.
Cotexmur	Murcia	Comercialización e instalación de productos fabricados por el grupo Texsa materiales de construcción.
Cotexsant, S. A.	Cantabria	Comercialización e instalación de productos fabricados por el grupo Texsa materiales de construcción.
Real Club Celta de Vigo	Pontevedra	Participación en competiciones deportivas de futbol profesional.

La imponente fisonomía de la ciudad de Campeche, su fuerte de muros blancos, sus gruesos torreones que se mezclan con el intenso azul del cielo y el viento con sabor a sal, se ha ido mimetizando con los anuncios que aparecen casi en cada esquina: Grupo GES, Tiendas GES, Gasovales GES, Tintorería Max, GES Auto Wash. Pareciera que Campeche ya no es patrimonio cultural de la humanidad sino de la familia Mouriño.

A la par de la carrera política de Juan Camilo, los negocios de su familia se han multiplicado.

En 1997 Mouriño Atanes creó la empresa Grupo Energético del Sureste con un capital de 30 millones de pesos. Su función es controlar todas las sociedades de la familia. Los socios son don Carlos, su esposa y sus hijos Carlos y Juan Camilo. Estos dos últimos son apoderados vigentes de la empresa según los datos que obran en el RPPC de Campeche.

En 1998 nació la empresa Tesorera GES. Entre las seis cosas para las que fue creada destaca la comercialización, compra y venta, elaboración, exportación de abarrotes y todo tipo de artículos alimenticios. Sus socios son GES y Mouriño Atanes. Hasta la fecha, Juan Camilo es apoderado de la empresa de acuerdo también con el RPPC de Campeche.

Cuando Juan Camilo ya tenía asegurada su diputación federal por vía plurinominal en las elecciones de 2000, crearon la empresa Servicio Puente Grijalva, en la que Juan Camilo quedó como tesorero.

Hasta el 11 de enero de 2005 le fue revocado su puesto de tesorero. Coincidió curiosamente con el hecho de que ya había dejado de ser subsecretario de Energía.

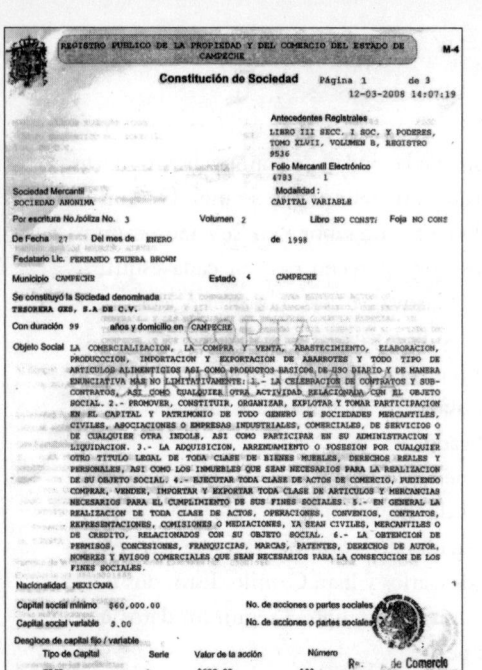

Acta constitutiva de Tesorera GES, S. A. de C. V.
Fuente: RPPC.

CUADRAGESIMO PRIMERO.- Para solución de toda controversia que surja entre la Sociedad y los Socios o entre éstos entre sí, en su carácter de tales, los Fundadores, al firmar la presente Escritura y los Socios posteriores, por el hecho de adquirir Acciones de la Sociedad, se someten expresamente a la jurisdicción de los Tribunales con residencia en la ciudad de Campeche, Campeche; el texto de esta CLAUSULA deberá figurar en los Títulos representativos de Acciones.

DISPOSICIONES GENERALES

PRIMERA.- No obstante lo dispuesto en los Estatutos anteriores, en esta reunión que se conceptúa de Asamblea General Ordinaria de la misma, los accionistas por unanimidad de votos, tomaron los siguientes acuerdos.

a) Que la Sociedad sea administrada por un CONSEJO DE ADMINISTRACION, nombrando para formar el Consejo a las siguientes personas:
PRESIDENTE.- MANUEL CARLOS MOURIÑO ATANES.
SECRETARIO.- CARLOS MOURIÑO TERRAZO.
TESORERO.- JUAN CAMILO MOURIÑO TERRAZO.

b) El capital social queda íntegramente suscrito y pagado por los accionistas, según recibo que hace el Administrador Unico de la sociedad en la proporción siguiente:

ACCIONES SERIE "A"

SOCIOS	ACCIONES	VALOR
GRUPO ENERGETICO DEL SURESTE, S.A. DE C.V.	99	$59,400.00
MANUEL CARLOS MOURIÑO ATANES	1	$ 600.00

S U M A N: Son 100 acciones de SEISCIENTOS pesos cada una, en total son SESENTA MIL PESOS, moneda nacional.

Se designa como COMISARIO a la C. FATIMA DEL ROSARIO BALAN PEREZ quien bajo protesta de decir verdad, manifestó no tener impedimento legal, en los términos del artículo 165 ciento sesenta y cinco de la Ley General de Sociedades Mercantiles.
Se autoriza al C. CARLOS MOURIÑO TERRAZO, para que realice los trámites y diligencias necesarios para el registro del Primer Testimonio que de esta escritura se expida ante las autoridades y dependencias correspondientes.
Hacer constar que los funcionarios electos aceptan los cargos, protestan su fiel desempeño y caucionan sus manejos depositando en la caja de la Sociedad UN MIL PESOS cada UNO.

SEGUNDA.- Los ejercicios se iniciarán el 1º primero de enero de cada año, excepto el primer ejercicio que se iniciará con las actividades de la Sociedad y terminarán el 31 treinta y uno de Diciembre siguiente.

Escritura del 18 de abril de 2000, en la que se consigna a Juan Camilo Mouriño como tesorero de GES.

---

legalmente instalada la Asamblea y válidos los acuerdos que se tomen conforme lo dispone el artículo 188 de la Ley General de Sociedades Mercantiles.

Pasando al SEGUNDO PUNTO del orden del día, se dio cumplimiento con la lectura al mismo.

Cumpliendo con el desahogo del TERCER PUNTO del orden del día, la Asamblea, acordó la DESIGNACION DEL CONSEJO DE ADMINISTRACION QUEDANDO DE LA SIGUIENTE MANERA: COMO PRESIDENTE AL CIUDADANO MANUEL CARLOS MOURIÑO ATANES, COMO SECRETARIO AL SEÑOR CARLOS MOURIÑO TERRAZO Y COMO TESORERA A LA CIUDADANA MARIA DE LOS ANGELES TERRAZO BLANCO, ASI MISMO SE RATIFICA TODAS Y CADA UNA DE SUS CLAUSULAS ESTABLECIDAS EN LA CONSTITUCIÓN DE ESTA SOCIEDAD MUY EN ESPECIAL LAS FACULTADES QUE TIENE EL CONSEJO DE ADMINISTRACION EN LAS CLAUSULAS VIGESIMA Y VIGESIMA PRIMERA LAS CUALES SE TRANSCRIBEN A CONTINUACION.

VIGESIMA.- El ADMINISTRADOR UNICO o el CONSEJO DE ADMINISTRACION tendrán las siguientes facultades:

a) Administrar los negocios y bienes sociales con el poder más amplio de administración, en los términos del artículo 2453 del Código Civil del Estado de Campeche y su correlativo el 2554 del Código Civil para el Distrito Federal en materia común y para toda la República en materia Federal.

b) Ejercer actos de dominio, respecto de los bienes muebles o inmuebles de la sociedad, así como de sus derechos reales o personales, incluyendo la adquisición o enajenación de valores o de toda clase de Títulos de Crédito, en los términos del párrafo tercero del artículo 2453 del Código Civil del Estado de Campeche y su correlativo el 2554, párrafo tercero del Código Civil para el Distrito Federal en materia del fuero común y para toda la República en materia del fuero Federal.

c) Representar a la Sociedad con Poder General Amplísimo para Pleitos y Cobranzas, ante toda clase de personas físicas o morales, Autoridades Administrativas, Judiciales, Militares, Bancarias, del Municipio, del Estado, o de la Federación, así como Autoridades del Trabajo o de cualquier otra denominación o ante árbitros o arbitradores, con facultades que a continuación se señalan de manera enunciativa más no limitativa: Para Iniciar juicios, presentar demanda, contestarlas, ofrecer y desahogar pruebas, formular y absolver posiciones, interponer recursos, tercerías, tachas, promover juicio de amparo y desistirse de él, celebrar convenios transaccionales, someterse al arbitraje, presentar denuncias, acusaciones o querellas de carácter penal, otorgar el perdón legal, solicitar la Coadyuvancia del Ministerio Público Federal o Estatal, y todas las demás facultades generales y especiales, incluyendo las que requieran cláusula especial conforme a la Ley, en los términos del párrafo primero del artículo 2453 del Código Civil del Estado de Campeche y su correlativo el 2554, párrafo primero del Código Civil para el

Escritura del 11 de enero de 2005, en la que se nota que Juan Camilo Mouriño fue revocado como tesorero de GES.

Actualmente esta empresa concentra 37 franquicias de gasolineras de los Mouriño. Aglutina desde aquellas cuatro creadas al mismo tiempo en 1985 hasta las que se han otorgado en este sexenio.

De acuerdo con documentos oficiales de Pemex, de esas 37 gasolineras que Mouriño Atanes tiene a través de Estaciones de Servicio del Grupo Energético del Sureste (ESGES), dos las consiguió cuando su hijo era diputado local en Campeche. Nueve cuando Juan Camilo era presidente de la Comisión de Energía de la Cámara de Diputados. Dos siendo subsecretario de Energía. Una el 24 de julio de 2006 cuando Felipe era considerado el ganador de las elecciones presidenciales. Dos más cuando Juan Camilo era el titular de la Oficina de la Presidencia de la República.

Mouriño Atanes veía que el negocio crecía. Se engolosinó y en 2003 creó Gasovales GES, con la misma fórmula accionaria de las anteriores empresas: 99 acciones GES y una Mouriño Atanes. Entre sus varios propósitos está el de "prestar a cualquier persona física o moral unidades económicas nacionales o extranjeras, y con la personalidad jurídica proporcionar y suministrar conocimientos técnico-profesionales".

En realidad a través de esta empresa los Mouriño venden en el sureste vales de gasolina a las delegaciones federales de diferentes dependencias del gobierno. Juan Camilo Mouriño es, cuando menos hasta marzo de 2008, tesorero de Gasovales GES, de acuerdo con el documento certificado entregado por el RPPC de Campeche.

Juan Camilo Mouriño, después de que fue descubierto firmando contratos para su familia con Pemex, hace circular dolosamente una supuesta escritura en la que se constata su renuncia como tesorero. Sin embargo, el acta no sólo no está dada de alta en el RPPC, por lo que no tiene validez ante terceros, sino además está posfechada al "20 de octubre de 2008", cuando se supone que su retiro como tesorero fue en 2003.

El 11 de noviembre de 2005 se constituyó con un capital de 60 mil pesos la empresa Inmobiliaria GES, dedicada al ramo de la construcción. En la escritura pública se afirmaba que siguen los poderes otorgados por Mouriño Atanes a sus hijos Carlos y Juan Camilo para pleitos, cobranza y administración a nombre de Grupo Energético del Sureste.

Uno de los últimos negocios de Mouriño Atanes que llama la atención es el de las Tintorerías Max, que se ubican dentro de las instalaciones de sus gasolineras, por ejemplo, en la llamada Servicio Novia del Mar, ubicada frente al malecón de la ciudad de Campeche. ¿Cuántos clientes tendrán? Eso no se sabe. La materia prima con la que trabajan las tintorerías es un derivado del petróleo llamado "solvente L", que sirve no sólo para desmanchar la ropa, sino también para adulterar gasolina, es decir, para multiplicar los litros del combustible. Mouriño también ha incursionado en los negocios inmobiliarios y en las franquicias de comida rápida como Burger King y Benedetti's pizza, que se han expandido en todo el país.

Sin duda el negocio de la venta y transporte de gasolina ha sido la mina de oro que esperaba encontrar Mouriño Atanes al regresar a México. ¿Por qué? Para el periodista Cruz Carranza "el gran negocio es la aportación de gasolina de Pemex al estado. Petróleos Mexicanos tiene un convenio de participación con el estado de Campeche por las características pesqueras y agropecuarias. El estado llegó a ser el granero del país en materia de arroz, principal productor de coco, pesca de camarón blanco y de pacotilla. Petróleos Mexicanos, para resarcir los daños provocados por la explotación petrolera, aporta millones.

"Todo el mundo sabe que hay una gran cantidad de gasolina y diesel que se otorga al gobierno de Campeche, pero no se tiene acceso a esa información ni a la manera en que se distribuye. El principal distribuidor de todo ese combustible donado por Pemex al estado son las gasolineras de Mouriño, aunque nadie audita esa entrega de gasolina, así que no se sabe si realmente se entrega al estado y se va al mercado negro."

Negocios en cash

Manuel Carlos Mouriño Atanes se fue de Campeche en el año 2000. Todos sus conocidos coinciden en que fue por problemas de salud. En Galicia, alojado en un chalet del ex alcalde de Vigo Manuel Soto, desde donde domina la ría de Vigo, pareciera que todo es más fácil, incluso hasta comprar un equipo de futbol para echarlo a perder. Máxime si los negocios en México van viento en popa y su hijo es el hombre más cercano al presidente Felipe Calderón, el de más confianza, el de todos sus afectos.

Este hombre de negocios se acostumbró a actuar al filo de la navaja, y quizá desde España no pueda percibir su peligroso borde. Hace unos meses Mouriño Atanes, afirma una fuente de primera mano, adquirió dos franquicias más de esas cadenas de comida rápida en las que ha incursionado la familia. Oficialmente la transacción fue de poco más de 2 millones de dólares. Así quedó en actas y de ese monto se pagaron los correspondientes impuestos. Extraoficialmente personal de Mouriño Atanes llevó 34 millones de pesos más en efectivo en sendos portafolios para cerrar el trato. Y las autoridades hablan de pactos para restablecer la legalidad en México.

¿De dónde salió el cash? Son constantes las versiones en el mundo gasolinero de que las franquicias de Pemex son un gran negocio por la doble contabilidad: vendiendo gasolina robada y usando las fórmulas mágicas narradas por Cruz Carranza. De confirmarse la versión dada por quienes estuvieron al tanto de la transacción, no sólo se trató de un asunto de evasión de impuestos, sino incluso de posible lavado de dinero. ¿Quién carga en el portafolio 34 millones de pesos así como así? ¿De dónde proviene ese dinero?

Discreto y ambicioso

Los negocios de Mouriño Atanes en España tampoco han estado exentos de suspicacias y escándalos. La prensa local lo ha bautizado como un "empresario discreto y ambicioso".[9] En 2003 la Interpol de España confirmó que, en coordinación con el Ministerio de Hacienda, había iniciado las pesquisas para conocer el origen de la prosperidad y operación de las empresas de Mouriño Atanes en esa nación.[10]

A tan sólo ocho años de haber llegado de México, según los registros de información empresarial de España, Mouriño Atanes creó su propio imperio en su madre patria. Forma parte de 16 empresas cuyas sedes se encuentran en Pontevedra, La Coruña, Murcia y Santander. Los ramos son diversos: van desde la compañía Gándara Censa, que se dedica a la industria petroquímica y energía eólica, y un equipo de futbol hasta empresas relacionadas

---

[9] "Carlos Mouriño Atanes: un empresario discreto y ambicioso", *Faro de Vigo*, Galicia, 18 de mayo de 2006.

[10] Renato Dávalos, *op. cit.*

con el mercado inmobiliario, construcción y pavimentación, servicios financieros y contables, y restaurantes.

Con la misma fórmula que le funcionó en México, muchas de las empresas de Mouriño Atanes en España tienen el mismo objeto social y comparten la misma oficina. Una de estas compañías ha generado sospechas en España, como es el caso de Metrowest Europa, investigada desde 2006 por un presunto fraude cometido entre Mouriño Atanes y el alcalde de Nigrán, Alfredo Rodríguez, quien a su vez fue director general del Real Club Celta de Vigo, equipo del que el papá de Juan Camilo es presidente.

Se investiga el tráfico de influencias en el que pudo haber incurrido Rodríguez al dar información privilegiada a Mouriño Atanes y a otros integrantes del club de futbol, para comprar terrenos baratos que serían reclasificados con un programa municipal, por lo que su precio de avalúo se multiplicaría. El fiscal jefe del Tribunal Superior de Justicia de Galicia solicitó a un juez una investigación sobre el patrimonio de Rodríguez y cinco concejales de Nigrán.

Llama la atención que Metrowest Europa S. L. y Rialper-Vigo S. L. comparten las oficinas en Avenida García Barbón número 29, oficina A, en Vigo, Pontevedra. Ambas se dedican a la construcción y promoción de viviendas. Otro ejemplo son las empresas: Grupo Corporativo GES, Desarrollo Inmobiliario GES S. L., Corporativo Inmobiliario GES, Grupo GES Restauración, Moutanes S. L. —con valor de 2 millones de euros— y Motebur S. L. Todas despachan en Colón número 18, también en Vigo, Pontevedra.[11]

[11] Fuente: www.einforma.com

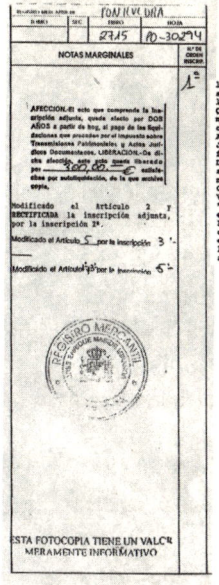

Registro de la compañía Champetón, S. L. en España.

También están las empresas Porta América Inmobiliaria, S. A. —dedicada a la construcción y promoción de inmuebles— e Inverhismex —dedicada a la prestación de asesoría mercantil—. Las dos están en Avenida General Martitegui número 2 en Pontevedra.[12] Allá en España su brazo derecho en las compañías es su hija Marian, quien igual lo ayuda en el equipo de futbol que en las constructoras.

Hasta donde se tiene registro, la primera compañía que Mouriño Atanes creó en España fue Champetón S. L., el 21 de junio de 2002. Se registró como domicilio la residencia en

[12] *Ibid.*

Saiáns, en Vigo, y un capital de 30 mil euros. Aparecen como accionistas Manuel Carlos Mouriño Atanes, María de los Ángeles Blanco Terrazo y María de los Ángeles Mouriño Terrazo, hermana de Juan Camilo.

La empresa ha tenido movimientos que llaman la atención. Por ejemplo, se envió una nota al Registro Mercantil para aclarar el acta constitutiva, señalando que por un "error" se había puesto un objeto social erróneo, que en realidad era "la administración de los bienes, propiedades y patrimonio de los socios". También se señala que no se incluyó como socia a Marigely Mouriño Terrazo, cuando sí lo era, y que pusieron que estaba casada cuando en realidad era soltera. Las modificaciones fueron hechas hasta el 11 de septiembre de 2002.

El objeto social del consorcio es la adquisición, gestión, urbanización, administración y comercialización del suelo y sus construcciones, y opera como controladora de sociedades de cartera. En 2002 el capital de Champetón aumentó a 500 mil euros, en 2003 a 2.4 millones de euros y en 2005 a 3.7 millones de euros. Actualmente el capital social de la empresa, según el registro mercantil de Pontevedra, asciende a los 6.3 millones de euros, pero en 2006 apenas tuvo ventas por 127 mil euros.

Las trampas de don Carlos

Aunque se ostenta como mexicano, Manuel Carlos Mouriño Atanes no tiene más patria que la que le convenga a sus negocios. Ahora que forma en España su nuevo imperio se ostenta como ciudadano español en Vigo, Pontevedra. En 2002 fundó la compañía Champetón S. L. ante el notario de Vigo, Pontevedra, José

María Rueda Pérez. A la empresa se le otorgó la cédula de identificación fiscal B36905388.

La sociedad Champetón estaba encabezada por Manuel Carlos Mouriño Atanes y María de los Ángeles Terrazo Blanco, quienes en ese momento (2002) se ostentaron como mexicanos, con pasaportes mexicanos y con domicilio en Campeche. Los dos usaban números de identificación de extranjeros, llamados en España NIE, indispensables para realizar cualquier transacción económica como abrir una cuenta bancaria, establecer un negocio, hacer declaraciones fiscales o comprar una vivienda. El NIE que usó Mouriño Atanes es el M5400365B y su esposa el M5400366N. La tercera socia, su hija Marian, se ha ostentado en todo momento como española.

En noviembre de 2003 se nombró como consejero y secretario de la empresa a Emilio Bianchi Valcarce. Como en México, el padre de Juan Camilo siempre ha sabido sacar jugo a sus relaciones políticas. Emilio es hermano de María Carmen Bianchi Valcarce, quien entonces era delegada provincial de la Consejería de Innovación e Industria en Pontevedra. El 15 de septiembre de 2005 la Junta de la Presidencia de Galicia la relevó del cargo. Al año siguiente Emilio dejó de ser consejero y secretario de la empresa de Mouriño Atanes.

En junio de 2004, en la escritura pública 1 110 emitida por el notario de Vigo, Juan Antonio Rodríguez González, la razón social de Champetón cambió para convertirse en Grupo Corporativo GES S. L. Se trata prácticamente del mismo nombre de la empresa Corporativo GES S. A. de C. V. que opera en Campeche, a través de la cual los Mouriño controlan los negocios en México como una especie de *holding*. Cuando le cambiaron el nombre a la empresa aumentó el capital a 3.7 millones de euros.

Fragmento de la escritura en la que Mouriño Atanes se identifica con el DNI 35921669Q.

El 30 de noviembre de 2004 Mouriño Atanes y su esposa se acreditaron como españoles ante el mismo notario público de Vigo, José Antonio Rodríguez González. Así quedó registrado en el protocolo 3 012, en el que se asentaron los acuerdos de la "Junta General Universal" de accionistas. Entre los acuerdos tomados estuvo modificar el objeto social de la compañía y ampliar su capital.

En la escritura que fue registrada en el registro mercantil de Pontevedra el 27 de diciembre de 2004 quedó asentado que Manuel Carlos Mouriño Atanes se identificó como "mayor de edad, casado, residente en México, domiciliado en Avenida Malecón Justo Sierra, Campeche, titular del DNI 35921669Q". Con esa personalidad jurídica fue a formalizar los cambios ocurridos en la empresa ante el registro mercantil de Pontevedra.

Respecto al documento oficial, el Ministerio del Interior de España no deja lugar a dudas:

> El Documento Nacional de Identidad (DNI) es un documento personal e intransferible, emitido por el Ministerio del Interior, que goza de la protección que a los documentos públicos y oficiales otorgan las leyes. Su titular estará obligado a la custodia y conservación del mismo. Dicho documento tiene suficiente valor, por sí solo, para acreditar la identidad y los datos personales de su titular que en él se consignen, así como la nacionalidad española del mismo.

Si Mouriño Atanes tiene el DNI significa que se acogió a la nacionalidad española, ya que lo es por nacimiento. Y seguramente también contará con un pasaporte español. El artículo 37 de la *Constitución Política de los Estados Unidos Mexicanos* señala que un mexicano por naturalización —como lo es Manuel Carlos Mouriño Atanes— perderá la nacionalidad mexicana si adquiere de manera voluntaria una nacionalidad extranjera. El papá de Juan Camilo adquirió la nacionalidad española.

El artículo 27 de la *Ley de Nacionalidad* ratifica lo señalado por la Constitución y añade que las autoridades y fedatarios públicos están obligados a comunicar a la Secretaría de Relaciones Exteriores (SRE) aquellos casos en que tengan conocimiento de que un mexicano por naturalización se encuentre en alguno de los supuestos del artículo 37.

En México, desde el 20 de marzo de 1998 se reconoce el derecho de los mexicanos por nacimiento a no perder la nacionalidad mexicana aunque adquieran otra. Es decir, doña Gely sí puede ser española y mexicana al mismo tiempo, siempre y cuando no pretenda ser secretaria de Gobernación o presidenta de la República. Sin embargo, Mouriño Atanes no puede porque es mexicano por naturalización, no por nacimiento.

De acuerdo con el prestigiado despacho Schön Abogados, que se dedica desde hace más de 70 años al derecho internacional, particularmente a temas migratorios y de nacionalidad, cuando un mexicano por naturalización viola la Constitución y la *Ley de Nacionalidad*, la Secretaría de Relaciones Exteriores deberá iniciar un procedimiento para retirar la carta de naturalización de manera definitiva.

El hecho fue publicado en 2008 por la revista electrónica *Reporte Índigo*.[13] Como la impunidad es el sello del gobierno de

---

[13] *Reporte Índigo*, 84.

Felipe Calderón, sobre todo en cuanto a Juan Camilo Mouriño y Genaro García Luna, no ha pasado nada.

De hecho fuentes relacionadas con la embajada de España en México hicieron saber que el secretario de Gobernación había pedido expresamente que no proporcionara la información sobre las leyes españolas y su reglamentación sobre el DNI que yo había solicitado en mayo de 2008.

Si se aplicara la ley, Mouriño Atanes perdería no sólo la nacionalidad mexicana, sino incluso sus negocios y contratos con Pemex Refinación. Transportes Especializados Ivancar y Grupo Energético del Sureste tienen en sus estatutos —por exigencia de la paraestatal— cláusulas que prohíben que extranjeros sean socios de dichas empresas. Manuel Carlos Mouriño Atanes es el socio mayoritario de ambas.

Alan Daniel Schön —maestro en derecho comparado de la New York University School of Law— explicó que la pérdida de la nacionalidad mexicana tiene muchas consecuencias. Quienes la pierden tienen que regularizar todas sus propiedades y negocios bajo un nuevo régimen como extranjero que vive en México. Asimismo, deberá pedir permiso a la Secretaría de Relaciones Exteriores para poder trabajar, y si tiene una empresa, también deberá solicitar un permiso específico. No tendría derecho a votar ni ser votado, ni a participar en las campañas electorales. Cada vez que se cambie de domicilio deberá informarlo a la propia SRE.

De acuerdo con la explicación proporcionada por Alan Shön, una vez realizada la revocación de la carta de naturalización a socios de empresas que tienen firmados contratos con cláusulas de extranjería con dependencias del Estado, éstas deberán cancelar dichos contratos o convenios hasta que la compañía se regularice. En ese caso hasta que el papá de Juan Camilo deje de ser accionista de las empresas.

El artículo 31 de la *Ley de Nacionalidad* señala que si bien la Secretaría de Relaciones Exteriores debe llevar a cabo el trámite para quitarle la nacionalidad a un mexicano naturalizado, antes deberá recabar la opinión de la Secretaría de Gobernación; es decir, la dependencia a cargo de Juan Camilo Mouriño deberá opinar sobre si le quita la nacionalidad a su padre por haber usado un documento oficial que lo acredita como español. De nueva cuenta Juan Camilo queda en el banquillo del conflicto de intereses. De acuerdo con la ley, debería retirarle la nacionalidad a su padre. ¿Lo hará?

Negocios en petroquímica

Manuel Carlos Mouriño Atanes prepara el inicio de operaciones en México de su empresa Gándara Censa S. A, dedicada a la venta de equipos para la industria de refinería, petroquímica y energía eólica.

Hoy Juan Camilo Mouriño es secretario de Gobernación y el responsable del cabildeo para sacar adelante la reforma energética propuesta por el presidente Felipe Calderón, en la cual ambos apostaron buena parte de su escaso capital político.

Una de las partes medulares de la reforma es la apertura para que empresas privadas puedan refinar el petróleo y productos petroquímicos no básicos, así como intervenir en el transporte, almacenamiento y distribución de gas y de los productos que se obtengan de la refinación de petróleo y de petroquímicos básicos. La propuesta de reforma, junto con el Programa de Energías

Renovables a Gran Escala anunciado a principios de 2007 por el gobierno federal, cae como anillo al dedo en los planes de expansión del señor Mouriño Atanes.

Con la compra de Gándara Censa, el padre del secretario de Gobernación —quien parece tener una gran visión para los negocios o información privilegiada— tendrá un mercado potencial en los proyectos de energía eólica en México, en los que piensa invertir muchos millones, según ha dicho en España (más de 30 millones de euros este año).

Gándara Censa S. A. construye equipo indispensable en la industria de refinación y petroquímica como el reactor rise, separador de alta presión, y tanques de almacenamiento de gas licuado de petróleo. También construye torres eólicas y fabrica componentes para el sector nuclear, hornos y molinos de cemento, y equipo para minería.

Gándara Censa S. A. está localizada en el Polígono de las Gándaras de Prado, s/n, en Porriño, Pontevedra. Según los balances comerciales de las empresas de los Mouriño, ésta es la que más rentable ha resultado, incluso más que inmobiliaria Metrowest Europa y que Grupo GES S. L., creado en España. La información oficial de la compañía afirma que este año esperan facturar ventas por 28 millones de euros.

La compañía antes llamada Santaz Censa, del grupo Vulcano, data de la década de 1960. En la década de 1990 cayó en crisis y los trabajadores se hicieron de ella creando una cooperativa. Tampoco les fue bien. En 2004 la empresa fue adquirida por la sociedad inversora Inverhismex, que se hizo con el 51 por ciento del capital social —cuyo socio principal es Manuel Carlos Mouriño Atanes—, la consultora CIP con el 25 por ciento y la empresa Puentes y Calzadas con el 17 por ciento —cuyo socio mayoritario también es Mouriño Atanes—. El siete por ciento restante corresponde a varias personas, según señaló el periódico.

La compra resultó un buen negocio. Tomó la compañía en números rojos, con un déficit de 95 mil euros y ventas por 12 millones de euros. Para 2008 prevé un superávit de 1.043 millones de euros y ventas por 28.4 millones de euros. Según información interna de la compañía, el 40 por ciento de su producción está relacionado con la minería, 40 por ciento con la industria cementera y el otro 20 por ciento con energía.

En la lista de clientes de Gándara Censa S. A. aparecen también empresas como Mital Steel, que trabaja en Sicartsa II en Lázaro Cárdenas, Michoacán. También está Cemex de Lorenzo Zambrano, a quien le construyeron equipo para sus plantas en República Dominicana, Escombreras y México. Asimismo, trabaja con Ecopetrol, Petrogal, y hace torres de viento para las poderosas empresas españolas Acciona y Gamesa. Esta última construyó el parque eólico La Venta II, en Oaxaca. El presidente Felipe Calderón inauguró la primera fase del parque el 29 de marzo de 2007.

La licitación fue hecha en 2005 por la Comisión Federal de Electricidad (CFE), cuyo titular es Alfredo Elías Ayub, hermano de Arturo, yerno de Carlos Slim Helú. La planeación para que se licitara su construcción fue elaborada en 2003 y 2004, cuando Mouriño y Calderón estaban en la Secretaría de Energía. De hecho el presupuesto para el proyecto —111 millones de dólares— fue aprobado en el Presupuesto de Egresos de 2004.

En la construcción de La Venta II se unieron las empresas españolas Iberdrola y Gamesa, y crearon la empresa Iberdrola Ingeniería y Consultoría México, S. A. de C. V. El padre de Juan Camilo Mouriño tiene actualmente importantes negocios con

Gamesa. La llegada de Iberdrola-Gamesa a México ha sido más que exitosa. De 2004 a 2006 han obtenido contratos por 1.592 millones de dólares con la CFE. Sin duda el contrato más grande fue para modernizar la central núcleo-eléctrica Laguna Verde, por un monto de 605 millones de dólares. Se firmó en febrero de 2007, ya estando Juan Camilo como titular de la Oficina de la Presidencia de la República.

Para el concurso del proyecto de La Venta III, celebrado en 2007, participaron 14 empresas; Iberdrola y Gamesa participaron por separado. A diferencia del primer proyecto, aquí el productor construirá, financiará y operará la granja eólica.

Pese a que supuestamente Iberdrola había sido la única que había cumplido con los requisitos de CFE, el 24 de octubre de 2007 la compañía estatal declaró desierto el concurso, para lanzar una nueva convocatoria.

Iberdrola emitió una nota de inconformidad:

> Manifestamos nuestra inconformidad ya que mi representada cumple con lo dispuesto en las bases de licitación. Solicitamos que CFE aclare el método de comparación del precio nivelado de generación con el monto de la tarjeta del sobre cerrado, ya que dicha comparación no se contempla en las bases de licitación y es incongruente con lo establecido en las bases de licitación.

Gándara Censa S. A. fue incluida dentro de la edición 2008 del anuario *Prestige Rating Book* como una de las empresas más prestigiosas del país. Según afirmó el director de Gándara Censa, en su planta en México —la cual construirán en Yucatán— producirá equipo para los aerogeneradores de la empresa Gamesa, y esperan también venderle a Iberdrola y Acciona.

Las gangas de Yucatán

Con el pretexto de que va a construir una planta para fabricar torres eólicas, en 2007 Manuel Carlos Mouriño Atanes compró 200 135 metros cuadrados de terreno en el municipio de Progreso, Yucatán, a precio de remate. Todo gracias a un amigo de su hijo Juan Camilo, el gobernador de extracción panista Patricio Patrón Laviada. Fue una operación parecida a la adquisición de terrenos que Mouriño Atanes hizo en Nigrán y por la cual fue investigado.

Las 20 hectáreas pertenecían a ejidatarios. La Comisión Ordenadora de Uso de Suelo del Estado de Yucatán (COUSEY) las compró todavía a un precio menor. Por ser un ente gubernamental los ejidatarios tenían que darle a la COUSEY un precio preferencial que jamás hubieran dado a los Mouriño si hubieran comprado de manera directa. "El gobierno de Patrón Laviada les hizo el trabajo sucio", señala un alto funcionario del gobierno de Ivonne Ortega.

De acuerdo con los documentos oficiales, la COUSEY vendió el terreno a Inmobiliaria GES por la ridícula cantidad de 35 pesos el metro cuadrado. Un reevalúo hecho por el nuevo gobierno arrojó que el metro cuadrado valía de 300 a 350 pesos, es decir, 100 veces más de lo que pagó la familia de Juan Camilo Mouriño Terrazo.

El predio donde compraron se halla dentro de un proyecto del gobierno federal y el gobierno de Yucatán llamado "plataforma logística", ubicado sobre la carretera Progreso-Mérida. En Yucatán dicha plataforma era un plan totalmente desconocido, nadie sabía de él, confirmaron autoridades del actual gobierno. Así que don Carlos es un profeta o tuvo a su alcance información privilegiada.

En ese lugar se va a construir una nueva puerta aduanal de carga y descarga que facilitará el traslado de mercancía a Europa, Norte, Centro y Sudamérica. Abarca patios de contenedores, *clusters* maquiladores, caminos y otras vías de comunicación. Y tendrá una inversión pública de 235 millones de dólares. Toda el área del proyecto, según el croquis del gobierno, abarca 458.9 hectáreas. El predio que compró Mouriño Atanes está justo en el centro del proyecto de la plataforma logística.

Qué fortuna para la familia del secretario de Gobernación haber comprado barato y a tiempo. La transacción se llevó a cabo con una celeridad meteórica. El contrato se firmó el 27 de junio de 2007, 31 días antes de que Patricio Patrón Laviada dejara de ser gobernador de Yucatán y llegara la priísta Ivonne Ortega. Juan Camilo Mouriño Terrazo era entonces jefe de la Oficina de la Presidencia.

Los Mouriño no sólo compraron barato, sino también a plazos. El monto total del terreno era de 7 004 743.55 pesos. Dieron un enganche de 1 400 948.70 y el resto lo liquidarán en 24 cómodas mensualidades de 259 778.07, una cantidad insignificante para el sha de Campeche. En junio de 2009 habrán liquidado la valiosa inversión.

Por parte de Inmobiliaria GES firmó el contrato Jorge Alberto Hernández Villanueva, director general de Grupo Energético del Sureste. Por parte de la COUSEY suscribió José Carlos Guzmán Alcocer, director general; Víctor Manuel López Manrique, director de comercialización; y Arturo Rivas Vargas, jefe de departamento de comercialización y regularización.

Contrato de compra-venta del 27 de junio de 2007 entre Inmobiliaria GES y la COUSEY, por el cual la familia Mouriño adquirió 20 hectáreas en Progreso, Michoacán.

Los integrantes del Consejo de Administración de la COUSEY que aprobaron la venta de los terrenos eran: Patricio Patrón Laviada; José Carlos Guzmán Alcocer; Enrique Manero Moreno, secretario de obras del gobierno de Yucatán; Pedro Rivas Gutiérrez, secretario general de Gobierno; Alberto Pérez Carrillo, secretario de Planeación; y Fernando Medina Gamboa, como delegado federal de la Secretaría de Desarrollo Social.

De los cinco involucrados, tres tienen actualmente cargos públicos en el gobierno federal, designados directamente por Juan Camilo Mouriño Terrazo cuando todavía era jefe de la Oficina de la Presidencia de la República. El primero es Patricio Patrón Laviada, procurador federal de Protección al Medio Ambiente y que gana 189 944 pesos al mes. El segundo es Enrique Manero Moreno, delegado federal de la Secretaría del Medio Ambiente en Yucatán, con un sueldo de 98 772 pesos al mes. Y el tercero es Medina Gamboa, quien sigue en la Sedesol y percibe un sueldo de 117 747 pesos al mes.

Guzmán Alcocer cayó en desgracia no por el caso de los Mouriño, sino porque también regaló unos terrenos a la empresa Inmobiliaria Chablekal, en la que están involucrados hermanos de Patrón Laviada. Compraron terrenos a la COUSEY por 16 pesos el metro cuadrado cuando su precio real era de 125. El funcionario fue acusado de peculado y un quebranto de 500 millones de pesos. Estuvo un tiempo preso, pero un juez federal le dio el amparo y actualmente sigue su juicio en libertad.

Antes de que se firmara la compraventa de los Mouriño, la Administración Portuaria Integral de Progreso, cuyo director era Armando Herrera Avendaño, entregó a la empresa española Terminal de Contenedores de Barcelona (TCB), una concesión de 20 años, prorrogable hasta 19 más para operar la plataforma logística donde los Mouriño compraron sus terrenos.[14]

[14] *La Revista Peninsular*, 23 de junio de 2007.

DON CARLOS

Un hombre de negocios

"Soy un hombre honesto, sólo hago lo que hacen todos los demás", suele comentar Manuel Carlos Mouriño Atanes a sus allegados cada vez que es criticado porque su riqueza se multiplicó a raíz de la entrada de su hijo Juan Camilo en la política mexicana.

Después de su invaluable ayuda a la campaña de Felipe Calderón, el empresario vio llegar a su hijo a la Oficina de la Presidencia de la República, desde donde hacía y deshacía a voluntad, sin muchos incómodos reflectores. Cuando Juan Camilo fue nombrado secretario de Gobernación el 16 de enero de 2008, su padre no estaba muy contento, de hecho ni él mismo. Mucho menos cuando en marzo de 2008 se ventilaron sus contratos de Transportes Especializados Ivancar con Pemex. El empresario se enojó mucho con ese episodio. Dicen que muchos negocios y nuevas franquicias se tuvieron que posponer.

Colaboradores cercanos del hombre multinegocios señalan que la familia tenía planes para que Juan Camilo fuera el candidato presidencial del PAN en los comicios electorales de 2012. Y por eso les preocupaba la manera de ser de Calderón, para sus proyectos hubieran necesitado a un presidente dueño de sí.

Dicen que de tal palo tal astilla. Y en el caso de Mouriño Atanes y su hijo Juan Camilo la frase quedaba a la perfección.

CAPÍTULO 3

El primer hombre del presidente

SECUESTRO POR VENGANZA

"En el momento que me agarraron me dijeron: no te preocupes, no es contra ti, es una venganza personal, venimos a cobrar una deuda pendiente o un asunto pendiente, o sea, de las palabras exactas no me acuerdo, pero la idea es clarísima. Porque en ese momento yo me asusté mucho pensando que no es secuestro, que ahorita van a hacer de alguna manera entrar a la casa y atacar a mi papá por algún motivo, porque me preguntaba mucho: ¿Dónde está tu papá ahorita? ¿Dónde se encuentra? ¿Estás solo? ¿Ya llegó a la casa? ¿Hay alguien que pueda estar en la cocina? ¿Hay alguien que te pueda estar siguiendo? ¿Y dónde está tu mamá y dónde está tu papá? ¿Dónde está la recámara?

"Entonces en ese momento pienso que no es secuestro sino que quieren entrar a la casa y hacerle daño a mi papá. Y de hecho me dijo no es contigo, son un par de horas solamente, no te preocupes, esto es una venganza, venimos a cobrar una deuda pendiente."

Así recuerda Juan Camilo Mouriño Terrazo su secuestro ocurrido en 1996 cuando regresaba de jugar boliche y cenar una torta al albañil en el restaurante Potros de Campeche. Cuando menos ésta es la versión que le dio durante 90 minutos a un hombre que se identificó como policía a los pocos días de haber ocurrido el incidente.

Mucho se debate sobre la auténtica nacionalidad del secretario de Gobernación. Lo cierto es que a sus 25 años aún hablaba con un marcado acento español, *zeseaba*. Así lo demuestran los tres audiocasetes relacionados con el secuestro del ahora secretario de Gobernación que tengo en mi poder. Las cintas forman parte de las más de siete mil grabaciones que se encontraron en 1998 en el interior de una casa de espionaje montada en la ciudad de Campeche por orden del gobernador del estado, Jorge Salomón Azar García (1991-1997), la cual funcionó hasta 1997, el primer año de gobierno de José Antonio González Curi.

La casa de espionaje —descubierta por la líder de oposición Layda Sansores— la dirigía Valente Quintana González, quien tenía entre sus documentos un diploma del Centro de Investigación y Seguridad Nacional (Cisen); llevaba la investigación en la sangre. Su padre participó en las investigaciones sobre el asesinato de Álvaro Obregón. Quintana González trabajaba para la secretaría de Gobierno del estado de Campeche desde la administración de Azar García hasta el día en que se descubrió la casa.

La célula de espionaje estaba en un domicilio cercano al Palacio de Gobierno. Ahí se encontró una sofisticada máquina suiza capaz de grabar tres mil llamadas de manera simultánea. Desde ahí espiaron a empresarios, directores de periódicos —como el dueño de *Tribuna*— e incluso a los propios empleados del gobierno —como el secretario de Finanzas, apodado el Mango Verde, quien tenía una tormentosa vida personal—. Incluso se encontraron grabaciones de conversaciones privadas del propio gobernador González Kuri.

Layda Sansores fue espiada durante siete años consecutivos. Junto con las grabaciones, Sansores encontró la nómina del centro de espionaje, la cual era pagada por el gobierno del estado. Incluso obtuvo los cheques foliados de la tesorería del gobierno de Campeche. Sansores presentó denuncias penales ante la Procuraduría General de la República (PGR), cuyo titular era Jorge Madrazo. Entregó las grabaciones del centro de espionaje —incluyendo las grabaciones de Juan Camilo Mouriño— y los cheques, pero antes de que el presidente Ernesto Zedillo terminara su gobierno el procurador Madrazo cerró las investigaciones. En el sexenio de Fox fueron reabiertas, pero hasta ahora no se sabe el resultado.

Existen dos cintas sobre el secuestro de Juan Camilo: una contiene trozos de conversaciones que Manuel Carlos Mouriño Atanes sostuvo con los secuestradores. La otra es la grabación de la declaración que hizo Juan Camilo de manera informal a un policía. No queda claro el lugar donde realizó esas declaraciones, el nombre de la persona ante la que testificaba, ni con qué objeto lo hizo. Estas grabaciones, a la luz de los años y por su contenido, tienen hoy un nuevo significado.

Aunque no se dice específicamente cuándo ocurrió el secuestro, por los eventos que se narran sucedió en 1996, ya que Juan Camilo comenta que en su casa sólo vivían él y sus padres. Su hermana Marian estaba estudiando en Tampa, Florida, y su hermano Carlos se había casado el año anterior.

Carlos Mouriño Terrazo se casó en 1995 en el Club Náutico de Campeche. Juan Camilo ha filtrado a los medios una historia de su secuestro que, según el testimonio grabado en esas cintas, no corresponde a la realidad. Aprovechando la crisis de inseguridad por la que atraviesa el país, quiere levantar sus caídos bonos al hacer creer que fue una víctima más de un largo y tormentoso secuestro ordinario que azota a todas las clases sociales sin distingo. En su caso particular, según reveló, el secuestro duró 28 horas y se originó no como un intento de arrebatar a su familia su patrimonio, sino porque su padre tenía una deuda con sus captores. ¿Qué tipo de deudas podría contraer el polémico Manuel Carlos Mouriño Atanes y con quién, para que se las cobraran de esa manera?

Juan Camilo narró al "policía" con quien conversaba que un año antes de su secuestro su padre había tenido que salir de México por problemas fiscales. Fue entonces cuando recibió una primera amenaza que no tomaron en serio.

—Hace unos meses mi papá tuvo un problema de tipo esteee… fiscal, no estuvo en el país y nosotros recibimos una llamada, una llamada donde nos quisieron advertir de algún tipo de daño. Este señor que habló quería que mi hermano acudiera solo en su camioneta a un estacionamiento para recibir más información sobre un grupo terrorista de Campeche o asociación terrorista de Campeche que nos quería hacer daño. Ésa fue la única llamada, y definitivamente no acudimos al llamado.

—¿Recuerda más o menos en qué época fue esto? —preguntó el policía.

—Fueee…

—¿Hace un año? —le insistió.

—No, menos, menos, menos, esto tendrá seis meses —respondió Juan Camilo.

—¿Tiene un año ya? —le vuelve a preguntar.

—Mayo, mayo —se escucha de lejos la voz de una tercera persona a quien Juan Camilo llama "licenciado".

—¿Mayo? Entonces tiene un año exactamente —concretó Juan Camilo.

"Sí, me dijo 'si no me crees o si dudas de lo que te estoy diciendo pregúntale a tal capitán o a tal sargento o algo así de la zona militar por el grupo terrorista de Campeche o por la asociación terrorista de Campeche y ellos te van a decir que es verídica esa información'. No verídica que nosotros estuviéramos en peligro sino verídico que existe el grupo, 'te van a confirmar la existencia de este grupo'. Claro que no acudimos, nunca más recibimos ningún llamado ni nada parecido", señaló Juan Camilo.

En el interrogatorio Juan Camilo Mouriño narró su vida y obra. Nada del otro mundo. Unas líneas de boliche, de vez en vez un partido de béisbol, una fiesta por aquí, ir a la discoteca por allá. No podía quedarse quieto en casa.

—¿A qué te dedicas? ¿Qué haces? ¿Cómo es tu vida? —preguntó el policía.

—Yo, esteee —sonó un teléfono que nadie contestó—. Yo, esteee... estudié economía, soy economista, trabajo en una empresa familiar, nos dedicamos a gasolineras, tenemos un grupo gasolinero en el sureste del país en cuatro estados, tenemos estaciones de servicio y prácticamente todos los días entre ocho y media y nueve de la mañana llego a la oficina.

"Ahí estoy hasta las tres de la tarde, a esa hora salgo a mi casa junto con mi papá, vamos a comer, después de comer paso a buscar a mi novia, ya sea me quedo ahí viendo un rato la tele o regresamos a mi casa a ver la tele o vamos a hacer una compra que tengamos que hacer o dar una vuelta o así... como hasta las cinco y media, a esa hora entre cinco y media y seis regreso a la oficina y ahí me estoy normalmente hasta las ocho o nueve de la noche.

"Los lunes, todos los lunes, tengo torneo de boliche, a las nueve y media de la noche empieza. Entonces estoy en la oficina como hasta las nueve, voy a mi casa, me cambio de ropa, me pongo la camiseta del equipo, por decir, paso a buscar a mi novia, me voy al boliche, ehhh —se escucha agotado—, los otros días de la semana no tengo ninguna actividad fija. Cuando hay béisbol voy al béisbol, a las ocho de la noche normalmente empieza, y si no hay béisbol y no es lunes entonces voy al cine o si hay alguna fiesta, alguna cena, o ya de plano si no hay nada voy a rentar unas películas y me regreso a mi casa, ¿no?

"Pero lo que sí absolutamente todos los días es igual, que no importa que haga, siembre acabo haciendo lo mismo que es: termino la actividad que sea, cine, boliche o béisbol, voy a cenar a algún sitio rapidito alguna taquería o algún restaurantito, y de ahí voy a la gasolinera, a la que tenemos aquí, una de las que tenemos en la ciudad, veo cómo estuvo todo durante el día, voy a casa de mi novia, la dejo.

"En fin de semana esteee... salgo de trabajar a las dos, dos y media, voy a comer a mi casa y en la tarde lo mismo, ya sea rentar películas, ir a la plaza un rato, ir a la playa, cosas de ese tipo, y el domingo igual... en la noche salir a la discoteca, normalmente, casi todos los sábados vamos."

Juan Camilo narró que un día antes de su secuestro dos hombres en una camioneta de la policía judicial lo habían seguido hasta un restaurante adonde fue a comer con su novia Marigely —actualmente su esposa.

—¿El señor Arnoldo no te describió la camioneta? —le preguntó el policía.

—Dijo una camioneta blanca oficial, una pick up blanca...

—Ya. ¿Ustedes platicaron con sus vecinos si vieron algún coche o algún vehículo raro esos días? —lo inquirió el policía.

—No, nosotros en lo personal no hemos querido involucrarnos en ningún tipo de investigación; no sé si la policía lo haya hecho, no estoy enterado de que se haya hecho así.

La noche del lunes cuando ocurrió el secuestro, Juan Camilo fue a jugar boliche con su novia, como cada inicio de semana, y después cenó en el restaurante Potros.

—Sí, cené una torta al albañil, y me acuerdo perfectamente porque muchas veces pensé que era la última cena, ¿no? —narra Juan Camilo con sentimiento.

Después de la cena, Juan Camilo fue capturado en el jardín del interior de su casa.

—Entonces empiezo a oír ruidos... una vez me salió un gato y por poco me da un ataque cardiaco.

"Esta vez fue mucho ruido a la vez y en cuanto volteo ya veo a la primera persona saliendo completamente vestida de negro, con un pasamontañas negro y con un arma en la mano. Nada, estoy hablando de fracciones de segundos, volteo para atrás, volteo de reojo y tengo uno saliendo de las columnas por atrás y uno saliendo atrás del pino por un lado. En ese momento tengo tres personas apuntándome con armas.

"Yo aviento el teléfono celular y me pego a la pared y digo no traigo nada. Teniendo miedo de que de algún modo confundieran el teléfono celular con un arma...

"Se me pega uno de ellos y me jalan hacia esos vegetales, no vegetales, esa vegetación, y me dicen ponte de rodillas, y me ponen de rodillas detrás del pino mirando hacia mi casa, mirando hacia la cocina y ellos están detrás de mí, los tres.

"Ahí me empiezan a decir que no me preocupe, que no grite, que no me preocupe, que no me va a pasar nada, y me empiezan a vendar con una venda médica y me la ponen en la cabeza incluyendo boca y todo, y le ponen *tape paper*, en ese momento no veía qué tipo de *tape*, pero era *tape* del medicinal, de ese blanco...

"Que no es personal, que no me va a pasar nada, que no es contra mí, que vienen a cobrar una cuenta pendiente, que no es conmigo, que son un par de horas, que no me preocupe. En eso me están poniendo eso y me ponen unas esposas, esposas policiacas atrás a las espaldas."

—Eso me llama la atención. ¿Tú hablas de unas esposas? ¿Las esposas no las viste? —lo interrumpió el policía en el interrogatorio.

—No.

—¿Nunca las viste?

—Nunca las vi.

—¿Tú crees que eran esposas por la manera en que...?

—Eran esposas, esposas, sí, sí, sí, eran esposas, esposas... se me cerraban, me apretaban, de hecho yo en el transcurso le digo a uno que estoy bien, que no me haga nada, pero que por favor me afloje la esposa de la mano derecha...

El evento debió de ser traumático. No sabía si viviría o si le harían daño a su padre, pero una de las cosas que más impresionó a Juan Camilo era el físico de sus captores.

—En los segundos que tuviste para ver a estas tres personas, ¿pudiste más o menos ver su estructura, su complexión? —le preguntó el policía.

—La complexión atlética de los tres, sí, de los tres, me impresionó, me llamó mucho la atención, haciendo esta reflexión, precisamente eso, eran tres personas atléticas, tres personas que se veían bien físicamente, tres personas, ninguna me llamó la atención por alta, pero ninguna me llamó la atención por chaparra, todos me llamaron la atención por lo atlético, vestidos de negro los tres de zapatos a cabeza; nada más lo único que quedaba fuera eran los ojos, incluso fueron muy pocos segundos pero me atrevo a recordar que hasta las mangas eran largas.

"Me impresionó mucho la pistola del primero; yo no conozco de armas, nunca he portado una ni he sabido más que de película, y me impresionó el cañón redondo y largo de la primera pistola que me apuntó."

—Entonces te dice que va a venir un vehículo... —retomó el policía el hilo del interrogatorio.

—Les pregunto si le van a hacer algo a mi papá, me dicen que no, que no le van a hacer nada, que yo esté tranquilo, que los obedezca y todo va a estar bien. En eso se aproxima un vehículo y frena, el motor sigue andando, me dicen ahora, me levantan y caminan con la tranquilidad del mundo hacia el vehículo tres personas...

"Hasta ese momento yo no sabía si era asalto, si era que me iban a hacer algún daño físico por alguna venganza o si era algo en contra de mi papá adentro de la casa.

"En el momento en que paran el vehículo y me llevan hacia el vehículo ya automáticamente sé, lo doy por hecho que es un secuestro... a mí me avientan hacia la camioneta... me acuestan en el asiento, yo por eso asumo que es una Suburban. Hay gente atrás y hay gente adelante y yo estoy en medio, no sé si hay gente sentada atrás o parada... La altura es de una Suburban o de una camioneta así....

"El jefe, yo asumo que es el jefe, yo lo voy a llamar el jefe porque así me refiero a él —soltó una risita nerviosa—, el jefe le dice que yo esté tranquilo, que no cree que yo haga nada, que no es necesario forzarme, la pierna desaparece y aparece una pistola en la cabeza... la voz del jefe viene de atrás, lo que yo no tengo muy claro y no entiendo es por dónde se subieron los de atrás...

"Esos momentos son los más difíciles, ese momento la mente no está tan pendiente... lo que sí estaba muy incómodo y muy alterado, muy tranquilo en mi actuar pero muy alterado por dentro, mi respiración era muy agitada y el tener la venda en la boca me estaba ocasionando mucho problema.

"En el transcurso no me mencionan nada, no hablan, puedo recordar pasar topes, puedo recordar haber estado muy pendiente de no salir de la ciudad, yo en ningún momento sentí que salimos de la ciudad..."

—¿Los notaste nerviosos? —le pregunta el policía.

—Nunca, nunca, nunca. Sobre todo éste, una pasividad, una tranquilidad, hubo problemas después más adelante cuando se enteraron que había policía de por medio, él con una tranquilidad todo el tiempo impresionante.

"El viaje fue corto, no duró más de doce minutos, no salimos de la ciudad, estuvimos en la ciudad todo el tiempo. Llegamos a un lugar habitado. En este lugar ellos se paran, venimos por una calle, avenida, hacemos un giro y en seguida de ese giro otro giro, hace una parada la camioneta y toca el claxon, bip, bip, se escucha cómo se abre un portón metálico, como arrastre no se oía, es como que jalan el portón y la camioneta entra...

"El carro entra completo al lugar; ahí se abrieron todas las puertas del vehículo, se empieza a bajar gente... me dicen que baje; yo me acerco hacia la puerta a la derecha, bajo y estoy en terreno monte, ningún concreto, tierra muy dispareja, me hacen caminar y hay tropezones... me dirigen hacia una puerta... y ya estamos en el cuarto. Cuarto con cierto eco, se sentía totalmente vacío, nunca se oye el arrastrar de una silla, me llevan hasta la esquina o hasta la pared de uno de los cuartos y me pegan contra la pared, me dicen aquí baja, voy bajando y me siento en un *bloc*, sigo amarrado...

"En eso esteee... en ese momento no pasa nada, me dejan ahí, me dicen siéntate, te vamos a sentar en un *bloc*, y la camioneta se va y quedan dos; según yo quedan dos, estos dos son los únicos que de alguna manera o en algún momento se llegan a meter conmigo.

"Se acercan a mí, me preguntan si alguna vez he tenido un arma, les digo que no, pues mira lo que se siente y me la empiezan a poner por todos lados, esteee... se empiezan a meter conmigo: 'Niño riquillo, una vida muy buena que te has dado, será como quitarle un pelo a un gato; ¿te gusta la buena vida, verdad?, pues ahorita vas a ver lo que es bueno'.

"A todas éstas quiero decirte —expresó Juan Camilo a su interlocutor— que uno de estos dos es el único que yo siento es campechano en su forma de hablar...

"Me ofrecen droga, me preguntan si quiero mariguana o cocaína; les digo que no, que gracias, que quiero estar tranquilo, me dicen que precisamente es para eso, para tranquilizarme, les digo que no, que de veras que no, que no quiero, 'ah, pues nosotros ahorita nos vamos a dar unos toques'.

"Ahora, yo no sentí que lo hicieran, no oí en ningún momento que se estuvieran metiendo cocaína o no sentí que fumaran mariguana, estaba muy pendiente porque me puse muy nervioso."

Cuando se le pidió a Juan Camilo que describiera a sus captores, se mostró sorprendido por su físico atlético y su buena conversación.

—Hablaba como un filósofo —recuerda Juan Camilo—, intelectual, había palabras rebuscadas, aunque no te podría mencionar ninguna repetitiva o en específico.

"Hablamos de política, hablamos de religión, temas actuales... hablando de política. Mencionó haber estudiado en colegios religiosos... Recordando alguna de las conversaciones, hablamos de qué tipo de entrenamiento tienen para mantener ese físico, ahí te quiero mencionar otra cosa respecto al físico. Cada vez que yo iba al baño, este cuate se me ponía detrás y me levantaba con una facilidad impresionante, claro que yo ayudaba, no ponía resistencia, pero me refiero a que eran personas bien físicamente, con buena condición física, yo le pregunto qué hacen y me dijo que tienen rutinas… me dice que a él en lo particular le gusta la natación mucho.

"Hablando un poco de las otras víctimas que han tenido, yo le pregunto cómo reacciona la gente normalmente y él me dice que mi caso es raro, que normalmente son mucho más agresivos, que los tienen que tranquilizar de otras formas…

"Me dice que no debiera estar hablando conmigo, que es raro que entable una conversación con una víctima, me dice que es raro que lo hayan dejado a él solo, que no sabe por qué…"

Cabe señalar que en las grabaciones en ningún momento se menciona cuánto pagó o qué pagó su familia de rescate. Cuando Layda Sansores descubrió las cintas sobre el secuestro de Juan Camilo se afirma que le entregó a Manuel Carlos Mouriño Atanes una copia.

Sansores, hoy diputada federal por Convergencia, en entrevista me confirmó que sí. Dijo que estaba convencida, por toda la información que se encontró en el centro de espionaje de Campeche, de que el gobernador Azar García había tenido que ver en el secuestro de Juan Camilo y que los espiaban.

"Una cosa es que el centro tuviera copia de las llamadas de don Carlos y otra del interrogatorio de Mouriño. Hasta la fecha no soy capaz de entender por qué el papá no hizo nada al respecto. Se quedó callado y no hizo nada", comenta Layda.

Fue después de su secuestro que Juan Camilo inició su carrera política, ese año conoció a Felipe Calderón. Al año siguiente fue electo diputado local por el v distrito de Campeche, era la primera vez en la historia del estado que un candidato del PAN o de cualquier otro partido de oposición ganaba.

Felipe y JC (yéi ci)

—¿Cuándo conociste a Felipe? —le pregunté a Juan Camilo, coordinador operativo de la campaña de Felipe en enero de 2006, en las oficinas de campaña de la calle de Sacramento en la colonia del Valle.

Era la segunda vez que conversaba con él. La primera fue para hablar de las "marranadas" de la contienda interna del PAN por la candidatura presidencial en 2005.

¿Por qué Calderón escogió como coordinador de campaña a alguien que conocía desde hacía relativamente poco y no a alguien de su viejo equipo con el que hace lustros llegó a dirigir el Comité Ejecutivo Nacional (CEN) del PAN?

A primera vista JC —yéi ci, como le llama su grupo de amigos de Campeche deletreando en inglés— es un hombre de trato agradable, aunque da la impresión de ser más bien tímido e inseguro. Sus ojos esquivos pocas veces sostienen la mirada.

—Lo conocí en 1996, cuando Felipe, secretario general del CEN del PAN, fue a Campeche para organizar al partido; entonces no había PAN en Campeche. Por él me inscribí al PAN —respondió.

"Mi relación con Felipe es una relación de amistad y de trabajo, donde yo tengo una responsabilidad específica y él como mi jefe tiene que apretar y que la chamba salga, es una relación laboral, intensa."

—¿Cuál consideras que es tu principal virtud?

—Conozco bien a Felipe, la cercanía, nos tenemos confianza. La otra es lealtad y eficacia. Eso fue lo que pudimos hacer en la interna y es lo que tengo que hacer ahora. Me considero eficaz.

—¿Cuál consideras que es tu principal debilidad?

—Una debilidad hacia afuera es la edad. Aunque es una ventaja porque no estoy encasillado en cosas que se han hecho antes, venimos con ideas frescas, nuevas. Esa falta de experiencia nos permite mantenernos al margen de muchas grillas. La edad y la falta de experiencia es percibida hacia afuera como una debilidad de Felipe, y eso no lo puedo cambiar, es una cosa que sólo se acaba con el tiempo. Lo mismo me decían cuando fui diputado local en el 97, o coordinador de Vicente en el sureste en el 2000, coordinador de la comisión de energía a los 28 años y subsecretario a los 32.

—Menciona un defecto de Calderón.

—No, porque me va a correr —sonrió nervioso—. ¿Cómo lo pongo en términos suaves? El defecto de Felipe como candidato para efectos del equipo es que es muy perfeccionista y quiere ver el detalle de todo, y como candidato es más difícil meterse tanto a detalle.

Sí, Juan Camilo y Felipe se conocen bien, aunque eso llevó su tiempo y dinero. Después de Campeche JC se reencontró con Felipe Calderón en la LVIII Legislatura (2000-2003). Mouriño Terrazo no había llegado como diputado plurinominal por su gran habilidad como parlamentario local. Los panistas y Layda Sansores —quien se sumó a la campaña presidencial de Fox en el año 2000— afirman que el dinero aportado por su padre a la campaña de Fox fue lo que le aseguró un lugar.

—Juan Camilo era el muchacho bonito, educado, el español guapo de Campeche, pero no tenía ninguna otra cualidad —señala Layda Sansores en su oficina de la Cámara de Diputados.

"A todos en Campeche nos causó asombro que Mouriño haya sido nombrado presidente de la Comisión de Energía de la Cámara de Diputados así como así; el pobre muchacho no tenía ninguna experiencia. ¿Y cómo le hizo? Se dice que su papá compró la presidencia de la Comisión.

"Juan Camilo daba unos saltos impresionantes que resultaban desmesurados para la sociedad campechana, acostumbrada a que en el PRI el ascenso es más lento. Fox fue muy espléndido con los Mouriño."

Felipe Calderón era el coordinador de la fracción parlamentaria del PAN y seguramente no le hubiera hecho mucho caso al joven diputado de Campeche de no ser porque Jordy Hernán Herrera Flores propició el acercamiento.

Jordy entonces era director de comunicación social de la bancada del PAN en San Lázaro. Trabajaba con Felipe desde que era secretario general del CEN del PAN. Actualmente es el subsecretario de Energía.

A principios de 2008, Herrera presumía que tenía armado el consenso para sacar adelante la reforma energética del presidente Calderón. Eso fue antes del escándalo de los contratos del secretario de Gobernación con Pemex, que estalló en el rostro de JC como un petardo el 28 de febrero de 2008.

Durante mucho tiempo Jordy, apenas un año menor que Mouriño Terrazo, fue uno de los colaboradores más cercanos al presidente y llegó a ocupar en los afectos y confianza de Calderón el lugar que hoy tiene Juan Camilo.

Jordy y JC se habían conocido en la campaña de Vicente Fox. Jordy era el mariscal de Amigos de Fox en el Distrito Federal y atendía el Estado de México y Morelos. Juan Camilo relevó a su padre, Manuel Carlos Mouriño Atanes, en Amigos de Fox de Campeche, Tabasco, Yucatán, Quintana Roo y Chiapas. Jordy no duró mucho como mariscal porque se fue a buscar infructuosamente una candidatura a diputado, pero en el tiempo que se trataron llegaron a entenderse bien.

En Campeche se afirma que Jordy llegó a ser un viajero frecuente por esas tierras para ir a ver a JC. También solía vérseles en Playa del Carmen, en Quintana Roo. Por eso cuando Mouriño Terrazo llegó al Congreso federal en el año 2000 no todos eran rostros de desconocidos.

Entre Felipe y Juan Camilo hubo química. En el reparto de comisiones con otras bancadas, sabiendo que los negocios del padre de JC eran las gasolineras y el transporte de combustible, lo aceptó —a propuesta de Los Pinos— como presidente de la Comisión de Energía aún casi sin conocerlo.

En aquella época Felipe quedó rodeado de su equipo más cercano, algo así como su club de Toby: Jordy —como vocero—, Germán Martínez, César Nava, José González Morfín, Alejandro Zapata Perogordo, Rodolfo Dorador y Carlos Flores Gutiérrez, quienes también eran diputados.

Juan Camilo, quien aprendió de su padre el arte de hacer relaciones públicas, entendió pronto que la mecánica para integrarse al grupo de Calderón era acompañarlos en la parranda. Y para eso se pintaba solo. En la LVIII Legislatura, Juan Camilo se hizo integrante constante de las farras de Calderón y su equipo. Panistas que estuvieron en esa legislatura afirman que le invirtió a los caprichos de Felipe, quien no estaba acostumbrado a los lujos.

Cuando era secretario general del PAN y JC no figuraba entre sus amigos, Calderón se quedaba en la sede nacional del PAN a hacer las reuniones sociales con su equipo y mandaba comprar tequila. Tiempo después, cuando Calderón fue coordinador parlamentario en San Lázaro era común verlo a él y su grupo en el restaurante bar La Barraca, ubicado en Insurgentes Sur número

950. Ésa también fue la vieja sede de tertulias del equipo de Felipe cuando se convirtió en presidente nacional del PAN y despachaba en Gabriel Mancera y Ángel Urraza. Como eran clientes frecuentes llegaron a tener sillas con una placa color cobre en el respaldo con el nombre de cada uno.

JC era el niño bien del grupo. Cuando le alababan sus trajes él solía presumir: "Son Ermenegildo Zegna; qué, ¿hay de otros?" Eso parecía apantallar a los entonces más bien austeros calderonistas.

En la LVIII Legislatura, Juan Camilo comenzó a ganarse la confianza de Calderón. Llegó un momento en que tanto Jordy como César Nava dejaron la legislatura para irse tras otros proyectos. Jordy volvió a buscar una candidatura del PAN a una diputación —intento en el que volvió a fracasar— y Nava salió abruptamente de la Cámara de Diputados por cuestiones personales y se fue de abogado general de Petróleos Mexicanos al lado del director general de la paraestatal, Raúl Muñoz Leos.

Fue en esa época cuando Felipe y Juan Camilo estrecharon más su amistad. El 12 de febrero de 2003 Felipe por fin consiguió brincar al gabinete y Vicente Fox lo nombró director de Banobras. JC tenía sus propios planes y pidió licencia como diputado federal en abril de 2003 para lanzarse a la aventura tras la alcaldía de la ciudad de Campeche. Sus caminos se separaron por un tiempo, pero ya volverían a encontrarse.

Flaco, ojeroso, cansado y sin ilusiones

Cuando Juan Camilo Mouriño regresó a Campeche para pelear por la candidatura a la alcaldía de la capital del estado era un riesgo calculado: creía que tenía todo arreglado.

—La negociación había sido entre el papá de Juan Camilo y el gobernador, José Antonio González Curi. Juan Camilo sería alcalde, ya estaba el acuerdo —señala el cronista de Campeche Enrique Pastor Cruz Carranza.

Manuel Carlos Mouriño Atanes también había puesto como candidato del PAN a la gubernatura del estado a Juan Carlos del Río, su sobrino. Los celos comenzaron. Juan Camilo se enojó porque su primo tenía más posibilidades de ganar la gubernatura que él la alcaldía.

Los Mouriño y el panista Jorge Rubén Nordhausen —quien empujaba la candidatura de Del Río— rompieron. Actualmente Nordhausen es senador por el PAN y uno de sus principales críticos.

—Eso era inaceptable: "¿Cómo voy a estar bajo las órdenes de mi primo, que nada más lo metimos porque se nos dio la gana? Además, yo vengo de ser diputado federal y mi primo Juan Carlos es regidor de un ayuntamiento. No puede ser". Entonces se da la confrontación —recuerda Cruz Carranza, quien lleva con acuciosidad de historiador la vida política de Campeche.

"El candidato con el que competía Juan Camilo era Fernando Ortega, entonces senador de la República, es un tipo *caime bien*, es simpático. Él era candidato a la alcaldía por el PRI, y en el momento en que ya está el conflicto duro, Nordhausen se niega a negociar para que Juan Carlos del Río se haga a un lado y dice: 'voy por la gubernatura con Juan Carlos del Río'. Ahí se da el conflicto Nordhausen-Juan Camilo, chocan porque eran cómplices los dos de todas esas sinvergüenzadas.

"Nordhausen, a través de Juan Carlos del Río, va por la gubernatura con el apoyo de Carlos Medina Plascencia, el guanajuatense que opera una consultoría en Ciudad del Carmen y de la cual era también socio Del Río."

Quizá Carlos Medina Plascencia no sabía que años después JC le cobraría esa acción política. Calderón lo ha tratado con menosprecio y su equipo no lo baja de inepto. Por eso, pese a que fue invitado en la época de transición a encabezar el llamado Plan 20-30, fue ignorado para ser incluido en el gabinete. Ni las gracias le dieron. Y es que como Calderón, JC no perdona.

"En el momento en que está la cosa terrible, al gobernador Antonio González Curi ya no le parece, porque dice: 'Óyeme, momento, no te vas a llevar todo Mouriñito, te estás pasando de abusado, te quieres llevar la gubernatura y la alcaldía'" —comenta Cruz Carranza.

"Entonces al cuarto para las 12 de la elección, con una tercera opción ya debilitada, que fue Layda [Sansores], después del conflicto poselectoral con Antonio [González Curi], se va cada quien por la suya. Y es cuando sale en el periódico *La Jornada* una investigación sobre lavado de dinero que supuestamente la Interpol estaba realizando en contra del papá de Juan Camilo. Esto sale 72 horas antes de la elección, también salió en el periódico *Por Esto!*

"Se asusta Juan Camilo, va a la elección y Fernando Ortega le pega una paliza, le gana la elección abrumadoramente."

Ése fue un duro golpe a la arrogancia y fragilidad de JC. Personas que lo vieron de cerca señalan que estaba muy deprimido. Se dejó la barba, no quería salir a la calle y prefirió irse a España, su madre patria, para curarse las heridas.

—Cuando perdió en 2003 cayó en un profundo estado de depresión —recuerda Layda Sansores, quien vivió esos días muy cerca de la familia Mouriño.

"Fui a platicar con su mamá, una señora muy agradable, de mucho carácter. Ella fue la coordinadora de acción electoral de la campaña. Cuando llegué, la mamá estaba arreglando las maletas.

"Estaba muy enojada, decepcionada, dijo que ya no quería saber nada de la política y se iba a ir a España a ver a su nieta. Juan Camilo se había ido ya con su esposa. Yo quería platicar con ella y decirle que su hijo era muy joven y tenía futuro, que así es la política, que hay que intentarlo una y otra vez, pero ella estaba muy triste, decía que le habían robado la alcaldía a su hijo. Yo también creo que se la robaron."

Actualmente Fernando Ortega es senador de la República, precandidato del PRI a la gubernatura de Campeche. Si Juan Camilo se conforma con el premio de consolación de buscar el próximo año la gubernatura de Campeche, volverá a competir con su antiguo rival. Ahora en circunstancias muy distintas.

Felipe Calderón duró poco en Banobras. Él no quería estar en ese puesto porque no sabía nada de economía y le insistió muchas veces a Vicente Fox que lo cambiara. Finalmente el 2 de septiembre de 2003 Fox lo nombró secretario de Energía. Mientras JC estaba curando su depresión poselectoral en España, se afirma que Calderón lo mandó buscar y le pidió que se integrara a su equipo en la Secretaría de Energía (Sener).

El hijo de Manuel Carlos Mouriño Atanes volvió a tener un puesto político cerca de sus intereses energéticos en octubre de 2003. Primero entró como coordinador de asesores y luego como subsecretario.

Felipe Calderón renunció de manera abrupta a la Secretaría de Energía porque el presidente lo regañó por su destape anticipado. La renuncia surtió efectos el 31 de mayo de 2004.

JC decidió permanecer cuatro meses más en la Sener; desde ahí apoyaba las aspiraciones presidenciales de su amigo, además de que varios negocios de su familia se concretaron en esos meses. Oficialmente Juan Camilo salió de la Sener hasta septiembre de 2004. El entonces presidente Vicente Fox se lo reprochó.

—No te puedes ir con Felipe. ¡Tú eres mi gente! —le reclamó Fox en un encuentro que tuvieron en Los Pinos, narra un familiar de JC sobre el incidente.

Fox lo había hecho llegar a la Cámara de Diputados, lo había hecho ser presidente de la Comisión de Energía. ¡Cómo que ahora se iba con Calderón!

—No, mi papá es tu gente, yo soy de Felipe —le respondió Juan Camilo y se fue a la precampaña.

Calderón lo nombró coordinador de sus aspiraciones para conseguir la candidatura del PAN a la Presidencia de la República. El hecho sorprendió a muchos porque Germán Martínez, César Nava, Jordy Herrera, con más tiempo trabajando con él y mucha más experiencia política, fueron rebasados por Juan Camilo.

Empleando los viejos métodos priístas de trampas y coacción del voto, Calderón logró ganar la candidatura del PAN y luego la Presidencia de la República.

Aunque JC lo niega de manera oficial, la documentación interna del equipo de campaña que tengo en mi poder dice lo contrario. En 2006 Mouriño Terrazo no sólo fue coordinador de campaña de Calderón, sino que formó parte directa del grupo que recaudó recursos para la campaña presidencial.

Se trató de un equipo paralelo al Comité de Finanzas Institucional del PAN. La recaudación se hizo a espaldas del tesorero nacional, Marcos Pérez Esquer, quien firmó un desplegado a la opinión pública denunciando este hecho. En el equipo también estaba Cecilia Laviada, que trabajaba en la Oficialía Mayor de la Secretaría de Energía, donde habían estado Calderón y su equipo. Ella era considerada una *outsider* en el Comité de Finanzas. También formaba parte del grupo Ignacio Novoa López, secretario de finanzas del gobierno de Jalisco, quien entonces trabajaba para el gobernador Francisco Ramírez Acuña. Novoa usaba su *mail* institucional para establecer contactos en la recaudación de recursos para la campaña. Él encabezaba la llamada "Red Jalisco". Otro jalisciense en la red de recaudación era Guillermo Martínez Mora, secretario de Educación con Ramírez Acuña y actual secretario de Promoción Económica en el gobierno de Emilio González Márquez.

En la etapa de transición pregunté a un integrante del equipo compacto de Calderón qué tan cercanos eran Juan Camilo y Felipe. Me respondió:

—Es la persona más cercana a Felipe, le tiene mucha confianza. Bueno, después de Margarita [su esposa] —señaló.

—¿Alguien lo pone en duda? —me pregunté en silencio.

El guapo del gabinete

Juan Camilo se promociona como "el guapo del gabinete" y "el chico súper poderoso". Posa para las portadas de las revistas de sociales y el corazón como si compitiera con el gobernador del Estado de México, Enrique Peña Nieto, por el trofeo del más frívolo.

La campaña mediática sobre la galanura de JC se ha tomado muy en serio o en broma. La revista de sociales *Quién* lo ha bautizado como "el chico súper poderoso" y lo considera uno de los 11 "galanes de la política".

Viernes 24 de marzo de 2006 — ESTADOS — EL UNIVERSAL

PARTIDO ACCIÓN NACIONAL
COMITÉ EJECUTIVO NACIONAL

México, D.F., a 24 de Marzo de 2006.

A LA OPINIÓN PÚBLICA:

Recientemente hemos recibido noticias por parte de simpatizantes de nuestro Partido, en el sentido de que personas que se hacen pasar por representantes del Partido Acción Nacional o de su Presidente, de manera fraudulenta están solicitando donaciones con la aparente finalidad de apoyar las campañas electorales.

Con objeto de combatir el ilícito de referencia y transparentar la recaudación de fondos de nuestro Partido, hemos creado un registro de promotores de fondos del PAN; éstos son los únicos autorizados por Acción Nacional para solicitar aportaciones en dinero o en especie a su nombre, y cuentan con un certificado que los acredita plenamente como tales.

En este sentido, a efecto de evitar que sean sorprendidos, informamos a nuestros simpatizantes que para realizar aportaciones a nuestro instituto político es necesario que lo solicite uno de nuestros promotores de fondos debidamente acreditado y la aportación debe realizarse mediante cheque personal del aportante, expedido a nombre del Partido Acción Nacional. Para el caso de aportaciones en especie, debe mediar contrato en los términos de la legislación civil.

Por una Patria ordenada y generosa, y una vida mejor y más digna para todos.

LIC. MARCOS PÉREZ ESQUER
Tesorero Nacional

C.P. HERIBERTO SALVIDAR CORTÉS
Contralor General

Responsable de la publicación: Lic. Enrique Herrero

Desplegado del PAN a la opinión pública denunciando como actividad ilícita la recaudación de fondos por parte del equipo "paralelo" de campaña de Felipe Calderón.

COMITÉ DE FINANZAS

Nombre	Teléfono	Correo	Observaciones
MANUEL MINJARES	04455-5945-4988	jmminjares@yahoo.com	Proyecto específico
GERARDO RUIZ	01442-2113-730	gruiz@linde-pullman-mex.com.mx	
GABRIELA RUIZ	5522-0048	gruizd@diputadospan.org.mx	Sí
CECILIA LAVIADA	04455-5414-2645	cecilialaviada@hotmail.com	Sí. Outsider
MARÍA ANTONIETA HINOJOSA R.	04455-2564-8989 next. 1944-8969	tonyhinojosar@hotmail.com	Proyecto específico
CANA FERNANDEZ	0181-8396-1035 cel.	kanafernandez@yahoo.com.mx	NL con Margain
HORACIO Mc KOY	5201-5413 of 5201-5400 of	mccoyv@koraferry.com	Con CECI
ENRIQUE MIRANDA	04455-5416-0666	emiranda@miranda.com.mx	Preside
JORGE CASAR	01443-314-3773 of. 01443-328-0808 cel.	jcasar@jcgrup.com	Outsider
FRANCISCO MEDINA	Cel. 01443-325-3413 Of 01443-315-4463	cpmedina@dasler.com.mx	
JORGE GAGE	Cel. 04455-9111-7092 Of 5485-6801	gagefrancois1974@yahoo.com	
IGNACIO NOVOA LÓPEZ	01333-668-1704 01402	inovoa@jalisco.gob.mx	Red Jalisco
MIGUEL ANGEL TOSCANO	04455-5401-4123	mtoscanovir@diputadospan.gob.mx	
ALVARO JUANES	01999-955-0564	risanes@hotmail.com	Red Yucatán
FERNANDO MARGAIN	5345-3409	fmargain@senado.gob.mx	Red Nuevo León
MANUEL RUVIRALTA	5899-0902	mruviralta@bacardi.com achapa@bacardi.com	
GUILLERMO MARTÍNEZ MORA	OF- 01333-640-2765 01333-667-7150	lmartin@jalisco.gob.mx	Red Jalisco (sin aparecer)

COMITÉ DE FINANZAS

Nombre	Teléfono	Correo	
CECILIA LAVIADA	5000-6150 04455-5414-2645	cecilialaviada@hotmail.com	
MARÍA ANTONIETA HINOJOSA R.	04455-2564-8989 next. 1944-8969	tonyhinojosar@hotmail.com	
CANA FERNANDEZ	0181-8396-1035 cel.	kanafernandez@yahoo.com.mx	
ENRIQUE MIRANDA	04455-5416-0666	emiranda@miranda.com.mx	
JORGE CASAR	01443-314-3773 of. 01443-328-0808 cel.	jcasar@jcgrup.com	
GERARDO RUIZ	01442-2113-730	gruiz@linde-pullman-mex.com.mx gruizm@prodigy.net.mx	
FERNANDO MARGAIN	5345-3409	fmargain@senado.gob.mx	
MANUEL RUVIRALTA	5899-0902	mruviralta@bacardi.com achapa@bacardi.com	
RICARDO ALEGRE	04455-5401-7768 y 04455-1949-0853	ralegreb@gp.pan.org.mx	
EDUARDO SOLANA	(01333) 832-3281 (01333) 832-2813	edsolana@milenomotors.com	
FRANCISCO CONEJO	(01333) 122-7143 (01333) 563-4520	fconejo@finarmex.com.mx direccion@finarmex.com.mx	
CARLOS OBREGÓN	5616-0283 ext. 211 31227143	cobregon@finarmex.com.mx	
MAURICIO RIOSECO	04455-1010-9118	mauricio@rioseco.com.mx	
JUAN CAMILO MOURIÑO	5575-4515	jcamilom@aol.com	

Documento interno del equipo de campaña dirigido por Juan Camilo Mouriño, que consigna los datos de sus miembros.

Existe el blogspot llamado "elmaswuapodetodos: Club de Fans de Juan Camilo Mouriño".

"Este espacio está destinado al hombre más atractivo de la política mexicana. Al que muchas mujeres (mexicanas o extranjeras, residentes en México) alucinamos cuando aparece en televisión. Gracias, Felipe Calderón, por realizar nuestro sueño de ver a Juan Camilo en los medios todos los días", señala el blog en tono mordaz.

JC tiene otro espacio en Facebook.com, en donde un club de rabiosas fans lo propone como presidente de la República. "Exitoso, inteligente y bien parecido" es la frase de campaña de ese sitio, con 144 integrantes. Sin embargo, Juan Camilo Mouriño Terrazo no siempre fue tan popular.

Cuando su familia llegó a Campeche, él tendría unos ocho o 10 años. Le costó trabajo encajar en el Instituto Mendoza, un colegio de la ciudad de Campeche que en esa época era sólo para varones, manejado por padres maristas. Una profesora de la escuela, Delia Chá, corroboró el 1º de agosto de 2008 que el secretario de Gobernación estudió ahí cuando menos los últimos grados de la primaria y la secundaria.

Actualmente el colegio es mixto y está en remodelación. El coordinador es el profesor Ricardo Campos. Ya no es un colegio manejado por maristas aunque sigue teniendo el mismo lema. Los inmensos framboyanes de flores rojas que están en el centro del patio de concreto gris son testigos del tiempo transcurrido y de aquellos años cuando JC no era el chico más popular.

Sus compañeros en el Instituto Mendoza lo recuerdan como un adolescente regordete a quien solían hacer bromas pesadas por sus grandes orejas y el intenso acné en el rostro. Eran los tiempos en que su padre lo llevaba en un Dart K modelo 1982. Era el típico compañero de clase al que todos agarraban de bajada. Le quitaban la silla, le echaban polvo pica pica y hasta lo encerraban en el baño. Bromas de muchachos. Le ponían apodos por el tamaño de sus orejas y su complexión, y se burlaban de su nombre. En los partidos de futbol sus compañeros le daban refriegas. A veces su hermano mayor, Carlos, más avispado y bravucón, salía a defenderlo. En más de una ocasión, comentan sus ex compañeros, su padre, Manuel Carlos Mouriño Atanes, tuvo que ir a la escuela a regañar a sus hijos. A Carlos por impertinente, peleonero y caprichoso, y a Juan Camilo por dejado.

Sus familiares describen a JC como un hombre de carácter frágil que se frustra con facilidad. Cuando cae en momentos de depresión se hunde y necesita que sus amigos salgan a rescatarlo.

En Campeche hizo más reputación por su habilidad para el baile y la juerga a altas horas de la noche que como diputado local, fama que no ha perdido. En 2006 Juan Camilo organizó en su casa de San Román, Campeche, una fiesta de disfraces llamada "recordando los ochenta". Sus mejores amigos estuvieron presentes, entre ellos Arcadio Echeverría —actual coordinador de eventos y administración de la Secretaría de Gobernación—, quien iba vestido de Tom Cruise. JC prefirió disfrazarse de Luis Miguel, con todo y dientes postizos.

El que maneja directamente los negocios de la familia es su hermano mayor Carlos, así que Juan Camilo no tenía mucho en que ocuparse, aunque formalmente laboraba en la empresa de su papá.

—Iván[1] siempre ha sido medio flojo, se volaba los viernes para irnos a Las Vegas. Era muy desmadroso —comenta un familiar muy cercano de JC, viejo compañero de juerga.

[1] Fue Carlos, el hermano mayor, quien le impuso a Juan Camilo Mouriño el mote de Iván. Cuando eran niños no podía pronunciar su nombre y lo llamaba así. (*Reporte Índigo,* 66, 18 de enero de 2008.)

"Esta vivencia lo ha cambiado mucho, ha madurado. Mira: Iván no es el cuate más inteligente, pero sin duda es la persona que quieres tener cerca porque no te va a dar la espalda jamás." Señala que la familia está sorprendida porque ahora se levanta temprano para ir a trabajar y se queda hasta muy noche en su oficina.

Desde que JC trabaja en el gobierno federal ha bajado de peso y se le ve muy cansado. Y cómo no, con el ritmo de vida nocturno que lleva. Colaboradores cercanos a su padre han dicho que don Carlos está preocupado. Duda de la capacidad de su hijo para salir adelante con el cargo; él se sentía más tranquilo cuando su vástago estaba fuera de los reflectores como jefe de la oficina de la Presidencia de la República.

Él no quería que lo cambiaran a la Segob y JC tampoco. No todavía. Sus familiares comentan que en diciembre de 2007, cuando el presidente se lo propuso, él todavía lo estaba pensando, le costó mucho trabajo aceptar. Ya no iba a estar directamente bajo el manto protector de Los Pinos, desde donde podía hacer muchas cosas sin que nadie lo cuestionara.

Desde esa posición sus errores se disimulaban. No tenía que estar dando la cara a la prensa con el desgaste que ello conlleva —de hecho no se recuerda que haya dado entrevistas como jefe de la Oficina de la Presidencia—, y podía estar fraguando desde ahí su plan para 2012.

No tenía que pelear solo contra sus adversarios políticos dentro y fuera del PAN; se podía justificar diciendo que todo lo que hacía era porque Felipe lo ordenaba. Ahora ya no es tan fácil. Sus errores o aciertos caen directamente sobre él. Con el tiempo JC ha aprendido a disimular sus debilidades la mayor parte del tiempo.

De modales finos y voz habitualmente mesurada, tiene la habilidad de sentarse con quien sea. De su padre aprendió sobre relaciones públicas con los políticos, y las practica lo mejor que puede, aunque en la delicadeza de sus formas no se perciben rasgos de autenticidad. Frente a sus interlocutores suele quedarse callado, los escudriña, los estudia y habitualmente no habla más de la cuenta.

Cuando le toca tomar la palabra o fijar una postura, difícilmente mira de frente, siempre intenta evitar que el otro se de cuenta de sus pensamientos o intenciones porque piensa que así como él descubre las debilidades del otro, así pueden descubrir las suyas. Navega con bandera de ingenuo, pero dicen que es más hábil de lo que parece. La manera en que ha logrado envolver al presidente Calderón es digna de reconocimiento. Después de la estocada de los contratos con Pemex sólo ha sobrevivido por el oxígeno que recibe del presidente de la República.

"Parece que no rompe un plato, pero es un *chinga quedito*", lo describe uno de sus colaboradores en la campaña presidencial de Calderón.

"JC es pragmático y está convencido de que el fin justifica cualquier medio. Es un hombre inteligente, astuto y desconfiado. No te equivoques, él no tiene más lealtad que consigo mismo y con la lana", comenta un destacado panista que lo conoce de años atrás.

Cuando se enoja puede ser irascible y grosero. Se sale de control. Con sus subalternos es déspota, cortante e ingrato. Así lo describen quienes han trabajado con él. Los que en otros tiempos fueron sus comparsas hoy son sus principales detractores. JC no se da cuenta de que ésa es su principal debilidad. Ésa y que se ha embriagado de poder; realmente cree que puede hacer lo que quiere y cuando quiere. Camina en el borde de la navaja y, como hasta ahora ha salido adelante, ya no mide los peligros de su actuar. Su vida nocturna ha comenzado a atraer los comentarios y miradas críticas hacia "el guapo del gabinete".

Del Chupis Bar a La Lune

Desde hace años JC es asiduo visitante de una discoteca de Campeche llamada Chupis Bar. Se localiza en avenida López Portillo, colonia Loma Azul, en la zona moderna de la ciudad. Ése es el punto de reunión de sus amigos y él cuando va a Campeche. Cuenta uno de los encargados del lugar que cuando menos va una vez al mes. Se trata de un antro deteriorado de interiores azul y blanco color PAN que abre sus puertas al público sólo los sábados. Entre semana se puede rentar para fiestas privadas.

La barra, con igual combinación de colores, es iluminada por luces blancas que salen de la lámina de celosía que conforma su base. En las paredes están fijadas hileras de lámparas de colores que en las noches le han de dar al lugar un aspecto mucho mejor que el que tiene de día y en estado sobrio. Juan Camilo tiene fama de ser muy fiestero, fama que creció cuando entró a trabajar en la Presidencia de la República.

Sus compañeros más frecuentes de juerga son Abraham Cherem Mizrahi, su secretario particular de apenas 30 años de edad; el polémico senador Guillermo Anaya, compadre de Felipe Calderón y cuya hermana estuvo casada con Sergio Villarreal, uno de los sicarios de la familia de narcotraficantes Beltrán Leyva. No puede faltar Jordy Hernán Herrera Flores, subsecretario de Planeación Energética y Desarrollo Tecnológico de la Secretaría de Energía. Tampoco Ulises Ramírez, ex presidente municipal de Tlalnepantla, senador del PAN y actualmente coordinador de asesores de JC en la Segob; y el vocero de la presidencia y ex baterista de la banda Timbiriche, Gerardo Maximiliano Cortazar, de nueva cuenta soltero.

En 2004, Max, como lo llaman, mintió en los datos que le dio a la Secretaría de la Función Pública. Dijo tener el certificado de bachillerato, su máximo grado de estudios. Ahora en su modificación de declaración patrimonial hecha el 29 de mayo de 2008 reconoció que sólo había cursado el primer semestre del bachillerato. Quien recientemente se ha unido a la fiesta de Mouriño Terrazo y sus amigos es la joven actriz de Televisa, Sherlyn, de 23 años de edad. Actualmente es el rostro del gobierno de Chiapas, para quien hace la campaña de información "Ciudades Rurales", y actúa en la telenovela *Fuego en la sangre*.

Los ratos de ocio en el Chupis Bar empequeñecen ante los largos jaleos que ahora se trae JC. Habitualmente la fiesta comienza los miércoles y termina los viernes. Eso sí, los fines de semana generalmente cada quien se va con su respectiva familia.

Arrancan desde las once de la noche, saliendo de sus oficinas, y terminan pasadas las cuatro de la mañana. Cuando agarran la fiesta les da por cantar. Por eso sus lugares preferidos son Il' Canto, de asientos color rojo intenso, localizado en Campos Elíseos número 247, en la colonia Polanco; y La Lune, ubicado en Séneca número 37 de la misma colonia, cuya particularidad es que el techo simula la bóveda celeste.

Los dos son lugares de características muy similares. Son cantabares, con músicos en vivo acompañan en sus interpretaciones a los noveles cantantes, y en los dos sirven comida mexicana. Hasta hace poco La Lune pertenecía a Jordy Herrera. Ahora su propietario es el joven Ian Malo Bolívar, de 32 años de edad, quien fue coordinador de asesores del ex presidente del comité del PAN

GERARDO MAXIMILIANO CORTAZAR LARA
TIPO DE DECLARACIÓN: CONCLUSION
FECHA DE LA DECLARACION: 04/08/2004
DEPENDENCIA: SECRETARIA DE ENERGIA

DATOS GENERALES DEL SERVIDOR PUBLICO

NOMBRE(S):	CORTAZAR LARA GERARDO MAXIMILIANO
FECHA DE NACIMIENTO:	02/11/1966
SEXO:	HOMBRE
ESTADO CIVIL:	CASADO (A)
PAÍS DONDE NACIÓ:	MEXICO
NACIONALIDAD:	MEXICANA
ENTIDAD DONDE NACIÓ:	DISTRITO FEDERAL

DATOS DEL PUESTO O ENCARGO DEL SERVIDOR PÚBLICO

NOMBRE DEL ENCARGO O PUESTO:	DIRECTOR GENERAL
DEPENDENCIA O ENTIDAD:	SECRETARIA DE ENERGIA
DOMICILIO:	CALLE: INSURGENTES SUR; NÚMERO EXTERIOR: 890; NÚMERO INTERIOR: PRIMER PISO; LOCALIDAD O COLONIA: DEL VALLE; CÓDIGO POSTAL: 03100; ENTIDAD FEDERATIVA: DISTRITO FEDERAL; MUNICIPIO O DELEGACIÓN: BENITO JUAREZ;
ÁREA DE ADSCRIPCIÓN:	UNIDAD DE COMUNICACION SOCIAL
FUNCIONES PRINCIPALES:	REALIZAR LA COMUNICACION SOCIAL DE LA DEPENDENCIA
TELÉFONO:	50006000
CORREO ELECTRÓNICO INSTITUCIONAL:	mcortazar@energia.gob.mx
FECHA EN QUE CONCLUYÓ EL ENCARGO:	30/06/2004
¿ESTUVO CONTRATADO(A) POR HONORARIOS?	NO
CLAVE PRESUPUESTAL O EQUIVALENTE:	NO ESPECIFICADA

DATOS CURRICULARES DEL SERVIDOR PÚBLICO

ESCOLARIDAD
GRADO MÁXIMO DE ESTUDIOS: BACHILLERATO

NIVEL	UBICACIÓN	NOMBRE DE LA INSTITUCIÓN	CARRERA O ÁREA DE CONOCIMIENTO	ESTATUS	PERIODOS CURSADOS	DOCUMENTO OBTENIDO
BACHILLERATO		ESCUELA AMERICANA		FINALIZADO		CERTIFICADO

EXPERIENCIA LABORAL

SECTOR PODER	AMBITO	INSTITUCIÓN O EMPRESA	UNIDAD ADMINISTRATIVA	PUESTO	FUNCIÓN PRINCIPAL	INGRESO - EGRESO
PUBLICO	EJECUTIVO FEDERAL	SECRETARIA DE RELACIONES EXTERIORES	COMUNICACION SOCIAL	SECRETARIO PARTICULAR	SUPERVISION	01/2001 - 08/2001
PUBLICO	EJECUTIVO FEDERAL	PRESIDENCIA DE LA REPUBLICA	COORDINACION GENERAL DE INFORMACION A MEDIOS DE LOS ESTADOS	DIRECTOR GENERAL	ATENCION A MEDIOS ESTATALES	08/2002 - 12/2002
PUBLICO	EJECUTIVO FEDERAL	PRESIDENCIA DE LA REPUBLICA	COMUNICACION SOCIAL	DIRECTOR GENERAL	COORDINAR LA INFORMACION CON MEDIOS INFORMATIVOS	01/2003 - 10/2003

EXPERIENCIA ACADEMICA
EL SERVIDOR PÚBLICO NO PROPORCIONÓ INFORMACIÓN DE EXPERIENCIA ACADÉMICA.

LOGROS LABORALES O ACADEMICOS A DESTACAR
EL SERVIDOR PÚBLICO NO PROPORCIONÓ INFORMACIÓN DE LOGROS LABORALES O ACADÉMICOS.

DECLARACION ANTERIOR

TIPO DE DECLARACIÓN ANTERIOR:	MODIFICACION PATRIMONIAL
FECHA DE PRESENTACIÓN DE LA DECLARACIÓN ANTERIOR:	27/05/2004

EL SERVIDOR NO ACEPTO HACER PUBLICOS SUS DATOS PATRIMONIALES

* TODA LA INFORMACIÓN FUE CAPTURADA DIRECTAMENTE POR EL SERVIDOR PÚBLICO

GERARDO MAXIMILIANO CORTAZAR LARA
TIPO DE DECLARACIÓN: MODIFICACION PATRIMONIAL 2008
FECHA DE LA DECLARACION: 29/05/2008
DEPENDENCIA: PRESIDENCIA DE LA REPUBLICA

DATOS GENERALES DEL SERVIDOR PUBLICO

NOMBRE(S):	CORTAZAR LARA GERARDO MAXIMILIANO
FECHA DE NACIMIENTO:	02/11/1966
SEXO:	HOMBRE
ESTADO CIVIL:	SOLTERO (A)
PAÍS DONDE NACIÓ:	MEXICO
NACIONALIDAD:	MEXICANA
ENTIDAD DONDE NACIÓ:	DISTRITO FEDERAL

DATOS DEL PUESTO O ENCARGO DEL SERVIDOR PÚBLICO

NOMBRE DEL ENCARGO O PUESTO:	COORDINADOR GENERAL
DEPENDENCIA O ENTIDAD:	PRESIDENCIA DE LA REPUBLICA
DOMICILIO:	CALLE: RESIDENCIA OFICIAL DE LOS PINOS; NÚMERO EXTERIOR: S/N; NÚMERO INTERIOR: CASA ANEXA, PB; LOCALIDAD O COLONIA: SAN MIGUEL CHAPULTEPEC; CÓDIGO POSTAL: 11850; ENTIDAD FEDERATIVA: DISTRITO FEDERAL; MUNICIPIO O DELEGACIÓN: MIGUEL HIDALGO;
ÁREA DE ADSCRIPCIÓN:	COORDINACIÓN DE COMUNICACION SOCIAL
FUNCIONES PRINCIPALES:	COORDINACION GENERAL
TELÉFONO:	50935355
CORREO ELECTRÓNICO INSTITUCIONAL:	mcortazar@presidencia.gob.mx
FECHA DE INICIO DEL ENCARGO:	01/12/2006
¿ESTA CONTRATADO(A) POR HONORARIOS?	NO
CLAVE PRESUPUESTAL O EQUIVALENTE:	HC2

DATOS CURRICULARES DEL SERVIDOR PÚBLICO

ESCOLARIDAD
GRADO MÁXIMO DE ESTUDIOS: BACHILLERATO

NIVEL	UBICACIÓN	NOMBRE DE LA INSTITUCIÓN	CARRERA O ÁREA DE CONOCIMIENTO	ESTATUS	PERIODOS CURSADOS	DOCUMENTO OBTENIDO
BACHILLERATO		ESCUELA AMERICANA		TRUNCO	1 SEMESTRE	NINGUNO

EXPERIENCIA LABORAL

SECTOR PODER	AMBITO	INSTITUCIÓN O EMPRESA	UNIDAD ADMINISTRATIVA	PUESTO	FUNCIÓN PRINCIPAL	INGRESO - EGRESO
PUBLICO	EJECUTIVO FEDERAL	SENER	COMUNICACION SOCIAL	DIRECTOR DE COMUNICACION SOCIAL	REALIZAR LA COMUNICACION SOCIAL DE LA DEPENDENCIA	10/2003 - 30/2004
PUBLICO	EJECUTIVO FEDERAL	PRESIDENCIA DE LA REPUBLICA	COMUNICACION SOCIAL	DIRECTOR GENERAL	COORDINAR LA INFORMACION A MEDIOS INFORMATIVOS	01/2003 - 10/2003
PUBLICO	EJECUTIVO FEDERAL	PRESIDENCIA DE LA REPUBLICA	COMUNICACION SOCIAL	DIRECTOR GENERAL	ATENCION A MEDIOS ESTATALES DE LOS ESTADOS	08/2002 - 12/2002
PUBLICO	EJECUTIVO FEDERAL	GOBIERNO DE TRANSICIÓN	PROCESO DE TRANSICIÓN PARA EL CAMBIO DEL EJECUTIVO FEDERAL	COORDINADOR GENERAL DE COMUNICACIÓN SOCIAL	COORDINADOR GENERAL	09/2006 - 11/2006

EXPERIENCIA ACADEMICA
EL SERVIDOR PÚBLICO NO PROPORCIONÓ INFORMACIÓN DE EXPERIENCIA ACADÉMICA.

LOGROS LABORALES O ACADEMICOS A DESTACAR
EL SERVIDOR PÚBLICO NO PROPORCIONÓ INFORMACIÓN DE LOGROS LABORALES O ACADÉMICOS.

DECLARACION ANTERIOR

TIPO DE DECLARACIÓN ANTERIOR:	MODIFICACION PATRIMONIAL
FECHA DE PRESENTACIÓN DE LA DECLARACIÓN ANTERIOR:	29/05/2007

EL SERVIDOR NO ACEPTO HACER PUBLICOS SUS DATOS PATRIMONIALES

* TODA LA INFORMACIÓN FUE CAPTURADA DIRECTAMENTE POR EL SERVIDOR PÚBLICO

Declaraciones patrimoniales de Maximiliano Cortázar.

Declaración patrimonial
de Ian Malo Bolívar.

en el D. F., Carlos Relista, y trabajó con Francisco Barrio en la Contraloría (hoy Secretaría de la Función Pública). La transacción debió de resultar buena. Desde el 1º de diciembre de 2006 Ian es el coordinador de asesores de Jordy en la Sener. Cabe señalar que ninguno de los dos aceptó hacer pública su declaración patrimonial.

En una ocasión, recién había sido nombrado secretario de Gobernación, Juan Camilo pretendió entrar en un restaurante de Polanco con todo y mariachi. El vigilante de la puerta le señaló que no era posible permitir la entrada al mariachi. JC comenzó a ponerse necio y a echarle en cara que él era el secretario de Gobernación. Ulises Ramírez —entonces senador panista— logró convencerlo de que era una locura querer meter a los mariachis, y finalmente Juan Camilo siguió su consejo. Con razón, hoy Ulises es su coordinador de asesores en la Secretaría de Gobernación.

También es cliente asiduo del restaurante Centro Castellano del hotel Camino Real, ubicado en Mariano Escobedo, donde se sirven "los mejores platillos de la cocina española preparados en su tradicional horno de leña". Ahí suele reunirse a discutir los asuntos de política y negocios, o a celebrar los triunfos de la selección española de futbol, por ejemplo: el domingo 29 de junio de 2008, cuando España ganó la final de la Eurocopa, donde afirman se puso muy contento y agarró la fiesta hasta tarde. Igual asiste al restaurante Puerto Madero, localizado también en la zona de Polanco. Ahí sus largas comidas llegan a terminar hasta el otro día, y obliga a que los meseros trabajen horas extras, con su correspondiente buena propina.

—Juan Camilo es una gente cien por ciento vulnerable, es un jovenzuelo irresponsable que se anda exhibiendo de todo en todos lados. El otro día me lo encontré en Puerto Madero, mientras yo cenaba con Alejandro Gurza y con un subprocurador —me comenta José Antonio Ortega Sánchez, uno de los líderes del movimiento civil contra la delincuencia en nuestro país, fundador de México Unido contra la Delincuencia y actual presidente del Consejo Ciudadano para la Seguridad Pública y la Justicia Penal.

"Ahí nos encontramos a Juan Camilo Mouriño con ocho senadores del PAN, entre ellos estaban Alejandro Zapata Perogordo, Ricardo García Cervantes y el que era secretario general del PAN, compadre del presidente, que lo acaban de remover y que lo cambiaron por Rogelio Carvajal… es de Coahuila [Guillermo Anaya]. Ahí estaban con Juan Camilo.

"Me acuerdo que, porque nos llegó el subprocurador a las 11, salimos prácticamente a las dos de la mañana, y ahí seguían. Fui a dejar en mi carro a Alejando Gurza al Sheraton, donde se hospeda. Cuando ya estaba en Tecamachalco, me di cuenta de que había olvidado mi carpeta y adentro de ésta mi chequera, y entonces me dio mucha flojera, pero tuve que regresar. Llegué a Puerto Madero a las tres y media, cuarto para las cuatro, y ahí estaban, eran los únicos que tenían prácticamente el restaurante para ellos.

"Subí a recoger mi carpeta, y como nos habíamos despedido de ellos cuando salimos, todavía Alejandro Zapata Perogordo me saludó, pero ya traían una jarra. Ya no estaban muy sobrios. Era de ellos el lugar, exhibiéndose, porque afuera de Puerto Madero estaba lleno de carros de guaruras.

"Es un secretario frívolo, que le hace más daño al presidente que otra cosa. Si Calderón quiere hacer algo para 2009, lo va a tener que cambiar a él y a algunas de las gentes."

En la disco bar Love, Juan Camilo se ha dejado ver con Héctor Slim Seade, el director general de Teléfonos de México, sobrino del segundo hombre más rico del mundo y amigo de Genaro García Luna, secretario de Seguridad Pública; y con Olegario Vázquez Aldir, hijo de Olegario Vázquez Raña, con quien JC tiene una excelente relación no sólo por ser cliente asiduo de sus restaurantes, sino también porque ahí despachó en una oficina improvisada para él, en la época de transición del gobierno de Vicente Fox al de Calderón.

La intensa vida nocturna del secretario de Gobernación ha despertado comentarios en todas partes, no sólo en los círculos políticos y empresariales en los que se desenvuelve. En las revistas de sociales ya hay quienes se preguntan cómo le hace el secretario de Gobernación para terminar la fiesta en la madrugada y levantarse temprano.

"Quienes se la pasaron de maravilla el miércoles antepasado en el Love fueron Paco Agundis, Memo Anaya, Canek Vázquez, Miguel Rodarte, Adriana González y Juan Camilo Mouriño, a quien me urge preguntarle cómo le hace para aguantar tanta desvelada. *Please*, ¡páseme el tip!", se comentó en la columna "Placeres y Negocios" del suplemento *Club Reforma*.[2]

Los periodistas de espectáculos tampoco pierden oportunidad de hablar sobre el tema. Martha Figueroa escribió en su columna:[3]

> En pleno homenaje a la fotógrafa Blanca Charolet, me encontré a una guapa actriz, quien me dijo muy emocionada:
>
> —¿Qué crees? El otro día vi a Juan Camilo Mouriño en Il' Canto (dícese del mejor canta-bar de la ciudad).
>
> A lo que yo le respondí:
>
> —¿Ah, sí? Mira, qué bien. Yo me lo he encontrado como tres veces en MI cafetería.
>
> Y la competencia informativa siguió:
>
> —Oye, y está casado, ¿verdad? —preguntó con voz temblorosa.
>
> —Sí, súper casado —le contesté con voz de "¡se te fue vivo, reina!".
>
> Sé que puede parecer irrelevante, pero no lo es. Recuerden que "conocer los hábitos de una persona es conocerla", lo aseguran todos los psicólogos del mundo.
>
> Debo reconocer que ya se había publicado que Juan Camilo era asiduo a un canta-bar en Polanco, pero con esta columna les informo que se mudó para "despistar al enemigo". Ahora canta en

---

[2] *Club Reforma*, 3 de julio de 2008.

[3] Martha Figueroa, "De vuelta al ruedo", *Reforma*, México, 12 de marzo de 2008.

otro lugar, cuyo top 5 de temas más populares es: ¿Y todo para qué? (de Intocable), Me gusta a morir (ya saben, la de "me excito, me lleno, me exalto", ¡uy!), No soy el aire ("Nos desgastamos como pastillas de jabón entre las manos"), Si no te hubieras ido y Ya lo pasado, pasado.

Fíjense, ahí hay datos muy entre líneas. Y hoy yo informo que el secretario de Gobernación frecuenta de noche una cafetería donde lee los periódicos y bebe solo.

A ver, que alguien me diga: ¿por qué lee los diarios en la noche? No sabemos, pero tal vez por eso es el último en enterarse de lo que se dice sobre él y, claro, tarda en responder.

Como el gobernador del Estado de México, Enrique Peña Nieto, anda en las mismas, incluso han sido encontrados juntos hasta altas horas de la madrugada en reuniones "privadas". El 14 de marzo de 2008 se les vio saliendo del restaurante Don Quintín, ubicado en avenida Presidente Masaryk.[4]

Desde que inició el sexenio se comenta de la supuesta separación entre Juan Camilo Mouriño y su esposa María de los Ángeles Escalante Castillo, después de más de 10 años de matrimonio, con quien procreó tres hijos: María de los Ángeles, Juan Camilo e Iván.

Ella es hija de uno de los constructores más importantes de Campeche, Eduardo Escalante Escalante, dueño de la empresa Escalante Constructores. Y su hermano, Gabriel Escalante Castillo, es directivo del equipo de béisbol los Piratas de Campeche.

Marigely no ha podido acostumbrarse al ritmo de vida que lleva su marido desde que llegó como diputado federal a la ciu-

---

[4] Miguel Ángel Serrano, "Sostuvieron reunión privada Mouriño y Peña Nieto en la madrugada", *El Universal*, México, 14 de marzo de 2008.

dad de México. No es una mujer a la que le gusten los reflectores ni los escoltas. Prefiere quedarse en Campeche con sus amigas y estar en la casa que su papá tiene en Mar Azul, una tranquila playa rumbo a Champotón, o ir a Acapulquito. Es frecuente ver a Marigely en Campeche junto con sus hijos, ya sea en el supermercado o en el cine.

En la empresa GES se comenta que JC se queja de que supuestamente la familia de su esposa usa su nombre para hacer negocios, lo cual lo mete en más problemas de los que ya tiene.

Las suspicacias acerca de su separación aumentaron cuando Juan Camilo fue solo a la boda de Miguel Ángel Yunes Márquez, hijo de Miguel Ángel Yunes Linares, director del ISSSTE. El enlace fue el sábado 20 de octubre de 2007, en Veracruz. Las crónicas sociales señalan que además de los familiares asistió Juan Camilo Mouriño, en representación personal del presidente Felipe Calderón Hinojosa; el líder petrolero Carlos Romero Deschamps; la dirigente magisterial Elba Esther Gordillo; Eduardo Medina Mora, titular de la PGR; Rodolfo Elizondo, secretario de Turismo; Roberto Campa Cifrián, secretario ejecutivo del Sistema Nacional de Seguridad Pública. Y empresarios como Roberto González Barrera, de Grupo Maseca. Quienes asistieron a la boda y se hospedaron en el mismo hotel que Mouriño Terrazo señalan que siguió la fiesta acompañado de tres amigas.

A muchos en el gabinete llamó la atención que en la comida navideña de Los Pinos, en diciembre de 2007, prácticamente todos los funcionarios públicos iban con sus respectivas parejas. Los asistentes señalan que Juan Camilo asistió solo.

A principios de 2008 acudió a una reunión de trabajo con legisladores del PAN a una casa ubicada en Campos Elíseos casi esquina con Molière. A sus compañeros de partido les llamó la atención que fuera acompañado de dos jóvenes que estuvieron junto a él en toda la sesión. Por su vestimenta nadie supo a ciencia cierta si eran edecanes o funcionarias de la Secretaría de Gobernación.

Sin embargo, desde su problema con los contratos de Pemex Refinación, Juan Camilo sí se ha dejado ver en público con su esposa. Ahora acude con ella a las bodas de los hijos de los políticos y de vez en cuando a algún lugar de moda. En la familia de JC afirman que él y Marigely siguen juntos, aunque están distanciados. Cuando hay comidas familiares, Juan Camilo se la pasa pegado al celular hablando y mandando mensajes de texto.

El primer hombre del presidente

El 14 de mayo de 2008 Juan Camilo Mouriño Terrazo subió apresurado las escaleras de la residencia Miguel Alemán en Los Pinos. Iba con el rostro encendido. Había pasado de la depresión —que lo había tenido con el ánimo por los suelos durante semanas— a la ira. Habitualmente es más contenido y reservado.

Irrumpió dramáticamente en la oficina del presidente de la República, Felipe Calderón. Sólo la amistad, la gran confianza y todas las experiencias vividas desde la precampaña presidencial le podían permitir al novel secretario de Gobernación darse tal lujo.

Estaba molesto. Llegó a reclamarle al presidente que César Nava —secretario particular y compañero de Calderón de otras luchas— estaba a punto de darle una entrevista a Ramón Alberto Garza, director general de *Reporte Índigo*. ¿Cómo se enteró de la entrevista si fue acordada de manera telefónica? Eso es algo que habría que preguntarle a Mouriño Terrazo y a quien controla el

Big Brother que él mandó instalar en las oficinas de la Presidencia a principios del sexenio. Habitualmente Juan Camilo es más cauteloso y reservado. Pero en esos días estaba fuera de control, porque la situación también lo estaba; se encontraba justo en el borde de una plataforma de 10 metros y no estaba dispuesto a arrojarse al agua.

Durante cinco números la revista electrónica dio seguimiento a los contratos firmados por Juan Camilo a nombre de la empresa de su familia Transportes Especializados Ivancar con Pemex Refinación cuando era funcionario público.[5]

Reporte Índigo[6] puso al descubierto nuevos abusos y engaños del joven secretario de Gobernación; su red de amigos campechanos incrustados en áreas clave del gobierno federal en materias relacionadas con los negocios de su familia; sus otras empresas y contratos; el verdadero estatus de sus acciones en Transportes Especializados Ivancar y Grupo Energético del Sureste y las escrituras posfechadas.

En ninguno de los artículos de la revista electrónica el secretario de Gobernación salió bien librado. En la Cámara de Diputados muchos de esos reportajes fueron retomados por la fracción parlamentaria del PRD en conferencias de prensa. El propio Andrés Manuel López Obrador reconocía en cadena nacional, en el noticiero matutino de Carlos Loret de Mola, el valor de las revelaciones. En *Reporte Índigo* estábamos haciendo nuestro trabajo, como lo hacemos en cualquier caso de presunta corrupción de la que tenemos noticia. Investigamos a fondo, comprobamos los datos y luego publicamos.

---

[5] *Contralínea*, 1º de abril de 2008.
[6] *Reporte Índigo*, 73, 74, 75, 76, 77 y 78.

La plática que Garza y Nava iban a sostener ni siquiera se trataba de Juan Camilo, sino de la situación interna del PAN. Pero la prepotencia e intolerancia del primer hombre de Calderón era desmesurada. Quería imponer su capricho, no sus razones. El secretario de Gobernación le pidió a Felipe que la entrevista no se realizara. De hecho ya había logrado "convencer" a un ilustre diputado del PAN que se retractara de hablar con Garza. "Es que Mouriño le llamó para pedirle que no le diera la entrevista, ¡que cómo chingados!, ¡que si estaba loco!", fue el mensaje enviado por el connotado y obediente legislador.

Como casi nunca ocurre, ese día el presidente no le prestó mucha atención. Le dijo que estaba preparando un viaje a Lima, Perú, y que lo tratara directamente con Nava. JC aún no perdona a Nava ni a Germán Martínez, el líder nacional del PAN. Los acusa de haber filtrado sus contratos con Pemex, que fueron a parar a las manos del líder de oposición Andrés Manuel López Obrador, para destruirlo. Si fueron ellos lo consiguieron. Porque, pese a que el primer hombre del presidente sigue inamovible en su puesto, está muerto políticamente hablando. Un asesor de Los Pinos señala que es un muerto en vida, sólo él no lo quiere reconocer. Juan Camilo no tiene una carrera propia, su futuro depende del apoyo del presidente.

Cuando a fines de febrero de 2008 López Obrador reveló ante la opinión pública los contratos que Mouriño Terrazo firmó a nombre de la empresa de su familia con Pemex Refinación, Juan Camilo se desfondó.

—Iván está muy triste, parece como si le hubieran matado a alguien —comentó uno de sus familiares a principios de marzo de 2008, recién había comenzado el escándalo.

"No quiere salir ni hablar con nadie. Él no se esperaba algo así. Lo único que le levanta el ánimo es cuando habla con el presidente."

Lo que el familiar de JC decía saltaba a la vista. El 28 de febrero de 2008 Juan Camilo salió a los medios a intentar enfrentar las acusaciones. En Los Cabos, Baja California, con el rostro demacrado, leyó un comunicado, no aceptó preguntas de la prensa y salió rápidamente del lugar. Estaba hecho un desastre, el saco beige lo hacía verse aún más demacrado. Traía la barba crecida, tenía los ojos rojos, estaba ojeroso y mal peinado. Estaba inmerso en una verdadera crisis. El primer hombre del presidente estaba a punto de caer. La Presidencia pedía asesoría con los más expertos para sacar adelante al consentido de Calderón.

Fue hasta el 7 de marzo, en entrevistas *light* en medios electrónicos, que Mouriño Terrazo aceptó haber firmado los contratos.

—Los contratos son auténticos y son legales, como lo es todo lo demás que he hecho en mi vida profesional, como en mi vida pública, siempre he actuado en estricto apego a la ley —señaló.

La debacle no paraba. El 10 de marzo López Obrador mostró más contratos firmados con Pemex Refinación, que pusieron la cereza del pastel en la cruda depresión de JC. Cada día estaba más triste. Qué tan mal habrá estado que el 11 de marzo de 2008, de una manera poco ortodoxa, Calderón convocó a una comida en Los Pinos para que su equipo más cercano y secretarios de Estado dieran su apoyo a Juan Camilo, quien acudió acompañado de su esposa. El apoyo presidencial surtió efecto. JC sonreía.

Para rematar, Felipe organizó otra reunión en Los Pinos a la que hizo ir a gobernadores panistas y al líder nacional del PAN, Germán Martínez, para dar más muestras de apoyo. Y es que ninguno de ellos había salido en defensa de Juan Camilo, a quien le estaban pasando las facturas pendientes de su arrogancia y prepotencia al nombrar como delegados federales a la gente que él quiso, sin consultar con legisladores ni con gobernadores.

En nombre de los mandatarios estatales, el gobernador de Morelos, Marco Antonio Adame, salió al quite. Criticó los "intentos golpistas, efectistas y mediáticos" que buscaban descalificar jurídica y políticamente al funcionario campechano. Germán Martínez dijo que no permitirían un tribunal "excepcional ni un linchamiento personal" a JC.

Juan Camilo es sin duda el hombre más cercano al presidente Calderón. El de más influencia. El que pone y quita. Dentro y fuera del gobierno no hay quien dude de esa cercanía. Lo que comienza a causar suspicacias es a qué se debe.

—No hay que menospreciar el trabajo que Iván —como también lo llama Felipe— ha realizado para el presidente desde la precampaña presidencial. El joven con actitud de aristócrata se ensució las manos. Hablar de Mouriño es hablar de Calderón mismo — señala Layda Sansores y ocupa uno de los viejos adagios de su padre: "Cuando el perro muerde hay que buscar al dueño".

¿Por qué Calderón le consiente todo a Juan Camilo? Se vislumbra de antemano una sociedad y una suciedad. El caso de Juan Camilo es lo que más autoridad moral ha quitado a Calderón. Si el presidente solapa en su equipo actos ilícitos, ¿con qué autoridad puede pedir a la sociedad que denuncie a los delincuentes? En Campeche se hacen todo tipo de especulaciones sobre por qué Calderón mantiene a Mouriño en su puesto.

Dicen los asesores de Los Pinos que JC requerirá algo más que el apoyo y amistad de Felipe Calderón para remontar el golpe a su credibilidad. Uno de ellos comenta que si las elecciones presidenciales fueran en este momento y los candidatos fueran Enrique Peña Nieto, el gobernador del Estado de México; Marcelo Ebrard, jefe de gobierno del Distrito Federal; y Juan Camilo, éste último quedaría en tercer lugar, incluso entre el voto duro del PAN. El único estado donde ganaría sería en Campeche. Así que quizá la búsqueda de la gubernatura el próximo año sea là salida más decorosa que le quede al "guapo" del gabinete de Calderón.

Camilo se resiste. Le han hecho la propuesta y se niega a marcharse, tampoco quiere irse de diputado federal el próximo año y coordinar la bancada del PAN en la Cámara de Diputados. Tampoco los panistas lo quieren ver ahí. Juan Camilo aspira a otra cosa. Está convencido de que puede ser candidato del PAN a la Presidencia de la República en 2012 y está trabajando para serlo.

CAPÍTULO 4

Los 167 contratos de JC

Mouriño-Bribiesca

—Mi hermano Manuel sí hizo negocios, todo el mundo lo critica, pero comparado con Juan Camilo no es nada —dice uno de los vástagos de la ex primera dama Marta Sahagún, arrellanado en el sillón del lobby del hotel Presidente, en Campos Elíseos, ciudad de México.

Es una tarde de diciembre de 2007. A unos pasos se encuentra Manuel Bribiesca Sahagún, se saluda cálidamente con elementos del Estado Mayor Presidencial (EMP) que se encontraban en el hotel acompañando al presidente Felipe Calderón en un evento. La frase es impactante, pero más de quien provino. Y no es que tengan mucha calidad moral para criticar, pero a lo mejor sí mucha información.

Cuando arrancó la campaña presidencial de Felipe Calderón, JC se volvió, en el interior del equipo, el detractor más ácido de los hijastros del presidente Vicente Fox. Se burlaba de ellos. Afirmaba que lo primero que iban a hacer cuando llegaran a Los Pinos era meterlos en la cárcel. Primero que a principios de 2007, luego que para junio de 2008. Nada. Hasta la fecha no lo han hecho.

Hay dos cosas que Juan Camilo y los Bribiesca Sahagún tienen en común: contratos en Pemex y una amistad con Amado Yáñez Osuna.

Yáñez Osuna y su hermano Carlos Daniel, junto con una compañía denominada Corporación Sotavento, son los socios mayoritarios de la polémica empresa Oceanografía, a la que Jorge Alberto Bribiesca Sahagún y su tío Guillermo Sahagún ayudaron a conseguir millonarios contratos en Pemex, según reveló el propio Manuel Bribiesca Sahagún en 2004.[1] Su domicilio fiscal está en Ciudad del Carmen, Campeche. La Secretaría de Hacienda ha emitido una orden de embargo en su contra por 21 130 485 pesos; aun así, ha ganado en los últimos ocho años millonarios contratos en Pemex, sola o acompañada.

La primera semana de marzo de 2008, cuando la revista *Reporte Índigo* comenzó a publicar investigaciones a fondo sobre los negocios de la familia Mouriño no sólo con Pemex sino también con otras dependencias del gobierno, siendo JC funcionario público, tuve una entrevista con elementos del Cisen, cuyos nombres guardaré bajo reserva.

Me afirmaron que lo que más preocupaba a Juan Camilo era que se descubriera su relación con Yáñez Osuna y un supuesto mercado negro de gasolina robada y adulterada. La presunta conexión entre Yáñez Osuna y Mouriño Terrazo es Leonardo Olavarrieta, quien funge como secretario privado del primero, cuando menos hasta principios de 2008, y es amigo desde hace muchos años del segundo. Supuestamente la esposa de Amado Yáñez Osuna es muy amiga de María de los Ángeles Escalante, esposa de Juan Camilo.

---

[1] *Excélsior*, México, 24 de octubre de 2004.

DEPARTAMENTO DEL DISTRITO FEDERAL
Registro Público de la Propiedad y de Comercio

ASIENTO DE PRESENTACION			CONSTITUCION, ADMINISTRACION Y REFORMAS
ENTRADA	FECHA	OPERACION	
209887	06OCT97	AUMT. CAP.	POR ESCRITURA 294 DEL 31 DE JULIO DE 1997, ANTE EL NOT. 5 DE CIUDAD DEL CARMEN, CAMPECHE, LIC. FREDIER CORTES CARO, CONSTA QUE A SOLICITUD DEL SR. AMADO YAÑEZ OSUNA, COMO DELEGADO DE LA ASAMBLEA ORDINARIA DE ACCIONISTAS DE LA SOCIEDAD "OCEANOGRAFIA", S.A. DE C.V., SE PROTOCOLIZO EL ACTA DE FECHA 30 DE JUNIO DE 1997, MEDIANTE LA CUAL SE ACORDO AUMENTAR EL CAPITAL VARIABLE EN LA CANTIDAD DE $580,000.00 PARA QUEDAR FIJADO EN $1'100,000.00 EL CUAL QUEDA SUSCRITO COMO SIGUE: AMADO YAÑEZ CORREA CON 80 ACC. SERIE "A" Y 100 ACC. SERIE "B"; AMADO OMAR YAÑEZ OSUNA CON 80 ACC. SERIE "A" Y 100 ACC. SERIE "B"; SAMUEL YAÑEZ CHAPARRO CON 80 ACC. SERIE "A" Y 100 ACC. SERIE "B"; ALBERTO DUARTE MARTINEZ CON 80 ACC. SERIE "A" Y 100 ACC. SERIE "B"; CARLOS DANIEL YAÑEZ OSUNA CON 80 ACC. SERIE "A" Y 100 ACC. SERIE "B"; CORPORACION SOTAVENTO, S.A. DE C.V., CON 600 ACC. SERIE "B", TOTAL DE ACCIONES SERIE "A" 400; Y DE LA SERIE "B", 1,100 ACCIONES. SE REVOCA EL PODER OTORGADO A FAVOR DE LOS SRES. AMADO YAÑEZ CORREA Y SAMUEL YAÑEZ CHAPARRO EN ESCRITURA PUB. 17105, ANTE EL NOT. 89 DEL D.F., CON FECHA 24-05-68. SE OTORGA PODER EN FAVOR DE JORGE ANTONIO MARTOS MIRANDA Y JORGE ISAAC MARTOS SOSA, EN LOS TERMINOS DEL ARTICULO DECIMO TERCERO DE LOS ESTATUTOS SOCIALES. SE NOMBRA INTEGRANTES DEL CONSEJO DE ADMINISTRACION PARA QUEDAR INTEGRADO COMO SIGUE: PTE. AMADO YAÑEZ CORREA; VICEPRESIDENTE, AMADO OMAR YAÑEZ OSUNA; SRIO. JORGE ISAAC MARTOS SOSA; TESORERO, SAMUEL YAÑEZ CHAPARRO; COMISARIO, ALBERTO DUARTE MARTINEZ Y DIR. GRAL. AMADO OMAR YAÑEZ OSUNA. DERECHOS $4,289.00 R.C. 207083 PTDA. 20779 DE FECHA 03-10-97 PAGO COMPLEMENTARIO $979.00 R.C. 207084 PTDA. 17100 DE FECHA 23-10-97 INSCRITO EN MEXICO, D.F., A 27 DE OCTUBRE DE 1997. REG. LIC. PEDRO MILIAN GARCIA, REG. AUX. LIC. J. SILVIA VIDALS NEGRETE. INSC. MA. DEL CARMEN TREJO ANGELES.

FOLIO DIGITALIZADO

R.P.P. y C.
23-01-06
PARTICULARES

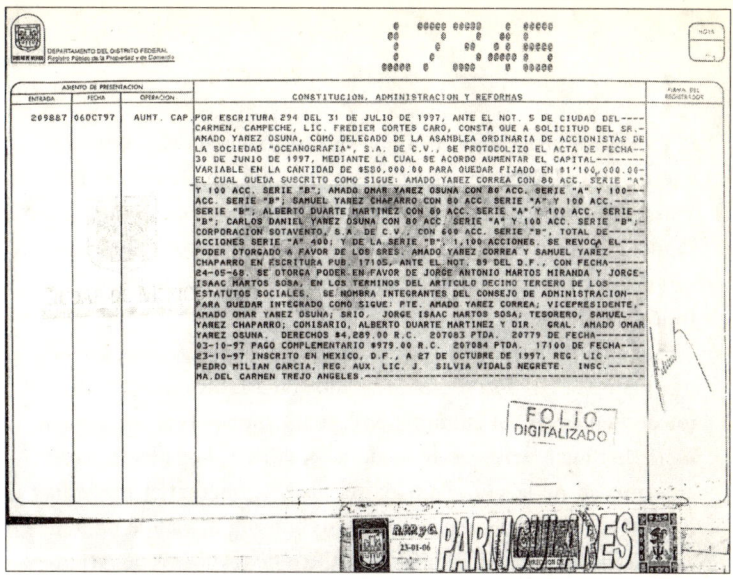

Documento del gobierno del Distrito Federal en el que se consigna a Amado Yáñez Osuna como accionista de Oceanografía, S. A. de C. V.

GOBIERNO DEL DISTRITO FEDERAL
Registro Público de la Propiedad y de Comercio
Ciudad de México

ASIENTO DE PRESENTACION			PROVIDENCIAS Y SENTENCIAS JUDICIALES
ENTRADA	FECHA	OPERACION	
117814	03ABR2000	EMB. HDA	AUTORIDAD ORDENADORA S.H.C.P., OFICIO 17,235 DE FECHA 14-02-2000. EXP. 322-SAT-R8-L63-4ª, CONCEPTO FALTA DE PAGO, MONTO DEL ADEUDO $21,130,485.01, FECHA DE LA DILIGENCIA DEL EMBARGO DEL CREDITO 652575, DE OCEANOGRAFIA, S.A DE C.V., SE TRABO EMBARGO SOBRE BIENES DE LA SOCIEDAD DESCRITA EN LA CARATULA DE ESTE FOLIO. DERECHOS NO CAUSA. MEXICO, D.F., LIC. 4 DE ABRIL DE 2000. REG. LIC. AZUCENA SOTO DELGADILLO. REG. AUX. LIC. MILDRED OCHOA HERRERA. INSCRIBIDOR ROSA MA. ENRIQUEZ.

R.P.P. y C.
23-01-06
PARTICULARES

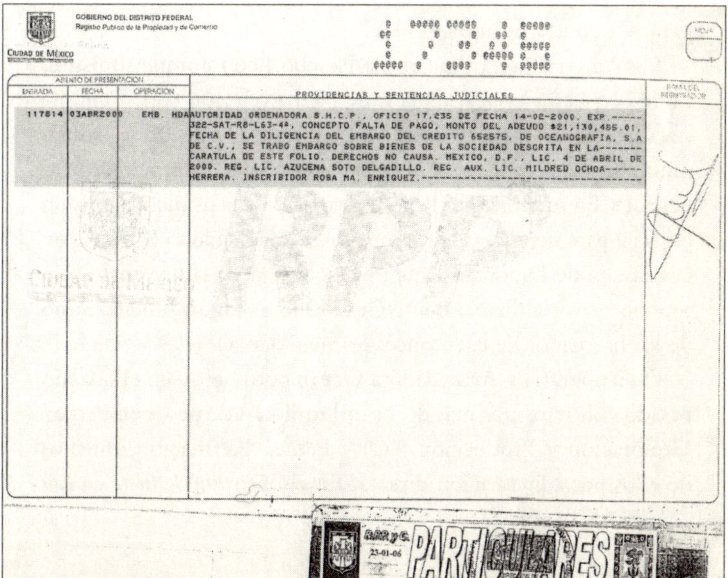

Orden de embargo de la Secretaría de Hacdienda contra la empresa Oceanografía, S. A. de C. V.

Los datos proporcionados por los funcionarios del Cisen concuerdan con la versión que me dio en 2006 un amigo del desaparecido empresario marmolero de Gómez Palacio, Durango, Francisco León García. En 2003 Pancho León, como lo conocen en su tierra, formó la empresa Abastecimiento Comercial e Industrial (ACI).

Sus socios eran los Bribiesca Sahagún, Yáñez Osuna y Antonio Juan Marcos Issa (ex coordinador de asesores del ex director de Pemex, Raúl Muñoz Leos). Juan Marcos Issa es también socio de Blue Marine, Arrendadora Ocean y Subtec. Padece una enfermedad de la vista llamada retinosis pigmentaria que le ha ganado el mote del Ciego, aunque su enfermedad no le ha quitado la visión para hacer negocios. Otro de los socios de Arrendadora Ocean y Blue Marine es el joven Juan Reynoso Durand, yerno de Juan Marcos Issa. La idea del consorcio creado por Pancho León era poder ofrecer diferentes servicios a Pemex y así acaparar los contratos más grandes.

Los Yáñez Osuna buscaron a Pancho León porque su padre, Francisco León López, tenía muy buena relación con el entonces director de Pemex, Raúl Muñoz Leos. De hecho se llaman mutuamente "compadres". Los Bribiesca Sahagún se sumaron al negocio. En su momento llegó información a la primera comisión especial para investigar la corrupción de los Bribiesca Sahagún en la Cámara de Diputados sobre esa sociedad en la que incluso se supone aparecía formalmente Guillermo Sahagún Jiménez, uno de los hermanos de la entonces primera dama.

Oceanografía y Arrendadora Ocean obtuvieron en el sexenio pasado contratos por más de 12 mil millones de pesos en Pemex Exploración y Producción (PEP) y Pemex Refinación, muchos de ellos por adjudicación directa. En el libro *Fin de fiesta en Los*

Pinos[2] investigué los nexos entre las dos empresas, y en el acta constitutiva de Arrendadora Ocean y contratos de Oceanografía con Pemex quedó documentada la sociedad entre ambas empresas. Asimismo denuncié los millonarios contratos entregados a ambas empresas presuntamente derivados del tráfico de influencias de los Bribiesca Sahagún. A finales de 2007 y en marzo de 2008 la Auditoría Superior de la Federación (ASF) me dio la razón.

León García desapareció a principios de 2007 en la zona de La Laguna y no se sabe de su paradero pese a la desesperada búsqueda de su padre Francisco León, con quien platiqué el año pasado. Se llevó consigo muchos de los secretos de los negocios de los Bribiesca Sahagún y Yáñez Osuna. Hay quienes vinculan su desaparición con el narcotráfico, ya que presuntamente se había relacionado con el grupo de Arturo Hernández González, alias el Chaky, sicario del cártel de Juárez, pero después habría tenido desavenencias personales con él.

Su padre afirma que no hay ninguna conexión de ese tipo, pero ha reconocido que efectivamente Pancho León tenía sociedad con los hijos de Marta Sahagún en negocios para comprar químicos en Pemex. Eran contratos para obtener algunas sustancias derivadas del petróleo que sirven para elaborar combustibles. Gasolina y diesel, concretamente.[3]

—No le puedo decir cuántos [contratos], pero eran varios. Muchos de esos contratos los conseguía yo con mis relaciones.

---

[2] Anabel Hernández, *Fin de fiesta en Los Pinos*, México, Grijalbo, 2006, cap. 2.

[3] "Pancho León, víctima de la narcopolítica", *Proceso*, México, octubre de 2007.

En el libro *La familia presidencial*[4] di a conocer de manera documentada la existencia de una denuncia interpuesta por Alfonso Sallard en la que se revelaba que en complicidad con Alfonso Durazo, el entonces secretario particular de Vicente Fox, los hijos de Marta Sahagún se habían involucrado con Guillermo González Calderoni en la empresa Negromor para ayudarle a comprar el codiciado solvente "L" a Pemex. El solvente sirve no sólo como un químico de limpieza en las tintorerías como las que posee la familia de Juan Camilo Mouriño Terrazo, sino también para adulterar y multiplicar los litros de gasolina, muchos de los cuales se comercian en gasolineras establecidas en todo el país.

El amigo de Pancho León me platicó que otro de los amigos de Yáñez Osuna, de Oceanografía, era Juan Camilo Mouriño Terrazo, y que dicha empresa había cooperado generosamente con la precampaña de Felipe Calderón a la Presidencia de la República. Cabe señalar que muchos de los contratos dados a Oceanografía y Arrendadora Ocean fueron otorgados cuando Mouriño Terrazo era presidente de la Comisión de Energía de la Cámara de Diputados (de agosto de 2000 a abril de 2003) y como asesor y subsecretario de Energía (de octubre de 2003 a noviembre de 2004). Muchos de ellos eran multianuales, como los que ha obtenido la familia del secretario de Gobernación.

En la revisión de la cuenta pública de 2005 la ASF encontró irregularidades en los contratos de Arrendadora Ocean, como el pago de un sobrecosto que provocó un quebranto a Pemex Exploración y Producción por 66 millones de pesos. En la denuncia de hechos de la ASF se señala lo siguiente:

---

[4] Anabel Hernández y Arelí Quintero, *La familia presidencial*, México, Grijalbo, 2005.

"El 6 de diciembre último [2007] la ASF presentó una denuncia penal derivada de la revisión de la Cuenta Pública 2005 efectuada a Pemex Refinación, y en la cual resultaron presuntos responsables servidores públicos de las gerencias de Recursos Materiales y de Operación y Mantenimiento Marítimo; dos superintendencias generales de compras; y dos coordinaciones especialistas. [...]

"La adjudicación directa de dicho contrato no observó las mejores condiciones para Pemex Refinación, ya que no se obtuvo el mejor precio y calidad, presumiéndose un daño al patrimonio del ente auditado, ya que se contrató a un precio de 38 500 USD por día, sin tomar en consideración la cotización de P.M.I. Trading Ltd. (empresa filial de Pemex), misma que cotizó 19 000 USD por día, habiéndose otorgado el contrato a la empresa que propuso el precio más alto, ocasionándose un probable daño al patrimonio de Pemex Refinación de 19 500 USD por día."

Como parte de la revisión de la cuenta pública de 2006 la ASF —el órgano máximo de fiscalización de la Cámara de Diputados— realizó una revisión a nueve contratos que Oceanografía tenía vigentes hasta 2006, en los cuales encontró diversas anomalías: el pago a la empresa con recursos de otras partidas presupuestales, modificaciones de concursos públicos a solicitud de la empresa, y pago de trabajos sin entrega de reportes finales.

Antes de concluir el sexenio de Vicente Fox, en medio del escándalo provocado por la participación de los Bribiesca Sahagún en contratos con Pemex, la Secretaría de la Función Pública ordenó una supuesta auditoría externa a los contratos otorgados a Oceanografía y Negromor.

En los negocios y la política no hay casualidades, menos cuando convergen en un mismo camino. El encargado de realizar dicha auditoría —¿externa?— fue el campechano Tirso Agus-

> **DENUNCIA DE HECHOS DERIVADA DE LA REVISIÓN DE LA CUENTA PÚBLICA 2005 EN PEMEX REFINACIÓN**
>
> El 6 de diciembre último la ASF presentó una denuncia penal derivada de la revisión de la Cuenta Pública 2005 efectuada a Pemex Refinación, y en la cual resultaron presuntos responsables servidores públicos de las Gerencias de Recursos Materiales y de Operación y Mantenimiento Marítimo; dos Superintendencias Generales de Compras; y dos Coordinaciones Especialistas.
>
> La materia de la denuncia presentada se fundamentó en los hechos siguientes:
>
> - Se analizaron los procedimientos llevados a cabo en las licitaciones públicas internacionales para la contratación mediante fletamento por tiempos de un buque tanque del porte de entre 40,000 y 47,000 toneladas métricas de peso muerto total, con el fin de transportar productos petrolíferos en el litoral del pacífico por un período principal de 4 meses más un período adicional de hasta un mes a opción de PEMEX Refinación.
> - Las licitaciones efectuadas fueron declaradas desiertas al no recibirse proposición alguna. Ante ello, en términos de la Ley de Adquisiciones, Arrendamientos y Servicios del Sector Público, PEMEX Refinación optó por contratar los servicios mediante el procedimiento de adjudicación directa.
> - En virtud de lo anterior, con fecha 14 de marzo de 2005, la Superintendencia General de Compras 008, emitió DICTAMEN donde justificaba la contratación directa mediante fletamento por tiempo, del BT "TORM ASIA", de bandera de Singapur, con la compañía Arrendadora Ocean Mexicana, S.A. de C.V.
> - Con fecha 3 de junio de 2005, es decir, dos meses después de iniciados los servicios con el proveedor Arrendadora Ocean Mexicana, S.A. de C.V., se firmó el contrato respectivo, mediante el cual se le otorgaron los Servicios de Fletamento por tiempo de un Buque Tanque del porte de entre 40,000 a 47,000 toneladas métricas de peso muerto total, por un período principal de 4 meses, más un período adicional de hasta un mes, a opción de PEMEX Refinación, a precio fijo, de 38,500 USD diarios, aún cuando se rebasaba en más del 30% el precio en el mercado.
> - La adjudicación directa de dicho contrato no observó las mejores condiciones para PEMEX Refinación, ya que no se obtuvo el mejor precio y calidad, presumiéndose un daño al patrimonio del ente auditado, ya que se contrató a un precio de 38,500 USD por día, sin tomar en consideración la cotización de PMI Trading Ltd. (empresa filial de PEMEX), misma que cotizó 19,000 USD por día, habiéndose otorgado el contrato a la empresa que propuso el precio más alto, ocasionándose un probable daño al patrimonio de PEMEX Refinación de 19,500 USD por día.
> - Adicionalmente, no se obtuvieron las mejores condiciones para el Estado, puesto que se debieron solicitar nuevas cotizaciones, toda vez que se contaba con el antecedente de la cotización de PMI Trading Ltd., en la que se había ofertado 19,000 USD diarios.
> - Una vez concluido el plazo del contrato el día 9 de septiembre de 2005, PEMEX Refinación y la Compañía Arrendadora Ocean Mexicana S.A. de C.V. celebraron un convenio modificatorio que tuvo por objeto ampliar el contrato citado en un 20%, equivalente a 30.6 días, los cuales vencieron el 11 de octubre de 2005, con un importe de 1,178,100 USD, con lo que la operación se incrementó para alcanzar un importe de 7,068,600 USD. En este convenio modificatorio se hace constar que el "TORM ASIA", cambió su denominación a "AKROTIRI", y que fue adquirido por la empresa AKRO SHIPPING PTE LTD.
> - Nuevamente, sin mediar algún procedimiento, PEMEX Refinación y la Compañía Arrendadora Ocean Mexicana S.A. de C.V., celebraron otro contrato para el servicio de fletamento respecto del mismo buque AKROTIRI por el mismo precio de 38,500 USD (TREINTA Y OCHO MIL QUINIENTOS DÓLARES) por día, por un período de 60 días que corrió del 12 de octubre de 2005 al 11 de diciembre de 2005, haciendo ello un importe total de 2,310,000 USD.
> - Posteriormente, el día 2 de diciembre de 2005, las partes celebraron un convenio modificatorio del contrato antes referido, que tuvo como propósito ampliar hasta en un 20% el plazo del nuevo contrato de fletamento por la cantidad de 462,000 USD, por lo que éste alcanzó la suma de 2,772,000 USD, en la inteligencia que el plazo del servicio corrió del 12 al 27 de diciembre de 2005.
> - Derivado de todo lo anterior, se determinó un monto pagado en exceso a la Compañía Arrendadora Ocean Mexicana S.A. de C.V., con relación a la cotización de PMI Trading Ltd. Los servicios de fletamento marítimo de estas operaciones comprendieron 257.62 días, que pagados a 38,500 USD diarios, alcanzaron la cifra de 9,918,370 USD, por lo que de haberse contratado con PMI Trading Ltd., la cantidad por los mismos días y respecto del mismo servicio de fletamento hubiera ascendido a 4,894,780 USD, determinándose de ello un pago en demasía de 5,023,590 USD que representa el probable daño ocasionado a PEMEX Refinación, motivo de la denuncia penal presentada por la ASF.

Denuncia de la Auditoría Superior de la Federación de irregularidades en los contratos de Pemex con Arrendadora Ocean.

tín Rodríguez de la Gala Gómez, hijo de uno de los notarios de cabecera de las empresas de JC, Tirso René Rodríguez de la Gala Guerrero, notario público número 18 de la ciudad de Campeche, un peculiar notario que emitió escrituras posfechadas para la familia Mouriño justo en el momento de los escándalos de los contratos firmados por JC ante Pemex. El secretario de Gobernación intentaba desesperadamente hacer creer que ya no estaba dentro de las empresas de su familia y Tirso lo ayudó con una escritura posfechada

Al final de la auditoría practicada por Rodríguez de la Gala Gómez, el secretario de la Función Pública José Luis Romero Ramos afirmó que "no se encontraron irregularidades en la adjudicación de los contratos, ni elementos que representen la comisión de delitos como tráfico de influencias o lavado de dinero". Así que exoneró a los Bribiesca Sahagún y ¿a Mouriño?

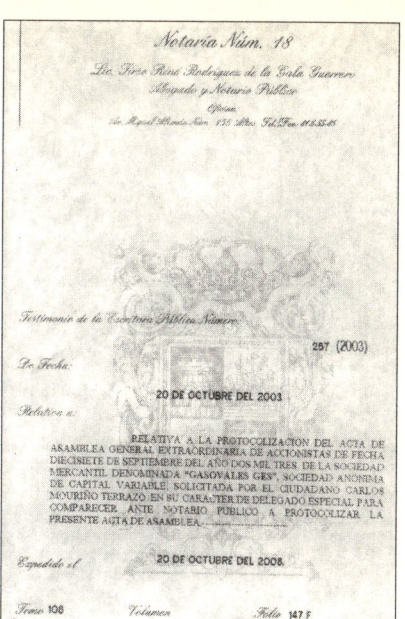

Escritura posfechada, emitida por el notario Tirso Rodríguez de la Gala Guerrero, a favor de Gasovales GES.

Oceanografía y Arrendadora Ocean, pese a las irregularidades que se les detectaron, siguen siendo las empresas consentidas de Pemex ahora que el nuevo director es Jesús Reyes Heroles —hombre clave para el equipo de Felipe Calderón en las elecciones del 2 de julio de 2006—. Ambas empresas siguen ganando millonarios contratos en el actual sexenio. Tan sólo en 2007 en Pemex Exploración y Producción y Pemex Refinación, Arrendadora Ocean obtuvo 270 millones de pesos en contratos por licitación y adjudicación directa. Su empresa filial, Blue Marine, obtuvo un contrato por 1 938 285 748 pesos. A Oceanografía, la empresa con la que los Bribiesca y presuntamente Mouriño tienen relación, desde que Calderón fue declarado ganador de la Presidencia de la República, le ha ido mejor que nunca. Desde el 1º de octubre de 2006 a la fecha, Pemex Exploración y Producción le ha dado los contratos que se detallan en la siguiente tabla.

Fecha de firma	Pemex	Concepto del contrato	Tiempo de duración	Monto en pesos
30/10/2006	PEP	Servicio de transporte, acondicionamiento y recuperación de fluidos durante la perforación, terminación y reparación con apoyo de un barco procesador, paquete I.	01/01/2007-31/05/2010	277 693 759
30/10/2006	PEP	Servicio de transporte, acondicionamiento, y recuperación de fluidos durante la perforación, terminación y reparación con apoyo de un barco procesador, paquete B.	01/01/2007-31/12/2008	187 761 598
30/10/2006	PEP	Servicio de transporte, acondicionamiento y recuperación de fluidos durante la perforación, terminación y reparación con apoyo de un barco procesador, paquete III	01/01/2007-31/12/2009	281 090 555
30/10/2006	PEP	Servicio de transporte, acondicionamiento y recuperación de fluidos durante la perforación, terminación y reparación con apoyo de un barco procesador, paquete II.	01/01/2007-31/12/2009	281 090 555
28/11/2006	PEP	Fletamento por tiempo de lanchas rápidas (ocho), para el transporte de personal, materiales y equipo ligero en el golfo de México.	01/01/2007-31/12/2008	45 124 152 (nota al lector: éste no es el mismo contrato que el siguiente)
28/11/2006	PEP	Fletamento por tiempo de lanchas rápidas (ocho), para el transporte de personal, materiales y equipo ligero en el golfo de México	01/01/2007-31/12/2008	45 124 152
02/05/2007	PEP	Fletamento por tiempo de lancha estable (una), para el transporte de personal, materiales y equipo ligero en el golfo de México.	05/05/2007-03/05/2009	69 204 165
21/09/2007	PEP	Construcción de óleo gasoducto de 12"ø x 13 km. de longitud aproximadamente de la plataforma ATUN-D a la plataforma BAGRE-A.	22/09/2007-24/05/2008	285 980 814
23/10/2007	PEP	Inspección estructural de plataformas marinas, periodo 2007-2010	26/01/2008-marzo de 2011	834 481 945
30/10/07	PEP	Fletamento por tiempo de barcos abastecedores rápidos (tres), para el transporte de materiales y equipo ligero en el golfo de México	24/08/2009-23/08/2014	128 109 891
01/02/2008	PEP	Mantenimiento a instalaciones costa fuera de las regiones marinas con apoyo de una embarcación de posicionamiento dinámico (cinco).	29/07/2008-28/07/2013	2 338 525 091
07/03/2008	PEP	Servicios de transporte de materiales, equipos diversos, así como trasiego de materiales líquidos y a granel con un abastecedor nueva generación.	10/03/2010-09/03/2013	283 426 341
07/03/2008	PEP	Servicios de transporte de materiales, equipos diversos, así como trasiego de materiales líquidos y a granel con un abastecedor nueva generación.	10/03/2010-09/03/2015	283 426 341

26/06/2008	PEP	Servicios de transporte de materiales, equipos diversos, así como trasiego de materiales líquidos y a granel con cuatro abastecedores nueva generación.	30/01/2010- 29/01/2015	242 620 702
18/01/2007	PEP	Servicio de transporte, acondicionamiento y recuperación de fluidos durante la perforación, terminación y reparación con apoyo de un barco procesador, paquete I.	01/06/2007- 31/05/2010	277 693 759
29/01/2008	PEP	Servicio de transporte, acondicionamiento y recuperación de fluidos durante la perforación, terminación y reparación con apoyo de un barco procesador, paquete V.	29/06/2008- 29/06/2011	345 360 037
07/03/2008	PEP	Servicios de transporte de materiales, equipos diversos, así como trasiego de materiales líquidos y a granel con cuatro abastecedores nueva generación.	11/10/2009- 10/10/2014	251 551 439
07/03/2008	PEP	Servicios de transporte de materiales, equipos diversos, así como trasiego de materiales líquidos y a granel con un abastecedor nueva generación.	10/03/2010- 09/03/2015	283 802 374
26/06/2008	PEP	Servicios de transporte de materiales, equipos diversos, así como trasiego de materiales líquidos y a granel con uno abastecedor nueva generación	30/05/2010- 29/05/2015	240 133 733
06/02/2007		Construcción de obras complementarias en plataformas marinas y adecuación de las instalaciones existentes con apoyo de una embarcación de posicionamiento dinámico con equipo y personal especializado.	15/04/2007- 13/04/2008	1 020 873 072
07/03/2008	PEP	Servicios de transporte de materiales, equipos diversos, así como trasiego de materiales líquidos y a granel con un abastecedor nueva generación.	10/02/2010- 15/02/2015	248 972 926

Fuente: Portal de Obligaciones de Transparencia de la Administración Pública.

Karim Elías Bobadilla es actualmente contralor interno de Pemex Exploración y Producción, responsable de vigilar que todos los contratos se otorguen conforme a derecho y no a través de tráfico de influencias. Elías Bobadilla no es un campechano más. Es parte de la "casta divina" que Juan Camilo insertó en el gobierno federal en áreas clave de su conveniencia relacionadas con los negocios de su familia. Karim es uno de los mejores amigos de JC desde la infancia; son de la misma edad y estudiaron juntos en el Instituto Mendoza.

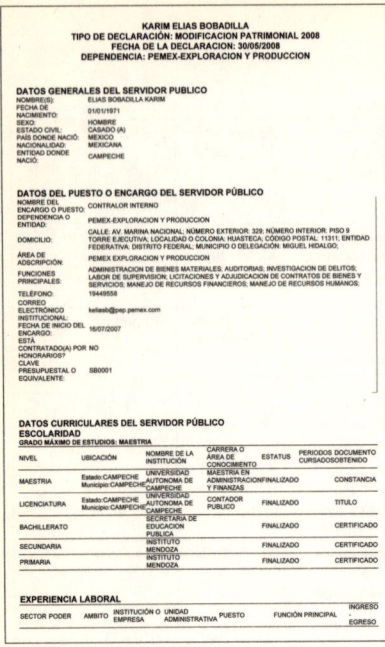

Declaración patrimonial de Karim Elías Bobadilla.

Hasta antes de que Juan Camilo entrara como jefe de la Oficina de la Presidencia, Karim trabajaba detrás de un aburrido escritorio del banco Bital (ahora HSBC) en la ciudad de Campeche. Después JC se lo llevó a Los Pinos; ahí Karim ocupó el puesto de director general de administración de su oficina. Pero Mouriño Terrazo tenía un puesto más relevante para él. Lo envió como contralor interno de PEP, cargo que ocupa desde el 16 de julio de 2007.

Cabe señalar que pese a todas las irregularidades que encontró la Auditoría Superior de la Federación, el director general de Pemex Refinación, Carlos Arnoldo Morales Gil, fue ratificado en el cargo por el presidente Felipe Calderón y Juan Camilo Mouriño Terrazo, quien fue parte fundamental para integrar el gabinete. Morales Gil ocupa ese cargo desde 2004, año que coincide con la estancia de JC como subsecretario de Energía.

Amado Yáñez Osuna no se puede quejar: le ha ido muy bien. De enero de 2007 a la fecha ha obtenido contratos por 7 134 162 593 pesos. Incluso muchos de los contratos de Oceanografía firmados con PEP son a futuro: inician hasta 2010, pero ellos ya los tienen firmados.

El hermano incómodo

—Por eso mi hermano está con el presidente Felipe Calderón, por eso puedo hacer lo que se me dé mi regalada gana y nadie me lo va a impedir —gritó fuera de sí Carlos Mouriño Terrazo a Enrique Javier Cruz, abogado que defendía a unos habitantes de Campeche de que los Mouriño construyeran una gasolinera en su colonia.

Aunque comparte la actitud déspota con su hermano, Carlos es la antítesis de JC. No es delicado, diplomático ni político. Desde chico está acostumbrado al trabajo y a hacer lo que quiere. No es de los que acepte un "no" como respuesta. Carlos es apenas 13 meses más grande que Juan Camilo. Es de complexión robusta, mejillas coloradas y ojos grandes.

—Carlos e Iván son muy diferentes: Carlos es muy echado para adelante, Iván es más retraído —señala un hombre cercano a los Mouriño.

En la familia se afirma que Carlos es el consentido de Manuel Carlos Mouriño Atanes y hasta ahora ha sido considerado el listo de la familia. Siempre había sido el líder de los dos hermanos, pero a él no le atraía la política. Mientras su padre está ausente, Carlos es el que maneja los negocios de la familia en México y está al frente del Grupo Energético del Sureste (GES).

A principios de 2007 Estaciones de Servicio del Grupo Energético del Sureste (ESGES), la compañía de los Mouriño que concentra las franquicias de gasolineras, comenzó a construir sobre avenida Gobernadores número 10, en la popular colonia Santa Lucía de la ciudad de Campeche, una "mini" estación de gasolina. El gobierno federal sigue entregando franquicias a la familia del secretario de Gobernación.

El caso es otro claro tráfico de influencias. Cuando los vecinos preguntaron a Pemex Refinación si la estación de servicio que los Mouriño construían cumplía con todas las especificaciones, la dependencia oficialmente respondió el 21 de mayo de 2007 que sí.

Tres meses después, luego de seis meses de lucha vecinal, la dirección de Desarrollo Urbano del Municipio de Campeche clausuró la obra y les negó el permiso de construcción porque ni siquiera cumplía con los reglamentos del municipio.

—Todo comenzó a principios de 2007 —recuerda el abogado Enrique Javier Cruz, representante legal de los vecinos de Santa Lucía.

"Cerca del lugar donde pretendían edificar la estación de servicios se encuentra una universidad particular; en la parte de atrás hay un templo; y muy cerca está un colegio de educación preescolar. No se puede construir en una situación así una gasolinera.

"No, porque no lo permite el reglamento interno del H. Ayuntamiento de Campeche. Ahí hubo una primera violación. Ellos nada más tenían un permiso de demolición, única y exclusivamente, mas no de construcción.

"Utilizaron explosivos sin autorización manifiesta de la Secretaría de la Defensa Nacional (Sedena). ¿En qué nos basamos para afirmar esto? Solicitamos de manera escrita si el Grupo Energético del Sureste contaba con autorización previa para poder realizar trabajos de construcción utilizando explosivos, la respuesta de la Sedena fue —señala el abogado mostrando el documento—: el grupo GES, textualmente, no es permisionario para utilizar explosivos.

El señor Sergio Castillo Cervera, vecino de Santa Lucía, se sintió estúpido cuando descubrió que lo que estaban construyendo a un lado de su casa no era una tienda GES, como los Mouriño dijeron cuando los vecinos comenzaron a ver movimientos de construcción.

—Soy vecino, vivo al lado de la gasolinera que estaban imponiendo. Realmente fui yo el que comenzó la movilización. Entonces me nombraron líder de Santa Lucía —recuerda con un dejo de orgullo.

Enfrentarse a la familia del hombre más cercano al presidente no es cosa que se diga fácil. Y menos en Campeche, donde los Mouriño se conducen como amos y señores.

—En los trabajos que hacían de construcción estaban abriendo como para meter tanques. Me subí a la pared con una escalera para ver, y me pregunté cómo era posible que eso fuera a ser una tienda. Descubrí que era para que metieran tanques. Esto no va a ser una tienda, va a ser una gasolinera.

"Empecé a indagar y todos me lo negaban, junté a toda la gente y fuimos a la Dirección de Desarrollo Urbano para preguntar qué permiso tenían, y nos dijeron que sólo tenían permiso de demolición. Entonces ¿por qué están construyendo?

"Si yo lo hago me meten rápidamente una multa y me paran la obra. ¿Cómo es posible que no vean que están haciendo una obra de construcción? Si usted hace una casa aquí en Campe-

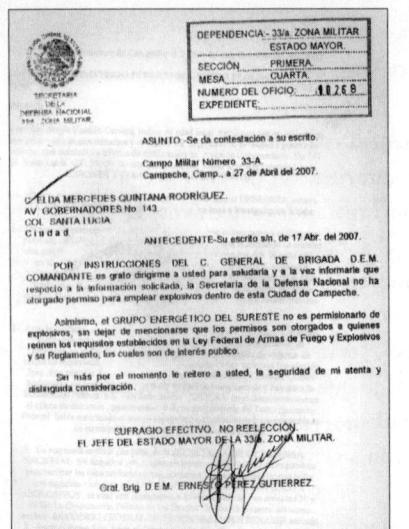
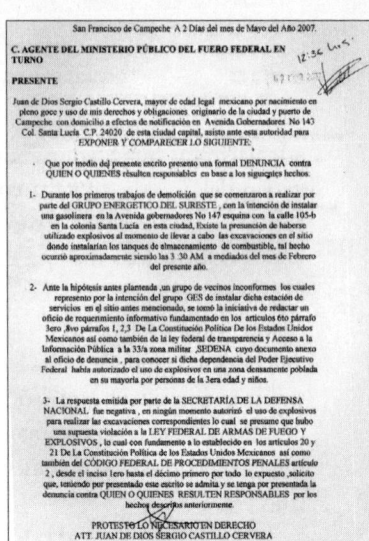

Denuncia de Juan de Dios Sergio Castillo Cervera en la que señala que GES no tenía permiso para utilizar explosivos.

che y es una persona pobre, inmediatamente le detienen la obra y le multan.

"No queríamos la gasolinera porque es un lugar tranquilo. Nunca hemos tenido sobresaltos. Toda la gente tiene que salir corriendo porque pueden pensar que eso va a estallar.

"Segundo, voy a respirar día tras día gasolina durante los 365 días del año y va a ser por años. Contaminación: hay pozos; en ese lugar todavía existen pozos de agua, agua buena que se iba a contaminar, los árboles se iban a morir. Con el tiempo eso iba a ser terrible. Le decía a todos los vecinos que no había que permitir eso, porque nosotros vivimos en paz. Ellos se están imponiendo a la paz, ellos quieren colonizar. Si los españoles están colonizando esto pues ya la fregamos. Entonces reuní firmas y se las pasé al licenciado [Enrique Javier Cruz]."

Carlos Mouriño Terrazo, el hermano incómodo, desacostumbrado a que alguien se niegue a su voluntad, trató por todos los medios de persuadir a Castillo Cervera de que se callara de una vez.

—Intentaron negociar con nosotros mandando personas a que me compraran la casa, ya que yo era el que estaba alebrestando a todos los vecinos. Al comprarme la casa se acabaría todo, porque cuando se destruye un líder pues ya estuvo. Cinco millones me estaban dando por la casa. Mi casa probablemente cueste dos millones más o menos.

—¿Usted siente que era un precio excesivo? O sea lo querían sobornar —le pregunto.

—Yo le dije al primero que fue: primero, no estoy vendiendo la casa. Segundo, ¿por qué me estás dando tanto por mi casa? ¿Quién te mandó? Me dijeron que van a dar un dinero de por acá, me empezó a echar cuento.

"Es un estilo que tienen estos señores desde que entraron acá. Siempre han sido altaneros y prepotentes, ven a la gente como si no valiéramos nada. Con decirle que ellos nos menospreciaron porque Santa Lucía es un lugar de personas pobres, personas que no se defienden."

Durante el litigio, el abogado y el líder vecinal de Santa Lucía fueron molestados por elementos de la Procuraduría General de la República (PGR) y del Estado Mayor Presidencial. El incidente ocurrió el 21 de junio de 2007 en las inmediaciones de la quinta campestre Villagely, propiedad de los Mouriño, localizada a las afueras de la ciudad de Campeche en un poblado llamado IMI III.

—¿En qué consistió el ataque? Don Sergio y un servidor —dice el abogado Cruz— acompañamos al periodista Manuel Velásquez del periódico *El Centro*. Nos dijo que venía a hacer un reportaje sobre la figura de Juan Camilo Mouriño, los lugares en los que había estudiado, cómo había hecho toda su fortuna, las vinculaciones con gente de la política campechana, incluso los que están incrustados en la política nacional y que han destacado, etcétera.

"En el momento en el que nos presentamos en el poblado IMI III, todo el tiempo estuvimos en propiedad pública. Prueba de ello es que nos persiguen cuando el periodista termina de hacer su trabajo, un trabajo que lo avala una garantía constitucional que es la libertad de expresión y la libertad de imprenta artículo 6° y artículo 7° de la Constitución política.

"Nos persiguen estas personas y en el momento que nos bajan de manera violenta con armas de fuego, a él [Manuel Velásquez] lo golpean y bajan violentamente a don Sergio. Hicieron uso de violencia porque le arrebataron su celular y lo golpearon, y a mí me bajan agarrándome de manera fuerte el brazo; nos bajaron del coche profiriendo toda una serie de insultos y ofensas hacia nuestras personas, que voy a omitir por educación.

"La denuncia de hechos fue presentada el mismo día ante el agente del Ministerio Público (MP) Alejandro de la Cruz Cantú Contreras, de la Procuraduría General del Estado, en la dirección de averiguaciones previas."

El incidente se originó cuando el abogado Cruz y Sergio Castillo Cervera se aproximaron al portón de Villagely para preguntar por Juan Camilo Mouriño Terrazo. El custodio de la puerta se negó a darles información.

El acta levantada por el MP, a la que corresponde el número de expediente B-CH/4082/2007, señala: "Seguidamente fueron cercados por el citado vehículo tipo camioneta color negro TrailBlazer con placas del Distrito Federal, de donde descendieron cinco personas del sexo masculino que vestían de civil. Tres de

> PROCURADURIA GENERAL DE JUSTICIA DEL ESTADO
> DIRECCION DE AVERIGUACIONES PREVIAS
> AGENCIA DEL MINISTERIO PUBLICO DE GUARDIA TURNO "B"
> EXPEDIENTE B-CH/4082/2007
>
> LES ESTABA SIGUIENDO A DISTANCIA, OBSERVANDO QUE SE TRATABA DE UN VEHICULO CON PLACAS DE LA CIUDAD DE MEXICO, SEGUIDAMENTE FUERON CERCADOS POR EL CITADO VEHICULO TIPO CAMIONETA COLOR NEGRO TRAIBLEZAR CON PLACAS DEL DISTRITO FEDERAL, DONDE DESCENDIERON CINCO PERSONAS DEL SEXO MASCULINO, QUE VESTIAN DE CIVIL, TRES DE ESTOS SE IDENTIFICARON COMO ELEMENTOS DEL ESTADO MAYOR PRESIDENCIAL Y DOS DE ELLOS DE LA FUERZA AEREA MEXICANA, SIENDO UNO GENERAL DE DIVISION Y TENIENTE, QUIENES DESENFUNDARON SUS ARMAS DE FUEGO AUTOMATICAS TIPO ESCUADRA, AMANGANDO AL DECLARANTE Y BAJANDOLO DEL VEHICULO CON LUJO DE VIOLENCIA AL IGUAL QUE SU COMPAÑERO, Y CON PALABRAS ALTISONANTES LE DECIAN TE VA A LLEVAR TU PUTA MADRE, FUE QUE EL DECLARANTE SE IDENTIFICO COMO ABOGADO ASI COMO DE TENER CONSTITUCION EN LA MANO Y UNO DE ELLOS LE DIJO AUNQUE USTED SEA ABOGADO LA LEY EN ESTE PAIS SOMOS NOSOTROS, Y ESA CHINGADERA QUE TIENES NOS LAS PASAMOS POR LOS HUEVOS, EN ESE MOMENTO SUENA SU TELEFONO CELULAR DE LA MARCA KYOCERA COLOR NEGRO CON PLATA MODELO K323 CON NUMERO

Denuncia de hechos presentada ante el agente del Ministerio Público Alejandro de la Cruz Cantú.

éstos se identificaron como elementos del Estado Mayor Presidencial y dos de ellos de la Fuerza Aérea Mexicana, siendo uno general de división y teniente, quienes desenfundaron sus armas de fuego tipo escuadra..."

—¡Te va a llevar tu puta madre! —le gritó uno de los militares al abogado.

Enrique Javier Cruz intentó explicar que era abogado y sacó un ejemplar de la Constitución que llevaba en su auto.

—¡Aunque usted sea abogado, la ley en este país somos nosotros, y esa chingadera que tienes nos la pasamos por los huevos! —le dijo otro de los escoltas del EMP.

Comenzó a sonar el teléfono del abogado y se lo arrebataron.

—¿A quién chingados estás hablándole, cabrón? —le gritaron; según quedó asentado en el acta, le arrebataron el celular, y lo tiraron al piso.

"Esto es una llamada de advertencia; la próxima vez, aunque sea usted abogado y tenga las razones jurídicas que tenga, le vamos a poner en la madre, porque la ley en este país somos nosotros —dijo el general de división a Enrique Javier Cruz."

Uno de los elementos del EMP recogió del suelo el celular del abogado. Se rompió la pantalla al aventarlo.

—Es un malentendido, abogado; nosotros sabíamos a lo que venía, nosotros sólo estamos cumpliendo con nuestro trabajo. Esto lo podemos arreglar, aquí no pasó nada —le dijo ofreciéndole un fajo de billetes.

Ninguno de los elementos se identificó con su nombre.

—Nos ofrecieron en ese momento la cantidad de 40 mil pesos para que de una vez por todas dejáramos este caso y decidiéramos renunciar. Nosotros nos arriesgamos. No aceptamos esa cantidad. Así como se lo estamos afirmando a usted, estamos dispuestos también a afirmarlo ante ellos en alguna diligencia ministerial, incluso en algún juicio. Se lo digo a usted y se lo digo a ellos en su cara —señala el abogado.

La denuncia que levantaron fue por daño en propiedad ajena, abuso de autoridad y uso indebido de funciones. Hasta la fecha no han tenido ninguna respuesta y la investigación no ha avanzado.

Conforme pasó el tiempo la situación crecía. Los vecinos no cedieron, incluso hubo movilizaciones de protesta frente al edificio corporativo de Grupo Energético del Sureste, ubicado en avenida Ruiz Cortines número 112, San Román, Campeche, Campeche.

—Al municipio no le quedó más remedio que ponerse de nuestro lado. El alcalde del municipio de San Francisco de Campeche, el licenciado Carlos Oznerol Pacheco, nos dijo textualmente: "Mi palabra de varón que la gasolinera no se va a edificar

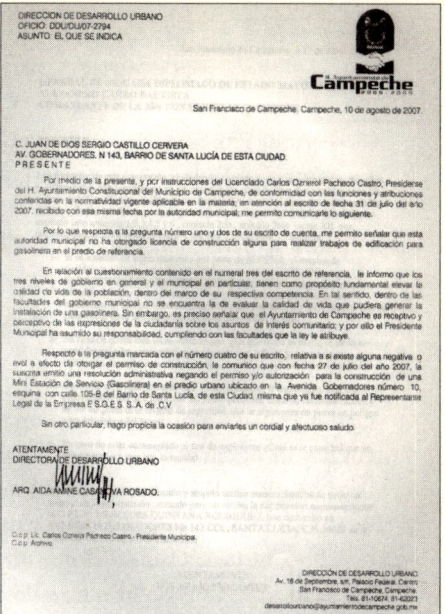

Documento de la Dirección de Desarrollo Urbano del Ayuntamiento de Campeche en el que se señala que ESGES no tenía permiso de construcción en Santa Lucía.

en ese lugar, porque efectivamente nosotros ya hicimos todos los estudios, ya reunimos todos los elementos y no es un lugar adecuado" —señala el defensor de los vecinos.

Carlos Mouriño Terrazo estaba realmente enojado y fue cuando se dio el enfrentamiento verbal con el abogado. Como no logró intimidar al abogado volvió a intentar sobornarlo.

—Dime a dónde te quieres largar para que dejes de estar chingando —le dijo Mario Ávila Lizárraga, delegado federal de la Secretaría de Desarrollo Social (Sedesol) en Campeche, tirándole sobre la mesa un catálogo de universidades a las cuales Enrique Javier Cruz podía irse becado.

—Tome usted su catálogo y póngaselo donde más le quepa —le respondió el licenciado Cruz, quien hacía tiempo estaba buscando una beca en el extranjero.

—¡Abogado, no sabe usted con quién se está metiendo! —lo reconvino el funcionario federal, amigo de Carlos Mouriño Terrazo.

—Lo sé perfectamente y los vecinos lo saben perfectamente. Los que no saben con quién se están metiendo son ustedes, porque nosotros somos gente de bien, a diferencia de ustedes.

Los vecinos le ganaron la partida a Carlos Mouriño Atanes.

Carlos y Juan Camilo no tienen una buena relación. Desde chicos hay una gran rivalidad entre los dos hermanos. Desde que JC llegó a ser jefe de la Oficina de la Presidencia, comenzó un pleito de vanidades y las desavenencias han crecido.

Ahora es Juan Camilo el que atrae los reflectores y él se ha quedado atrás. Cuando Juan Camilo fue el encargado de nombrar a los delegados federales de las diferentes instancias del gobierno federal, su hermano Carlos quería poner a sus allegados.

Sin embargo, como el negocio es el negocio, Carlos no pierde el tiempo en sacarle provecho al nuevo cargo de su hermano. Fuentes fidedignas de GES revelaron que cuando Juan Camilo fue nombrado secretario de Gobernación, el Grupo Energético del Sureste comenzó a enviar a sus socios deudores, sobre todo de franquicias compartidas, sendas cartas recordándoles los millonarios adeudos acumulados. Durante años muchos de sus socios en las franquicias no les han pagado los dividendos que correspondían.

Las misivas tuvieron efectos inmediatos. Una cosa era tener problemas con GES, pero ¿quién quería un pleito con el secretario de Gobernación? Socios que se habían hecho ojo de hormiga por años se comunicaron rápidamente disculpándose y señalando que por supuesto tenían sus dividendos al día; si no se los habían entregado no era por falta de voluntad, sino porque los habían reinvertido en el negocio. Fuentes cercanas a la empresa hablan de más de 100 millones de pesos que GES ha podido recuperar.

Ahora Carlos Mouriño Terrazo está empeñado en abrir una nueva gasolinera en Mérida, Yucatán, en otro lugar donde está prohibido. A principios de 2008 el GES comenzó la construcción de una nueva gasolinera, prueba de que las franquicias siguen multiplicándose para los Mouriño. La estación se estaba construyendo a pocos metros de un paso vehicular. El periódico *Por Esto!* de Yucatán publicó la noticia: al otro día la gasolinera fue clausurada y la Secretaría de Comunicaciones y Transportes (SCT) dijo que no les daría el permiso de derecho de vía.

A los Mouriño les tiene sin cuidado. En un recorrido que hice por el lugar la mañana del jueves 31 de julio de 2008, los albañiles continuaban con la obra; más tarde, llegó un hombre con un portafolios plateado probablemente para pagarles la raya.

La casta divina

Felipe Calderón delegó a Juan Camilo Mouriño Terrazo, desde que era coordinador de la oficina de transición y como jefe de la Oficina de la Presidencia de la República, la composición del gabinete, subsecretarías, direcciones generales y delegados federales. Muchos de los aspirantes pasaron por su oficina improvisada en el hotel Camino Real, por una residencia ubicada en Las Lomas y por las propias oficinas de transición.

Desde esa responsabilidad JC colocó en áreas importantes a sus amigos, empleados o panistas aliados a su conveniencia. Los miembros de este grupo se autodenominan "intocables", dicen que pueden hacer lo que quieren y su principal lema de batalla es que la trayectoria profesional es lo de menos. Despachan en oficinas centrales de la ciudad de México y en representaciones federales en Campeche: Secretaría de Desarrollo Social, Fondo Nacional de Apoyo a las Empresas de Solidaridad, Oportunidades, Procuraduría Federal del Consumidor, Secretaría del Trabajo, Registro Agrario Nacional y Secretaría del Medio Ambiente. La historia de los integrantes de la nueva casta divina sería digna de una novela de Jorge Ibargüengoitia.

Como en los peores tiempos del PRI, los mouriñistas llegaron a repartirse el botín. En el selecto grupo está un burócrata de Bital, un viejo ex empleado de Grupo Energético del Sureste, una maestra de primaria, un profesor de karate, un cantinero, amas de casa que de la noche a la mañana se convirtieron en funcionarias públicas, amigos de la infancia y ex compañeros de parranda y campañas políticas fracasadas. Todos buenos para nada.

Los que se fueron a la ciudad de México presumen que gracias a su amigo JC tienen horarios cómodos de trabajo, chofer a la puerta, viáticos y hasta guías para recorrer los principales antros de la ciudad de México. Y los que se quedaron lo acompañan al Chupis Bar, la discoteca de Campeche en donde el grupo suele hacer sus reuniones.

Antes de que Karim Elías Bobadilla fuera nombrado director de Administración de la Oficina de la Presidencia de la República en diciembre de 2006 era un burócrata gris de la sucursal del banco Bital que se pasaba las horas sentado frente a un escritorio. Dicen que nunca hizo nada destacado. "En su vida ha dado un golpe", señalan los jóvenes que lo conocen. Su único mérito es haber sido amigo desde la infancia de Juan Camilo Mouriño —ahora su incondicional— y de su esposa, María de los Ángeles

Escalante. Es contador público egresado de la Universidad Autónoma de Campeche y trabajó en el banco del 1º de enero de 2000 a noviembre de 2006.

Una de las ex compañeras de Karim que trabajaba con él en Bital también fue invitada por JC a trabajar en oficinas del gobierno federal en la ciudad de México. Cada vez que regresa a Campeche de visita se la pasa comentando la "gran vida" que se dan en la capital.

—Nos pagan todo, tenemos chofer, nos llevan a los antros —presume.

La esposa de Karim, Karla Pérez Marrufo, fue colocada en las oficinas centrales de la Procuraduría Federal del Consumidor (Profeco). El 1º de noviembre de 2003 entró a trabajar en la Profeco como delegada de la dependencia en Campeche. Durante cuatro años fue la responsable de verificar, entre otras cosas, que las gasolineras dieran litros de a litro. Entonces ganaba 29 566 pesos mensuales. Las denuncias contra las franquicias de los Mouriño estaban a la orden del día. Desde el 31 de diciembre de 2006, gracias a JC, ocupa el cargo de coordinadora general de Educación y Divulgación de la Profeco con un sueldo de 89 951 pesos mensuales.

Adalberto Enrique Füguemann y López, ex director de Grupo Energético del Sureste y brazo derecho de Carlos Mouriño Terrazo, desde febrero de 2007 ocupa el cargo de director de Administración e Inversión Turística del Fondo Nacional de Fomento al Turismo (Fonatur). Es el responsable de dirigir el manejo y control operativo de las inversiones turísticas propiedad de Fonatur y de administrar sus recursos económicos, técnicos y humanos. El presupuesto de Fonatur de este año es de 4 190 379 607 pesos.

Su perfil es más bien discreto, pero el 2 de febrero pasado hizo su aparición pública en medio del espectacular escenario de las playas de Champotón, Campeche, al lado del empresario español Julio Noval García, presidente de Grupo Mall, uno de los mayores imperios inmobiliarios de la región de Asturias. El objetivo del acontecimiento era ver los avances del complejo turístico "Campeche Playa, Golf, Marina & Spa Resort", que hoy por hoy es el principal proyecto turístico del caribe.

El desarrollo de 308 hectáreas contará con 315 mil metros cuadrados reservados a la construcción de 2 500 departamentos, un hotel de cinco estrellas con 500 habitaciones, un Town Center, una marina deportiva con capacidad para 150 embarcaciones, múltiples restaurantes internacionales, un biocentro de conservación de la tortuga carey y lo que Noval llama "el primer campo de golf ecológico de América Latina", que diseñará Jack Nicklaus, un famoso ex golfista profesional estadounidense.

En febrero de 2006 Noval estuvo en ese lugar con Vicente Fox para poner la primera piedra del desarrollo turístico. Y en la comitiva del ex presidente iba Manuel Carlos Mouriño Atanes, quien, además de haber incursionado hace décadas en el negocio de las gasolineras, no es ajeno al mundo inmobiliario. En Vigo, como se dijo en el capítulo 2, tiene una empresa llamada Grupo Corporativo GES, S. L., cuyo objeto social es: adquisición, gestión, urbanización, administración y comercialización del suelo y construcciones; promoción de edificaciones y actuaciones urbanísticas, tanto de naturaleza industrial o comercial, como residencial. Empleados de Grupo Corporativo GES señalan que Campeche tendrá este sexenio un *boom* de desarrollo turístico gracias a que el padre del secretario de Gobernación tiene intereses inmobiliarios en la zona.

Otro de los ilustres integrantes de la nueva casta divina de Campeche es Javier Ortega Vila, mejor conocido como el Cantinero. Él es responsable del programa social Oportunidades en Campeche, el más importante del gobierno federal que atiende a las familias que viven en pobreza extrema. Su principal mérito es ser amigo de JC. Y su principal experiencia profesional es atender su cantina llamada El Zaguán, en la ciudad de Campeche.

El Cantinero llegó a encabezar la oficina de Oportunidades el 1º de abril de 2007. El entonces titular de la oficina, Luis Antonio Ríos, estaba de gira y ni siquiera había sido notificado de su cambio. Ortega Vila obtuvo el cargo como premio de consolación luego de que perdió como candidato del PAN la diputación local por el 4º distrito.

En entrevista, Orlando Apolinar Sánchez, ex jefe del departamento administrativo, y Landy Verónica Castillo, ex jefa del departamento de capacitación, denunciaron cómo desde su llegada Ortega Vila quiso correr al personal de las principales plazas, pese a que cumplían con los requerimientos del Servicio Profesional de Carrera.

Apolinar Sánchez afirma que Ortega Vila le pidió sin justificación alguna pagar con recursos de Oportunidades facturas en blanco y pagar facturas de propaganda política que el ex candidato había quedado a deber. Él afirma que se negó.

Por su parte, Castillo señaló que a su oficina —responsable de las contrataciones— comenzaron a llegar panistas sin ninguna experiencia ni calificación para los puestos. Ortega Vila quería que fueran contratados a como diera lugar. Afirman que el Cantinero quería meter a panistas en los puestos clave del programa social para después poder manipularlo electoralmente. En 2009 se renuevan el congreso local y la gubernatura del Estado.

Después de meses de acoso laboral, Ortega Vila logró despedir sin justificación a quienes le estorbaban. No sólo a Apolinar Sánchez y a Castillo, sino también a Ulises Durán Vallejos, quien era el jefe de atención operativa de la oficina, es decir, era el que conocía la operación de la entrega de los apoyos a las familias. Durán Vallejos había recibido reconocimientos a nivel nacional por los excelentes resultados en sus evaluaciones.

Funcionarios de Oportunidades hicieron denuncias al órgano interno de control de Oportunidades y a la Secretaría de la Función Pública (SFP), pero hasta la fecha no se ha abierto una investigación formal.

—Él decía que nadie lo podía tocar porque a él lo puso Juan Camilo Mouriño —recuerda Verónica Castillo.

"En 2006 la oficina de Oportunidades de Campeche ocupaba los primeros cinco lugares en las evaluaciones nacionales; hoy, según se afirma, está en el lugar 32, el último."

Otro peculiar integrante de la casta es Sergio Novelo Rosado, encargado de la oficina del Fondo Nacional de Apoyo a las Empresas de Solidaridad (Fonaes), en Campeche, desde junio de 2007. Él encarna el caso más relevante de prepotencia y abuso de poder del círculo de protegidos de Juan Camilo Mouriño.

Antes de ocupar su cargo actual combinaba el de investigador de la Universidad Autónoma de Campeche con una plaza en la oficialía mayor de las oficinas centrales de la Sedesol. Fue coordinador de la campaña perdedora del panista Rafael Alcalá Ortiz, candidato a diputado federal por el I distrito en las elecciones de 2006 y hoy director general de delegaciones norte sur de la Comisión Nacional para la Defensa de los Usuarios de las Instituciones Financieras (Condusef).

Novelo Rosado, de entre 37 y 38 años, llegó acompañado de un grupo de muchachos de la universidad a quienes inmediatamente trató de colocar en plazas por honorarios. Durante 11 años, Maylene Céspedes Herbert trabajó en las oficinas de Fonaes. Licenciada en administración, inició su carrera en el servicio público con un puesto menor. Con el paso de los años escaló posiciones hasta llegar a ser jefa de departamento de Proyectos de Comercialización. Su tarea era analizar los proyectos productivos que las diferentes organizaciones presentaban y determinar bajo estándares técnicos cuáles eran viables.

Desde que se puso en marcha el Servicio Profesional de Carrera en 2006, Maylene comenzó a cumplir con todos los requerimientos. Maylene cumplió los siete pasos obligados: pasó con excelentes calificaciones los tres exámenes del Ceneval, el interintra, los dos exámenes de capacidades técnicas y el de administración pública. Es importante destacar que aplicó para estas pruebas sin inscribirse en cursos de preparación.

Todo cambió cuando Novelo Rosado llegó a las oficinas de Fonaes. Inmediatamente le pidió su renuncia, a lo que ella se negó; le propuso que si no quería tenerla en la oficina, que entonces la liquidara conforme a la ley, pero el nuevo funcionario se opuso. Durante tres meses le hizo la vida imposible, la quitó de su lugar, la hizo hacer trabajos que no le correspondían como de mensajera y recepcionista, quería que firmara oficios que legalmente no le incumbían y prohibió que sus compañeros de trabajo le dirigieran la palabra. No obstante, Maylene se negó a firmar su renuncia.

—Atente a las consecuencias —la amenazó con aires de suficiencia Novelo Rosado—; además de mis relaciones políticas tengo todo el apoyo de oficinas centrales..

Al final, en octubre de 2007, Maylene fue despedida sin ninguna indemnización con la única justificación de ser trabajadora de confianza.

En la nueva casta divina encumbrada por el hoy secretario de Gobernación también hay cabida para la maestra de primaria Socorro Gamboa Vela. Mouriño la puso al frente de la delegación en Campeche del Registro Agrario Nacional (RAN), responsable del ordenamiento de los ejidos y el deslinde definitivo de las tierras. Se trata de una reconocida panista que trabajó en el comité estatal del PAN durante la frustrada campaña de JC a la alcaldía de Campeche, y de 2003 a 2006 fue diputada local en el Congreso de Campeche.

También está el joven pediatra Enrique Iván González López, quien gracias a su vieja amistad con JC hoy es delegado federal en Campeche de la Secretaría de Medio Ambiente (Semarnat). Qué decir del técnico en computación Juan Manuel González Navarrete, quien ahora es delegado de la Procuraduría Agraria (PA), o del maestro de karate Hiram Manzanero Carrillo, quien trabaja en Pemex Corporativo como superintendente de Normatividad y Análisis.

Si como reza el refrán "vivir fuera del presupuesto es vivir en el error", el delegado de Profeco, Francisco Portela Chaparro, no se puede quejar. Gracias a JC tiene ese importante cargo, pero también su hija y su hermana consiguieron hueso. Su hija Yahaira Portela Rodríguez trabaja en el IMSS y su hermana Luz del Carmen Portela Chaparro en Pemex Corporativo como líder del Proyecto Regional de Desarrollo Social 2. Cuando la prensa de Campeche le cuestiona sobre los cargos públicos que ahora también ocupan sus hijos ha dicho: "Si trabajar en el servicio público es pecado, seguiremos pecando".

LOS 167 CONTRATOS DE JC

La notaria obediente Nelia del Pilar Pérez Curmina es mucho más que la delegada del Instituto Nacional de Migración (INM) en Campeche: es la notaria pública de cabecera de los Mouriño. Pérez Curmina, notaria número 40 de Campeche, fue la que en noviembre de 2005 creó la empresa Inmobiliaria GES, de la cual es socio Juan Camilo Mouriño Terrazo —cuando menos hasta febrero de 2006, ya que JC es socio de Grupo Energético del Sureste, principal accionista de la inmobiliaria.

Nelia del Pilar también fue la responsable de protocolizar el acta de la asamblea del 29 de noviembre de 2003, donde aparentemente JC donó sus seis acciones de GES a su padre Manuel Carlos Mouriño Atanes. La escritura tiene la firma de la notaria, y es la única prueba que ha presentado JC para acreditar que supuestamente está desligado de las empresas de su familia, como dijo el 28 de febrero de 2008, luego de que Andrés Manuel López Obrador demostró que cuando Juan Camilo era presidente de la Comisión de Energía de la Cámara de Diputados firmó a nombre de la empresa Transportes Especializados Ivancar contratos con Pemex Refinación. Con esa escritura, JC pretende cerrar el episodio y así evadir el conflicto de intereses entre sus negocios y su carrera política.

Sin embargo, Nelia del Pilar Pérez Curmina es la misma notaria que emitió la prueba de que JC sigue en las empresas de la familia. Protocolizó la asamblea general extraordinaria celebrada el 17 de febrero de 2006, acta en la cual participó el hoy secretario de Gobernación como socio y que está asentada en el Registro Público de la Propiedad y del Comercio (RPPC) de Campeche en el tomo XCV.

Llama la atención que esa comprometedora escritura que echa por la borda los argumentos de JC fue proporcionada por el propio director de Grupo Energético del Sureste, quizá como parte de las mismas pugnas entre hermanos. El documento donde reaparece JC es fundamental para GES. En él se hicieron cambios para cumplir con requisitos que demanda Pemex Refinación a las sociedades mercantiles que operan como accionistas. Uno de esos cambios es la incorporación de la cláusula de exclusión de extranjeros, en donde se afirma que GES "no cuenta con participación accionaria y/o social extranjera, ni es administrada directa ni indirectamente, ni tiene participación como socios o accionistas a inversionistas extranjeros…" Esa escritura debía ser entregada a Pemex Refinación. De esta forma GES podía seguir teniendo las franquicias y contratos de transportación de hidrocarburos con la paraestatal.

En 2004 Pérez Curmina —apoyada por Juan Camilo Mouriño y el PAN en Campeche— fue nombrada delegada del INM. En 2006 dejó el cargo y se aventuró a participar en las elecciones

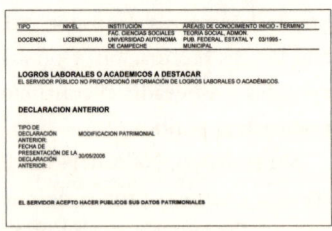

Declaración patrimonial
de Nelia Pérez Curmina.

locales del 2 de julio de 2006 como candidata del PAN por el I distrito de Campeche. Perdió. Cuando Nelia se fue como candidata nunca dejó su puesto en el INM, por lo cual violó la *Ley Federal de Responsabilidades de los Servidores Públicos.*

Hoy, Nelia del Pilar no sólo es notaria de los negocios de JC, también es su empleada. La delegada del Instituto Nacional de Migración en Campeche depende de la Secretaría de Gobernación. Es parte de la casta divina y despacha en el llamado Palacio Federal ubicado en Avenida 16 de Septiembre sin número, en el centro de la ciudad de Campeche, y tiene un sueldo de 56 206 pesos mensuales.

Los 167 contratos de JC

El progreso de las empresas de los Mouriño ha ido de la mano del avance de la carrera política JC. Sin duda el grupo empresarial no había conocido mejores tiempos que los de ahora. Como parte de esta investigación, el 2 de abril de 2008 solicité a Pemex Refinación, con base en la *Ley Federal de Transparencia y Acceso a la Información Pública*, los contratos y convenios firmados entre la paraestatal y las empresas de los Mouriño.

"Solicito copia de todos y cada uno de los contratos firmados con las empresas Transportes Especializados Ivancar, S. A. de C. V., Grupo Energético del Sureste, S. A. de C. V., Corporativo GES, ESGES, S. A. de C. V., Gasovales GES, S. A. de C. V., del 1º de enero de 1999 a la fecha. Solicito copia de cada una de las facturas pagadas a dichas empresas y copia de cada uno de los convenios de modificación firmados. Solicito saber si se trató de una adjudicación directa, invitación a cuando menos tres personas o de licitación pública."

La respuesta fue que existían hasta esa fecha 124 contratos y convenios firmados entre Pemex Refinación, Transportes Especializados Ivancar y ESGES. Meses después cuando otras personas solicitaron la misma información, Pemex Refinación declaró que no existía. Con base en la respuesta afirmativa que la dependencia me dio, el Instituto Federal de Acceso a la Información Pública (IFAI) ordenó que la información también les fuera proporcionada a otros ciudadanos.

El análisis de los 126 contratos y convenios sólo ratifica que las empresas de los Mouriño crecieron conforme Juan Camilo ocupó mejores posiciones. Los datos duros no dejan mentir: sus momentos de mayor progreso en número de contratos y el monto de los mismos fue cuando JC fue diputado federal y presidente de la Comisión de Energía de la Cámara de Diputados, de agosto de 2000 a abril de 2003. Y por supuesto desde que llegó como jefe de la oficina de la Presidencia de la República, del 1º de diciembre de 2006 al 16 de enero de 2008.

Sobre la empresa Transportes Especializados Ivancar, S. A. de C. V., Pemex Refinación señaló: "Se localizaron 16 convenios firmados desde 1998 a la fecha, que fueron asignados por adjudicación directa".

Entre los 16 "convenios" para transporte terrestre de productos derivados del petróleo mediante autotanques, se hallan siete contratos firmados por el propio JC a nombre de la empresa, no seis como se había dicho. Cinco de ellos los firmó siendo presidente de la Comisión de Energía de la Cámara de Diputados, cargo desde el cual Juan Camilo tenía contacto directo con el director general de Pemex y con los directores de las demás subsidiarias. Otro de los contratos lo firmó en septiembre de 2003, a unos días de entrar como coordinador de asesores y enlace institucional del secretario de Energía Felipe Calderón. Y uno más lo firmó estando ya en ese cargo.

Cabe señalar que la Secretaría de Energía es el órgano rector de Pemex y todas sus subsidiarias. Es decir, el director de Pemex depende del secretario. Desde sus puestos públicos JC firmó contratos para su familia por hasta 34.7 millones de pesos.

Pemex Refinación no dijo a cuánto ascendían los contratos de la empresa en 1998. Pero para darse una idea del progreso de los Mouriño en enero de 2000, Manuel Carlos Mouriño Atanes firmó a nombre de Transportes Especializados Ivancar un contrato con Pemex Refinación por un monto máximo de 3.7 millones de pesos.

En 2001 JC casi triplica el monto máximo llegando a 6.8 millones de pesos. Y como coordinador de asesores del secretario de Energía, en 2004 obtuvo un contrato por un monto máximo de 8.3 millones de pesos.

Según informó Pemex Refinación, el acta constitutiva que Transportes Especializados Ivancar presentó para conseguir los contratos fue la de 1985, cuando se creó la empresa. Aparecen los viejos socios: Juan Carlos Mereles Díaz, Manuel Carlos Mouriño Atanes, María del Carmen Vázquez Aguirre, María de los Ángeles Terrazo Blanco, Juan Carlos Lorenzo Relloso, Santiago Espósito Semerena, Esther Janeiro Barros de Merelles y Miguel Maza Ruiz.

Pemex Refinación me entregó copia de dicha escritura diciendo que ésa es la única que tienen en su poder. Si efectivamente la empresa de los Mouriño no entregó otra —como afirma la paraestatal—, se trataría de una operación disfrazada para ocultar el conflicto de intereses entre el diputado y después funcionario de la Secretaría de Energía, aunque el simple hecho de firmar como representante legal ya hubiera sido un indicio.

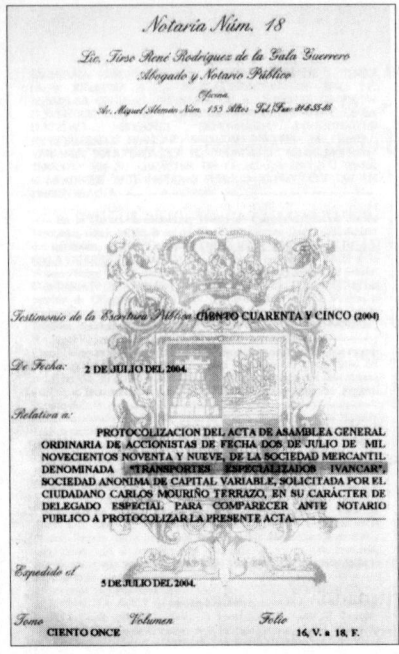 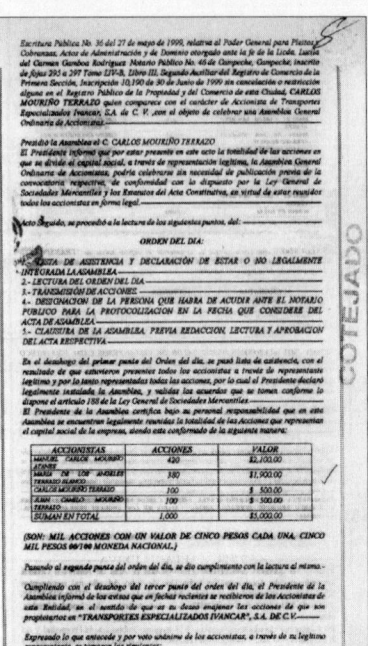

Escritura pública en la que los Mouriño transfieren acciones de Transportes Especializados Ivancar a Grupo Energético del Sureste.

La realidad legal es que cuando Juan Camilo firmó los convenios en 2001, 2002 y 2003 era socio en activo, con plenos derechos y responsabilidades jurídicas, de Transportes Especializados Ivancar. Así aparece en las actas constitutivas de entonces. Tenía cien de las mil acciones de la compañía familiar.

Cuando se suscitó el escándalo de la firma de esos contratos el secretario de Gobernación dijo que él ya había renunciado a dichas acciones. El responsable de la política interna del país mintió. Los Mouriño presentaron una escritura pública fechada el 2 de julio de 2004 en la que JC, su madre y sus hermanos habían transferido sus acciones de Transportes Especializados Ivancar a Grupo Energético del Sureste (GES) el 2 de julio pero de 1999. Es decir, cuando Juan Camilo firmó los contratos esa escritura no existía y por lo tanto no estaba consignada en el Registro Público de la Propiedad y de Comercio del estado de Campeche, por lo que JC, ante la ley, seguía siendo el socio con todas sus responsabilidades y derechos. Sólo las escrituras públicas registradas ante el Registro Público de la Propiedad tienen validez ante terceros. Por eso se registran para contratos con el gobierno, préstamos, hipotecas, etcétera. La escritura que estaba en el registro era en la que JC aparece como socio.

En el "traspaso" de acciones a GES, el secretario de Gobernación conservó los títulos de propiedad ya que también es accionista de GES. JC ha dicho que ya tampoco es parte de GES porque supuestamente renunció a sus acciones el 29 de noviembre de 2003, cuando llevaba un mes trabajando en la Secretaría de Energía. Sin embargo, aparece como "socio" en una escritura pública de la empresa en febrero de 2006.

Actualmente Transportes Especializados Ivancar tiene vigente un contrato multianual hasta por 39.6 millones de pesos. Tan sólo en doce meses, de diciembre de 2006 a noviembre de 2007, Transportes Especializados Ivancar cobró facturas por 20.9 millones de pesos.

En enero de 2008, antes de que Juan Camilo pasara de ser jefe de la Oficina de la Presidencia a secretario de Gobernación, Transportes Especializados Ivancar logró obtener un aumento a ese contrato por 7.9 millones.

Respecto a la empresa ESGES S. A. de C. V. y sus franquicias con Pemex, la empresa de la familia de Mouriño Terrazo ha tenido múltiples beneficios desde que él entró en el gobierno federal

Para entender este progreso es fundamental señalar que en el acta constitutiva de ESGES que los Mouriño presentan a Pemex

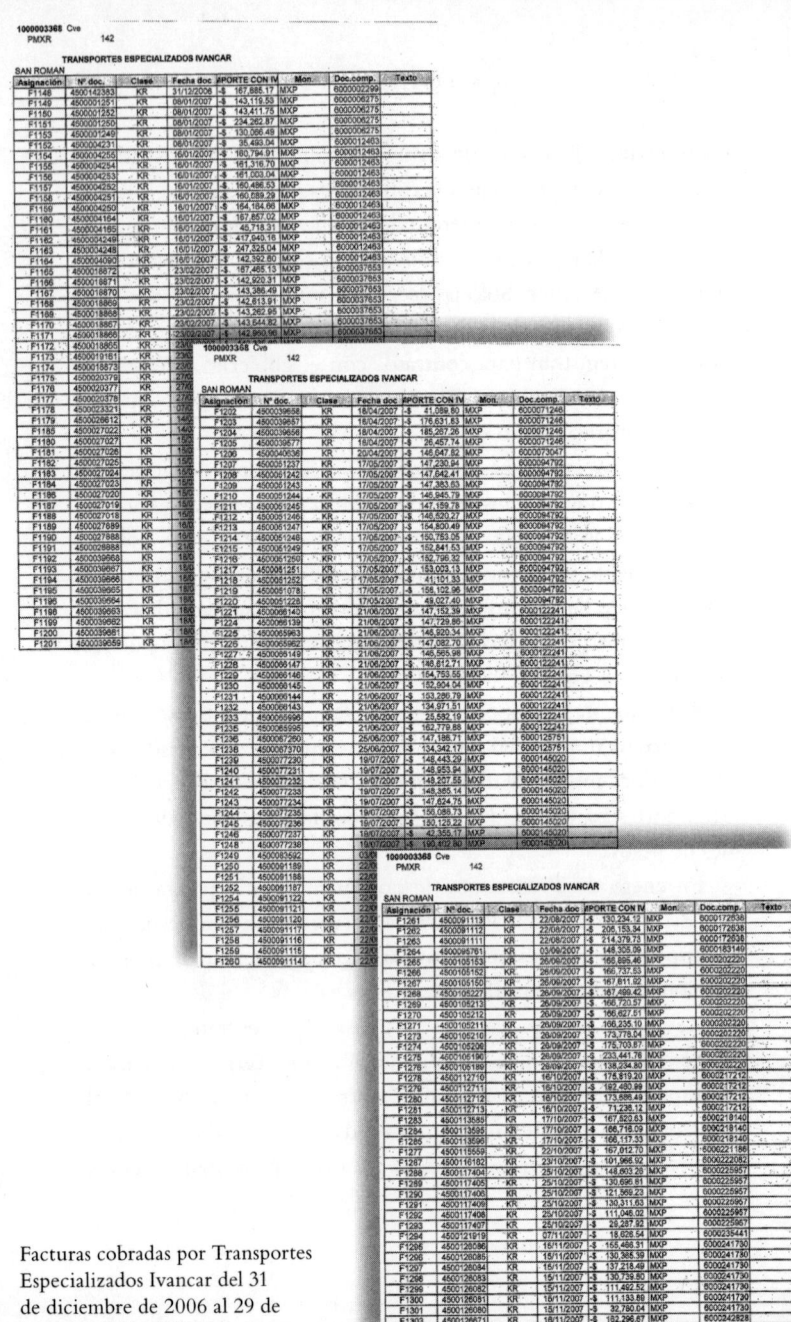

Facturas cobradas por Transportes Especializados Ivancar del 31 de diciembre de 2006 al 29 de noviembre de 2007.

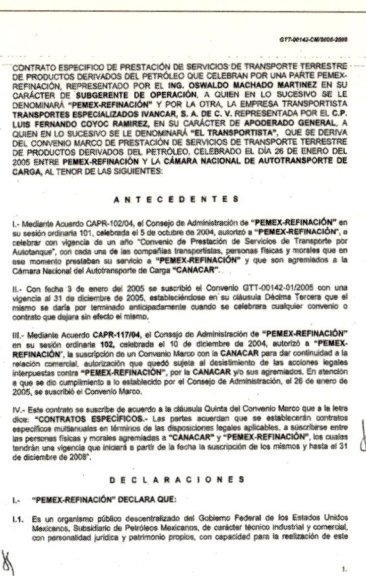
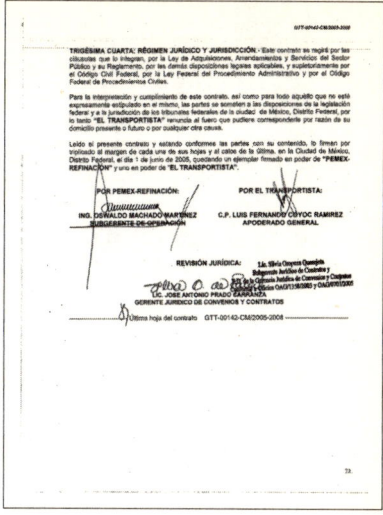

Contrato de Pemex con Transportes Especializados Ivancar del 26 de enero de 2005.

Refinación para la renovación de franquicias o para obtener nuevas, el secretario de Gobernación aparece como tesorero de la empresa. Ésa fue el acta que oficialmente me entregó Pemex Refinación como resultado de mi solicitud de información.

"Con la empresa ESGES S. A. de C. V. se tienen celebrados 37 contratos de franquicia, 37 contratos de suministro y 34 contratos de crédito", me informó Pemex Refinación y me entregó copia de los 108 contratos.

Ahí queda en evidencia que cuando JC llegó como diputado plurinominal y le dieron la presidencia de la Comisión de Energía su familia tenía 22 franquicias de Pemex. Mientras estuvo al frente de la Comisión su empresa obtuvo en tres años nueve franquicias más. Cuando fue coordinador de asesores de la Secretaría de Energía y luego subsecretario —de marzo de 2004 a septiem-

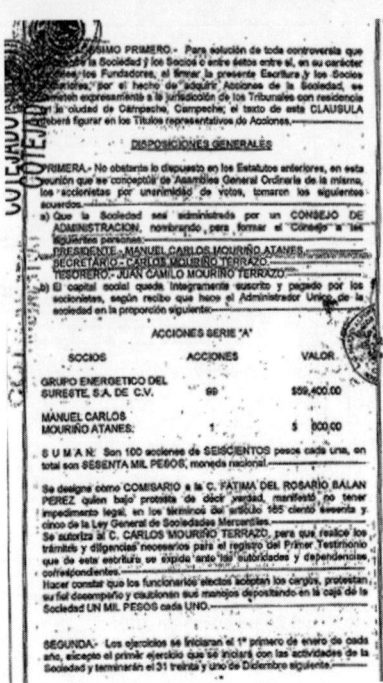

Acta constitutiva de ESGES del 18 de abril de 2000 en la que Juan Camilo Mouriño aparece como tesorero.

bre de 2004— obtuvo dos franquicias más. Después de las elecciones del 2 de julio de 2006, como coordinador de la campaña presidencial de Calderón, ESGES obtuvo una más con vigencia del 17 de julio de 2006 al 17 de julio de 2021 en Chetumal, Quintana Roo.

Los Mouriño iniciaron el sexenio de Felipe Calderón con 35 franquicias. Ahora tienen 37 y dos permisos de Pemex para construir dos nuevas estaciones de gasolina. De las 34 franquicias que la familia del secretario de Gobernación acumuló de 1992 a 2005, las 34 le fueron renovadas en los dos primeros años de este gobierno. Muchas de estas renovaciones son por nueve o 12 años, por lo que los Mouriño no tendrán que preocuparse de sus franquicias en los próximos dos sexenios.

Contrato de Pemex-Refinación con ESGES, en los que la firma de Carlos Mouriño Terrazo no coincide con la de su credencial de elector.

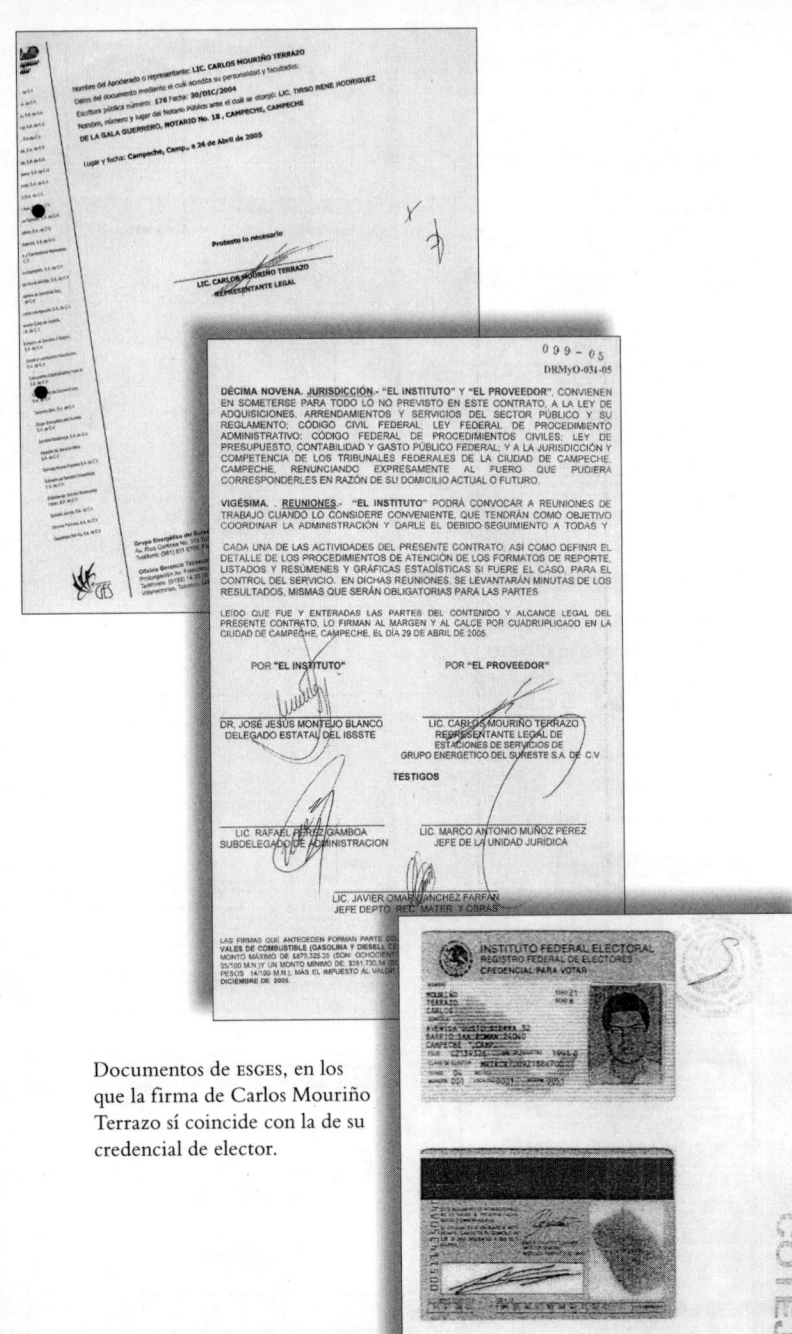

Documentos de ESGES, en los que la firma de Carlos Mouriño Terrazo sí coincide con la de su credencial de elector.

Las renovaciones fueron firmadas por el hermano incómodo de JC, Carlos Mouriño Terrazo. Cabe señalar que ninguna de las firmas de Carlos estampadas en cada uno de los contratos de las franquicias coincide con la que está en su credencial de elector u otros documentos de ESGES. Los documentos oficiales entregados por las dependencias así lo demuestran.

Ya como jefe de la Oficina de la Presidencia, la empresa de la familia de JC obtuvo una nueva concesión con vigencia del 25 de enero de 2007 al 25 de enero de 2022, en Minatitlán, Veracruz. Y la última joya de la familia conseguida por los Mouriño se trata de una gasolinera en Mérida, Yucatán, la cual podrán explotar hasta el 18 de enero de 2023. La concesión la obtuvieron el 18 de enero de 2008, dos días después de que Juan Camilo fue nombrado secretario de Gobernación. JC y su familia conocen el uso del poder y el disfrute de la impunidad.

En estricto sentido, ninguna de las 37 franquicias que tienen con Pemex Refinación tiene validez porque Manuel Carlos Mouriño Atanes violó desde finales de 2004 la ley de nacionalidad al ostentarse como ciudadano español. El papá del secretario de Gobernación dejó de ser mexicano y cada uno de los contratos de las franquicias especifica que está prohibido que entre los socios de la empresa franquiciataria haya extranjeros.

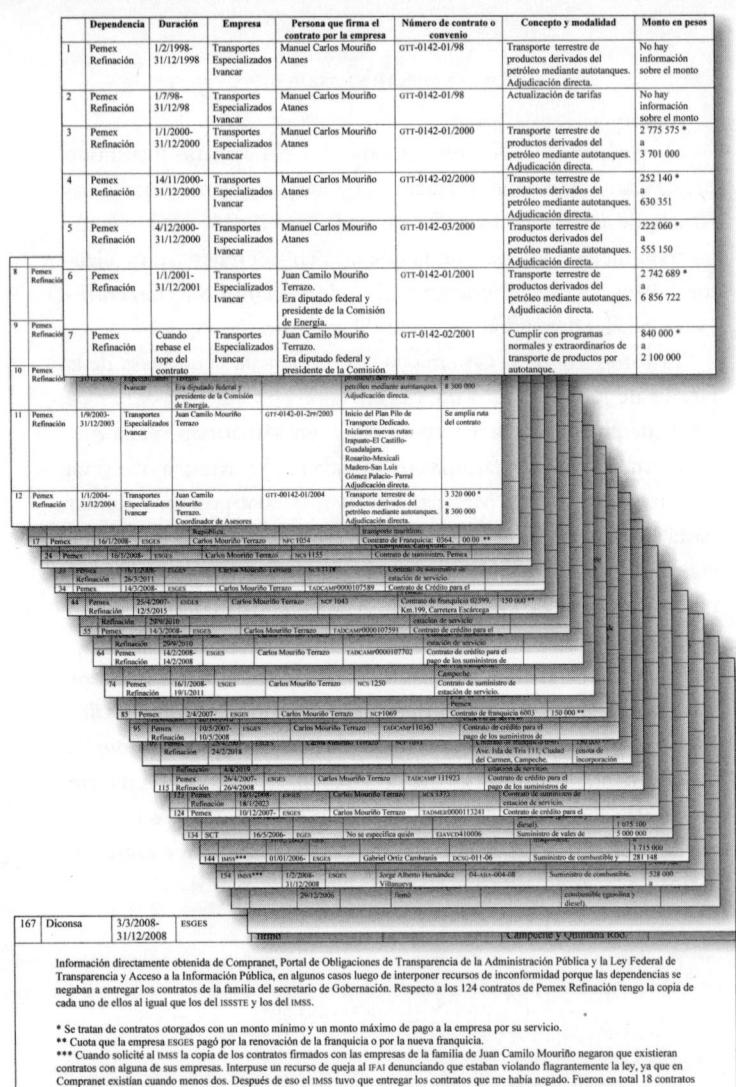

Información directamente obtenida de Compranet, Portal de Obligaciones de Transparencia de la Administración Pública y la Ley Federal de Transparencia y Acceso a la Información Pública, en algunos casos luego de interponer recursos de inconformidad porque las dependencias se negaban a entregar los contratos de la familia del secretario de Gobernación. Respecto a los 124 contratos de Pemex Refinación tengo la copia de cada uno de ellos al igual que los del ISSSTE y los del IMSS.

* Se tratan de contratos otorgados con un monto mínimo y un monto máximo de pago a la empresa por su servicio.
** Cuota que la empresa ESGES pagó por la renovación de la franquicia o por la nueva franquicia.
*** Cuando solicité al IMSS la copia de los contratos firmados con las empresas de la familia de Juan Camilo Mouriño negaron que existieran contratos con alguna de sus empresas. Interpuse un recurso de queja al IFAI denunciando que estaban violando flagrantemente la ley, ya que en Compranet existían cuando menos dos. Después de eso el IMSS tuvo que entregar los contratos que me había negado. Fueron en total 18 contratos que "no existían". Cabe señalar que para obtener todos esos contratos presentaran la escritura número 259, cuando Juan Camilo Mouriño es tesorero de la empresa.

Tabla de los contratos otorgados por Pemex a la familia Mouriño.

CAPÍTULO 5

Iván el terrible

A principios de 2007 la primera dama, Margarita Zavala, recibió en Los Pinos la visita de uno de sus amigos. No se quedó conversando con su visita en la casa Lázaro Cárdenas, en donde se encuentran las oficinas de la esposa del presidente, sino que se fueron juntos caminando por los amplios y hermosos jardines que rodean la residencia oficial.

El sol era intenso, pero discretamente la primera dama evitaba caminar bajo la fresca sombra de los árboles y prefería los calurosos claros. El hecho despertó la curiosidad del visitante, quien en realidad prefería la protección que brindaban los frondosos pinos, fresnos, cedros o jacarandas que hay en el lugar. Hasta que levantó la vista comprendió. Observó que de las abundantes copas colgaban no sólo ardillas y niditos de pájaros, sino también sendas cámaras y micrófonos que mandó instalar la sección de Transmisiones del Estado Mayor Presidencial (EMP) por órdenes de Juan Camilo Mouriño Terrazo, Iván —como lo llama Calderón en privado—, cuando era jefe de la Oficina de la Presidencia de la República.

La residencia Miguel Alemán, donde despacha el presidente Felipe Calderón y su equipo de colaboradores, está invadida por una instalación similar. Quienes conocen a Iván y a su jefe Calderón hablan de que ambos comparten la peligrosa manía de escuchar las conversaciones ajenas.

Cuentan que en muchas ocasiones pasan entretenidos momentos escuchando las conversaciones de la vida íntima, privada y laboral de quienes trabajan en el gobierno federal o de quien se les ocurra. Y no es en la residencia oficial el primer lugar donde ponen en práctica estos instrumentos para complacer ese vicio.

El equipo de video y escucha opera en Los Pinos desde el 27 de diciembre de 2006. Funciona en prácticamente todos los rincones, desde los accesos, jardines, calzadas, la residencia Miguel Alemán y espacios privados del presidente y su familia.

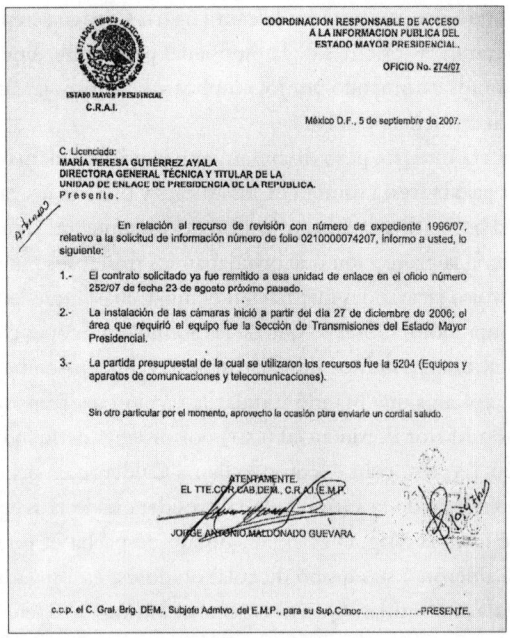

Documento del Estado Mayor Presidencial sobre la instalación de cámaras y micrófonos en Los Pinos.

Se trata de un auténtico Big Brother que vigila todo lo que hacen y dicen quienes viven, trabajan o visitan Los Pinos. La peor pesadilla de George Orwell hecha realidad en la casa presidencial. La excusa que Iván y el EMP usaron para colocar el equipo es la seguridad nacional del país y la supuesta salvaguarda de la vida del presidente y su familia.

Al parecer nadie se preguntó qué pasaría si tanta información cayera en manos equivocadas. La misma instalación de los vídeos y escuchas podría atentar contra la estabilidad nacional si alguna situación delicada o comprometedora de la vida interna de Los Pinos trascendiera a la opinión pública. Si la sola publicidad de las llamadas del ex presidente Vicente Fox al presidente Fidel Castro con aquel famoso "comes y te vas" provocó una crisis severa a la credibilidad del gobierno de Fox, ¿qué pasaría si se graban las conversaciones del salón Francisco I. Madero o del nuevo cuarto de situación ubicado en el sótano de Los Pinos, o si se registran las conversaciones de asuntos privados o de Estado en el despacho presidencial?

La empresa contratada para instalar el sistema fue Security Network Systems, S. A. de C. V., una compañía regiomontana que también ha trabajado para el gobierno del estado de Puebla y Pemex.

El 19 de abril de 2007 presenté una solicitud de información a la Presidencia para saber a partir de qué fecha se instalaron las cámaras y micrófonos en el interior de las oficinas de Los Pinos, en sus jardines y espacios abiertos. Solicité copia del contrato de la adquisición y renta del equipo, así como el monto de dicho contrato, su fecha de inicio y su fecha de terminación. También pregunté de qué partida presupuestal salió el dinero para dicho contrato, qué área de Los Pinos lo solicitó y el número de cámaras y micrófonos instalados.

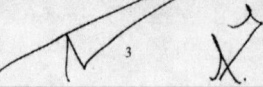

Fragmento del documento del IFAI donde se clasifica como reservada la información sobre el equipo instalado en las Oficinas de la Presidencia.

En principio la Presidencia se negó a darme la información por considerarla de "seguridad nacional" y la clasificó por seis años. Después de un largo litigio de la Presidencia con la comisionada María Marván Laborde del Instituto Federal de Acceso a la Información Pública (IFAI), la oficina del jefe del Ejecutivo tuvo que reconocer que instalaron un sistema para la "recolección de comunicaciones".

"Efectivamente existe un contrato elaborado para la instalación de cámaras y micrófonos en las oficinas de la Presidencia de la República; sin embargo, éste ha sido asignado por aquel organismo (el Estado Mayor Presidencial) y por su propia naturaleza clasificado como reservado", señaló la Presidencia en su exposición de motivos para negar la copia del contrato de la compra e instalación del equipo.

"A fin de establecer el riesgo que traería consigo la entrega del documento solicitado se hace de su conocimiento C. Comisionada Ponente que el contrato en cuestión incluye cláusulas que especifican las características técnicas y la distribución del equipo de seguridad con que se garantiza la vida del C. Presidente de la República, la vida de otras personas —como su equipo de tra-

Dependencia o Entidad ante la cual se presentó la Solicitud: Presidencia de la República
Recurrente: Anabel Hernández
Folio: 0210000074207
Expediente: 1996/07
Comisionada Ponente: María Marván Laborde

Instituto Federal de Acceso a la Información Pública

Transparencia y Acceso a la Información Pública Gubernamental, no puede ser confirmada, revocada o modificada por el Comité de Información. Dado lo anterior, a continuación se proceder a motivar el carácter reservado de la información relacionada con el contrato signado por el Estado Mayor Presidencial y la empresa que otorga el servicio de sistema de vigilancia, ya que aquél organismo clasificó como reservado el contenido del mismo por 6 años en virtud de que la información que se desprende de dicho instrumento contiene elementos que podrían poner en riesgo la Seguridad Nacional, la Seguridad Pública, así como la vida y seguridad de otras personas.

A fin de establecer el riesgo que traería consigo la entrega del documento solicitado, se hace de su conocimiento C. Comisionada Ponente que el contrato en cuestión incluye cláusulas que especifican las características técnicas y la distribución del equipo de seguridad con que se garantiza la integridad física del C. Presidente de la República, la vida de otras personas -como su equipo de trabajo- así como la integridad de los bienes y documentos que se encuentran dentro de estas Oficinas del Ejecutivo Federal.

Fragmento del documento del IFAI donde se señala el riesgo de entregar información sobre las características técnicas del equipo instalado.

bajo—, así como la integridad de los bienes y documentos que se encuentran dentro de estas oficinas del Ejecutivo Federal." En su alegato la Presidencia definió "el daño presente", "el daño posible" y "el daño específico" que causaría dar a conocer el contrato del Big Brother.

"El daño presente —alega la Presidencia— consistiría en que de entregarse el contrato que contiene las especificaciones técnicas y operativas del equipo de seguridad, cámaras y micrófonos de la Presidencia de la República podría traer consigo que diversos grupos de delincuencia organizada, al momento de saber el costo del equipo, las especificaciones técnicas de dichas cámaras y micrófonos y el tipo de equipos utilizados, existiera la posibilidad de que dichos grupos contrarrestaran los mecanismos de seguridad que se hace referencia en el contrato con equipos de mayor o igual tecnología.

"El daño probable consistiría en la posibilidad —bastante cercana a la realidad— de poner en riesgo y vulnerar la seguridad de la residencia oficial de Los Pinos.

"El daño específico consiste en la consumación de actos de terrorismo, rebelión, delincuencia organizada, entre otros grupos que atenten contra la integridad física y seguridad del titular del Ejecutivo y su equipo de trabajo, así como el daño a los bienes muebles que se localizan al interior de la residencia oficial.

"Existen actividades de inteligencia que se efectúan a partir de la recolección, procesamiento, diseminación y explotación de información para la toma de decisiones en materia de seguridad nacional y, dentro de éstas está considerada la intervención de comunicaciones consistente en: la toma, escucha, monitoreo, grabación o registro de comunicaciones de cualquier tipo y por cualquier medio, aparato o tecnología, que hace una instancia autorizada: el Estado Mayor Presidencial", añadió.

Se justificó la existencia del Big Brother, señalando que el artículo 34 de la *Ley de Seguridad Nacional* permite la intervención de comunicaciones privadas en materia de seguridad nacional.

"Se entiende por intervención de comunicaciones la toma, escucha, monitoreo, grabación o registro, que hace una instancia autorizada, de comunicaciones privadas de cualquier tipo y por cualquier medio, aparato o tecnología.

"El contrato materia de la presente litis (el recurso de inconformidad presentado ante el IFAI) encuadra en el supuesto de recolección de comunicaciones, por lo que se ajusta al contenido de los artículos anteriormente reproducidos de la *Ley de Seguridad Nacional*", admitió la Presidencia de la República.

Sin embargo, según la *Ley de Seguridad Nacional*, cualquier intervención de comunicaciones privadas, sea del modo que sea:

toma, escucha, monitoreo, grabación o registro, debe contar con una orden judicial para poder llevarse a cabo.

¡Cuidado! En ninguna parte de los alegatos de la Presidencia se menciona si existe tal orden judicial. De no existir, el Big Brother en Los Pinos viola la *Ley de Seguridad Nacional* y la *Constitución Política de los Estados Unidos Mexicanos*. El espionaje también es corrupción.

Por 70 cámaras se pagaron 20 699 931 pesos. El costo y el número de los micrófonos no fueron revelados por la Presidencia. Para alimentar la insaciable curiosidad del Big Brother, para 2008 la Presidencia de la República tiene un presupuesto de 60 millones de pesos.

Fragmento del presupuesto de egresos de la federación en 2008.

La residencia oficial de Los Pinos se convirtió en un lugar incómodo y riesgoso para trabajar, hasta para el propio presidente de la República. Más que un sistema de seguridad para protegerlo puede ser un sistema para controlarlo. Nadie habla de ello, mucho menos dentro de las instalaciones vigiladas de la residencia oficial, pero varios trabajadores están molestos y preocupados. Se sienten espiados porque han perdido toda privacidad.

Ahora muchas reuniones estratégicas se realizan fuera de Los Pinos, se llevan a cabo en oficinas alternas que tiene la Presidencia de la República en Paseo de la Reforma y La Herradura. El juego de espías, el deporte de moda en Los Pinos, puede resultar contraproducente no sólo para Juan Camilo Mouriño, sino sobre todo también para Felipe Calderón, porque el Big Brother graba lo mismo que hacen y dicen los colaboradores del presidente, que lo que hace y dice el mismo presidente.

El espionaje ordenado por el presidente de Estados Unidos, Richard Nixon, en las elecciones presidenciales de 1972 significó su caída. Nixon gustaba de ordenar la grabación de conversaciones dentro y fuera de la Casa Blanca. Mientras no se sabía de su existencia fue un instrumento eficaz. Cuando lo descubrieron significó su dimisión. Eran las elecciones de 1972 y Nixon buscaba la reelección. La noche del 17 de junio cinco individuos, Bernard Barker, Virgilio González, Eugenio Martínez, James W. McCord Jr. y Frank Sturgis, todos miembros de la Operación 40 de la CIA, fueron detenidos en un hotel llamado Watergate, que servía como sede del comité electoral del Partido Demócrata, el principal partido opositor. Pretendían instalar micrófonos y cámaras para efectuar escuchas clandestinas.

James McCord era el director de Seguridad del comité de campaña de la reelección de Nixon. Además era empleado del FBI y de la CIA. Al principio no había evidencia de que Nixon hubiera ordenado el espionaje ni de que hubiera estado al tanto de esos planes, por lo que en primera instancia el caso del Watergate pasó como un hecho aislado. Gracias al trabajo de investigación de los periodistas Carl Bernstein y Bob Woodward del *Washington Post* y del juez John J. Sirica, quien actuó con imparcialidad, se pudo saber la verdad. Desde 1970 Nixon había ordenado a las agencias de inteligencia espiar a sus opositores más francos, abrirles el correo e incluso violar sus domicilios, en un esfuerzo por conseguir información comprometedora.

Las investigaciones también revelaron que los delitos no se limitaban a la irrupción en el hotel Watergate. Los funcionarios de la campaña se habían dedicado al sabotaje político y a otros "trucos sucios" en New Hampshire y Florida.

En las comparecencias de la comisión que se formó en el Congreso para hacer una investigación, encabezada por Samuel J. Ervin Jr., de Carolina del Norte, el ex consejero presidencial John Dean reveló que el propio Nixon estaba al tanto de todo el espionaje telefónico y había grabado casi todas las conversaciones que habían mantenido en la residencia presidencial y en las oficinas de su partido.

Nixon se negó a entregar las cintas, por lo que se le inició un procedimiento de juicio político. En agosto de 1974 tuvo que entregar transcripciones de tres cintas magnetofónicas que claramente lo implicaban en el encubrimiento del escándalo. El día 8 de ese mismo mes se vio obligado a renunciar a la Presidencia y dejó la Casa Blanca.

Durante la campaña presidencial de 2006, en la llamada etapa de transición el equipo de Calderón pasó por algo similar al caso

Watergate, pero éste quedó escondido e impune. El costo que ha pagado el presidente y su equipo ha sido muy alto.

Quien se encarga de la vigilancia y tareas de inteligencia en Los Pinos es la sección segunda del Estado Mayor Presidencial. En manos de esta área están las grabaciones que se hacen todos los días. El responsable de la sección segunda es Tonatiuh Velasco Bernal. Durante todo el sexenio pasado este hombre fue la sombra del presidente Vicente Fox, fue su jefe de ayudantes. Hoy están en sus manos todos los vídeos y sonidos de Los Pinos. Por cierto, el coronel Velasco Bernal es muy amigo, "compadre", de Genaro García Luna, secretario de Seguridad Pública. ¿Quién controla a quién? ¿El presidente y su primer hombre al Big Brother, o el Big Brother a los dos?

Watergate a la mexicana

—Necesitamos que ahora hagas esto —dijo Juan Camilo Mouriño Terrazo a un colaborador del comité de campaña de Felipe Calderón, al tiempo en que ponía sobre la mesa la fotografía de un hombre.

Cuando el integrante del equipo de seguridad de la campaña vio sobre la mesa el rostro de Manuel Espino Barrientos se quedó sin habla. Esperaba todo menos que le pidieran espiar al líder nacional del PAN.

—Tenemos sospecha de que nos quiere voltear a los comités del PAN —explicó Juan Camilo a su sorprendido colaborador.

Intentaba no parecer un traidor. Espino y él pertenecen al mismo partido político y se supone que en aquellos días estaban en pos del mismo objetivo: ganar la Presidencia de la República.

La reunión se llevó a cabo a mediados de 2006, durante la campaña presidencial, en una casa de Chiluca, en el municipio de Atizapán, Estado de México, facilitada por el ex alcalde panista de Tlalnepantla, Ulises Ramírez —también presente en el encuentro—, actual coordinador de asesores de Juan Camilo en la Secretaría de Gobernación (Segob).

Lo que Iván y Ulises querían era que se instalara todo un operativo de vigilancia e intervención telefónica contra Espino Barrientos y que se recopilara información sobre todas sus actividades, incluso en el interior de los comités estatales del PAN.

Era una operación de gran envergadura para la que se requería mucha gente, recursos económicos e impunidad. Las intervenciones telefónicas sin orden judicial están prohibidas. Meses después el propio Manuel Espino fue informado por el entonces secretario de Gobernación, Carlos Abascal Carranza, que había sido espiado, que sus líneas telefónicas habían sido intervenidas de manera ilegal. No supo hasta mucho tiempo después que quienes lo espiaron fueron sus propios compañeros de partido, peor aún: el equipo de campaña de Felipe Calderón.

No era el primero ni el último trabajo sucio del equipo de campaña de Felipe Calderón encabezado por Iván. La relación entre Ulises y Juan Camilo es de absoluta confianza y tuvo su mayor prueba en la campaña presidencial de 2006. La complicidad de todo lo que hicieron y las largas juergas nocturnas son la amalgama de su relación.

Ulises Ramírez fue alcalde de Tlalnepantla de 2003 a 2006. Quienes lo conocen recuerdan que no hace mucho vivía en una humilde casa de adobe en San José de la Escalera, Estado de

México. Su mentor político es Rubén Mendoza Ayala, el segundo alcalde panista en la historia de Tlalnepantla (2000-2003). Ulises no puede explicar su historia política sin Rubén; de hecho fue gracias al apoyo de Mendoza Ayala que fue electo alcalde de Tlalnepantla. Ahora sus caminos van en sentidos opuestos. Ulises despacha en el Palacio de Covián; Rubén encabeza el Consejo Cívico de Tlalnepantla y lucha por deshacer el control político que su pupilo tiene en el ayuntamiento.

Hoy se afirma que Ramírez tiene casas en Chiluca, Sayavedra, Valle de Bravo y Acapulco. Y es propietario de un edificio en Boulevard Ávila Camacho número 2150 (Periférico norte). En la planta baja está la sucursal satélite del restaurante Hooters. En el piso de arriba opera una casa de juegos y apuestas llamada Casino Big Bola que fue inaugurada el 27 de junio de 2008.

El 16 de julio de 2008 Ramírez se convirtió en el coordinador de asesores de Juan Camilo en la Secretaría de Gobernación, dependencia encargada de otorgar los permisos de operación a las casas de apuestas y responsable de regular su funcionamiento. Casino Big Bola pertenece a la empresa Comercial Juegos de la Frontera, S. A. de C. V., y tiene sucursales en Tlalnepantla, Interlomas y Metepec, en el Estado de México; en Celaya y León, Guanajuato; en Córdoba, Veracruz; en Querétaro y en Ciudad del Carmen, Campeche. De hecho fue en Tlalnepantla donde Casino Big Bola abrió su primera sucursal en toda la república en 2005, cuando Ulises era el alcalde.

Cabe señalar que en la página electrónica de la Dirección de Juegos y Sorteos de la Segob aparece la información de todos los permisos otorgados a las 24 empresas que operan casas de juego en el país. De todas existe información sobre el nombre de los socios y qué establecimientos operan. De todos excepto de Comercial de Juegos de la Frontera.

Como periodista cubrí la campaña de Rubén Mendoza Ayala a la gubernatura del Estado de México en 2005. Ulises Ramírez pidió licencia como alcalde de Tlalnepantla para irse a coordinar la campaña de su mentor político. En varias ocasiones fui al edificio de Boulevard Ávila Camacho, ahí estaba la llamada Plaza del Calzado y las oficinas de campaña de Mendoza Ayala. Ramírez señalaba que ese inmueble era de su propiedad. Cuando Rubén perdió la gubernatura ante el candidato del PRI, Enrique Peña Nieto, Ulises regresó a la alcaldía de Tlalnepantla.

Se afirma que, desde la Presidencia Municipal, Ulises Ramírez apoyó con dinero y en especie la precampaña y campaña presidencial de Felipe Calderón. Eran constantes las llamadas de Juan Camilo pidiendo helicópteros, dinero y aviones para el traslado de Calderón. Señalan testigos de esos hechos que Ramírez le daba algunos apoyos directamente y algunos otros los conseguía a través de terceros. Se afirma que Ramírez consiguió la ayuda del señor de los casinos en Monterrey, Nuevo León, Juan José Rojas Cardona, dueño de la cadena de casas de apuestas Las Palmas. También buscó apoyos hasta de presuntos "mafiosos" de Las Vegas. Hablamos de finales de 2005, los tiempos de las vacas flacas, cuando Calderón aún estaba muy abajo en las encuestas y nadie daba dinero a la campaña.

Cuando Ulises Ramírez solicitó licencia en Tlalnepantla dejó el ayuntamiento con una deuda superior a los 400 millones de pesos y sin haber realizado grandes obras públicas. Como alcalde interino quedó José Eduardo Cisneros. Los apoyos a la campaña presidencial de Calderón continuaron, aunque fueron de otra índole.

A fines de 2005 el equipo de campaña encabezado por Juan Camilo Mouriño estaba desesperado. Las encuestas no les favorecían, Calderón iba en picada, la estrategia de comunicación de la campaña "con las manos limpias" no funcionaba y daba la impresión de que el candidato presidencial de la Coalición por el Bien de Todos, Andrés Manuel López Obrador, tenía demasiada información sobre lo que pasaba en el interior de la desastrosa campaña de Felipe Calderón.

Fue así que Iván, Jordy Herrera (actual subsecretario de Energía), Rafael Pérez Cuéllar (el extraño mecenas de la campaña de Calderón y ex integrante de Amigos de Fox) y César Nava (hoy secretario particular del presidente Calderón) tomaron una decisión radical: espiar y sabotear la campaña de López Obrador. Cualquier concepto de ética y juego limpio fue echado por la borda.

En la operación para cumplir con el objetivo, Ulises Ramírez y el ayuntamiento de Tlalnepantla fueron piezas fundamentales. Fuentes directamente involucradas con la operación de espionaje y sabotaje narraron lo que pasó durante muchos meses en la campaña presidencial de 2006.

Todo empezó cuando el equipo de campaña de Calderón detectó que había fuga de información a la campaña de López Obrador. El primer paso era saber quién estaba filtrando la información. Después de varias deliberaciones llegaron a la conclusión de que era el secretario particular de la ex secretaria de Desarrollo Social, Josefina Vázquez Mota, entonces integrante del equipo de campaña de Calderón y actual secretaria de Educación Pública.

De acuerdo con vídeos que sacaron como producto del espionaje, el secretario particular de Vázquez Mota —quien desde entonces está confrontada con Iván— entregaba información a

Nicolás Mollinedo Bastar, mejor conocido como Nico, el brazo derecho de López Obrador. Una de las informaciones filtradas fueron los contratos de la empresa Hildebrando, propiedad de Hildebrando Zavala Gómez del Campo, el hermano de Margarita, esposa de Calderón.

López Obrador reveló que la compañía se ocupó en el IFE de la revisión del listado nominal y trabajó para el equipo de campaña usando ese listado. El equipo de Calderón comenzó a seguir a López Obrador y quería tener información precisa de todos sus pasos, sobre todo cuando tenía agenda privada. Así supieron con quiénes se reunía durante la campaña.

"Rafael [Pérez Cuéllar] tomaba las direcciones y un grupo iba a verificar de quién era la casa o la oficina donde López Obrador tenía sus reuniones", me narró uno de los testigos de la operación.

Aunado a esto se hicieron grupos para boicotear la campaña de López Obrador. Presuntamente gracias a las gestiones del ex alcalde de Tlalnepantla y candidato al Senado por el PAN, Ulises Ramírez, mandaban policías del ayuntamiento a eventos del candidato de la Coalición por el Bien de Todos para reventar sus mítines y hacerlo parecer débil y sin apoyo popular.

El 1º de junio de 2006, a un mes de la elección presidencial, el gobierno del D. F. detuvo a un grupo de ayudantes de Ramírez.

El 2 de junio de 2006 *La Jornada* consignó así la noticia:[1]

Víctor Manuel Piñones Triada, quien dijo ser director con licencia de administración del municipio de Tlalnepantla, Estado de México y actual coordinador de Finanzas de la campaña del panista

---

[1] "Detienen a personal del panista Ulises Ramírez...", *La Jornada*, México, 2 de junio de 2006.

Ulises Ramírez al Senado; Jorge Alberto Gómez Mercado, quien se ostentó como jefe de departamento y ex policía de Tránsito del mismo ayuntamiento, así como Javier Lundes Mercado, quien dijo ser colaborador en las actividades proselitistas del Partido Acción Nacional (PAN), fueron detenidos por portación de arma de fuego.

Los tres sujetos, quienes viajaban a bordo de una camioneta con algunos aditamentos similares a los de un vehículo policial, ofrecieron 123 mil pesos a los elementos de la Secretaría de Seguridad Pública (SSP) del Distrito Federal para que los liberaran, pero los uniformados rechazaron el cohecho y consumaron la captura.

La detención se realizó en el cruce de las avenidas Presidente Masaryk y Tennyson, de la colonia Polanco, dentro del operativo que se realiza en esta colonia para inhibir la comisión de delitos.

Los tres detenidos viajaban en una camioneta Suburban negra, placas LUU1605, del Estado de México —cuya tarjeta de circulación está a nombre de la Compañía Nacional Estrategia, Administración Corporativa, S. A. de C. V.—, la cual tenía torretas internas al frente y atrás de la unidad, así como estrobos en los cuartos, lo cual motivó que se les marcara el alto para su revisión.

Al inspeccionar el interior de la unidad se les encontró un revólver calibre .38 especial, con seis cartuchos útiles, del que primero negaron su propiedad, luego cada quien dijo ser dueño de la misma y al final presuntamente resultó ser del ayuntamiento, pero ninguno traía consigo documentos que avalaran el origen del arma y el permiso para portarla

Piñones Triada aseveró que el revólver le fue entregado en el municipio de Tlalnepantla, y que se quedó con él pese a estar en licencia de sus funciones.

Dijo trabajar para la campaña de Ulises Ramírez y que el ex policía Gómez Mercado era su chofer, asignado también por el ayuntamiento de Tlalnepantla y supuestamente con licencia laboral, pero portaba un recibo de pago del gobierno municipal con fecha 31 de mayo.

Otro ex funcionario del gobierno municipal de Tlalnepantla fue parte clave en la operación de espionaje y sabotaje: Edgardo Flores Campbell. Su trabajo en la campaña de Calderón se coronó con su nombramiento como director general del Centro de Investigación y Seguridad Nacional (Cisen) —el órgano de inteligencia y espionaje del gobierno federal— el 6 de noviembre de 2006, unos días antes de que Felipe Calderón tomara posesión como presidente.

Edgardo, de 35 años de edad, es originario de Baja California. Licenciado en derecho, egresado de la Universidad Autónoma del estado. Fue director de Seguridad Pública y Gobierno en la delegación Miguel Hidalgo de octubre de 2000 a julio de 2003 cuando Arne Aus den Ruthen Haag, del PAN, era el delegado.

Arne fue el primer coordinador de asesores de Juan Camilo Mouriño en la Secretaría de Gobernación. Duró en el cargo apenas siete meses. Salió de la dependencia tras el escándalo del espionaje que presuntamente él ordenó hacer a diputados de la LXI Legislatura y en su lugar quedó Ulises Ramírez.

Una vez que Arne terminó su periodo de gobierno como delegado (2000-2003), inmediatamente Edgardo se fue a trabajar al ayuntamiento de Tlalnepantla como director general de Seguridad Pública, Tránsito, Bomberos y Protección Civil, al lado del alcalde panista Ulises Ramírez. Se quedó en ese cargo de agosto de 2003 a diciembre de 2005 cuando se unió a la campaña de Calderón con Iván. Edgardo fue el "coordinador general de operaciones" de la campaña presidencial de Felipe Calderón de diciembre de 2005 a julio de 2006. Meses después se integró Ulises a la campaña, formalmente, porque informalmente ya estaba más que metido.

Cuando la información oficial del IFE declaró a Calderón ganador de la elección presidencial, la misión de Edgardo cambió. Como el equipo de campaña de Calderón trabajó con el respaldo de Los Pinos desde que fue declarado candidato del PAN a la Presidencia, no fue difícil ubicar a Edgardo en el gobierno federal antes de que iniciara el nuevo sexenio.

Primero fue nombrado presidente de la Comisión Federal de Telecomunicaciones (Cofetel) cargo en el que duró poco menos de tres meses. La incertidumbre política sobre si Calderón lograría o no tomar posesión hizo que su equipo de transición, encabezado por Iván, decidiera continuar el trabajo hecho en la campaña.

En noviembre de 2006, en el punto más álgido de la polémica poselectoral, Edgardo Flores Campbell fue nombrado director del Cisen en sustitución de Alejandro Rubido.

Nadie daba crédito al nombramiento y sólo quienes vivieron desde adentro la campaña presidencial en el equipo de Calderón entendieron la razón del enroque. Ahora con el aparato de Estado podían vigilar mejor las actividades de López Obrador. Duró poco en el cargo, apenas cuatro meses.

Cuando Felipe Calderón tomó posesión, el 10 de enero de 2007 nombró a Guillermo Valdés Castellanos —el hombre de GEA y ex director de Estudios Sociales y Políticos de la Presidencia en el sexenio de Carlos Salinas de Gortari— director del Cisen.

Edgardo quedó como su segundo a bordo. Pero a raíz de una serie de problemas entre los dos, Flores Campbell renunció al Cisen. Sin embargo, no podía quedar fuera del equipo, y el 21

EDGARDO FLORES CAMPBELL
TIPO DE DECLARACIÓN: INICIAL
FECHA DE LA DECLARACION: 12/03/2007
DEPENDENCIA: CENTRO DE INVESTIGACION Y SEGURIDAD NACIONAL

DATOS GENERALES DEL SERVIDOR PUBLICO

NOMBRE(S):	FLORES CAMPBELL EDGARDO
FECHA DE NACIMIENTO:	15/10/1973
SEXO:	HOMBRE
ESTADO CIVIL:	CASADO (A)
PAÍS DONDE NACIÓ:	MEXICO
NACIONALIDAD:	MEXICANA
ENTIDAD DONDE NACIÓ:	BAJA CALIFORNIA

DATOS DEL PUESTO O ENCARGO DEL SERVIDOR PÚBLICO

NOMBRE DEL ENCARGO O PUESTO:	DIRECTOR GENERAL
DEPENDENCIA O ENTIDAD:	CENTRO DE INVESTIGACION Y SEGURIDAD NACIONAL
ÁREA DE ADSCRIPCIÓN:	OFICINA DEL TITULAR
FUNCIONES PRINCIPALES:	AREAS TECNICAS; CUERPO DE SEGURIDAD; FUNCIONES DE INSPECCION; FUNCIONES DE VIGILANCIA; INVESTIGACION DE DELITOS; LABOR DE SUPERVISION; SECRETARIO GENERAL ADJUNTO
FECHA DE INICIO DEL ENCARGO:	16/11/2006
ESTÁ CONTRATADO(A) POR HONORARIOS?	NO
CLAVE PRESUPUESTAL O EQUIVALENTE:	KC1

DATOS CURRICULARES DEL SERVIDOR PÚBLICO

ESCOLARIDAD
GRADO MÁXIMO DE ESTUDIOS: DIPLOMADO

NIVEL	UBICACIÓN	NOMBRE DE LA INSTITUCIÓN	CARRERA O ÁREA DE CONOCIMIENTO	ESTATUS	PERIODOS CURSADOS	DOCUMENTO OBTENIDO
LICENCIATURA	Estado:BAJA CALIFORNIA Municipio:TIJUANA	UNIVERSIDAD AUTONOMA DE BAJA CALIFORNIA	DERECHO	FINALIZADO		CERTIFICADO
DIPLOMADO	Estado:BAJA CALIFORNIA Municipio:TIJUANA	CENTRO DE CAPACITACION DE ESTUDIOS FISCALES Y	PLANEACION ESTRATEGICA EN EL SECTOR PUBLICO	FINALIZADO		CERTIFICADO

EXPERIENCIA LABORAL

SECTOR	PODER	AMBITO	INSTITUCIÓN O EMPRESA	UNIDAD ADMINISTRATIVA	PUESTO	FUNCIÓN PRINCIPAL	INGRESO EGRESO
PRIVADO			COMITE DE CAMPAÑA PRESIDENCIAL DEL PARTIDO ACCION NACIONAL	COORDINACION GENERAL DE OPERACIONES	COORDINADOR DE GIRAS Y LOGISTICA DE EVENTOS	EJECUTIVA OPERATIVA	12/2005 - 07/2006
PUBLICO	EJECUTIVO	MUNICIPAL	GOBIERNO DEL DISTRITO FEDERAL	JEFATURA DELEGACIONAL MIGUEL HIDALGO	JEFE DE ASESORES, DIRECTOR DE GOBIERNO Y SEGURIDAD PUBLICA	PLANEACION EJECUTIVA, OPERATIVA Y ADMINISTRATIVA	10/2000 - 07/2003
PUBLICO	EJECUTIVO	MUNICIPAL	AYUNTAMIENTO DE TLALNEPANTLA DE BAZ, EDOMEX	DIRECCIÓN GENERAL DE SEGURIDAD PUBLICA, TRANSITO, BOMBEROS Y PROTECCION CICVIL	DIRECTOR GENERAL	EJECUTIVA, GERENCIAL ADMINISTRATIVA Y JURIDICO OPERATIVA	08/2003 - 12/2005
PUBLICO	EJECUTIVO	FEDERAL	COMISION FEDERAL DE TELECOMUNICACIONES	PRESIDENCIA DE COFETEL	JEFE DE LA UNIDAD DE SUPERVISION Y VERIFICACION	JEFE DE UNIDAD	09/2006 - 11/2006

EXPERIENCIA ACADEMICA

TIPO	NIVEL	INSTITUCIÓN	ÁREA(S) DE CONOCIMIENTO	INICIO - TERMINO
DOCENCIA	ESPECIALIDAD	ASOCIACION DE MUNICIPIOS DE MEXICO-AMMAC	MUNICIPALISMO Y SEGURIDAD PUBLICA	10/03/1999 -
DOCENCIA	CURSOS	ACADEMIA DE POLICIA DEL GOBIERNO MUNICIPAL DE TIJUANA, BAJA CALIFORNIA	RESPONSABILIDADES DE SERVIDORES PUBLICOS	03/03/1994 - 06/05/1996
INVESTIGACION	DIPLOMADO	CENTRO DE ENSEÑANZA TECNICA Y SUPERIOR-CETYS	PLANEACION ESTRATEGICA DEL SECTOR PUBLICO	20/06/2001 - 01/11/2001
CAPACITACION Y/O ADIESTRAMIENTO	CURSOS	ACADEMIA DE POLICIA DEL GOBIERNO MUNICIPAL DE TLALNEPANTLA, EDOMEX.	DIVERSAS ASIGNATURAS DE DERECHO	20/08/2003 - 10/12/2005

LOGROS LABORALES O ACADEMICOS A DESTACAR

DEMANDA DE CONTROVERSIA CONSTITUCIONAL SOBRE BOSQUE DE CHAPULTEPEC
CREACION DEL AREA DE RESPONSABILIDADES Y ASUNTOS INTERNOS GOB. MPAL. DE TIJUANA
ELABORACION DE PLAN INTEGRAL DE SEGURIDAD PUBLICA, RECONOCIDO COMO MODELO NACION
COORD. DE GIRAS EN CAMPAÑA GANADORA A LA PRESIDENCIA DE LA REPUBLICA 2006

DECLARACION ANTERIOR

TIPO DE DECLARACIÓN ANTERIOR:	INICIAL
FECHA DE PRESENTACIÓN DE LA DECLARACIÓN ANTERIOR:	28/09/2006

EL SERVIDOR NO ACEPTO HACER PUBLICOS SUS DATOS PATRIMONIALES

* TODA LA INFORMACIÓN FUE CAPTURADA DIRECTAMENTE POR EL SERVIDOR PÚBLICO

Declaración patrimonial de Edgardo Flores Campbell.

de febrero de 2007 Juan Camilo Mouriño lo envió como titular del Órgano Interno de Control de la Secretaría de Seguridad Pública.

Sus funciones son: administración de bienes materiales; auditorías; cuerpo de seguridad; funciones de inspección; funciones de vigilancia; investigación de delitos; licitaciones y adjudicación de contratos de bienes y servicios; manejo de recursos financieros; manejo de recursos humanos y contralor de los centros federales de readaptación social. El secretario de Seguridad Pública es Genaro García Luna, otro amigo y cómplice de Iván.

Mouriño y García Luna: complicidad inconfesable

—Ya como presidente nacional del PAN, un buen día de agosto de 2006 leí en la prensa una conversación que había tenido yo con un político del PRI en Chiapas. Estábamos en campaña estatal y me "pescaron". Siempre di por hecho que estaba alambreado, pero a menudo fui descuidado en mis llamadas telefónicas.

"No le di mayor importancia a la travesura que alguien había cometido. Mi sorpresa vino cuando al paso de los meses me enteré de una versión que me dejó estupefacto: de la oficina del equipo de transición del presidente electo, Felipe Calderón, había surgido la iniciativa de 'ponerme la cola'. De momento no lo creí. Me parecían todos buenos muchachitos como para andarle haciendo a la Beltrones. No los creí capaces de comprometer a ese grado a su jefe, sería una estupidez.

"En los primeros meses del gobierno escuché con insistencia la misma versión: cuando busqué la presidencia de la Organización Demócrata Cristiana de América (ODCA) y ante el infructuoso intento de obstaculizar mi propósito con emisarios que iban a los países a pedir el voto de los partidos en mi contra, reunidos los capos del calderonismo se preguntaron qué hacer conmigo y hacia dónde encaminarían sus planes rumbo a la sucesión del Comité Ejecutivo Nacional (CEN). Arturo Sarukhán, que sonaba para canciller, propuso intervenir mi teléfono y que Andrés Chao, ex empleado del Cisen en Europa, se encargara de contratar los servicios para armar una 'cueva' y desde ahí rastrear mis movimientos.

"La información que recibí establecía que habían traído de España a Carlos Nava, un ex agente de la Procuraduría General de la República (PGR), para ejecutar la operación. Que después de algunas semanas de grabar mis conversaciones la Agencia Federal de Investigaciones (AFI), en ese tiempo a cargo del actual secretario de Seguridad Pública del gobierno federal, Genaro García Luna, dio con el domicilio donde se hacía el trabajito. Se abrió entonces una investigación llevada personalmente por el procurador Daniel Cabeza de Vaca, quien, fungiendo como ministerio público, junto con José Luis Santiago Vasconcelos, hizo comparecer al actual embajador de México en Washington y a los demás implicados. Seguí creyendo que se trataba de una fábula y preferí ignorar el asunto.

"Un día que fui a Los Pinos nos encontramos Cabeza de Vaca y yo. Le referí el asunto, y nervioso me dijo que era cierto que había un expediente de esa investigación, hecha a propósito de una denuncia anónima, y que lo conservaba García Luna. Que estaba implicado un tal Carlos Nava, quien trabajó en la PGR en Madrid, España. Como avergonzado por lo ocurrido me dijo que no me preocupara, que el caso estaba cerrado y que en el expediente sólo había registro de conversaciones mías, pero nada que me pudiese comprometer en algo delicado. Faltaba más.

"Poco después le pregunté al nuevo procurador de la República, Eduardo Medina Mora, sobre el particular, y la respuesta confirmó lo dicho por su predecesor en el cargo."

Así narró el propio Manuel Espino Barrientos, ex dirigente nacional del PAN y actual líder de la Organización Demócrata Cristiana, el episodio sobre el espionaje del que fue víctima en su libro *Señal de alerta*, publicado en mayo de 2008.

La primera versión que tuvo del espionaje fue del entonces secretario de Gobernación Carlos Abascal Carranza. Se acercaba el fin del sexenio de Vicente Fox. Primero le dijo a Manuel Espino que aparentemente se trataba de un espionaje orquestado por el PRI del Estado de México.

Ya iniciado el sexenio, Medina Mora corroboró el hecho a Manuel Espino y le dijo que el espionaje había venido del equipo de transición y como información adicional le indicó que en la operación había participado un elemento de la AFI, es decir, gente de García Luna. Incluso le aseguró que el equipo de transición de Calderón había sido llamado a declarar.

A mí personalmente me narró la misma historia uno de los asesores de Medina Mora, a principios de 2007, cuando le pregunté a qué se debía que un hombre tan polémico y cuestionado como García Luna hubiera quedado como secretario de Seguridad Pública.

—Cuando García Luna descubrió el asunto inmediatamente fue con Juan Camilo y la gente de Calderón a prevenirlos sobre lo que habían descubierto y se puso a sus órdenes. Eso les dio oportunidad a operar el asunto y que fuera archivado en el olvido —me narró el asesor de la PGR.

La casa en la que estaba montado el centro de espionaje se localizaba en la colonia Polanco, de la ciudad de México.

—Por eso es que García Luna, Eduardo Medina Mora y el propio Daniel Cabeza de Vaca, que no sirve para nada, están en el nuevo gobierno. En pocas palabras, la complicidad y el silencio de los tres es la razón principal por la que forman parte del gabinete de Felipe Calderón —concluyó el asesor.

Cuando el presidente integró su gabinete, a más de uno le extrañó que Cabeza de Vaca, un hombre tan cercano al ex presidente Vicente Fox y con quien se supone "el hijo desobediente" tenía encono, fuera nombrado consejero jurídico de la Presidencia de la República. El notario de Guanajuato había hecho un triste papel como procurador. ¿Ésa era su recompensa?

La misma extrañeza provocó el nombramiento de Medina Mora, pero más aún el de Genaro García Luna. Cuando inició el sexenio, el policía tartamudo ya era amigo personal del equipo de Calderón y desde un inicio era el único elemento externo al grupo de Los Pinos que era convocado a las cascaritas de futbol presidencial. Si la investigación del delito cometido en contra de Espino Barrientos estaba en las manos de García Luna, con hacerse el desentendido y enviar el caso a la congeladora era suficiente. Además no era la primera vez que lo hacía. Nunca de manera gratuita.

Eran momentos muy delicados. Calderón y su equipo estaban en la cuerda floja. Nadie sabía a ciencia cierta si lograría tomar posesión o no. Si el caso del espionaje a Josefina Vázquez Mota, a López Obrador y a Espino Barrientos se ventilaba, hubiera sido su fin. Mouriño Terrazo y Sarukhán hubieran sido inculpados de un delito grave sin derecho a fianza. La complicidad permitió la toma de protesta. Y esa complicidad le ha salido muy cara al gobierno de Felipe Calderón. Ha tenido que pagar comprometiendo la propia estabilidad del país al mantener a dos funcionarios que en el sexenio de Vicente Fox fracasaron en sus tareas: Medina Mora y García Luna. A los dos se les dispensa todo, incluso la corrupción y la ineptitud.

Cuando Espino Barrientos publicó su libro, el secretario de Gobernación Juan Camilo Mouriño desmintió que hubieran espiado al ex líder nacional del PAN. Desde el Estado se orquestó una operación pública de encubrimiento al primer hombre del presidente y al equipo que participó en el espionaje.

El 26 de junio de 2008 Espino Barrientos envió una carta a García Luna donde le requería información sobre el caso.

—Nosotros nada más hicimos un parte policiaco de lo que pasó en esa casa y hay un expediente que ya es una averiguación previa que la archivó el Ministerio Público. No sé si está abierta o cerrada —le respondió el secretario de Seguridad Pública a Manuel Espino.

Ese mismo día también le envió sendas misivas al procurador Medina Mora y al secretario de Gobernación, Mouriño Terrazo. La carta enviada a Iván era dura, acusadora. Espino Barrientos pidió que le proporcionara información sobre el espionaje que había sufrido, espionaje hecho a "iniciativa del equipo de transición" que él mismo encabezó.

Juan Camilo respondió con frialdad y cinismo: "Habiendo hecho una búsqueda exhaustiva en los archivos de esta dependencia no se encontró información alguna sobre el caso. Asimismo, en ningún momento el equipo de transición lo espió". Medina Mora contestó igual: "No obra en los expedientes de esta Procuraduría elemento probatorio de que haya sido víctima de espionaje", cuando en 2007 el propio procurador le había dicho a Manuel Espino que incluso tenían grabaciones producto de ese espionaje.

Probablemente el expediente haya sido sustraído y destruido. Se afirma que quien tiene en sus manos una copia de la averiguación previa de espionaje y sus presuntos responsables es García Luna. Ésta sería una póliza de seguro para su permanencia en el gabinete. Si el documento se hiciera público tendría consecuencias funestas para el presidente y su equipo. Sin embargo, no son Iván ni Genaro los que tienen la última palabra. El líder nacional de la ODCA planea presentar una denuncia penal contra quienes resulten responsables del espionaje que sufrió, y ya presentó una solicitud al Instituto Federal de Acceso a la Información Pública para que se le entregue una copia de la averiguación previa abierta sobre el caso.

García Luna, como buen alumno del capitán y ex gobernador de Morelos Jorge Carrillo Olea, fundador del Cisen, pronto comprendió los gustos, debilidades y vicios de sus nuevos jefes. Fuentes cercanas a Los Pinos afirman que este hombre ha comprado su impunidad, entre otras cosas, proveyendo grabaciones de todo tipo de actores políticos del país e integrantes de su gabinete. Dicen que lo que más disfrutan Iván y su jefe son los detalles morbosos.

Guerra civil intestina

Desde principios de 2008 en Los Pinos se vive una guerra civil intestina. Cada quien ya tomó partido. ¿En qué bando está el presidente?

Contrario a lo que se dice, el secretario de Gobernación sí ha sido capaz de lograr consensos, cuando menos en el PAN, en donde una gran mayoría de grupos otrora antagónicos se están uniendo con un solo fin: frenarlo para que no le siga haciendo daño al partido. Incluso hay dirigentes del partido blanquiazul que piensan presentar denuncias penales para que se investiguen presuntas actividades ilegales de Juan Camilo Mouriño.

Al parecer lo que en un principio fue luna de miel en el joven equipo del presidente comienza a convertirse en una guerra civil de la que nadie saldrá bien librado. La desconfianza mutua es hoy la moneda de cambio en las oficinas de la Presidencia de la República.

Cuando en febrero de 2008 salieron a la luz pública los contratos de la empresa Transportes Especializados Ivancar, S. A. de C. V., con Pemex Refinación, firmados por el propio Juan Camilo Mouriño Terrazo, comenzó una lluvia de suspicacias. Se afirma que Iván está convencido de que quienes filtraron los contratos fueron el líder nacional del PAN, Germán Martínez, y el secretario particular del presidente, César Nava.

—No sé por qué César y Germán me están pegando si con eso le pegan a Felipe, ¿Qué no saben que somos socios? —es lo que llegó a comentar Juan Camilo entre sus más cercanos, según trascendió.

Juan Camilo amenaza con que en cualquier momento dará a conocer hechos controvertidos de Nava y Germán. Si se ha contenido —dicen sus allegados— es porque esas revelaciones afectarían a Felipe Calderón. Los motivos de rivalidad entre los tres tienen fundamento. La soberbia, autoritarismo, simulación y manipulación de Iván le han granjeado enemigos entre quienes eran sus aliados. Afirman quienes tratan con él que se siente más presidente que el presidente.

César y Germán han trabajado con Calderón desde hace más de 15 años. Les molesta que Iván se haya ganado a través de sus malas artes a Calderón y que ahora sea él quien quiera imponer su voluntad sobre la carrera política de ambos. En 2007 a César Nava le hicieron creer que podría realmente competir por la dirigencia nacional del PAN. Al final sólo fue usado como comparsa de Germán Martínez, quien fue el único candidato a dirigir el partido. Eso dejó a Nava decepcionado. Cuando Juan Camilo se fue a la Secretaría de Gobernación, César esperaba ascender como jefe de la Oficina de la Presidencia; de hecho se quedó como encargado interino, pero de nueva cuenta pasó a tercer plano. Apoyado por Iván, Gerardo Ruiz Mateos, el hombre de las finanzas de la campaña de Calderón, quedó como jefe de la Oficina y Nava volvió a su escritorio de secretario particular.

En aquellos controvertidos días de los contratos de las empresas de Mouriño con Pemex Refinación, Nava hizo cabildeo con los medios de comunicación. En ningún momento intentó buscar un cese de hostilidades en contra de Mouriño; más bien quería sondear si los medios no andaban tras la pista de él. Hoy Nava ha ido poco a poco haciéndose del control de Los Pinos con la ayuda de Alejandra Sota Mirafuentes, coordinadora de Estrategia y Mensaje Gubernamental; y ha llegado a acariciar la idea de buscar ser candidato del PAN a la Presidencia de la República en 2012, para lo cual incluso ha comenzado a buscar asesores en Estados Unidos.

Cuando Nava, Iván y el *staff* de Los Pinos se reúnen en el cuarto de situación, ubicado en el sótano de la residencia Miguel Alemán, el aire se corta con un cuchillo y da la impresión de que en cualquier instante comenzarán las mentadas de madre.

Germán Martínez tampoco aguanta a Juan Camilo. Lo mandaron a él como fachada en el PAN, pero quien en realidad tiene el control del partido es Jorge Manzanera, el secretario general del

PAN, un oscuro personaje que forma parte del equipo de Calderón desde que Carlos Castillo Peraza era dirigente nacional del partido y Felipe secretario general. Ahora trabaja a las órdenes de Iván.

Desde que Luis Felipe Bravo Mena era candidato a la dirigencia nacional del PAN, Calderón y su equipo querían que Jorge Manzanera coordinara su campaña y que Germán Martínez quedara como secretario general del PAN, desde donde podría manejar las cosas a favor de los calderonistas.

Bravo Mena optó por invitar a Manuel Espino Barrientos, quien a la postre se convirtió en presidente del CEN. Jorge Manzanera fue presidente estatal del comité del PAN en Chihuahua cuando presuntamente le hicieron fraude electoral a Francisco Barrio, candidato de Acción Nacional a la gubernatura del estado. Después Castillo Peraza se lo llevó a trabajar con él, y cuando Calderón fue electo presidente nacional del PAN lo nombró secretario de elecciones. Se separaron por varios años. Manzanera puso su despacho y en la campaña presidencial de 2006 se fue a trabajar con Calderón.

Cuando Manzanera llegó al CEN se apoderó de su operación. Todo lo que hace lo hace argumentando línea de Los Pinos, aunque muchas veces esa "línea" sea más bien la de Juan Camilo.

Su poder en el CEN ha causado varios problemas, por ejemplo: en Nayarit. Ahí hubo una confrontación entre el grupo del subsecretario de Gobernación Abraham González —hombre cercano a Calderón— y el secretario Juan Camilo Mouriño y Manzanera.

Aunque no era el mejor candidato a la Presidencia Municipal de Bahía de Banderas, Mouriño y Manzanera apoyaron a Ramón Saldaña. Toda la campaña se boicotearon y al final el PAN quedó barrido por el candidato de la coalición PRI-Nueva Alianza, Héctor Miguel Paniagua Salazar.

Otro ejemplo es Chiapas. De común acuerdo, Manzanera y Mouriño mandaron al coordinador de asesores de la secretaría de la Reforma Agraria y a tres delegados federales a operar la elección para la renovación del comité estatal del PAN. A cambio de votos para su candidato ofrecían puestos en el gobierno federal. Perdieron y fueron exhibidos por el ex líder nacional del PAN, Manuel Espino Barrientos.

Germán Martínez quiere tomar las riendas del PAN, que en realidad nunca ha tenido. En busca de esas riendas hizo una alianza con Vicente Fox y su grupo. Intenta desesperadamente dejar de ser el líder de postín y escuchar las órdenes de Iván. También suspira por la candidatura a la Presidencia en 2012, y aliado con la primera dama Margarita Zavala espera lograrlo.

Juan Camilo tiene un objetivo: ser candidato del PAN a la Presidencia de la República en 2012. Está convencido de que lo logrará gracias a las complicidades con integrantes del gabinete y el CEN del PAN y, por supuesto, con el respaldo del presidente Felipe Calderón.

Dice la dirigente nacional del PRI, Beatriz Paredes Rangel, que el equipo de Felipe Calderón es un equipo bisoño. Dice Manlio Fabio Beltrones, líder del PRI en el Senado de la República, que "el presidente puede ser un gigante pero si está rodeado de enanos, no la va a hacer". Manuel Espino Barrientos afirma que hay priístas que ya quisiera ver en el PAN y hay panistas que no se los desea ni al PRD. ¿En cuál de los tres grupos estará Juan Camilo Mouriño? JC para sus frivolidades y negocios, Iván para la operación política sucia donde no hay palabra ni caballeros. En esa dualidad se conduce el secretario de Gobernación.

En septiembre de 2008 un integrante del gabinete fue a ver a Iván para informarle que había sido engañado por un secretario de Estado, por su cómplice y amigo Genaro García Luna. La cara fingida de sorpresa del secretario de Gobernación fue más elocuente que sus vacías palabras de "no sabía", "no estaba enterado", "una disculpa".

Iván no sólo piensa que puede conducir los caminos del presidente, sino que cree que puede manipular las trayectorias políticas de hombres que han servido al país durante más tiempo y con mucho más dignidad y entereza que él.

—¿En manos de quién estamos? —comentó el funcionario a sus más cercanos colaboradores. Ya no está en el gabinete de Felipe Calderón.

CAPÍTULO 6

Genaro García Luna bajo sospecha

La noche del 10 de octubre de 2002 Laura Zapata —hermana de la cantante y actriz Thalía— no pudo dormir. Estaba muy inquieta. Apenas unas horas antes uno de sus captores le había dicho: "Arréglate, porque mañana te vas".

—No entendía cómo es que se iba a ir. Ella veía como posibilidades que se hubiera pagado el rescate por parte de su hermana o que fuera a haber un operativo. Estaba muy confundida, no durmió, y al día siguiente le dijeron que ya se iba.

"Sin violencia, sin nada. En la casa donde estaba recluida había un coche ya adentro, la subieron, le taparon los ojos para que no viera dónde había estado recluida, y después ya más delante de la casa, le dijeron: 'Oye, tu hermana sigue secuestrada, ninguna declaración a la prensa, Thalía no nos ha pagado, su esposo no nos ha pagado, y no queremos ninguna declaración a la prensa, ¿te queda claro?' 'Me queda claro.'

"Entonces la dejaron en su casa. Esa noche estaba todavía muy descontrolada. Nadie sabía que ya estaba liberada. Estaba muy desconcertada, no sabía qué hacer, no había salido. Tenía mucho miedo. Y en la noche se puso a ver la televisión. Y viendo la televisión, Joaquín López-Dóriga anuncia que en un operativo de la Agencia Federal de Investigación (AFI) ella había sido rescatada.

Entonces le dio pánico. Hasta después de que liberaron a Ernestina, su hermana, se lo platica a Marta Sahagún."

Así recuerda uno de los capítulos inéditos del secuestro de Laura Zapata y Ernestina Sodi, ocurrido el 22 de septiembre de 2002, José Antonio Ortega, presidente del Consejo Ciudadano para la Seguridad Pública y Justicia Penal, uno de los fundadores de México Unido contra la Delincuencia y uno de los líderes de las dos marchas ciudadanas contra la inseguridad que sacudieron al país en 2004 y 2008.

En su memoria y en sus archivos, Ortega tiene información desconocida del infierno que vivieron las hermanas Sodi, dentro y fuera de su cautiverio. Decidió revelar la información en el marco de la nueva crisis de secuestros por la que atraviesa el país.

Muchos de los protagonistas de la ola de secuestros de la década de 1990, cuando estaban en su apogeo las bandas de Daniel Arizmendi, alias el Mochaorejas, Andrés Caletri y Marcos Tinoco Gancedo, alias el Coronel, son los mismos de ahora. Será por eso que el problema continúa, y un claro ejemplo es el secuestro de Fernando Martí, de apenas 14 años de edad, hijo del empresario Alejandro Martí, que por su crudeza se convirtió en un caso emblemático. Entonces como ahora, Genaro García Luna ha estado al frente de las investigaciones sobre secuestros y lo han acusado de encubrir a las bandas delictivas dentro y fuera de la policía.

Ortega, abogado de profesión, ha luchado contra la delincuencia y la injusticia por iniciativa propia. Defiende a víctimas de secuestro y otros delitos no sólo contra delincuentes ordinarios, sino muchas veces contra delincuentes vestidos de policías. Esos casos son los peores, los más dolorosos, los más infames.

El 22 de septiembre de 2002, Laura y Ernestina salieron a la medianoche de la función *La casa de Bernarda Alba*, en el teatro San

Rafael, de la colonia del mismo nombre en el Distrito Federal. A pocas cuadras fueron interceptadas, según refirió Laura Zapata a la prensa. Su hermana Thalía llevaba dos años de casada con el magnate disquero Tommy Mottola, entonces presidente de Sony Music. Los plagiarios iban a dejar ir a Ernestina, pero, según narró ella misma en su libro *Líbranos del mal*, Laura lo impidió diciendo que era su hermana y afirmó que fue con la intención de salvarle la vida.

Tras 18 días de cautiverio, la tarde del 10 de octubre de 2002, Laura Zapata fue liberada por sus captores: la dejaron a unas cuadras de su domicilio. Ernestina fue liberada hasta el 26 de octubre de ese mismo año; en su libró narró que había sido agredida sexualmente por sus captores.

—Ella [Laura] lo que dijo es que no la había rescatado la AFI. No había habido ningún operativo. Después cayó en la cuenta de que quienes habían ido por ella eran agentes de la AFI, quienes la sacaron de la casa donde estaba secuestrada —explica José Antonio Ortega.

"Pero ya sabía que su hermana seguía secuestrada. La AFI había participado y se quedó callada. Después se animó. Esto se lo platicó a Marta Sahagún en la residencia oficial de Los Pinos, cuando su esposo era el presidente. La primera dama la remitió con la subprocuradora, María de la Luz Lima Malvido, quien al escuchar eso se le paran los pelos porque ve la participación en el asunto de la AFI y del entonces director de la entidad, Genaro García Luna. ¿Y por qué se los mandan a ella? cuando Marta Sahagún debió haber hablado con su esposo para que le ordenara al procurador investigar el asunto, y no a ella, porque no sabes hasta ese momento hasta dónde llega la corrupción, si la corrupción llegaba a Genaro, la corrupción llegaba al procurador, o más arriba de éste, con la propia Marta o con quién."

El 30 de mayo de 2003 María de la Luz Lima Malvido renunció al cargo de subprocuradora de Coordinación General y Desarrollo de la PGR.

El infierno de las hermanas Laura y Ernestina no terminó con su liberación. Se distanciaron en buena parte por la presión de la AFI en contra de ellas.

—Laura Zapata ya no volvió a hablar, yo creo que le dio terror hablar de ese asunto. Yo no he visto ninguna declaración en ese sentido; entendió que su vida y la de su hermana estaban en peligro —dice Ortega Sánchez.

En marzo de 2005 la procuraduría del Estado de México capturó a una banda de secuestradores que se adjudicó el plagio de las hermanas Sodi. Ernestina pudo identificar a uno de los plagiarios, Laura dijo no reconocer a ninguno. Meses después Laura dijo públicamente que la AFI le había informado que ésos no eran sus secuestradores.

El 4 de agosto de 2005 la Agencia Federal de Investigaciones detuvo a la banda de los Bayardo, quienes supuestamente también declararon que habían secuestrado a las hermanas de Thalía. Laura fue a la casa donde detuvieron a los secuestradores acompañada por el director de la AFI, Genaro García Luna, y la dirigente de México Unido contra la Delincuencia, María Elena Morera, una incondicional de García Luna.

Ese día García Luna montó su *sketch*. No por nada se ha ganado el mote del Guionista. La casa fue abierta a los medios de comunicación y se permitió a los reporteros tocar objetos y hurgar en las pertenencias de los presuntos secuestradores. La actriz Laura Zapata dijo que reconocía plenamente la casa.

—Yo lo único que supe después del asunto es que Ernestina Sodi iba a mi consejo, era una mujer muy sencilla y agradable, y un día me dijo que había sido citada junto con su hermana para identificar al hijo de Bayardo, Alberto Bayardo, y ella no lo identificó, no lo había visto, ni lo reconoció a él, ni reconoció la voz, ni reconoció la casa adonde la llevaron. Entonces [dijo que] recibió una presión brutal de la AFI para que reconociera al hijo de Bayardo como uno de sus secuestradores. Y que inclusive se había molestado con su hermana por doblarse ante la presión y haber reconocido a Bayardo como uno de sus secuestradores — manifiesta el presidente del Consejo Ciudadano para la Seguridad Pública

"[Laura] lo hizo sin estar segura, por la presión que ejercieron los de la AFI en contra de las dos para que lo involucraran en su secuestro.

"Ernestina me contó: 'Me llevaron a una diligencia para que identificara al hijo de Bayardo, a un domicilio donde me tenían secuestrada, y no lo identifiqué, y hasta tuve fricciones con ellos, porque a fuerza me presionaron. Lo que más me enojó fue que mi hermana Laura sí aceptó la cuestión, porque le dio miedo'. [...]

"Mucho tiempo después, María de la Luz, una de las veces que vino de Londres muy presionada por lo que también había sufrido por parte de Genaro y por parte de Rafael Macedo de la Concha, me confió eso; le pedí que lo videograbáramos, y lo tenemos en varios bancos, en varias cajas de seguridad, en el extranjero, por si le llega a pasar algo.

"Le pedí a María de la Luz que me lo videograbara [la declaración] y quedé, con mi palabra de honor, que no lo iba a sacar si ella no lo autorizaba, o a menos de que la hubieran ejecutado. Es el compromiso que tengo con ella."

Hasta ahora se desconoce quiénes realmente secuestraron a las hermanas y quién sacó a Laura Zapata ese 10 de octubre de la casa donde estaba plagiada.

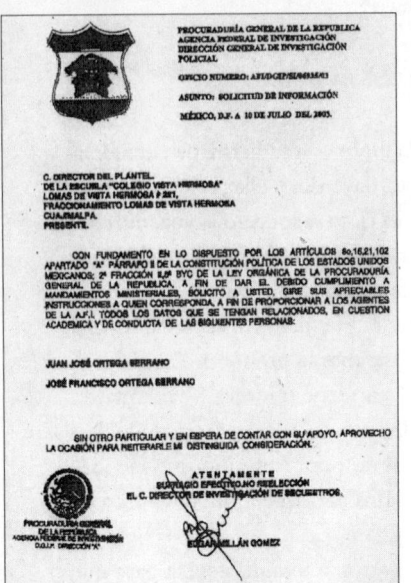

Solicitud de la Procuraduría General de la República sobre el desempeño académico y conducta de los hijos de José Antonio Ortega Sánchez

Ortega, hombre sencillo, apasionado, valiente y generoso, fue consejero jurídico de la Confederación Patronal de la República Mexicana (Coparmex), cuando el dirigente era Jorge Espina Reyes y era presidente de la Comisión de Seguridad Pública de esa organización empresarial. En 1988 fundó la Academia Nacional de Derechos Humanos, que es el antecedente de la lucha de la sociedad civil en materia de derechos humanos.

Él conoce como pocos los diferentes rostros del ex director general de la AFI y actual secretario de Seguridad Pública Federal. Precisamente por eso en 2003 llegó a ser perseguido al grado de que su hijo Juan José Ortega Serrano, quien padece síndrome de Down, fue acusado de integrar una banda de secuestradores. Fue acosado por la propia AFI. En su despacho ha dado asesoría y cobijo a quienes han sido víctimas de quien hoy es el hombre que encabeza la seguridad pública a nivel nacional.

Como veremos más adelante, algunos, como Guillermo Vélez, son padres de jóvenes secuestrados y asesinados por comandantes de la AFI protegidos de García Luna, y otros son secuestradores presos porque presuntamente ya no quisieron seguir pagando protección a Genaro y su gente.

—Genaro es un seductor, me refiero a cómo te va metiendo dentro de un discurso, dentro de algo, y tú al final llegas a creerle —afirma José Antonio Ortega.

"Yo me encontré a varios empresarios de Coparmex que fueron al show que a mí me hicieron en la AFI. Después de platicar con Genaro venían hablando maravillas de la AFI y del director general de la Agencia Federal de Investigaciones, porque en cortito es muy bueno para seducir, aunque no ya en un discurso político. No habla bien, tartamudea, no tiene una personalidad fuerte, no es un gran orador, no tiene cultura, no articula, es una gente muy limitada, no conoce más que de cómo alambrear (*sic*.), cómo hacer montajes, cómo hacer persecuciones, hasta ahí."

En marzo de 2008 la Procuraduría General de Justicia del D. F. volvió a abrir una nueva línea de investigación sobre el caso de Laura y Ernestina. Investiga a un mando de la Agencia Federal de Investigación conocido como el Niño, quien presuntamente comanda a una banda implicada en más de 30 secuestros, entre las víctimas varios empresarios.

Durante su declaración ministerial el presunto secuestrador Marco Antonio Correa Pérez, alias el Comandante o el Comal, detenido y arraigado desde mediados de marzo de 2008, señaló a un mando federal como el cerebro de las operaciones criminales y quien "ponía" a las víctimas para que las secuestraran.

Entre sus víctimas supuestamente estuvo un familiar del propietario del parque de diversiones Six Flags México y el dueño de Chapultepec Mágico, así como las hermanas de Thalía.

—Cómo detienen a Arizmendi es una trampa. Alberto Pliego Fuentes [el comandante que lo detuvo] lo cita y ahí lo detienen, entonces no hubo una labor de investigación, hubo una labor de engaño, de chantaje, de presión. Así detuvieron también al Coronel. Así rescataron al que fuera director [técnico] del Cruz Azul. Y por eso luego le exigen que en pleno Estadio Azteca haya un aplauso para Genaro García Luna. Esos excesos solamente se le pueden ocurrir a García Luna, porque es un seductor, un manipulador, un estafador —asevera Ortega Sánchez.

El maestro

A sus 71 años el general brigadier retirado Jorge Carrillo Olea no luce tan peligroso. Apenas puede moverse. El dolor le carcome el cuerpo, cada paso significa cientos de puntillas de alfileres atormentándolo. La flebitis crónica que padece le permite poca movilidad y tiene que caminar acompañado de una enfermera.

Sin embargo, su mirada altiva y su actitud despectiva no ceden al dolor. Su gesto arrogante e implacable sigue siendo lo más llamativo de su rostro. El mal le aqueja desde joven. Cuando era jefe de la sección segunda del Estado Mayor Presidencial (EMP) —con el presidente Luis Echeverría— tuvo que operarse una rodilla por un problema de várices. No fue un hombre de mucho deporte ni actividad física como la mayoría de sus compañeros de clase. Quienes lo conocen afirman que en realidad Carrillo Olea menospreciaba al Ejército mexicano; por eso no continuó su carrera en las filas militares y se pasó del lado de la policía civil. Consideraba ignorantes a sus colegas. Todos estaban por debajo de él. Dicen los que lo conocen que su soberbia lo encumbró y lo hundió.

En 1998 tuvo que renunciar al cargo de gobernador del estado de Morelos en medio de acusaciones en su contra por proteger a narcotraficantes y secuestradores. Durante su mandato (1994-1998) se dio el mayor número de secuestros que haya existido en la historia de Morelos. Sus hombres de confianza en la Policía Judicial de Morelos, el coordinador Jesús Miyazawa Álvarez (ex policía de la Dirección Federal de Seguridad) y el jefe del Grupo Antisecuestros, Armando Martínez Salgado, se dedicaban a proteger secuestradores y desaparecer cadáveres.

Sin embargo, Carrillo Olea no siempre la había hecho de villano. Alguna vez también apareció como héroe. Su nombre salió del anonimato cuando en 1975 el entonces jefe de la sección segunda del Estado Mayor Presidencial rescató a Echeverría de un linchamiento en Ciudad Universitaria.

Cuentan que una piedra arrojada por los estudiantes chocó con la frente del presidente, y con el rostro ensangrentado Carrillo Olea subió a Echeverría en un vehículo y lo sacó de ahí. Cuando lograron salir de la turba, el oaxaqueño José Murat Casab, quien después fue gobernador de Oaxaca de 1998 a 2000, propuso ir a otra de las facultades.

—Es usted un pendejo —dijo Carrillo Olea y lo bajó del coche.

Carrillo Olea conoció en el EMP al hoy vicealmirante Wilfrido Robledo Madrid, originario de Oaxaca. Con el paso de los años Willi, como lo llaman sus amigos, llegó a ser uno de sus hombres más cercanos. Robledo Madrid estuvo donde estuvo Carrillo Olea. En el Centro de Investigación y Seguridad Nacional (Cisen) de 1993 a 1999. En la Policía Federal Preventiva (PFP) como comisionado adjunto, de abril de 1999 a junio de ese año. Subió al cargo de comisionado de la PFP, mismo que terminó en diciembre de 2000. Le iniciaron un proceso administrativo por la compra irregular de helicópteros y equipo para la PFP. Después fue inhabilitado para ocupar un cargo en el gobierno federal, pero los resquicios de la ley no le impidieron llegar como comisionado de la agencia de seguridad del Estado de México. Hoy por hoy, Willi Robledo Madrid es uno de los hombres más cercanos al secretario de Seguridad Pública, Genaro García Luna, no como subalterno, sino como uno de sus mentores.

Carrillo Olea también conoció en el EMP de la época de Echeverría al hoy almirante José Luis Figueroa Cuevas, de 64 años de edad, otro protagonista en la carrera de García Luna. Figueroa, proveniente de la Armada, fue quien metió a Wilfrido Robledo Madrid al EMP en la sección tercera. En el sexenio de Carlos Salinas de Gortari, Figueroa brilló. De 1993 a 1994 fue jefe del Estado Mayor en la X zona naval que corresponde al área del puerto Lázaro Cárdenas, desde hace décadas ruta muy transitada por los narcotraficantes para su trasiego de drogas.

De 1994 a 1995 Figueroa Cuevas fue director general del Centro de Nacional para el Control de Drogas en la PGR. De 1995 a noviembre de 2000 estuvo como "jefe de ayudantes" del jefe del Estado Mayor Presidencial. Más tarde entró en el Cisen, como muchos hombres de Echeverría. Ahí estuvo de febrero a octubre de 2004 como director general. De octubre a diciembre de 2004 fue comisionado de la PFP. Duró muy poco tiempo en el cargo por su actuación en el caso Tláhuac, donde dos elementos de su corporación fueron linchados y asesinados por una turba sin que nadie haya hecho nada por rescatarlos. Hasta el 1º de mayo de 2008, Figueroa al igual que Wilfrido Robledo Madrid trabajaba con el secretario de Marina, pero él de asesor.

Ya encontró nuevo trabajo. Actualmente está en un área clave en la seguridad nacional: es director general en la Secretaría de Comunicaciones y Transportes, al lado de otro salinista, Luis Téllez. En la dependencia es encargado de la seguridad de puertos y aeropuertos. Llama la atención que muchos de los hombres que surgieron en el sexenio de Echeverría en materia de seguridad y labores de inteligencia se convirtieron en los hombres de Miguel de la Madrid y Carlos Salinas de Gortari responsables de esas mismas tareas. Muchos de los hombres de la AFI, creada por García Luna en 2001, entraron por recomendación de Figueroa. Hay pruebas documentales que así lo confirman.

Con la fama de su mano dura, Carrillo Olea dejó el EMP y Echeverría lo envió como subsecretario de Investigación y Ejecución Fiscal de la Secretaría de Hacienda en 1974. Era el responsable del control de aduanas. Ahí conoció a quien después lo ayudaría a encumbrarse como gobernador de Morelos: Carlos Salinas de Gortari. Después de su tarea en la Secretaría, Carrillo Olea fue nombrado director de Astilleros Unidos en 1976. Ahí conoció al ingeniero civil Jorge Tello Peón por recomendación del general Álvaro Vallarta Ceceña. Tello Peón es primo de su esposa.

El joven ingeniero comenzó prácticamente en calidad de valet. Le cargaba el portafolio adondequiera que Carrillo Olea fuera. Poco a poco Tello Peón fue escalando en los peldaños de su afecto y su confianza. Se volvió su pupilo, es su hechura. Miguel de la Madrid nombró a Carrillo Olea subsecretario de Gobernación, cargo que ocupó de 1982 a 1985. Carrillo Olea se llevó a Tello Peón con él, pues ya se habían vuelto inseparables.

El secretario de Gobernación era Manuel Bartlett Díaz. Quienes conocen esa relación señalan que no lograron trabajar bien. La soberbia de Carrillo Olea era un obstáculo. Para él nadie era mejor. En estricto sentido, Carrillo Olea era el responsable de áreas de la Dirección Federal de Seguridad (DFS) y la Dirección General de Investigaciones Políticas y Sociales (DGIPS). Pero él se quejaba de que en los hechos esas áreas las controlaba Bartlett Díaz.

En 1984 fue asesinado el periodista Manuel Buendía por órdenes de José Antonio Zorrilla, entonces titular de la DFS, quien actualmente purga una condena en la cárcel por ese delito. En 1985 secuestraron y asesinaron al agente de la DEA Enrique Camarena Salazar por órdenes del narcotraficante Rafael Caro Quintero, quien tenía una credencial de la DFS. Muchos comandantes de la entidad estaban ligados al narcotráfico y cobraban por dar protección e impunidad.

Miguel de la Madrid encargó a Carrillo Olea desaparecer la DFS y la DGIPS. La DGIPS tenía la responsabilidad de realizar investigaciones y análisis sobre los problemas de orden político y social, así como establecer un centro de documentación. La DFS estaba encargada de vigilar, analizar e informar sobre los temas de seguridad de la nación.

En 1985 Carrillo Olea creó la Dirección de Investigación y Seguridad Nacional (Disen). Fusionaron las dos oficinas de inteligencia. Se supone que el objetivo era establecer un marco funcional y administrativo que integrara mejor las distintas fases de producción de inteligencia sin que se duplicaran tareas. Cambiaron de nombre, pero muchas de las prácticas corruptas de la DFS y la DGIPS permanecieron. Ocurre que en México las limpias nunca son a fondo.

Genaro García Luna y Juan Camilo Mouriño son los dos funcionarios del gobierno con más influencia en el presidente Felipe Calderón. © *Proceso*

La pareja presidencial: la primera dama Margarita Zavala y Felipe Calderón. Al fondo Juan Camilo Mouriño. © *Proceso*

El primer hombre: Juan Camilo Mouriño fue el operador de muchas de las acciones que hicieron que Calderón llegara a Los Pinos. © *Proceso*

El shá de Campeche: se afirma que don Manuel Carlos Mouriño Atanes, padre de Juan Camilo, fue un importante donador de recursos en la campaña presidencial de Felipe Calderón en 2006. www.celtavigo.net

Sede del Grupo Energético del Sureste (GES) a través del cual la familia Mouriño ha hecho millonarios negocios con Pemex. Archivo personal.

San Román: casa de la familia Mouriño en la ciudad de Campeche, ubicada en Avenida Justo Sierra No. 326. Archivo personal.

Instituto Mendoza: colegio de Campeche en el que Juan Camilo estudió en su adolescencia. Archivo personal.

El Chupis bar: antro de moda en Campeche. Aquí se reúne Juan Camilo Mouriño con sus amigos cuando va de visita. Archivo personal.

En 2007, como jefe de la Oficina de la Presidencia, Juan Camilo mandó remodelar el sótano de la residencia Miguel Alemán para hacer un *lounge* al que sólo pueden entrar funcionarios de alto nivel. Archivo personal.

El 28 de febrero Andrés Manuel López Obrador presentó contratos firmados por Juan Camilo Mouriño entre una empresa de su familia y Pemex, cuando este último era funcionario público relacionado con el sector energético. © *Proceso*

JC intentó explicar el origen de apenas siete de los 167 contratos que su familia ha firmado con el gobierno federal. © *Proceso*

Pese a las irregularidades documentadas el presidente Calderón se empeñó en mantener en su cargo a Juan Camilo Mouriño, lo que ha significado un alto costo para su gobierno.
© *Proceso*

El principal negocio de los Mouriño son 37 franquicias de Pemex en el sureste del país, 35 de ellas fueron renovadas entre 2007 y 2008 hasta por 15 años. Archivo personal.

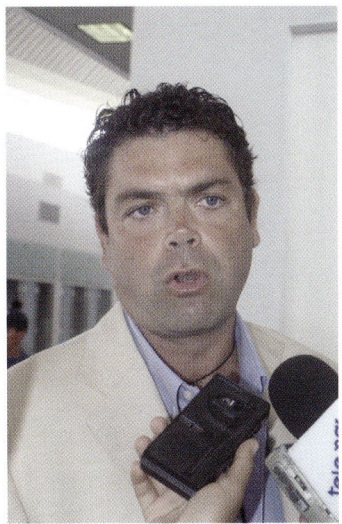

El hermano incómodo: Carlos Mouriño Terrazo es el hermano mayor de Juan Camilo y es el que maneja las empresas de la familia. Archivo personal.

Pese a su historial Iván quiere ser candidato del PAN a la Presidencia de la República en 2012. © *Proceso*

En el interior del equipo más cercano al presidente Calderón se vive una crisis. Hombres como el secretario particular del presidente, César Nava, intentan crear un frente común que haga contrapeso al poder desmedido de Juan Camilo Mouriño. En el centro se encuentra el coordinador de Comunicación Social, Max Cortázar. © *Proceso*

Genaro García Luna (izquierda) y Juan Camilo Mouriño (derecha) son los dos secretarios de Estado más cuestionados del gabinete de Felipe Calderón. El primero por la ineficacia e irregularidades en la SSP y el segundo por atender más los negocios de su familia y aspiraciones personales que los asuntos del Estado. © *Proceso*

Desde que era director de la AFI Genaro García Luna ha sido acusado de corrupción y abuso de poder. Lo han señalado por la presunta protección a narcotraficantes y secuestradores. © *Proceso*

El presidente Calderón sigue al pie de la letra los planes del secretario de Seguridad Pública en contra del crimen organizado pese a los malos resultados. © *Proceso*

La raíz: Jorge Carrillo Olea, ex jefe de la sección segunda del Estado Mayor Presidencial de Luis Echeverría, creó el Disen y el Cisen. Con él trabajaron Jorge Tello Peón, Wilfrido Robledo Madrid y Genaro García Luna. En 1998 renunció a la gubernatura de Morelos porque se descubrió que su equipo protegía a narcotraficantes y secuestradores. © *Proceso*

El maestro: Jorge Tello Peón es uno de los mentores de García Luna, desde 1989 apoya su carrera. En 2001 renunció a la SSP luego de la fuga del narcotraficante Joaquín Guzmán Loera. www.cmq.edu.mx

Wilfrido Robledo Madrid, junto con Tello Peón, es el mentor de García Luna; se afirma que es su tío político. Ha trabajado con García Luna desde los inicios del Cisen. Actualmente trabaja para el empresario Carlos Slim. © *Proceso*

Desde el inicio de la llamada "guerra contra el narcotráfico" el secretario de la Defensa Guillermo Galván Galván (al centro) tiene una relación ríspida con García Luna (izquierda). La Sedena no confía en el secretario de Seguridad Pública por su negro historial. Mouriño (derecha) apoya incondicionalmente a Genaro. © *Proceso*

La actitud y actuación de García Luna (izquierda) le ha valido incluso roces con los que eran sus aliados como el titular de la PGR, Eduardo Medina Mora (derecha). © *Proceso*

Comisario general Javier Herrera Valles. Desde febrero de 2008 comenzó a hacer denuncias documentadas de la corrupción e irregularidades en la SSP: "Genaro engaña al presidente". © *Proceso*

José Antonio Ortega, presidente del Consejo Ciudadano para la Seguridad Pública y Justicia Penal: "Genaro García Luna es un seductor, un manipulador, un estafador". © *Proceso*

Marcos Tinoco Gancedo, alias el Coronel. Fue detenido en 2000 por secuestro. En 2002 escribió una carta a Vicente Fox y acusó a Genaro García Luna de proteger a policías vinculados con la industria del secuestro. © *Proceso*

Manuel Espino Barrientos, actual dirigente de la Organización Demócrata Cristiana (ODCA), fue presunta víctima de espionaje en 2006 por parte de integrantes del propio equipo de Calderón. © *Proceso*

El 9 de mayo de 2008 Mouriño, Galván Galván, Calderón y García Luna (de izquierda a derecha) montaron guardia de honor ante el féretro de Edgar Eusebio Millán. A la fecha han sido asesinados cinco de los hombres más cercanos al titular de la SSP. © *Proceso*

Edgar Eusebio Millán, ejecutado el 8 de mayo de 2008, era coordinador general de Seguridad Regional y comisionado interino de la PFP. Se le involucró en el homicidio de Enrique Salinas de Gortari en 2004. © Cuartoscuro

Igor Labastida Calderón, ejecutado el 26 de junio de 2008, era director del área de Investigación de Delitos de la PFP. Fue involucrado como presunto protector de narcotraficantes. www.ssp.gob.mx

Marcos Castillejos, ejecutado el 9 de julio de 2008, fue suegro de Luis Cárdenas Palomino y abogado de cabecera de García Luna. Se le involucró en el homicidio de Enrique Salinas de Gortari en 2004.

Facundo Rosas Rosas es subsecretario de Estrategia e Inteligencia Policial de la SSP y uno de los brazos operativos de García Luna. Negó que Lorena González Hernández, presunta secuestradora de Fernando Martí, trabajaba en la PFP. © *Proceso*

Luis Cárdenas Palomino es coordinador de Inteligencia para la Prevención del Delito. Es uno de los más cercanos a García Luna. Estuvo involucrado en el caso de la extorsión y homicidio de Enrique Salinas de Gortari. Era el jefe directo de Lorena González Hernández. © *Cuartoscuro*

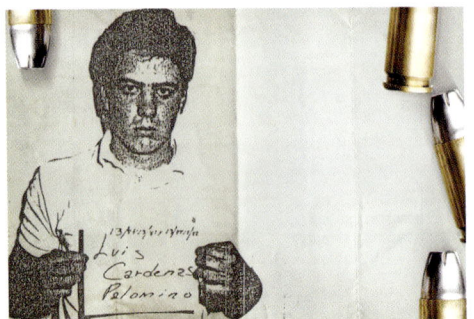

En 1987, cuando tenía 18 años, Cárdenas Palomino fue involucrado en averiguaciones previas por tres homicidios, junto con dos amigos. El ministerio público lo consideró cómplice, pero los delitos quedaron impunes. © *Reporte Índigo*

Carlos Slim Helú nombró estratégicamente a su sobrino, Héctor Slim Seade, como director general de Telmex en septiembre de 2006. En la foto Slim Seade (izquierda), José Narro Robles (centro), rector de la UNAM, y Juan Alberto González (derecha), director de Microsoft México. © *La Jornada*

De izquierda a derecha, Héctor Slim Seade, Margarita Zavala, Patrick Slim y José Ángel Córdova durante el foro Creando un Consenso Nacional para la Seguridad en Línea. Desde que Slim Seade era director de Soporte a la Operación de Telmex se hizo amigo de Genaro García Luna, coordinador general del Cisen en estrategias para la obtención de información. © *La Jornada*

Durante la crisis de seguridad que vive el país, Felipe Calderón sostiene a Genaro García Luna como el principal responsable de esta área. ¿Por qué? © *Proceso*

La cadena de complicidad de Felipe Calderón con Juan Camilo Mouriño y Genaro García Luna le ha salido muy cara al país. © *Proceso*

Un caso es el del polémico Jesús Miyazawa, uno de los primeros agentes de la DFS, en 1947. Miyazawa se convirtió en un hombre tan cercano a Carrillo Olea que cuando este último fue gobernador de Morelos lo hizo coordinador de la Policía Judicial del Estado. El costo fue muy alto.

En 1985 Pedro Vázquez Colmenares fue nombrado titular de la Disen.[1] Tello Peón quedó como subdirector de Desarrollo Tecnológico de la nueva institución. Ahí se sumó al equipo Monte Alejandro Rubido García, quien ingresó en enero de 1986 como director de análisis. Rubido es otro de los hombres más cercanos a García Luna.

Cuando inició su sexenio, Carlos Salinas de Gortari ratificó en el puesto a Carrillo Olea y nombró como secretario de Gobernación a Francisco Gutiérrez Barrios. El 13 de febrero de 1989 Carrillo Olea y Tello Peón crearon el Centro de Investigación y Seguridad Nacional (Cisen). Carrillo Olea fue su primer director. Tello Peón quedó como director de servicios técnicos, es decir, como encargado del equipo necesario para hacer la labor de inteligencia y espionaje.

Rubido García fue nombrado director de investigación. Se dedicaba al "procesamiento, búsqueda y recolección de información"; ahí estuvo hasta 1994. En junio de ese año se fue a trabajar al gobierno del Estado de México con Emilio Chuayffet. Creó la Dirección de Información y Análisis (Dian), la cual se dedicaba a la "recolección y procesamiento de información", según señala el propio Rubido García en su currículum oficial.

En 2001, cuando Arturo Montiel era gobernador del Estado de México, se desmanteló esa Unidad de Información y Análisis

---

[1] Sergio Aguayo Quezada, *La charola*, México, Grijalbo, 2001.

MONTE ALEJANDRO RUBIDO GARCIA
TIPO DE DECLARACIÓN: MODIFICACION PATRIMONIAL 2002
FECHA DE LA DECLARACION: 20/05/2002
DEPENDENCIA: SECRETARIA DE GOBERNACION

DATOS GENERALES DEL SERVIDOR PUBLICO

NOMBRE(S):	RUBIDO GARCIA MONTE ALEJANDRO
FECHA DE NACIMIENTO:	27/01/1954
SEXO:	HOMBRE
ESTADO CIVIL:	CASADO (A)
PAÍS DONDE NACIÓ:	MEXICO
NACIONALIDAD:	MEXICANA
ENTIDAD DONDE NACIÓ:	DISTRITO FEDERAL

DATOS DEL PUESTO O ENCARGO DEL SERVIDOR PÚBLICO

NOMBRE DEL ENCARGO O PUESTO:	JEFE DE L A UNIDAD DE ESTUDIOS ESTRATEGICOS
DEPENDENCIA O ENTIDAD:	SECRETARIA DE GOBERNACION
DOMICILIO:	CALLE: CAMINO REAL A CONTRERAS; NÚMERO EXTERIOR: 35; NÚMERO INTERIOR: EDIFICIO PRINCIPAL, MODULO 3, NIVEL 3; LOCALIDAD O COLONIA: LA CONCEPCION; CÓDIGO POSTAL: 10840; ENTIDAD FEDERATIVA: DISTRITO FEDERAL; MUNICIPIO O DELEGACIÓN: MAGDALENA CONTRERAS, LA;
ÁREA DE ADSCRIPCIÓN:	CENTRO DE INVESTIGACION Y SEGURIDAD NACIONAL
FUNCIONES PRINCIPALES:	PROCESAMIENTO DE INFORMACION ESTRATEGICA
TELÉFONO:	56-24-39-60
CORREO ELECTRÓNICO INSTITUCIONAL:	
FECHA DE INICIO DEL ENCARGO:	16/08/2001
ESTÁ CONTRATADO(A) POR HONORARIOS?	NO
CLAVE PRESUPUESTAL O EQUIVALENTE:	NO ESPECIFICADA

DATOS CURRICULARES DEL SERVIDOR PÚBLICO

ESCOLARIDAD

GRADO MÁXIMO DE ESTUDIOS: DOCTORADO

NIVEL	UBICACIÓN	NOMBRE DE LA INSTITUCIÓN	CARRERA O ÁREA DE CONOCIMIENTO	ESTATUS	PERIODOS CURSADOS	DOCUMENTO OBTENIDO
DOCTORADO	PARIS, FRANCIA 7 ARRT.	UNIVERSIDAD DE PARIS III (SORBONNE NOUVELLE)	CIENCIA POLITICA	FINALIZADO		CERTIFICADO

Declaración patrimonial de Alejandro Rubido García.

EXPERIENCIA LABORAL

SECTOR	PODER	AMBITO	INSTITUCIÓN O EMPRESA	UNIDAD ADMINISTRATIVA	PUESTO	FUNCIÓN PRINCIPAL	INGRESO - EGRESO
PUBLICO	EJECUTIVO	FEDERAL	CENTRO DE INVESTIGACION Y SEGURIDAD NACIONAL	SECRETARIA GENERAL ADJUNTA	SECRETARIO GENERAL ADJUNTO	ANALISIS POLITICO E INTERNACIONAL	09/1995 - 07/2001
PUBLICO	EJECUTIVO	ESTATAL	GOBIERNO DEL ESTADO DE MEXICO	UNIDAD DE INFORMACION Y ANALISIS	DIRECTOR	RECOLECCION Y PROCESAMIENTO DE INFORMACION	06/1994 - 08/1995
PUBLICO	EJECUTIVO	FEDERAL	CENTRO DE INVESTIGACION Y SEGURIDAD NACIONAL	DIRECCION DE ANALISIS (1986-92) Y DE INVESTIGACION (1992-94)	DIRECTOR	PROCESAMIENTO, BUSQUEDA Y RECOLECCION DE INFORMACION	01/1986 - 01/1994

EXPERIENCIA ACADEMICA

TIPO	NIVEL	INSTITUCIÓN	ÁREA(S) DE CONOCIMIENTO	INICIO - TÉRMINO
DOCENCIA	LICENCIATURA	UNIVERSIDAD TECNOLOGICA DE MEXICO	DERECHO	01/1983 - 01/1985

LOGROS LABORALES O ACADEMICOS A DESTACAR

MENCION HONORIFICA EN LA FACULTAD DE DERECHO DE LA UNAM

DECLARACION ANTERIOR

TIPO DE DECLARACIÓN ANTERIOR:	MODIFICACION PATRIMONIAL
FECHA DE PRESENTACIÓN DE LA DECLARACIÓN ANTERIOR:	22/05/2001

EL SERVIDOR NO ACEPTO HACER PUBLICOS SUS DATOS PATRIMONIALES

* TODA LA INFORMACIÓN FUE CAPTURADA DIRECTAMENTE POR EL SERVIDOR PÚBLICO porque se descubrió que funcionaba como una red de espionaje político. De acuerdo con testigos Rubido García seguía operando la red desde el Cisen, adonde regresó en 1995 como secretario general adjunto. Entonces el director era Jorge Tello Peón.

—¿Cuánto tiempo trabajaste en la Dian?

—Tres años.

—¿Había conexión entre la Dian y el Cisen?

—Siempre la hubo, incluso a la fecha muchos del Cisen tienen influencia sobre los que trabajaban en la Dian, porque fueron sus jefes o compartieron responsabilidades en ambas instancias.

—¿Esto significa una relación cercana?

—Bueno, baste decir como ejemplo que frente a la casa que la PGR cateó en Toluca, en la calle de Monte Líbano, existe un centro de espionaje del Cisen.

—¿Qué perfil tenía la gente que creó la Dian?

—Era de la estructura superior de Cisen; un ex secretario general adjunto, por ejemplo.

—¿Quién es?

—Monte Alejandro Rubido, quien también fue el primer director de la Dian y de hecho él es el jefe, porque coloca a la gente en la dirección, y pues de alguna manera era del equipo que originalmente había estado en el Cisen.

Así lo reveló un empleado del Dian a quien se le identificó como "Alejandro" en una entrevista publicada en 2001 por el periódico *La Jornada*.[2] El escándalo no alteró la estancia de Rubido García en el Cisen. Ahí estuvo hasta 2007. Cuando dejó el órgano de inteligencia tenía el cargo de secretario general.

---

[2] *La Jornada*, 15 de julio de 2001.

En los meses en que se creaba el Cisen, un ingeniero mecánico de la Universidad Autónoma Metropolitana, plantel Azcapotzalco, de extracción sencilla y grandes ambiciones, había aplicado sus exámenes para entrar en la Policía Judicial Federal (PJF). Su nombre era Genaro García Luna, nacido el 10 de julio de 1968.

Ese examen también lo presentó un muchacho llamado Edgar Eusebio Millán Gómez, dos años mayor que él y con apenas estudios de bachillerato. Los dos reprobaron. Alguien les habrá encontrado algún talento que, según la versión que García Luna ha dado a sus conocidos, los llamaron e invitaron a integrarse al recién creado Cisen.

Genaro y Edgar Eusebio Millán Gómez ingresaron en el Centro en 1989. A los 21 García Luna se convirtió en uno de sus primeros elementos. Tuvo como maestros a Jorge Carrillo Olea, Tello Peón, Rubido García, Wilfrido Robledo Madrid y a Humberto Martínez González. Estos dos últimos llegaron al Cisen en 1990.

Martínez González, egresado de la escuela militar de Transmisiones, venía de trabajar durante 33 años para la Secretaría de la Defensa Nacional (Sedena) en áreas técnicas.

En 1990 Carlos Salinas le encargó otra tarea a Carrillo Olea y lo envió como coordinador del combate al narcotráfico en la PGR. Carrillo Olea era bien apreciado por el presidente Salinas y por su polémico súper asesor Joseph Marie Córdoba Montoya, quien también tenía mucha cercanía con Tello Peón.

Cuando Carrillo Olea se fue a la PGR se quedó en su lugar Fernando del Villar Moreno[3] y permaneció Tello Peón. Se afirma que Córdoba Montoya era realmente quien controlaba el Cisen.

---

[3] *Revista Contralínea*, 109.

El organismo le proveía a Carlos Salinas de Gortari valiosa información para su control político, para sus intereses de grupo; pero era deficiente en proveer información benéfica para los intereses del país. Eso se comprobó al paso de los años. Durante el sexenio de Salinas de Gortari fueron asesinados más de 500 líderes sociales, la gran mayoría ligados con el Partido de la Revolución Democrática (PRD).

Genaro García Luna fue subiendo en el escalafón y llegó a ser coordinador general y a organizar las estrategias para la obtención de información sobre seguridad nacional. Su compañero y amigo Edgar se quedó como "agente investigador". De acuerdo con la información oficial existente, Millán Gómez dejó el Cisen en 1993. Wilfrido Robledo Madrid era director de protección y director de servicios técnicos del Cisen. Su tarea era planear y dirigir los programas especiales y técnicos. Juntos trabajaron ocho años. También estaban Tello Peón, Martínez González y Rubido García. No lograron sacar adelante el proyecto.

"Actualmente, la actividad en general se rige por una desordenada conjunción de empirismo, improvisación, costumbres e incluso prejuicios, en especial en el área de investigación. La cobertura del aparato de investigación es superficial y no produce la suficiente información que permita conocer con anticipación el probable curso de los acontecimientos." Así lo reveló un artículo publicado el 15 de junio de 1993 por el periodista Francisco Rodríguez en la revista *Siempre!*[4]

El 1º de enero de 1994 ocurrió el estallido del Ejército Zapatista de Liberación Nacional (EZLN). A Jorge Carrillo Olea no le

---

[4] Citado en Sergio Aguayo Quezada, *La charola*, México, Grijalbo, 2001, p. 274.

fue mejor. Cuando era el coordinador de la lucha contra el narcotráfico en 1993, el cardenal Juan Jesús Posadas Ocampo fue asesinado en el Aeropuerto Internacional de Guadalajara. Según la versión oficial murió en un fuego cruzado entre las bandas de Joaquín Guzmán Loera, el Chapo —del cártel de Sinaloa— y los hermanos Arellano Félix —del cártel de Tijuana—, teoría que ayudaron a elaborar Jorge Tello Peón y Wilfrido Robledo, quienes reconstruyeron la supuesta colocación de los vehículos que participaron en la refriega.

Jorge Carrillo Olea ha sido señalado por el propio cardenal Juan Sandoval Íñiguez como autor intelectual del homicidio del cardenal Juan Jesús Posadas Ocampo ocurrido en 1993. Considera que en realidad se trató de un crimen de Estado. Carrillo Olea afirma que son calumnias, que él no está involucrado.

Carlos Salinas de Gortari impulsó su candidatura al estado de Morelos y en 1994 fue electo gobernador de la entidad. El 22 de enero de 1997 el periódico *The New York Times* publicó en primera plana que los gobernadores Manlio Fabio Beltrones Rivera, de Sonora, y Jorge Carrillo Olea, de Morelos, colaboraban con capos del narcotráfico, principalmente con Amado Carrillo Fuentes, el Señor de los Cielos. El procurador general de la República, Jorge Madrazo Cuéllar, deslindó de toda responsabilidad jurídica a Jorge Carrillo Olea. Aun así, era un hecho que Amado Carrillo Fuentes tenía propiedades en Morelos y visitaba con frecuencia y sin problema alguno la entidad. ¿Cómo era posible que al hombre de la "inteligencia" y seguridad nacional se le pudiera ir tal cosa?

Tampoco fue creíble cuando Carrillo Olea dijo en 1998 que desconocía que Jesús Miyazawa, director de la Policía Judicial del Estado, y su gente estaban involucrados en la protección a secuestradores y narcotraficantes. Miyazawa fue uno de los integrantes de la primera generación de la DFS. Antes de irse a Morelos con Carrillo Olea fue director de la Policía Judicial del Distrito Federal. Por cierto, con él trabajaron algunos de los miembros que actualmente componen el equipo compacto de García Luna en la Secretaría de Seguridad Pública (SSP).

Miyazawa era acusado de proteger al propio Daniel Arizmendi, el Mochaorejas, quien actuaba tranquilamente en la entidad. La gota que derramó el vaso fue cuando el coordinador del Grupo Antisecuestros de la Judicial de Morelos, Armando Martínez Salgado, fue sorprendido arrojando el cadáver de Jorge Nava Avilés, el cual presentaba huellas de tortura. Qué ironía, no había elementos suficientes para enjuiciar a Carrillo Olea, pero, a través de los errores y abusos de Miyazawa y su gente, cayó. El 2 de febrero Miyazawa fue consignado ante el Ministerio Público. Carrillo Olea tuvo que renunciar semanas después por la presión de la opinión pública.

"[Se] ejercitó acción penal contra el ex coordinador del Grupo Antisecuestros de la Judicial de Morelos, Armando Martínez Salgado, los comandantes Jacinto Armendáriz Rosas, Pedro Rafael Reybal Martínez y Óscar Ignacio Portugal Popoca, y el agente Fidel Pascual Espinoza López, por los delitos de tortura, homicidio calificado y violaciones a la *Ley Federal contra la Delincuencia Organizada*, al pertenecer a una organización dedicada en forma permanente o reiterada a cometer secuestros." Así lo dio a conocer la PGR el 19 de febrero de 1998.[5]

Un año después fue detenido Daniel Arizmendi y se comprobó que vivía en una lujosa mansión a pocos metros de la casa del ex

---

[5] *La Jornada*, México, 20 de febrero de 1998.

gobernador de Morelos, Jorge Carrillo Olea. Hay quienes piensan que Carrillo Olea representa a una policía mexicana que con la alternancia del partido en el poder ha ido extinguiéndose. No es así: Carrillo Olea, el hombre de Echeverría y Salinas de Gortari, dejó una camada de aplicados discípulos que hoy están en los puestos clave de seguridad pública del país a nivel federal y a nivel local. Uno de esos pupilos es precisamente Genaro García Luna.

La soberbia de Carrillo Olea le hizo pensar que era intocable. Aunque pillaran a su gente, con trapacería y media él no se iría. Se daba el lujo de defenderlos de lo indefendible. Pero incluso los policías dedicados al espionaje e inteligencia no son intocables. Tarde o temprano también caen.

De espía a policía

Fue en el Cisen donde García Luna conoció a muchos de los que integran hoy su equipo de colaboradores más cercanos. Ahí se formaron. Ahí se hicieron. Genaro estuvo en la institución de 1989 a 1999. Jorge Tello Peón fue director del órgano de inteligencia durante seis años consecutivos. Entre ellos nació una profunda relación de amistad y trabajo que sigue vigente. En el Cisen García Luna conoció no sólo a Millán Gómez, Rubido García y Martínez González, sino también a Facundo Rosas Rosas, su amigo y comparsa. Facundo trabajó con él en el Cisen de 1989 a 1999. También conoció ahí a Benito Roa Lara, quien ingresó en 1990 y se fue junto con Genaro en 1999. Asimismo, en el Cisen se relacionó con Ramón Eduardo Pequeño García y José Aristeo Gómez Martínez. Pequeño García trabajó en el área de "coordinación y evaluación" y fue en un par de ocasiones delegado del órgano de inteligencia. Gómez Martínez fue analista del Cisen de 1999 a 2000. No podía faltar Oswaldo Luna Valderrábano. Genaro lo conoció también en el Cisen cuando Luna Valderrábano trabajó con la plaza de "analista" de 1993 a marzo de 2000.

En el Centro de Investigación y Seguridad Nacional también trabajó un par de años con el polémico comandante Alberto Pliego Fuentes. Ya habían operado juntos en 1998 en la detención de Andrés Caletri y Daniel Arizmendi, en un trabajo conjunto en el Cisen.

"Fui comisionado por mi gobernador, por órdenes del gobernador César Camacho Quiroz, al Centro de Investigación y Seguridad Nacional con la finalidad de colaborar en la captura de Daniel Aismendi (*sic*), alias el Mochaorejas, fui comisionado el 7 de julio de 1998... llegué allá bajo las órdenes del contralmirante Wilfrido Robledo Madrid y del ingeniero Genaro García Luna", reveló Pliego Fuentes en 2002.

Todos ellos forman un grupo que se solapa, se protege. Son una especie de hermandad a quien sólo ha separado la muerte.

García Luna dejó el Cisen en abril de 1999. Cuando Wilfrido Robledo Madrid fue nombrado comisionado adjunto de la PFP se lo llevó como coordinador general de Inteligencia para la Prevención del Delito. Así Genaro dio el paso de espía a policía sin los engorrosos exámenes que ya una vez había reprobado. Se fueron a trabajar con él a la PFP Rosas Rosas, Gómez Martínez, Roa Lara, Pliego Fuentes, Pequeño García, Rubido García y Luna Valderrábano.

Pliego Fuentes ocupó el cargo de "inspector general" de la Coordinación de Inteligencia para la Prevención del Delito de la PFP. Trabajaba directamente con García Luna. Pliego trabajó en la PFP hasta que en 2001, según dijo él mismo, fue "prestado" por la PFP para irse como coordinador general de la policía judicial de Morelos. Su historia terminó igual que la de Miyazawa.

En la PFP García Luna conoció a Francisco Javier Garza Palacios, alias el Frutilupis, y a Nahum García Martínez —invitado por el propio Garza Palacios—; los dos venían de la Policía Judicial del Distrito Federal; trabajaron ahí en los tiempos de Miyazawa.

De acuerdo con el currículum oficial de Luis Cárdenas Palomino, alias el Pollo, ahí fue donde comenzó a trabajar con García Luna.

A finales de 2000, ya iniciado el sexenio de Vicente Fox, el entonces procurador general de la República, Rafael Macedo de la Concha, nombró a Genaro director de Planeación y Operación de la Policía Judicial Federal. Su trabajo principal era reestructurar la PJF.

"El cambio a este nuevo proyecto implicó la redefinición de la forma de vida de todos y cada uno de los que participamos. Decidimos quemar nuestras naves para enfrentar un futuro incierto, lleno de desgaste, riesgos, retos y, sobre todo, para asumir la carga histórica de corrupción, abuso y prepotencia de la otrora Policía Judicial Federal con la esperanza de aportar nuestro esfuerzo a favor de la nación."

Así describió García Luna su experiencia en la PJF en su libro *Contra el crimen. ¿Por qué 1 661 corporaciones de policía no bastan? Pasado, presente y futuro de la policía en México.*

El libro fue publicado en 2006 cuando García Luna era director general de la Agencia Federal de Investigaciones. Es importante subrayar que este libro no consigna la editorial que lo publica ni el taller donde fue impreso. La *Ley de Imprenta* vigente señala claramente en su artículo 15 que para que un libro pueda publicarse "deberá forzosamente contener el nombre de la imprenta,

LUIS CARDENAS PALOMINO
TIPO DE DECLARACIÓN: INICIAL
FECHA DE LA DECLARACIÓN: 25/04/2007
DEPENDENCIA: SECRETARIA DE SEGURIDAD PUBLICA

DATOS GENERALES DEL SERVIDOR PUBLICO
- **NOMBRE(S):** CARDENAS PALOMINO LUIS
- **FECHA DE NACIMIENTO:** 25/04/1969
- **SEXO:** HOMBRE
- **ESTADO CIVIL:** DIVORCIADO (A)
- **PAÍS DONDE NACIÓ:** MEXICO
- **NACIONALIDAD:** MEXICANA
- **ENTIDAD DONDE NACIÓ:** OAXACA

DATOS DEL PUESTO O ENCARGO DEL SERVIDOR PÚBLICO
- **NOMBRE DEL ENCARGO O PUESTO:** DIRECTOR GENERAL
- **DEPENDENCIA O ENTIDAD:** SECRETARIA DE SEGURIDAD PUBLICA
- **DOMICILIO:** CALLE: AVENIDA PASEO DE LA REFORMA; NÚMERO EXTERIOR: 364; LOCALIDAD O COLONIA: JUAREZ; CÓDIGO POSTAL: 06800; ENTIDAD FEDERATIVA: DISTRITO FEDERAL; MUNICIPIO O DELEGACIÓN: CUAUHTEMOC;
- **ÁREA DE ADSCRIPCIÓN:** DIRECCION GENERAL DE SEGURIDAD PRIVADA
- **FUNCIONES PRINCIPALES:** REGULACION DE EMPRESAS
- **TELÉFONO:** 56256000
- **CORREO ELECTRÓNICO INSTITUCIONAL:**
- **FECHA DE INICIO DEL ENCARGO:** 01/03/2007
- **ESTÁ CONTRATADO(A) POR HONORARIOS?:** NO
- **CLAVE PRESUPUESTAL O EQUIVALENTE:** KC2

DATOS CURRICULARES DEL SERVIDOR PÚBLICO

ESCOLARIDAD
GRADO MÁXIMO DE ESTUDIOS: LICENCIATURA

NIVEL	UBICACIÓN	NOMBRE DE LA INSTITUCIÓN	CARRERA O ÁREA DE CONOCIMIENTO	ESTATUS	PERIODOS CURSADOS	DOCUMENTO OBTENIDO
LICENCIATURA	Estado:ESTADO DE MEXICO Municipio:NAUCALPAN DE JUAREZ	UNIVERSIDAD DEL VALLE DE MEXICO	DERECHO	FINALIZADO		TITULO

EXPERIENCIA LABORAL

SECTOR	PODER	AMBITO	INSTITUCIÓN O EMPRESA	UNIDAD ADMINISTRATIVA	PUESTO	FUNCIÓN PRINCIPAL	INGRESO - EGRESO
PUBLICO	EJECUTIVO	FEDERAL	SECRETARIA DE GOBERNACION	POLICIA FEDERAL PREVENTIVA	SECRETARIO PARTICULAR	SEGUIMIENTO DE PROYECTOS	03/2000 - 12/2000
PUBLICO	EJECUTIVO	FEDERAL	PROCURADURIA GENERAL DE LA REPUBLICA	DIRECCION GENERAL DE PLANEACION Y OPERACION	DIRECTOR GENERAL ADJUNTO	INVESTIGACION DE DELITOS	01/2001 - 10/2001
PUBLICO	EJECUTIVO	FEDERAL	PROCURADURIA GENERAL DE LA REPUBLICA	AGENCIA FEDERAL DE INVESTIGACION	DIRECTOR GENERAL	INVESTIGACION DE DELITOS	11/2001 - 02/2007

EXPERIENCIA ACADEMICA
EL SERVIDOR PÚBLICO NO PROPORCIONÓ INFORMACIÓN DE EXPERIENCIA ACADÉMICA.

LOGROS LABORALES O ACADEMICOS A DESTACAR
EL SERVIDOR PÚBLICO NO PROPORCIONÓ INFORMACIÓN DE LOGROS LABORALES O ACADÉMICOS.

DECLARACION ANTERIOR
- **TIPO DE DECLARACIÓN ANTERIOR:** MODIFICACION PATRIMONIAL
- **FECHA DE PRESENTACIÓN DE LA DECLARACIÓN ANTERIOR:** 29/05/2006

EL SERVIDOR NO ACEPTO HACER PUBLICOS SUS DATOS PATRIMONIALES

* TODA LA INFORMACIÓN FUE CAPTURADA DIRECTAMENTE POR EL SERVIDOR PÚBLICO

Declaración patrimonial de Luis Cárdenas Palomino.

taller de grabado u oficina donde se haya hecho la impresión, con la designación exacta del lugar en donde aquélla está ubicada, la fecha de la impresión, y el nombre del autor o responsable del impreso. La falta de cualquiera de estos requisitos hará considerar al impreso como clandestino..." Al carecer del nombre de la editorial o institución que lo publica también se desconoce con qué fondos se financió este proyecto en el que él se pinta a sí mismo.

"Comenzó la reingeniería de la PJF con nuevas formas de control y una política anticorrupción férrea y desde arriba", señala García Luna en su libro.

"En la primera reunión que tuve con mis subalternos subrayé que el policía que quisiera sumarse a un esquema de operación sano y profesional era bienvenido, pero quien no lo asumiera así tendría que irse porque comenzaba un proceso de saneamiento sistemático con tres principios: sin adicciones, sin vínculos orgánicos con el hampa, sin antecedentes criminales.

"A cambio les ofrecí trabajar con todas mis capacidades y convicción para generar un proyecto de vida para cada uno de ellos, con mejores salarios, condiciones laborales dignas."

En su proyecto de "transformar" la PJF lo acompañó desde el principio Facundo Rosas Rosas, quien ocupó el cargo de director general adjunto "C" con tareas de supervisión.

El 2 de noviembre de 2001 García Luna fue nombrado coordinador general de la Agencia Federal de Investigaciones. García Luna fracasó. Sus supuestos filtros de control sólo eran ficción; en la realidad, policías corruptos se quedaron y nuevos policías corruptos fueron formados en las filas de la AFI. Los hechos lo demuestran. Tanto la AFI como la PJF se convirtieron en un nido de protectores de narcotraficantes y secuestradores, en donde acusaban a los inocentes de ser delincuentes y a los verdaderos delincuentes se les dejaba actuar con libertad.

Todo un grupo siguió a García Luna desde el Cisen y desde la PFP a la AFI. Edgar Eusebio Millán reapareció en el equipo de García Luna. Ahí se sumaron Armando Espinosa de Benito. Según su currículum oficial pareciera que este hombre de 50 años nació, laboralmente hablando, el día que entró a trabajar con García Luna a la AFI. Extraoficialmente se afirma que fue agente de la DFS, una de las policías más corruptas en la historia del país, que se supone limpiaron Carrillo Olea y Tello Peón, los mentores de García Luna.

También llegaron al grupo Igor Labastida Calderón y Domingo González Díaz. Al igual que Garza Palacios y García Martínez, su principal antecedente es que habían estado en la Policía Judicial del D. F.

Actualmente son 10 los que integran el equipo compacto de colaboradores de García Luna en la SSP:

Rosas Rosas, subsecretario de Estrategia e Inteligencia Policial; Luna Valderrábano, jefe del Estado Mayor de la PFP; Cárdenas Palomino, coordinador general de Inteligencia para la Prevención del Delito; Pequeño García, coordinador general de Seguridad Regional.

Roa Lara fue director general de Secuestros y Robo de la PFP en 2007. Después fue ascendido a coordinador general de Inteligencia para la Prevención del Delito. Actualmente trabaja en la sección segunda del Estado Mayor de la PFP.

Espinosa de Benito es actualmente coordinador de las Fuerzas Federales de Apoyo, con apenas la preparatoria terminada.

García Martínez ingresó en la PFP en septiembre de 2007 pese a que no pasó los exámenes de confianza. Actualmente es jefe de la sección primera del Estado Mayor.

Garza Palacios está como agregado en la embajada de México en Colombia luego de que en 2007, con el cargo de coordinador general de Seguridad Regional, fue corrido por el gobernador de Sonora, Eduardo Bours, y después de que la PFP no avisara ni impidiera el paso por la carretera federal de un comando de más de 11 vehículos que llegó a tomar por asalto la policía municipal y se llevó a 22 policías que después fueron ejecutados.

En 2007 Rubido García era el subsecretario de política criminal y desde septiembre de 2008 es secretario técnico del Consejo de Seguridad Nacional a propuesta de García Luna. Por su parte, Humberto Martínez González colabora actualmente con Genaro García Luna en la Dirección General de Apoyo Técnico. Pliego Fuentes murió en 2007. Estaba encarcelado por vínculos con el narcotráfico.

Domingo González Díaz está prófugo de la justicia. Era director del centro de mando de la Agencia Federal de Investigaciones. Se le inició la averiguación previa PGR/SIEDO/UEIDCS/013/04 el 11 de septiembre de 2004 porque presuntamente recibió sobornos por parte del cártel de Sinaloa. De acuerdo con versiones periodísticas, Garza Palacios, entonces su jefe como director general de Operaciones Especiales, lo alertó para que pudiera fugarse. Hasta la fecha Domingo sigue prófugo.

Edgar Eusebio Millán, Igor Labastida y Aristeo Martínez están muertos. Fueron ejecutados en 2008.

El secretario de Seguridad Pública, Genaro García Luna, y el equipo más cercano que lo rodea han sido durante los últimos ocho años el blanco de señalamientos por abusos de poder, simulación, corrupción y mentira. Muchos de ellos tienen fundadas acusaciones por extorsión y protección a secuestradores y narcotraficantes.

La sombra de la duda poco a poco se ha convertido en una certeza. Y los que parecían hechos aislados en la conducta de los integrantes del equipo del secretario se han transformado en un *modus operandi*. García Luna debería verse en el espejo de su mentor Jorge Carrillo Olea.

El caso Vélez: de víctima a secuestrador

El 29 de marzo de 2002, viernes santo, a las 20 horas, Guillermo Vélez dio permiso a su hijo Guillermo, de 33 años de edad, de acompañar al gerente del gimnasio en el que trabajaba y a un misterioso acompañante para que fuera a mostrarles el negocio que el desconocido estaba interesado en comprar.

El líder del Movimiento Familiar Cristiano jamás imaginó que la próxima vez que vería a su hijo mayor sería 24 horas después en la fría plancha de la morgue acusado por la PGR de supuestamente encabezar una peligrosa banda de secuestradores. El cuerpo de Guillermo presentaba contusiones en todas partes. Las marcas en los brazos denotaban que había sido sujetado. El maltrato que presentaba su órgano sexual evidenciaba tortura.

Guillermo Vélez aún no sabe a ciencia cierta quién y por qué mató a su hijo, aunque oficialmente se sabe que cinco agentes y un comandante de la Agencia Federal de Investigaciones, encabezada entonces por el hoy secretario de Seguridad Pública Genaro García Luna, estuvieron directamente involucrados con su detención ilegal y homicidio.

El crimen sigue impune. Los cinco agentes de la AFI están libres. El comandante Hugo Armando Muro Arellano, uno de los hombres más cercanos a García Luna desde que fue coordinador de la PFP en 1999, esta prófugo de la justicia. Pese a la orden de aprehensión en su contra, la AFI no lo ha detenido.

Hace seis años el caso Vélez sacudió a la opinión pública, igual que hoy ocurre con el caso del secuestro y homicidio de Fernando Martí Haik de apenas 14 años de edad. Uno fue acusado injustamente de victimario, el otro es víctima. En los dos hay contradicciones y evasivas por parte de la Secretaría de Seguridad Pública. En los dos casos participaron policías federales.

Guillermo Vélez convirtió su duelo en una lucha por la justicia. Luego de cuatro años, en mayo de 2006 logró ganar a la PGR, por primera vez en la historia, una demanda civil. El tercer juzgado de distrito en materia civil del Distrito Federal condenó a la PGR a reparar el daño moral a la familia y a aclarar públicamente en una conferencia de prensa que Guillermo Vélez Mendoza no era integrante de ninguna banda de secuestradores.

Hasta la fecha la PGR se niega a cumplir con el ordenamiento judicial incurriendo en desacato. El jueves 31 de julio de 2008 se hizo un requerimiento directamente al procurador general de la República, Eduardo Medina Mora. Si no cumple la sentencia podría ser encarcelado hasta por 36 horas.

El 25 de julio de 2008 Guillermo Vélez me narró de viva voz el vía crucis que inició ese viernes santo de 2002 y que aún no llega a su fin. Su abogado, Alejandro Ortega, denuncia a los responsables del homicidio de Guillermo Vélez y la protección que el entonces director de la AFI, Genaro García Luna, dio al comandante Muro, al cual, afirma, siguen protegiendo.

—En el caso Vélez sembraron pruebas, nunca hubo orden de localización ni presentación, el oficio que metieron en el expediente no tiene ni siquiera número, no había ninguna investigación previa para acusar a Guillermo de secuestro —señala Ortega.

Guillermo Vélez Mendoza trabajaba en el gimnasio ALVI, propiedad de su amiga Maciel Islas González, ubicado en avenida Politécnico, en la colonia Lindavista. Se encargaba de supervisar los equipos del gimnasio y de coordinar a los instructores.

El 17 de marzo de 2002 Guillermo recibió la instrucción de no ir a trabajar, lo cual le pareció extraño pero obedeció. Al otro día Maciel fue secuestrada al interior del gimnasio.

El hombre que el 29 de marzo acompañaba a Ramón Salazar Orihuela, gerente del gimnasio, y que se llevó con engaños a Vélez Mendoza fue el comandante Hugo Armando Muro Arellano, hombre cercano a García Luna desde 1999, cuando Genaro fue su jefe en la Policía Federal Preventiva.

Ese mismo día, en circunstancias extrañas, la AFI liberó de sus captores a Maciel y detuvo a cinco integrantes de la banda conocida como los Ántrax: Mario Alberto Núñez Ortiz, Ricardo Hurtado Pérez, Martín Díaz Ortiz y Clemente Nájera García. Pero dejó que el líder, Jaime Orozco Servín, huyera.

Ése fue el primer rescate videograbado por García Luna y su gente y fue difundido en los medios de comunicación como un gran logro.

—García Luna es experto en crear los incendios y luego aparecer como el héroe apagándolos —señala el abogado Alejandro Ortega.

El video fue un montaje, como muchas otras acciones orquestadas por el hoy secretario de Seguridad Pública. Después se descubrió que en lugar de usar a la Maciel original, la AFI utilizó un maniquí para recrear el rescate.

Cuando Guillermo Vélez fue informado de que su hijo era el líder de una banda de secuestradores llamada los Ántrax, no podía creerlo. Su hijo era conocido por todo el mundo como un joven honesto y trabajador. Así quedó escrito en cientos de testimonios dados por quienes lo conocieron.

"Fue el hermano mayor de una familia conformada por cinco hermanos. Como tal, tuvo la dedicación y carácter para ver siempre por sus hermanos. Fue un muchacho normal, sin vicios, amigable, solidario, muy aficionado a la producción de cine y fotografía", señala el perfil que de él hicieron sus familiares y amigos.

A Guillermo Vélez le dijeron que su hijo murió porque había querido escapar y Muro Arellano le aplicó la llave china, lo tiró al suelo y ahí se asfixió. Sí, una versión difícil de creer.

Después del dolor de perder a su hijo primogénito, Vélez buscó justicia, aunque eso le valió amenazas de muerte e incluso una carta anónima en la que le describieron la tortura que sufrió su hijo antes de morir. "De nada te valió haber creído en tu Dios", le escribieron con sorna.

La PGR dijo públicamente que Guillermo Vélez Mendoza era el líder de los Ántrax, tenía el supuesto apodo del Fardero y había muerto cuando intentaba escapar de la AFI. La autopsia hecha por el Ministerio Público nunca señaló la hora ni el lugar en donde había fallecido.

Guillermo Vélez logró una orden para exhumar el cuerpo y hacer una nueva autopsia para saber cómo había muerto realmente su hijo. Se llevó a cabo el 21 de mayo de 2002. Cuando sacaron el cuerpo se dio cuenta de que ilegalmente en la funeraria le habían quitado las vísceras, el cerebro y todos los órganos. Sería casi imposible poder saber qué es lo que había ocurrido antes de la muerte de Vélez Mendoza.

Aun así, las revisiones hechas por un perito del Estado de México nombrado por la PGR y otro nombrado por la familia Vélez, Alfredo Jesús Miranda Sánchez, perito en histopatología forense de la Universidad Nacional Autónoma de México, coincidieron en que el cuerpo presentaba signos de tortura.

"La muerte del señor Guillermo Vélez Mendoza es consecuencia de lesiones, producto de sometimiento presentado al cuerpo, adicionalmente lesiones en zonas típicas de tortura, que es falso que pretendió huir tropezándose y sujetado por agentes de la Agencia Federal de Investigaciones, que la cronología de los hechos declarados ministerialmente no corresponden a los tiempos reales en que los hechos se produjeron, y que sucedieron en el interior de un vehículo distinto a aquel en el que se realiza su detención", se indicó en el peritaje hecho por la Procuraduría General de Justicia del Estado de México.

El 30 de marzo Muro Arellano fue ingresado en el Reclusorio Sur por homicidio culposo, donde pasó una noche. La historia que ahí narró es lúgubre. Según sus compañeros de celda de aquella noche, Muro Arellano habría comentado que quienes torturaron a Guillermo Vélez habían sido altos funcionarios de la AFI.

El 1º de abril de 2002 se tomó la declaración preparatoria a Muro Arellano ante el Juzgado Decimocuarto de Distrito de Procesos Penales Federales en el Distrito Federal. En dicha diligencia se solicitó su libertad provisional con fianza de por medio porque el delito por el cual había consignado fue el de homicidio culposo, delito no considerado como grave. Ese día salió libre. Seis días después se dictó orden de formal prisión y desde entonces está prófugo de la justicia porque la AFI, corporación a la que pertenecía, no ha cumplido con la orden de aprehensión.

Cinco elementos de la AFI fueron consignados por homicidio doloso: Alfredo Cruz Pérez, Norberto Amezcua Barreda, Sergio Alberto Martínez López y Luis Manuel Villalobos Cubero. Sin embargo, como después la PGR cambió el delito por homicidio culposo, tuvieron que salir libres.

El día en que Guillermo Vélez exhumó el cuerpo de su hijo, quedando en peritajes la evidencia de tortura que había sufrido, milagrosamente la AFI detuvo a Jaime Orozco Servín, el verdadero líder de la banda. Previendo que el peritaje de Vélez sería escandaloso, en su estilo, García Luna presentó a los medios de comunicación al Ántrax, quien dijo conocer a Guillermo Vélez, el Fardero, quien le había dado información para secuestrar a la señora Maciel Islas.

Mediáticamente para la AFI era menos grave ante la opinión pública haber torturado a un secuestrador que a un inocente. El Ántrax nunca repitió esa versión ante el Ministerio Público.

El 30 de marzo de 2002 Adrián Muro Cabrera, integrante de la banda, declaró cómo el 29 de marzo Jaime Orozco Servín recibió una llamada telefónica que lo puso muy nervioso. Cambió las órdenes de ese día y dijo a su equipo que saldrían a comprar provisiones.

Mario Alberto Núñez Ortiz, otro integrante de la banda, explicó en su declaración que Orozco Servín se fue en un Golf azul y sus cinco cómplices en un Jetta blanco.

—Yo salí primero en mi coche Jetta blanco y los policías creyeron que yo era el bueno y me detuvieron, y Jaime aprovechó para darse a la fuga en un Golf azul —señala.

Como se ha dicho, Guillermo Vélez logró poner en el banquillo de los acusados a la PGR. Hasta la fecha la PGR no ha cumplido la sentencia definitiva e inútilmente intenta ampararse contra la resolución. Sin embargo, el caso ya fue ganado en las tres instancias judiciales. La sentencia fue ratificada por el Primer Tribunal Unitario en Materia Civil y Administrativa y el Tercer Tribunal Colegiado en Materia Civil.

En la Corte Interamericana de Derechos Humanos está abierto desde 2003 el expediente P-509-03, en el que Guillermo Vélez denuncia la violación a los derechos humanos de su hijo por parte de la PGR. La Corte aún no resuelve.

El 7 de julio de 2008 el tercer juzgado de distrito en materia civil del Distrito Federal hizo un apercibimiento directo al procurador general de la República, Eduardo Medina Mora, para que cumpla con la sentencia.

El 18 de septiembre de 2008 el juzgado giró al presidente Felipe Calderón un oficio para notificarle que el procurador general de la República está en desacato por no cumplir con la sentencia de la indemnización y la conferencia de prensa para limpiar públicamente el nombre de Guillermo Vélez. Es importante reiterar que la soberbia de la PGR puede llevar a Eduardo Medina Mora a un juicio político para destituirlo, e incluso a la cárcel por no cumplir con el fallo judicial.

El caso Vélez es un ejemplo claro de que en el gabinete de seguridad y justicia de Felipe Calderón impera el mundo al revés. El mundo de las dos caras. El mundo de la incongruencia que tiene al país en situación de desgobierno, impunidad y delincuencia.

Armando Muro Arellano sigue prófugo, impune. Si ni siquiera la PGR es capaz de cumplir con la ley, ¿cómo va a lograr que los demás lo hagan?

García Luna bajo sospecha

Soy Marcos Tinoco Gancedo, el Coronel, y hago esta declaración confesional en respuesta a un llamado de mi conciencia y con el firme propósito de colaborar en desarticular y desalentar el crimen organizado y secuestro en mi país.

Manifestando también que toda la información en esta declaración confesional me la reserve, ya que la enorme mayoría aún bajo tortura física y psicológica que recibí por el otrora comandante Alberto Pliego Fuentes y su gente no me fue arrancada como tampoco lo fue ante los agentes federales de la UEDO y que no firmé ninguna declaración testimonial incriminándome, como tampoco en aquel entonces realicé ningún señalamiento contra nadie.

Lo hago presentándole, anticipando mi honor (*sic.*), disculpas a todas las personas a quienes con mi organización privamos ilegalmente de su libertad manifestando también que por órdenes mías jamás absolutamente nadie fue lastimado físicamente y que en su momento enfrentaré los procesos de secuestro que realmente hayamos perpetrado.

Así lo pudo declarar finalmente Tinoco Gancedo el 15 de abril de 2002 ante el juez primero de Distrito B en materia de procesos penales federales en el Estado de México, luego de una intensa lucha desde el penal de máxima seguridad La Palma, en Almoloya de Juárez, para poder hacer su denuncia y finalmente revelar su verdad.

La declaración consta de 55 hojas, de las cuales tengo copia. En ella desfilan los nombres de sus presuntos cómplices de los más de 11 secuestros que cometió de 1999 a 2000, cuando fue detenido. Entre los nombres de los cómplices que él denunció estaba el del ex comandante de la PFP Alberto Pliego Fuentes —ex colaborador cercano a García Luna—, familiares de narcotraficantes metidos en la industria del secuestro, como la cuñada de Héctor el Güero Palma; abogados prominentes, como Juan Collado, y joyeros judíos que supuestamente se prestaban para comprar y vender las joyas producto de los rescates.

La confesión de Tinoco Gancedo es impactante. Significa un parteaguas en la historia del secuestro en México y ofrece otro ángulo desde el cual se puede comprender por qué es una industria bien organizada, impune y muy lucrativa.

Que fuera un secuestrador quien revelara esa información le quitaba una buena parte de credibilidad a la historia. Pero la precisión de los datos y el ofrecimiento de pruebas testimoniales y documentales obligaba a las autoridades a comprobar la veracidad de sus dichos. La autoridad no lo hizo, pero el tiempo poco a poco le fue dando la razón a su impactante testimonio.

Tinoco Gancedo acusó a García Luna, entonces director de la AFI, de dar protección e impunidad a Pliego Fuentes, cómplice de su banda que al final lo traicionó y entregó. Cuando Pliego Fuentes detuvo al Coronel el 27 de marzo de 2000, García Luna era su jefe directo en la PFP.

El testimonio del 15 de abril de 2002 no fue el primero. La primera vez —según afirma él— fue el 23 de marzo de 2002 ante el ministerio público federal Martín Levario, su secretario "Leonardo" y un defensor federal enviados por el director de la AFI, Genaro García Luna, por instrucciones del procurador general de la República, Rafael Macedo de la Concha.

El Coronel les dio toda la información de cómo operaban las células de su banda y hasta les hizo el croquis de dónde podían localizar a sus cómplices. Martín Levario se negó a entregarle una copia de su testimonio como era su derecho. Su denuncia desapareció. Todo el esfuerzo de Tinoco Gancedo para echar de cabeza a sus cómplices, mientras él estaba preso, se había ido por la borda.

El 20 de marzo de 2002 Rafael Macedo de la Concha, entonces procurador general de la República, recibió un mensaje insólito. Jorge Espina, dirigente nacional de la Confederación Patronal de la República Mexicana, y José Antonio Ortega Sánchez, director de la Comisión de Seguridad Pública de la organización, se reunieron con él para entregarle la carta de uno de los secuestradores más activos en la historia reciente: Marcos Tinoco Gancedo, alias el Coronel.

La misiva del secuestrador a Macedo de la Concha dice:

> [...] Le pido por favor que en total privacía y sin previa publicidad alguna y sin enterar a las personas de la PFP que me aprehendieron y a los federales de la UEDO que me consignaron, me envíe a alguien de su absoluta confianza para que determine tiempos y formas mediante los cuales yo le otorgaré a las 23 personas que conforman mandos medios y altos de mi organización; ya que a la fecha sólo han detenido a mi asistente directo y a 10 integrantes del escuadrón de asalto, de los cuales ninguno habló pero a una orden mía todo saldrá a la luz.
>
> También poseo testimoniales, información y pruebas que desenmascaran a un ex jefe policiaco corrupto, hipócrita, coludido en funciones y actualmente en secuestro, violación, asaltos y asesinatos.

Los líderes de la Coparmex, que encabezaban una lucha frontal contra las bandas de secuestradores, solicitaron a Macedo que se tomara la declaración de Tinoco Gancedo y se llevara la investigación hasta sus últimas consecuencias. Esa tarde Macedo mandó llamar al jefe de la Agencia Federal de Investigaciones, Genaro García Luna, para que fuera él a hablar directamente con el Coronel.

—Cuando llega el documento de Marco Tinoco Gancedo, el Coronel, a la Coparmex, inmediatamente Jorge Espina, quien era el presidente, me lo mandó, me citó y me dijo: "¿Qué hacemos?" A lo que contesté: "La carta dice que vayamos con el procurador general de la República y que se la entreguemos solamente a él" —recuerda José Antonio Ortega en una entrevista que le hice para esta investigación.

—¿Hay alguna razón por la cual les mandaron la carta a la Coparmex? —le pregunté.

—Ya la había mandado al presidente, la había mandado a varios secretarios de Estado, al mismo procurador, y no le habían hecho caso. No le habían hecho caso y él veía que la Coparmex hacía en ese momento constantes evaluaciones sobre el secuestro.

"Le pido a Jorge Espina que obtenga la cita con el procurador; sacamos la cita: fue el 20 de marzo, como dice la denuncia. Yo le entrego, junto con la carta que nos manda el Coronel, una denuncia formulada por escrito, se la entregamos. Él instruye a Genaro para que él siga el asunto. Me dice: 'Éste es un asunto muy peligroso, es un secuestrador muy grande, la banda está adentro, no se metan ustedes'".

—¿Era un secuestrador muy peligroso realmente?

Era un secuestrador muy peligroso que había secuestrado a gente de mucho dinero. Sobre todo había afectado a una parte de la comunidad judía. Era un hombre que andaba en carros deportivos, último modelo, con camisas de seda de 300 dólares, en los medios más altos buscando a quién secuestraba.

"Si me fui yo, ahora nos vamos todos; ésa es la actitud, por un lado. Por otro no quería que fuéramos a la PFP, porque la PFP lo había detenido. Quien lo detuvo efectivamente fue Alberto Pliego Fuentes, quien dependía de la PFP y que dependía de Genaro García Luna. Nos pidió que fuéramos con el procurador Macedo de la Concha, pensando él que el pleito con Gertz

Manero y el pleito con Wilfrido Robledo y con Genaro García Luna iban a impedir que Genaro y Alberto Pliego se involucraran en la investigación y con eso salvar el asunto de quienes fueron sus extorsionadores durante toda su vida de secuestrador.

—¿Qué encontró en la carta que le diera un elemento de que hay una dosis de verdad en lo que dice?

—No sé si sea cierto, pero a mí no me toca decidirlo; si él nos pide que vayamos con el procurador, yo voy con el procurador. Llevé mi denuncia porque tengo una formación de abogado y dije: yo doy la cara. Yo la firmo. ¿Qué me consta? No me consta nada, lo único que me consta es que nos dio esto y nos pidió que lo entregáramos.

El 20 de marzo se reunieron con Macedo de la Concha, quien mandó llamar a su oficina a García Luna y le encomendó el caso. El compromiso era que se enviaría a un ministerio público para levantar la denuncia de Tinoco Gancedo...

—Pero nos manda decir [Tinoco Gancedo], a través de su amante, que el agente del Ministerio Público, Martín Levario, no quería asentar el nombre de Alberto Pliego Fuentes en la averiguación.

"[Martín Levario] era el agente del Ministerio Público que dependía de la UEDO [Unidad Especializada en la Delincuencia Organizada], de la unidad de secuestros de la UEDO, lo que ahora es la SIEDO [Subprocuraduría de Investigación Especializada en Delincuencia Organizada] y Martín Levario, a decir de la novia del Coronel, no quería asentar lo de Alberto Pliego Fuentes de haber participado. Que le costó mucho trabajo y amenazó con no firmar la declaración hasta que lo tuvo que poner. Entonces me pareció que era una irregularidad importante. Busqué a Genaro García Luna, quien era la persona que había comisionado el procurador.

No me tomó la llamada, le hablé más de 10 veces, nunca me tomó la llamada, siempre quedaron de reportarlo. Nunca lo reportaron."

Al otro día el escándalo estalló en las ocho columnas del periódico *Reforma*. Macedo de la Concha llamó a Espina y Ortega y los citó en su oficina.

—¿Por qué no me hablaste? —reclamó airadamente Macedo de la Concha a Ortega.

—No te hablé, procurador, porque tú me dijiste que le hablara a Genaro. Busqué a Genaro y nunca me tomó la llamada —respondió Ortega enfrente del mismísimo García Luna.

El director de la AFI iba a replicar y el procurador lo detuvo con un gesto de su mano, la apretó muy fuerte para que se callara.

El 15 de abril de 2002 Tinoco Gancedo dio su espeluznante testimonio. Afirmó que operaba con ocho células, cada una integrada con personajes disímiles. La célula uno estaba integrada por el licenciado Jaime Tello de Meneses, alias Gymo, y el licenciado Carlos García García, alias Calo. Eran coautores intelectuales de todos los secuestros —dijo Tinoco Gancedo—. Contaron con la complicidad de un comandante de nombre Raúl Díaz Paz, alias Hunter, a quien el Coronel le dio 500 mil pesos y dos relojes Cartier de oro para que desviara las investigaciones en su contra por el secuestro de Mario Mondragón Alvarado y su hijo Mario Mondragón Marín perpetrado en 1999. Reveló que Calo tenía una avioneta particular en el aeropuerto de Atizapán de Zaragoza, Estado de México, la cual le prestaba. Tinoco Gancedo señaló el lugar exacto donde los abogados podían ser localizados, en avenida Lomas Verdes, en Naucalpan, Estado de México, e incluso proporcionó sus teléfonos.

La célula dos estaba conformada por Cynthia Mercedes Romero Verdugo, alias la Gorda, la Nalgona o Botero, quien era la encargada de la vigilancia y alimentación de los secuestrados. Dio la dirección de la calle Samahil número 237, por el Ajusco, e incluso pidió que fueran a reconocer la casa los señores Jaime Ostos, Miguel Ángel Cardona, David Ojeda Aguilar y Eduardo Meza Canseco. Cynthia era "comadre" del narcotraficante Joaquín Guzmán Loera, el Chapo. Además, el Coronel reveló que ella era prestanombres del Güero Palma y que podía ser ubicada en varias direcciones que proporcionó. En esa célula también estaban Enrique Romero Verdugo, Héctor Noé Sánchez Luna e Irene "N".

La célula tres estaba conformada por Elizabeth Cesardette Halloran Kuvener, alias la Licenciada, Jorge Ponce de León, el Primo, y Edgar Solís Rubio, denunció Gancedo.

Cabe señalar que hay una dirección de internet, www.ltbmx.com/CHEF_EACHK.html, en la que actualmente la licenciada promociona sus servicios de chef de cocina mexicana. Señala que es estudiante de cocina, licenciada en derecho y tiene 46 años. Ltbmx.com es la página de una asociación mundial de chefs y profesionales en hotelería y turismo, "Les Toques Blanches A.C." En la página aparece que ella es "afiliada júnior".

"Elizabeth es una seudoprofesionista, encargada, junto con Jorge Ponce de León y Edgar Solís Rubio, de las investigaciones, seguimientos, corroboración de datos y cuestiones telefónicas de los secuestradores.

"Elizabeth es de metro setenta centímetros de estatura, de cuarenta años de edad, tez blanca, dientes irregulares, cabello corto castaño claro y con rasgos germanos", la describió Tinoco Gancedo en su declaración. El Coronel dio en su momento el teléfono de Elizabeth de su departamento en Eje 10 sur.

La célula cuatro estaba conformada por nueve joyeros establecidos en el centro joyero entre las calles Cinco de Mayo y Tacuba. Su función era vender en México y el extranjero las joyas, relojes y diamantes obtenidos como pago de los secuestros: Mario Rugueiro Juárez, Héctor Govantes Chávez, Antonio Guzmán Vázquez, Carlos Campos (padre), Carlos Campos (hijo), Gustavo Guzmán y Armando Salcedo. Este último le ofreció ponerle en suerte al director de Rolex de México, que entonces era Paul Benoit Segovre. Los joyeros propusieron el secuestro de uno de sus compañeros; cuando logró escapar nunca supo que ellos mismos lo habían puesto y los fue a prevenir que serían los próximos secuestrados.

La célula K estaba conformada por un miembro de la comunidad judía de nombre Jorge Kosberg "N", alias Jorgito.

"Se asoció conmigo a raíz de que lo secuestramos. Habiéndolo secuestrado surgió la propuesta de que lo que nos estaba entregando podía ser superado en mucho por un joyero muy importante, propuesta aceptada, por lo cual nos entregó absolutamente toda la información de José Titievsky Skurovich, el cual es un joyero importante en México", narra Tinoco Gancedo en su confesión. Kosberg, según el Coronel, fue yerno del joyero más importante en México de la comunidad judía llamado Mauricio Berger.

La célula franquicia de arte —dijo Tinoco Gancedo— estaba conformada por el abogado Juan Ramón Collado Mocelo y su hermano Antonio Collado Mocelo. Juan Collado ha sido abogado de Raúl Salinas de Gortari, Carlos Ahumada, Mario Ruiz Massieu y Mario Villanueva, el ex gobernador de Quintana Roo, entre otros. En la célula también estaba José Luis Sabau García.

Juan Collado le llegó a comprar joyas seminuevas producto de los secuestros que cometía, a sabiendas de dónde venía la mercancía, delató el Coronel. Asimismo reveló que supuestamente Juan Collado le había propuesto secuestrar y asesinar a Adriana Salinas de Gortari, la hermana del ex presidente Carlos Salinas de Gortari, por 10 millones de dólares. Tinoco Gancedo reveló puntualmente los lugares donde se encontraron, e incluso las empresas que formó con amigas de los tres sujetos, y dijo dónde podían ser localizados específicamente.

La última célula estaba compuesta por el comandante Alberto Pliego Fuentes, a quien le llamaban el súper secuestrador. Operaba junto con Nicolás Anduiza Zúñiga o Nicolás Rodríguez Zúñiga, alias el Nico, a quien Pliego Fuentes conoció cuando fue jefe de custodios del Reclusorio Norte del D. F. La banda de Pliego y el Nico secuestró al empresario Eliot Margolis.

El Coronel reveló que desde 2001 Armando Martínez Salgado, el director antisecuestros de Morelos, entonces preso en La Palma junto con él, envió una carta a Santiago Creel Miranda, secretario de Gobernación, para informarle de los actos delictivos de Pliego. También señaló que un secuestrador de nombre Erick Alberto Sánchez Chávez, aparentemente encarcelado en el Reclusorio Oriente, había denunciado en su momento que Pliego Fuentes lo protegía.

La denuncia que presentó Tinoco Gancedo no fue atendida por las autoridades. En respuesta a eso el secuestrador envió dos cartas al entonces presidente de la República, Vicente Fox, denunciando la presunta protección que le otorgaba el director general de la AFI, Genaro García Luna. En una de las misivas también denunciaba al fiscal "encubridor" Martín Levario, quien le tomó la primera declaración el 23 de marzo de 2002:

Sr. Presidente, agradeciendo sus atenciones, nuevamente me dirijo a usted con respeto para hacer de su alto conocimiento la siguiente información y hechos.

"Amistad Organizada". Genaro García Luna, Alberto Pliego Fuentes y Martín Levario (Ministerio Público)

Cmdte Genaro García Luna.

Actual director de lo que se ha convertido en la Agencia Federal de la Impunidad de su amigo Pliego Fuentes y de prácticamente todos mis denunciados; además:

Fue el jefe directo del entonces comandante Alberto Pliego Fuentes, el súper secuestrador, en el año de 1999 en la PFP hasta el 2000.

Actualmente sigue siendo su amigo y protector, en extremo evidente.

Con tal de proteger a Pliego de mi denuncia en mi declaración con pruebas, información y múltiples testigos, pretendió también proteger a todos mis señalados, tratando absurda y aberrantemente de desvirtuar y diluir la misma, no importándole lo contundente de la verdad y las pruebas.

[...] Martín Levario me fue enviado por el propio García Luna, a quienes aporte pruebas contundentes y varios testigos para comprobar, e incluso dispuestos a declarar aportando a su vez más imputaciones, más pruebas y otros testimoniales; testigos tales que "inexplicablemente" no han sido declarados.

Al tomar mi declaración el 23 de marzo 2002 pretendió evitar que denunciara a Pliego Fuentes argumentando que traía pocas hojas para imprimir, que mejor después, que ese ex comandante a ellos no les interesaba. Se negó rotundamente a entregarme copia simple de mi declaración, como es un derecho.

LOS CÓMPLICES DEL PRESIDENTE

Pliego le hace favores a varios delincuentes a los que después de extorsionarlos los deja ir para que sigan delinquiendo en contra de la sociedad y sigan reportándose con él.

Entre sus cómplices policiacos se encuentra Hugo Armando Muro Arellano, actualmente prófugo por homicidio, Miguel Ángel Marín Muñoz, actualmente preso por secuestro y homicidio.

Tinoco Gancedo narró cómo después de ser detenido, Pliego Fuentes comenzó a chantajear a los cómplices de sus diferentes células para no ser detenidos, por ejemplo: a la cuñada del Güero Palma y al joyero judío Jorge Kosberg. En su carta también denunció que cuando declaró ante el juez, el 15 de abril,

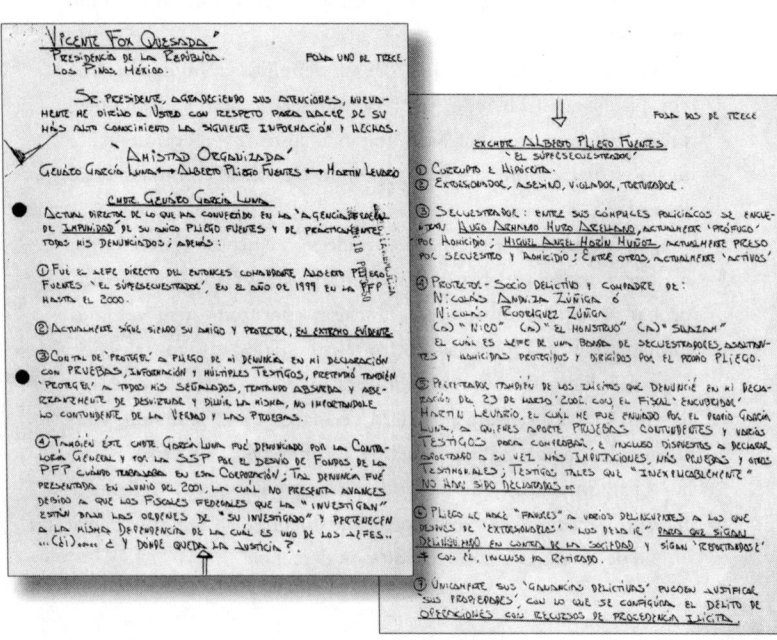

FOJA SIETE DE TRECE

DE MI ORGANIZACIÓN DELICTIVA, CORROBORA QUE ELLA ES LA JEFA DE UNA CÉLULA, PROPIETARIA DE LA CASA DE SEGURIDAD EN LA QUE ESCONDIMOS A MÚLTIPLES SECUESTRADOS; TAMBIÉN SE ENTERÓ DEL DOMICILIO EXACTO DE LA MISMA, LUGAR EN EL QUE PLIEGO Y SU GENTE "ABORDAN" A CYNTHIA ROMERO, Y EN LUGAR DE PROCEDER EN SU CONTRA DECIDIÓ "EXTORSIONAR" A SU MADRE MARIA LUISA VERDUZCO VALENZUELA, A QUIEN LE "PIDIÓ" UNA FUERTE CANTIDAD DE DINERO, DINERO QUE RECIBIÓ Y POR EL QUE SE COMPROMETIÓ A "NO DETENERLA", NI A PERMITIR QUE ELLA FUESE INCLUIDA EN LAS INVESTIGACIONES"; CASO SIMILAR TAMBIÉN PLIEGO LO MANEJÓ CON JORGE KOSTBERG; AHORA TENGO TESTIGOS DE LO ANTERIOR.

B) DESDE PRINCIPIOS DE ENERO 2002, A PLIEGO "ALGUIEN" LE INFORMÓ DE MI DECISIÓN DE REVELARLO TODO --- A LO CUAL Y MUY TEMEROSO DE TODO LO QUE SALDRÍA A LA LUZ, PIDIÓ "EL FAVOR" DE QUE NO SE ME ATENDIESE.

C) SIN EMBARGO, SIEMPRE ESTUVO AL FRENTE - "CÓMO ACTUALMENTE", Y MÁS AÚN, CUANDO SU AMIGO GARCÍA LUNA LE INFORMA DE QUE ME VAN A ENVIAR A UN FISCAL "AMIGO DE AMBOS" A TOMAR MI DECLARACIÓN, YA QUE POR ÓRDENES DEL GRAL. MACEDO Y A EXPRESA SOLICITUD DE LA COPARMEX, DEBÍAN DE ATENDER MI DENUNCIA; YA BUSCANDO GARCÍA LUNA DESDE UN INENARRABLE PRINCIPIO "ENCUBRIR A PLIEGO" MUY AL ESTILO DE COMO LO DENUNCIA EL SR. PERIODISTA RAÚL CREMOUX EN SU ARTÍCULO DEL 20 DE MARZO '02, REFERENTE A UNA IMPORTANTE APREHENSIÓN EN EL QUE TEXTUAL : "CON ESTA ACCIÓN EXITOSA CONTRA EL CRIMEN ORGANIZADO QUEDA EN EVIDENCIA QUE LA EFECTIVIDAD FUE LOGRADA EN LA "DESVINCULACIÓN" QUE HIZO EL EJÉRCITO DE LAS DISTINTAS POLICÍAS, EN ESPECIAL DE LA QUE REINA EN LA PGR, QUE YA ESTÁ VISTO: TODO LO QUE TOCA LO EVAPORA, FALSIFICA O TRASTOCA HASTA CONVERTIRLO EN SU OPUESTO; LO CUAL ES ABSOLUTAMENTE CIERTO; PERO ¿HASTA CUÁNDO, SR. PRESIDENTE ?

FOJA TRECE DE TRECE

A LA DISTRIBUCIÓN Y FUNCIONES DE LOS MISMOS, Y EN EL SUPUESTO DE QUE PGR NO CONSIGNE, SERÁ EL PROPIO TITULAR DE LA MISMA QUIEN DEBA RESPONDER Y EXPLICAR EL PORQUÉ ANTE LA SUPREMA CORTE DE JUSTICIA DE LA NACIÓN Y ANTE LAS COMISIONES DE SEGURIDAD DE LA CÁMARA DE DIPUTADOS Y DE LA CÁMARA DE SENADORES.

Gracias, Sr. Presidente

MARCOS TINOCO GANCEDO.

C.C.P.
- SANTIAGO CREEL MIRANDA, SECRETARIO DE GOBERNACIÓN.
- GRAL. GERARDO CLEMENTE VEGA GARCÍA, SECRETARIO DE LA DEFENSA.
- FRANCISCO BARRIO TERRAZAS, SECRETARIO DE LA CONTRALORÍA.
- ALEJANDRO GERTZ MANERO, SECRETARIO DE SEGURIDAD PÚBLICA FEDERAL.
- MINISTRO GENARO GÓNGORA PIMENTEL, PRESIDENTE DE LA SCJN.
- GRAL. ARELLANO NOBLECÍA, COMISIONADO POLICÍA FEDERAL PREVENTIVA; AT'N COORDINADOR DE INTELIGENCIA NICOLÁS SUÁREZ.
- COMISIÓN DE SEGURIDAD DE LA CÁMARA DE DIPUTADOS.
- COMISIÓN DE SEGURIDAD DE LA CÁMARA DE SENADORES.
- JORGE ESPINA REYES, PRESIDENTE DE LA COPARMEX.
- PEDRO FERRIZ DE CON, DIRECTOR DE IMAGEN INFORMATIVA
- JOAQUÍN LÓPEZ DÓRIGA, NOTICIAS TELEVISA.
- PERIÓDICO REFORMA.
- MÉXICO UNIDO CONTRA LA DELINCUENCIA.

Fragmentos de la carta de Marcos Tinoco Gancedo, el Coronel, a Vicente Fox.

llamaron de la PGR al juzgado para pedir que "fuesen quitadas algunas imputaciones de mi declaración", a lo cual no accedieron los jueces.

Cabe señalar que la AFI, como policía ministerial, tenía la responsabilidad de realizar la investigación del caso y averiguar si los elementos que proporcionaba Tinoco Gancedo eran reales. Cuatro años antes, el 18 de agosto de 1998, Daniel Arizmendi, el Mochaorejas, había acusado a un comandante de protegerlo. Estuvo a punto de detenerlo en 1996, pero gracias al pago de 150 mil pesos lo dejó escapar. Arizmendi en su declaración nunca dijo el nombre de Pliego; cuando la versión salió a la opinión pública, Pliego enseguida dijo que sí le habían ofrecido dinero pero que no había aceptado. Nadie hizo nada con la denuncia de Arizmendi ni con la de Tinoco Gancedo.

Cuando el Coronel mandó su carta a Fox, en junio de 2002, Alberto Pliego Fuentes tuvo que renunciar a la Policía Judicial de Morelos porque se le relacionaba con protección a narcotraficantes. Fue aprehendido en febrero de 2005 por dar protección a narcotraficantes y bandas de secuestradores. Pliego Fuentes se llevó los secretos de sus cómplices a la tumba. El 22 de febrero de 2007 murió víctima de un cáncer gastrointestinal.

Por su parte, el ministerio público Martín Levario, quien se negaba a tomarle completa la primera declaración a Tinoco Gancedo, fue premiado el 30 de mayo de 2007. Lo nombraron delegado de la PGR en Guanajuato, donde radica el ex presidente Vicente Fox.

— [...] por eso no podemos abatir el delito del secuestro, por la complicidad que hay de algunos malos elementos, pero sobre todo por la complicidad que hay de los altos mandos de la seguridad pública en el país. Y me refiero a los altos mandos, director de la AFI, 2000-2006, Genaro García Luna, y actual secretario de Seguridad Pública Federal. Mientras exista protección hacia el crimen organizado, en secuestros o narcotráfico, la batalla está perdida —señala José Antonio Ortega, quien no ha cejado en que se atienda la denuncia del Coronel.

Todavía el 11 de mayo de 2005 Ortega solicitó al nuevo procurador Daniel Cabeza de Vaca que reabriera la investigación por protección a secuestradores correspondiente a la averiguación previa PGR/UEDO/281/2002.

—Yo hablé con el secretario de la Defensa, me entrevisté con él el año pasado, en 2007, en julio o agosto, y le entregué una copia del expediente de Genaro García Luna. Entonces le dije: "Secretario general, con todo respeto, le digo que no todas las personas que están en el gabinete del presidente Calderón son de confianza como usted. Y concretamente me refiero a Genaro García Luna".

"Le expliqué muy breve lo de Genaro García Luna y la persecución que hizo contra mi familia, le entregué una copia. Y me dijo: 'Eso no es todo lo que hay en contra de Genaro García Luna, nosotros le sabemos más cosas. Pero tú insiste y habla con el presidente'."

CAPÍTULO 7

El Guionista

Los generales

Faltaban unas semanas para el 1° de diciembre de 2006 y en el restaurante Sir Winston Churchill's de Polanco, algunos de los generales en activo más destacados de este país tuvieron un encuentro con Juan Camilo Mouriño, entonces coordinador general del fideicomiso para apoyar el cambio de administración del Ejecutivo federal.

Aún no estaba definido quién sería el secretario de la Defensa Nacional. En los primeros lugares de la lista estaban los generales de división Juan Alfredo Oropeza Garnica, Tomás Ángeles Dahuajare y Guillermo Galván Galván.

Felipe Calderón le había delegado a Juan Camilo depurar las listas de candidatos para integrar su gabinete y, aunque fue el propio Felipe quien dio la última palabra, el visto bueno de Mouriño tenía peso y mucho. Varios candidatos a secretarios de Estado y subsecretarios tuvieron entrevistas con Iván en una casa ubicada en Lomas de Chapultepec, en una calle paralela a Paseo de la Reforma.

Pero esa noche el cónclave en el Churchill's tenía otro propósito. Los hombres con insignias de águila y dos o tres estrellas se encontraban ahí reunidos con un motivo aún más importante:

desenmascarar al entonces director de la Agencia Federal de Investigaciones (AFI), Genaro García Luna, y a su equipo. Los militares, que desconocían los antecedentes de la relación de García Luna con Calderón y Mouriño estaban muy preocupados por la extrema cercanía del ex coordinador del Centro de Investigación y Seguridad Nacional (Cisen) con el equipo del presidente electo.

Durante todo el sexenio de Vicente Fox muchos generales de la Secretaría de la Defensa Nacional (Sedena) escucharon un sinnúmero de rumores respecto a García Luna y su gente. Les preocupaba por supuesto la vertiente relacionada con la protección a secuestradores, pero mucho más la relacionada con la protección al cártel de Sinaloa. Para el delicado encuentro que iban a sostener con Mouriño iban bien apertrechados. Las áreas de inteligencia militares habían hecho su trabajo. Se afirma que le presentaron a Juan Camilo una serie de fotografías en las que aparecía el equipo cercano de García Luna —el que hoy controla a la Secretaría de Seguridad Pública (SSP)— acompañado de narcotraficantes del cártel de Sinaloa, entre ellos los hermanos Arturo y Alfredo Beltrán Leyva.

También le habrían presentado la transcripción de llamadas telefónicas entre el grupo de García Luna y narcotraficantes mientras pactaban y cobraban. Su petición era que esa información llegara a las manos del presidente de la República. En esos días era insistente el rumor de que García Luna quedaría al frente del Cisen y que Jorge Tello Peón —uno de sus mentores— sería secretario de Seguridad Pública. Los generales querían prevenir a Calderón antes de tomar la decisión.

Su intención, según se explica, era no volver a tener que lidiar con el mismo grupo que durante el sexenio de Fox, para ellos, comprometió seriamente la independencia de la AFI —la policía ministerial responsable de la investigación de delitos y cumplimiento de órdenes de aprehensión— de los intereses del crimen organizado. ¿Qué haría si quedaba al frente del Cisen?

El 30 de noviembre de 2006 Calderón dio a conocer los nombres de quienes integrarían el gabinete de Seguridad de su gobierno. Como secretario de la Defensa Nacional nombró al general de división Guillermo Galván Galván; como secretario de la Marina al almirante Mariano Francisco Saines Mendoza; como procurador general de la República a Eduardo Medina Mora; y como secretario de Seguridad Pública a Genaro García Luna. La noticia cayó como balde de agua fría para los militares que habían entregado pruebas a Juan Camilo Mouriño.

García Luna no sólo fue designado secretario, sino que también se le permitió llegar con todo su equipo, muchos de los que aparecían en las fotografías y transcripciones. Con lo que no contaban los generales es que dinero mata honorabilidad. Cuando menos ante los ojos de este gobierno, y el hombre del dinero fue quien apadrinó la llegada de García Luna al gabinete.

Antes de que Calderón terminara de designar a quienes serían secretarios de Estado se llevaría a cabo una reunión entre Carlos Slim Helú, Lorenzo Servitje, Lorenzo Zambrano y Fernando Senderos, entre otros empresarios, con Juan Camilo Mouriño.

En lugar de Zambrano llegó Jorge Tello Peón, ex subsecretario de Seguridad Pública a inicios del sexenio de Vicente Fox. Durante su cargo se fugó Joaquín Guzmán Loera, el Chapo, del penal de máxima seguridad de Puente Grande, Jalisco, justo unas horas después de que hiciera una visita al penal. Días después de la fuga presentó su renuncia por motivos personales. Prácticamente desde entonces es responsable de la seguridad del grupo Cemex y de su dueño, Lorenzo Zambrano.

El segundo hombre más rico del mundo tampoco fue; mandó a su sobrino Héctor Slim Seade, quien ya para entonces era el nuevo director general de Telmex. Amigo íntimo de García Luna, Héctor apareció en la reunión acompañando a Tello Peón.

Tello Peón dijo que él no podía aceptar la invitación a ser secretario de Seguridad Pública por cuestiones de salud, pero en su lugar recomendó a su pupilo García Luna, quien esa noche tuvo oportunidad, con su cortísimo léxico, de convencer a los empresarios. El apoyo de los Slim fue crucial. Lo sigue siendo ahora.

Felipe Calderón y el país han pagado las consecuencias de esa decisión a un muy alto costo. Con todas las pruebas que existen hoy contra García Luna y su equipo, a Servitje y Senderos no se les quita el mal sabor de boca de haber sido engañados esa noche. No, García Luna no era el súper policía que dijeron que era.

Desde el inicio del sexenio la relación entre el Ejército mexicano y la SSP fue mala. Entre las dos entidades había una muralla infranqueable de desconfianza e incomprensión. A las dos semanas de haber tomado posesión, el 11 de diciembre de 2006, Calderón anunció el inicio de su supuesta "guerra" contra el narcotráfico.

La primera acción fue la llamada Operación Conjunta Michoacán. El estado de donde es originario Calderón se convirtió en 2006 en uno de los más violentos. Se habían efectuado más de 500 ejecuciones, incluidas 13 decapitaciones.

En septiembre de 2006 rodaron cinco cabezas en la pista de baile de la discoteca Sol y sombra, en Uruapan, acompañadas de un cartel que decía: "La familia no mata por paga, no mata mujeres, no mata inocentes, sólo muere quien debe morir; sépanlo toda la gente, esto es justicia divina". La escena fue dantesca. Hasta entonces ése era el evento más estremecedor en el estado. El operativo se anunció con bombo y platillo. Parecía un juego de guerra.

"En el marco de la Operación Conjunta Michoacán, la Secretaría de la Defensa Nacional participa con los siguientes efectivos del Ejército y de la Fuerza Aérea: 4260 elementos, 17 aeronaves de ala fija, 29 aeronaves de ala rotativa, 19 binomios canófilos, 246 vehículos terrestres", señaló Galván Galván en conferencia de prensa en Los Pinos.

"En coordinación con la Secretaría de la Defensa Nacional, Seguridad Pública Federal, Procuraduría General de la República, se participa en la Operación Conjunta Michoacán con el siguiente despliegue: 1054 elementos de infantería de marina, siete helicópteros MI-17, dos helicópteros Bolco, dos aviones Aviocard de patrulla equipados con cámara para detección nocturna, tres patrullas interceptoras y una patrulla oceánica en versión trinomio con helicóptero embarcado", dijo el secretario de Marina Saynez Mendoza.

En el marco de la Operación Conjunta Michoacán, la Secretaría de Seguridad Pública Federal participa con el siguiente despliegue de personal y de apoyo logístico: 1400 elementos, de los cuales 900 elementos son de fuerzas federales de apoyo; 300 elementos de seguridad regional de la Policía Federal Preventiva; 10 unidades caninas; además de 220 elementos de unidades de inteligencia y operación de la Agencia Federal de Investigación.

"El operativo se concentra en las siguientes acciones específicas de orden policial: instalación de puntos de control, revisión en carreteras y caminos secundarios, ejecución de órdenes de cateo, generación de inteligencia operativa, ejecución de órdenes de aprehensión; además de la ubicación y desmantelamiento de puntos de venta de drogas", afirmó el titular de la SSP, García Luna.

"Por lo que hace a la Procuraduría General de la República, esta Operación Conjunta Michoacán involucra la participación de

50 agentes del Ministerio Público Federal, que con el apoyo de los elementos de la Secretaría de Seguridad Pública Federal, la Secretaría de Marina Armada de México, la Secretaría de la Defensa Nacional y el propio despliegue policial del estado de Michoacán realizarán órdenes, la ejecución de órdenes de cateo y órdenes de aprehensión en el marco de este operativo", comentó por su parte el procurador Medina Mora.

Veinte meses después en el estado de Michoacán no sólo ruedan cabezas de decapitados, también explotan granadas en el centro histórico de la ciudad de Morelia. El gabinete de seguridad de Calderón está fragmentado, roto. Medina Mora, en un inicio aliado de García Luna, hoy contempla apocado desde un rincón cómo su compañero de gabinete se ha apoderado de la Procuraduría General de la República (PGR). Lo dejó como perro sin dientes al arrebatarle el control de la Agencia Federal de Investigaciones, que es la policía ministerial responsable de realizar las indagaciones y conseguir las pruebas para sustentar los casos contra los criminales. García Luna convenció al presidente de crear una policía única, bajo un único mando: el suyo.

El secretario de la Defensa Nacional apenas cruza palabra con García Luna, quien ha sido el artífice hasta ahora de la estrategia de la lucha contra el narcotráfico, convirtiendo a la Sedena en una reticente dama de compañía.

Hoy García Luna tiene el control de la AFI, de la Policía Federal Preventiva (PFP) y de las Fuerzas Federales de Apoyo (FFA) y va por más. Con su propuesta de policía única quiere ser él quien designe a los secretarios de Seguridad Pública de cada estado y de cada municipio. Y quiere el control de la Policía Fiscal y la Policía Migratoria. Quiere todo. Los militares, con las pruebas que tienen en su poder, están molestos no sólo por la voracidad de García

Luna, sino por la permisividad de Los Pinos. Será por eso que al grupo que controla a la SSP comienzan a llamarle "el megacártel".

A tan sólo 100 días de gobierno, el presidente Calderón comenzó a lidiar con dos guerras: la de afuera y la de adentro. Las hondas diferencias entre la Sedena y la SSP se hicieron sentir desde el inicio. Conforme pasaron los días aumentaron las diferencias y desconfianzas entre las dos entidades, hasta ahora ejes principales de la *no* estrategia contra la delincuencia. En las altas esferas militares se habla de que la desconfianza de la Sedena hacia el secretario de Seguridad y sus colaboradores cercanos no sólo no ha disminuido sino que ha aumentado considerablemente.

En el campo de batalla el Ejército tampoco se siente a gusto con el desgaste que comenzaron a sentir en su indefinido papel en la lucha contra el narcotráfico. Participan en estrategias en las que no tienen mucha injerencia. De hecho, la batuta la lleva García Luna, apoyado hasta ahora por el presidente Calderón.

Desde el inicio del sexenio, García Luna propuso la creación de una policía única para todo el país que tuviera las funciones no sólo de prevención, sino también de combate e incluso investigación de delitos. La Sedena nunca ha estado de acuerdo en la nueva policía nacional concentrada en manos de un solo hombre. Mucho menos si ese hombre se llama Genaro García Luna. Tampoco están de acuerdo algunos gobernadores, como el de Sonora, Eduardo Bours; la perredista Amalia García, de Zacatecas; Enrique Peña Nieto, del Estado de México; y Natividad González Parás, de Nuevo León.

Los pleitos de García Luna con la milicia no son nuevos. Iniciaron desde que llegó a la Policía Judicial Federal (PJF) en el sexenio de Vicente Fox. Habitualmente ése era un cargo para militares, pero se lo dieron a un civil que llegó a terminar con la

PJF y creó la Agencia Federal de Investigaciones. García Luna no contribuye mucho a tener una mejor relación. Se queja de que los militares son hombres cerrados sin mucho criterio. Y desde un inició vio con desprecio a los 10 mil militares que al principio de los operativos antinarco le mandó la Sedena. Se burla y dice que muchos de ellos apenas tienen terminada la secundaria. Presumía que los AFI sí tienen estudios universitarios, pero se tiene documentado que muchos de sus hombres más cercanos no tienen terminada ni la preparatoria.

Ese menosprecio a las fuerzas armadas quizá lo heredó de su mentor, Jorge Carrillo Olea. Desde un inicio la intención de García Luna era sacar a los militares de los operativos contra el narcotráfico. Le molestan, le estorban, como ahora le estorban los elementos de la AFI que quiere desaparecer.

En el marco de esas primeras disputas a mediados de 2007 se comenzó a filtrar la existencia de "la lista de Osiel", en la que presuntamente el narcotraficante Osiel Cárdenas Guillén, del cártel del Golfo, habría dado los nombres de políticos y servidores públicos involucrados con el narco. Ello empeoró la ya de por sí descompuesta relación entre la Sedena y la SSP. Pasaron de los desencuentros al pleito frontal. Literalmente los elementos del Ejército y la SSP sienten que están durmiendo con el enemigo mientras el narcotráfico sigue tomando fuerza en el territorio nacional. Hay menos detenidos que en años anteriores y las ejecuciones en la calle siguen a la orden del día.

García Luna comenzó a quejarse de que en los retenes instalados por el Ejército mexicano, los militares detienen a elementos de la AFI y los desnudan para verificar si sus uniformes son verdaderos. Esto empezó luego de que en varios cateos realizados por el Ejército contra el narcotráfico comenzaron a encontrar uniformes de la AFI y de la PFP, incluso armamento, como en el caso de la ejecución de Mireya, la hija del general retirado Humberto López Portillo, ocurrido el 17 de marzo de 2007 en Las Lomas. Las primeras investigaciones arrojaron que una de las armas encontradas en el lugar de la ejecución estaba asignada a la AFI y no había sido reportada como robada; la situación no ha sido aclarada.

Otro ejemplo es la ejecución del director de Seguridad Pública de Chilpancingo, Guerrero, Artemio Mejía Chávez, en mayo de 2007. Uno de los ejecutores, al ser herido y hospitalizado, se identificó como agente de la AFI, y en el lugar de los hechos se localizó un vehículo en el que se encontraron armas y uniformes negros con las siglas de la AFI.

El 6 de junio de 2007 el entonces comandante de la II Región Militar de Mexicali, el general de división Sergio Aponte Polito se peleó con García Luna por la detención que hizo el Ejército de siete elementos de la PFP en Mexicali por presunta protección al paso de droga. Durante tres días, personal de Aponte Polito detuvo a 24 elementos de la PFP y el Instituto Nacional de Migración (IMI) por haber permitido el paso de 25 kilos de cocaína en el aeropuerto Rodolfo Sánchez Taboada, en Mexicali. Incluso, dicen, Aponte Polito ordenó sitiar las oficinas de la PFP. Seis elementos quedaron detenidos y 15 fueron liberados porque supuestamente la PGR no encontró elementos para su detención. Se afirma que García Luna se molestó mucho con la detención de la PFP, la cual trabaja hoy bajo su responsabilidad. No le gustaron las formas y se enfrentó directamente al general Aponte Polito haciéndole un reclamo directo, poniendo incluso el tema de la violación a los derechos humanos sobre la mesa para que los dejara libres. Quienes saben del incidente afirman que las formas del reclamo "no fueron muy diplomáticas". El general se mantuvo inflexible, Aponte Polito continuó con las denuncias contra la AFI y la PFP.

El 13 de noviembre de 2007, durante la carrera Baja 1000, se desplomó un helicóptero Bell-206-A1 sobre la carretera federal número 3, tramo Ensenada-San Felipe, Baja California, en las inmediaciones del valle de San Matías; fallecieron el piloto Israel Romo Reyes y Pablo González y dos personas resultaron lesionadas. Posteriormente, a las 20:30 horas del día siguiente, una persona que se identificó como Miguel Cortez Nuño, subinspector de la PFP División Caminos, pidió a las autoridades del fuero común que le liberaran el cuerpo de Pablo González G., quien meses después las autoridades federales confirmarían se trataba de Merardo León Hinojosa, el Abulón (sicario de los Arellano Félix). Por cierto, Miguel Cortez Nuño asistía a las juntas de coordinación del Grupo Baja California y se enteraba de todos los asuntos tratados.

Así lo reveló Aponte Polito el 22 de abril de 2008 en una dura carta enviada al procurador general de Justicia del estado de Baja California, Rommel Moreno Manjarrez.

El día 5 de septiembre de 2007 fueron ejecutados con armas largas, en el estacionamiento del centro comercial Wal Mart de Mexicali, Jorge Rodríguez Mundo y Jorge David Carreón Valdez, comandante el primero y efectivo el segundo de la AFI. Cabe mencionar que a mediados del mes de diciembre del mismo año, se presentó en este CG una persona, de la cual se reserva su nombre por seguridad, para hacer del conocimiento que la ejecución antes mencionada se debió a que ambas autoridades se apropiaron de 100 mil dólares de gente de la organización de los Arellano Félix.

El 4 enero de 2008, los agentes de la DSPM de Tijuana, al atender un reporte del C-4 sobre una privación ilegal de la libertad de una persona, en el centro comercial Las Palmas, en la delegación de La Mesa, Tijuana, Baja California, detuvieron a José Gálvez Rodríguez, agente activo de la AFI. Un día después y derivado de las declaraciones, son detenidos Erasmo Florentino Trujado Sánchez y Evaristo Morales Pérez, agentes de la misma corporación, por su participación en el plagio de un empresario, haciendo la aclaración que el agente Morales Pérez fue asesinado por un interno del Cereso de La Mesa, Tijuana, Baja California, el día 31 de marzo de 2008, lo cual impidió que ampliara la declaración de los hechos en la diligencia judicial que ya estaba programada.

Personalmente hice una verificación de algunos de los datos revelados por el general Aponte Polito. José Gálvez Rodríguez ingresó en la AFI a los 21 años de edad, el 19 de octubre de 2001, para conformar la nueva agencia de García Luna. Cuando fue detenido era agente de la AFI, adscrito a la Dirección General de Operaciones Especiales, bajo las órdenes de Javier Garza Palacios, ex coordinador general de Seguridad Regional, actualmente adscrito a la embajada de México en Colombia. Evaristo Morales Pérez ingresó en la Policía Judicial Federal a los 31 años. Cuando García Luna la reestructuró y la convirtió en AFI con nuevos esquemas de control fue aceptado. Cuando fue detenido por el Ejército también era agente del área de Operaciones Especiales de la AFI.

En medio de la desconfianza de la Sedena hacia la SSP, a mediados de 2007 comenzó a circular la versión de que Osiel Cárdenas Guillén, líder del cártel del Golfo extraditado a Estados Unidos el 19 de enero de 2007, había comenzado a soltar los nombres de servidores públicos mexicanos presuntamente ligados al cártel de Sinaloa.

Fuentes militares de la PGR y la DEA me confirmaron la existencia de dicha lista, la cual estaría en manos del FBI. En la llamada "lista de Osiel" aparecen los nombres de un ex gobernador y dos gobernadores, todos de extracción priísta, de la frontera norte. Cabe señalar que el hermano de uno de los gobernadores en activo aparece en las investigaciones que realiza la PGR en torno a la presencia de la esposa de Osiel Cárdenas Guillén en el fraccionamiento Country La Silla, en Monterrey, Nuevo León. Se señala que también está el ex gobernador de Oaxaca, José Murat, y el actual mandatario del estado, Ulises Ruiz.

Cabe señalar que un informe interno de la 28 zona militar de Oaxaca, del cual tengo copia, señala los presuntos vínculos de Murat con José Díaz Parrada, el legendario narcotraficante del sureste que fue aprehendido.

En la supuesta lista también aparece Fidel Herrera, gobernador de Veracruz. En 2004, en su campaña por la gubernatura, Miguel Ángel Yunes, actual titular del ISSSTE, denunció en la tribuna de la Cámara de Diputados que presuntamente había dinero del narcotráfico en la campaña de Herrera.

Se afirma que está el nombre de José Guzmán Montalvo, ex director de Aduanas en el sexenio de Vicente Fox, originario de Tampico, Tamaulipas. En 2005 antes de que Ramón Martín Huerta, secretario de Seguridad Pública, muriera en un supuesto accidente de helicóptero, miembros de la Coparmex fueron a verlo para pedirle que investigara la presunta venta del control de las aduanas. Se supone que las estaban "vendiendo" a 5 millones de dólares cada una.

También aparece el general Roberto Aguilera Olivera, ex director del Centro de Inteligencia Antinarcóticos del Ejército, quien manejó la información que llevó a la captura de Cárdenas Guillén. A fines del sexenio foxista fue enviado como agregado militar a la embajada de México en Argentina por presuntas amenazas de muerte. A mediados de 2008 Aguilera Olivera fue mandado llamar de Argentina y se le informó de su súbito retiro anticipado del Ejército. Su jubilación estaba programada hasta 2009.

En la supuesta "lista de Osiel" también salió a relucir el nombre de Nicolás Suárez Valenzuela, ex coordinador general de Inteligencia para la Prevención del Delito de la PFP, de diciembre de 2000 a mayo de 2005. El día de la fuga del Chapo Guzmán, Suárez Valenzuela acompañó a Tello Peón en una visita al penal antes de que el narcotraficante del cártel de Sinaloa se fugara. Por cierto, otro de los funcionarios de la SSP que el día de la fuga visitó Puente Grande fue Humberto Martínez González, entonces director general de Servicios Técnicos de la PFP, otro de los viejos maestros de García Luna. Actualmente es director general de Apoyo Técnico de la PFP.

En la lista también aparecen otros tres nombres clave en el equipo de García Luna: Luis Cárdenas Palomino, ex director de Investigación Policial en la AFI y actual coordinador general de Inteligencia para la Prevención del Delito; Javier Garza Palacios, ex director general de Operaciones Especiales de la Agencia Federal de Investigaciones, actualmente agregado de la embajada de México en Colombia, y Armando Espinosa de Benito, ex director de Crimen Organizado de la AFI.

En diciembre de 2005, durante la gestión de García Luna al frente de la AFI, el periódico *The Dallas Morning News* dio a conocer un video en el que presuntos elementos de la agencia torturan a integrantes del brazo armado del cártel del Golfo, y revelan la presumible protección de la dependencia al Chapo Guzmán.

Gabriel Regino, ex subsecretario de la Secretaría de Seguridad Pública del D. F., fue invitado a la SSP capitalina en 2002 por Marcelo Ebrard, entonces titular de la dependencia, y fue nombrado director general de Asuntos Internos. Fue uno de los principales candidatos a ser el titular de Seguridad Pública en la administración de Ebrard. Periódicos nacionales publicaron reportes de inteligencia que vinculaban a Regino con el narcotraficante Jaime Maya Durán, integrante del denominado cártel del Norte del Valle, de Colombia.

Cabe señalar que el Ejército mexicano no fue el único en vetar a García Luna. También la Conferencia del Episcopado Mexicano encabezada por Carlos Aguiar Retes.

—Yo quisiera creer que esta lucha que está dando el presidente en contra del crimen organizado es sincera. Quisiera creer, pero cada vez me cuesta más trabajo por la serie de denuncias que le han hecho al presidente —señala en entrevista José Antonio Ortega.

"Como la que hizo la Iglesia católica por conducto de la conferencia episcopal; eso me lo dijo a mí don Carlos Aguiar, quien le había denunciado las corruptelas de Genaro García Luna, no me dijo cuáles, y que tuvo que pagar un costo político por su denuncia."

—¿Cuándo ocurrió la denuncia de Aguiar?

—No sé cuándo, me lo platicó cuando fui a desayunar con él. Le hablé de mi entrevista con el general secretario Guillermo Galván Galván, y le comenté lo de Genaro García Luna. El secretario de la Defensa me dijo que él tenía más información del involucramiento de Genaro García Luna con el crimen organizado, que siguiera adelante, que tuviera valor, y me alentó para que se lo dijera al presidente. Entonces, en ese momento, don Carlos Aguiar se rio y dijo: "Yo ya se lo dije y tuve que pagar un costo político".

El nombramiento de Genaro García Luna no fue bienvenido no sólo por el Ejército y la Iglesia, sino tampoco por los narcotraficantes rivales del cártel de Sinaloa.

Historia de una guerra

Vamos a narrarle un poco de cómo empezó esta guerra y el por qué de estar seguro que son unos traidores hasta con su propia gente.

Mire, nosotros llegamos a Nuevo Laredo con el fin de estar tranquilos ahí con el permiso de Chacho García, ya que Reynosa y Matamoros estaban muy calientes, a los tres días ellos nos desaparecen a un soldado a las afueras de Soriana Reforma, nosotros nos replegamos para organizarnos y saber por qué de la traición.

Ya organizados tomamos la plaza, más adelante, Arturo Beltrán Leyva buscó un acercamiento con nuestro jefe inmediato manifestándole que ellos no querían problemas con nuestra (*sic*) equipo y que estaban dispuestos a ponernos a Chacho García ya que era gente de ellos para que nosotros les diéramos la oportunidad de trabajar por ahí, así fue como dimos con Chacho García para que pagara su traición, más adelante ellos con permiso de nuestro superior entra la Barby (*sic*), Javier el Mamado y Lucio Sol, gente de Arturo Beltrán Leyva. Nosotros los operativos no estuvimos muy de acuerdo porque se palpaba la traición, pero las órdenes son para cumplirse no para discutirse ni modificarse.

Más adelante sucede el problema del señor Osiel y esta gente de Arturo Beltrán Leyva, antes de los quince días nos hablan por teléfono manifestando que teníamos una semana para dejar la plaza desde Reynosa hasta Nuevo Laredo y que nos dejaban nada más Matamoros.

Nunca imaginaron que nosotros estábamos bien estructurados y organizados, porque es de su conocimiento que cuando cae un mando empiezan a matarse en sí por el poder, lo cual en nosotros no sucedió, ni sucederá, ya que traemos la organización y la disciplina del escalonamiento de mando que nos inculcaron en el Ejército esas virtudes (*sic*) nos han hecho más fuertes porque estamos unidos lejos a lo que reflejan ellos que cada día se están haciendo más déviles (*sic*) por sus múltiples traiciones y menospreciar al enemigo.

Por esto que le cuento empezó la guerra frontal contra los de Sinaloa.

Todo su territorio que nosotros tenemos lo hemos ganado a sangre y fuego sin el apoyo del anterior gobierno federal y que a ellos los beneficiaron desde la cúpula de la AFI y de la SSPF [Secretaría de Seguridad Pública Federal] y ni así nos han podido hacer nada, ahora ellos quieren pactar por medio de un AMPF que el Azul quiere platicar con nosotro (*sic*) para hacer tregua pero nosotros no queremos ningún trato directo con ellos por traidores.

Usted sabe que las guerras se ganan con aliados, por ejemplo en Sonora los números son aliados de nosotros porque la plaza no son de los sinaloenses, en Jalisco los güeritos son nuestros aliados ya que la plaza era de ellos, no de Nacho Coronel, pero como ellos los güeros no son de guerra los sacaron pero nosotros sí tenemos soldados de guerra, en Guerrero nosotros tenemos la mitad pagando plaza, Acapulco está en pleito y eso fue por el personal que nos mataron estando de vacaciones o que estando ebrios en una discotec (*sic*) los levantaron junto con sus familias gravándolos y dándoles muerte, nosotros tenemos dignidad porque no matamos a sus familias como ellos en su impotencia matan a las de nosotros, en California tenemos a los Arellanos [Arellano Félix] y en Chihuahua a los Carrillo [Vicente Carrillo Fuentes].

El asunto es que antes o en el sexenio pasado nada más reconocían al cártel de Sinaloa pero la realidad es que existen dos cárteles, el del Golfo y Aliados, y el de Sinaloa.

No es pos (*sic*) hacerlos menos pero nos sentimos capacitados y adiestrados para quitarles Jalisco y hasta Sinaloa, por que ellos no tienen gente entrenada como nuestro grupo y sí juntan varia gente pero que ni tirar saben, mucho menos tienen la moral para morir por un ideal, que es lo que [a] nuestro personal le sobra.

Respetuosamente,
El Grupo de los Zetas

Ésta es la carta que un alto funcionario del gobierno federal recibió en los primeros meses de 2007, apenas iniciado el gobierno de Felipe Calderón. La violencia entre las bandas de delincuencia organizada se recrudecía. La supuesta guerra del gobierno federal en contra del narcotráfico no daba resultados.

Desde 2006 obtuve de las unidades de inteligencia del gobierno de Estados Unidos versiones de que las históricas diferencias entre el cártel de Sinaloa, el cártel de los Arellano Félix y el cártel del Golfo se recrudecieron a un grado superlativo cuando en el sexenio pasado funcionarios de primer nivel del gobierno federal inclinaron la balanza a favor del cártel de Sinaloa.

Mucho tiempo después llegó a mis manos la carta de Los Zetas. Sin perder de vista la ilicitud de sus actividades, la peligrosidad y el nivel de violencia del grupo, el contenido era una pieza que embonaba en el rompecabezas de la guerra sin cuartel entre los narcotraficantes. Los hechos ocurridos en el sexenio pasado forman parte del eslabón.

En primer lugar fue posible la fuga de Joaquín Guzmán Loera, el Chapo, del penal de máxima seguridad de Puente Grande, Jalisco, el 21 de enero de 2001, a unas horas de que Tello Peón hiciera una visita al penal.

La salida del Chapo Guzmán provocó un reacomodo entre las bandas del crimen organizado y la constitución de la llamada Federación, que hoy ya no existe. En ella se unieron, sin subordinación, más bien como socios de un negocio, el cártel de Sinaloa, comandado por Guzmán Loera e Ismael el Mayo Zambada; Manuel Esparragoza Moreno, el Azul; el cártel de Juárez, en el que están Vicente Carrillo Fuentes y los hermanos Beltrán Leyva; el cártel de Los Valencia y de los Amezcua. Dejaron fuera del acuerdo al cártel del Golfo y a los Arellano.

El cártel de Sinaloa, supuestamente con el apoyo del gobierno de Vicente Fox, pretendió hacerse del control de Nuevo Laredo, Tamaulipas, zona sede del cártel del Golfo en 2003.

Durante el sexenio pasado el gobierno federal hizo tendenciosa su guerra contra el narcotráfico. Dieron golpes contra el Golfo y los Arellano, y en el marcador había muy pocos puntos contra el cártel de Sinaloa, comenzando porque el Chapo Guzmán se paseaba por el territorio nacional a sus anchas, muchas veces vestido de PFP o AFI.

Fuentes del gobierno de Estados Unidos y fuentes de inteligencia militar mexicanas afirman que los hijos de Marta Sahagún eran un factor en esa guerra. Entre otras cosas se afirma que "vendían" al cártel de Sinaloa las plazas en la PFP y AFI para controlar los aeropuertos, así como el control de las aduanas.

En la carta enviada por los Zetas se afirma que el año pasado se dio una alianza entre Carrillo Fuentes y los Zetas. A principios de 2008 los brazos de esa alianza se extendieron hasta los poderosos y sanguinarios hermanos Beltrán Leyva por una traición.

En enero de 2008 llegó al penal de máxima seguridad en Puente Grande, Jalisco, un nuevo huésped, Alfredo Beltrán Leyva, el Mochomo, detenido el 26 de ese mes por el Ejército mexicano y la PGR sin un solo disparo, en Culiacán, Sinaloa. Con el traje color caqui de uso reglamentario, la barba recién rasurada, el casquete corto y la tez medio lívida, el Mochomo lucía harto distinto. El hombre responsable de repartir los sobornos entre servidores públicos federales, estatales y municipales durante el sexenio de Vicente Fox estaba muy molesto. Y su hermano Arturo Beltrán Leyva mucho más.

Se afirma que el día que el Mochomo fue detenido no iba armado hasta los dientes, como suele hacerlo, porque no se dirigía a hacer la guerra sino el amor; iba a encontrarse con una de sus parejas sentimentales. Muy pocos sabían dónde se iba a encontrar con ella, y que no estaría preparado para un enfrentamiento, mucho menos para su detención. La única explicación a la repentina detención que tenían los Beltrán Leyva era una traición por parte de sus socios y de las autoridades a quienes pagaban protección. Contrario a lo que la Procuraduría General de la República dijo, la caída de Alfredo Beltrán Leyva más que debilitar, fortaleció al Chapo Guzmán, el primer beneficiario de su detención.

De acuerdo con información interna de la PGR, Marcos Arturo Beltrán Leyva y sus hermanos: Alfredo, Héctor, Mario y Carlos formaban parte de la Federación; que los Beltrán Leyva hayan pertenecido a ella bajo ninguna circunstancia los convierte en miembros del mismo cártel, señalan los expertos en el tema; eran más bien socios circunstanciales.

Juntos eran muy poderosos, invencibles, máxime si contaban con el presunto respaldo del gobierno federal. Los Beltrán Leyva fueron escalando posiciones dentro de la Federación hasta estar en un nivel superior que Guzmán Loera, lo cual comenzó a provocar recelos por parte del Chapo.

Su ascenso, afirman las fuentes consultadas, se debió a que lograron establecer un vínculo directo con la Presidencia de la República, encabezada por Vicente Fox. En el sexenio pasado Nahum Acosta, el coordinador de giras presidenciales, fue encarcelado, acusado de dar información privilegiada a los Beltrán Leyva. Eso significó que el Chapo Guzmán ya no era el único vehículo de acercamiento de los capos con el gobierno foxista, como lo fue desde su fuga.

En 2004 fue asesinado Rodolfo Carrillo Fuentes junto con su esposa, y hay quienes relacionan al Chapo Guzmán con el homicidio. La relación entre los Carrillo Fuentes y el Chapo estuvo a punto de romperse, pero la alianza continuó hasta junio de 2007, cuando los capos hicieron una tregua para no seguirse matando entre ellos, según trascendió en los círculos de los propios narcotraficantes. Al parecer el Azul finalmente había logrado que los capos del narcotráfico firmaran, si bien no la paz, cuando menos una tregua.

A fines del año pasado la plaza del D. F. comenzó a ser manejada por Arturo Beltrán Leyva y sus hermanos a través de su lugarteniente Sergio Villarreal, alias el Grande, quien se trasladó de Durango a la ciudad de México. Lo trajeron como jefe operativo y comenzó a ejecutar gente a diestra y siniestra. Villarreal es descrito como una persona de pocas palabras, violenta, que ajusticia personalmente sin dar muchas explicaciones. Según las fuentes consultadas, ésa es la razón por la cual desde noviembre de 2007 comenzaron a crecer las ejecuciones en el D. F., y han aparecido cabezas en las inmediaciones del Aeropuerto Internacional de la Ciudad de México, el principal punto para el paso de droga en la capital.

Dicen que en diciembre de 2007 llegó al aeropuerto un embarque de seudoefedrina perteneciente al Chapo Guzmán. Sergio Villarreal no le permitió sacarlo y le dijo que tenía que pedirle permiso a Arturo Beltrán Leyva. La versión señala que Guzmán Loera se molestó mucho y tuvo un encuentro en Culiacán con el Mayo Zambada y Arturo Beltrán Leyva. El Mayo le dijo que no había problema, sólo tenía que avisarle a Arturo cuando quisiera pasar mercancía. El jefe de los Beltrán le dijo al Chapo Guzmán que su gente no había identificado a su personal y que no podían dejar entrar a cualquiera, que le avisara antes de querer pasar algo y con mucho gusto lo ayudaba.

El incidente trascendió entre el crimen organizado porque Alfredo Beltrán Leyva, el Mochomo, comenzó a presumir el incidente. El 21 de enero de 2008 fue detenido y encerrado en el penal de máxima seguridad en Puente Grande, Jalisco. Cuando detuvieron al Mochomo, los primeros en ofrecer su apoyo fueron los del cártel del Golfo. La tregua pactada entre los narcos en 2007 se rompió y la ola de violencia regresó con más fuerza que nunca.

En el reacomodo ahora están unidos los cárteles de Juárez, del Golfo y el de los Arellano Félix. Y del otro lado está el cártel de Sinaloa encabezado por el Mayo Zambada, el Chapo Guzmán e Ignacio Coronel.

En la guerra entre los capos, en las narcomantas que cuelgan en las sedes de sus batallas, ha habido acusaciones directas al gobierno federal de proteger al cártel de Sinaloa, acusaciones que llegan hasta el propio presidente Felipe Calderón. En los círculos militares hay una gran preocupación. Presumen que Genaro García Luna y su equipo siguen protegiendo al cártel de Sinaloa y esto puede ser entendido por los capos del otro bando como una protección del Estado a ese grupo. Sus embestidas podrían comenzar a focalizarse contra el propio gobierno federal porque creen que es un "actor" más en la guerra, no combatiendo al narcotráfico de manera objetiva sino parcial, como un aliado del grupo contrario.

A lo largo de 2008 ha habido una serie de informaciones que hacen pensar que por parte del cártel del Golfo y sus aliados podrían existir atentados contra altos funcionarios del gobierno federal.

"Sr. Presidente: si quiere que termine la inseguridad deje de proteger a los narcotraficantes como el Chapo Guzmán, Ismael el Mayo Zambada, la Familia michoacana y los mandatarios partidistas que al igual que usted son narcos como los anteriores ya que llevan 40 años de narcomandatarios", señalaba una manta que fue colocada a finales de agosto de 2008 en las inmediaciones de la sede de la Policía Ministerial y de la casa de gobierno, donde despacha el gobernador.

"Para los Aliados del Chapo, el Mayo Zambada, Nacho Coronel, Changoleón, dejen de protegerlos, aprecien sus vidas, esta guerra no es con ustedes, es para todos los funcionarios de gobierno y generales del Ejército Mexicano que los protegen", indicaba una manta ubicada en la ciudad de Aguascalientes.

"Para que toda la ciudadanía esté enterada, esta guerra no comenzó hace 20 años sino hace siete años cuando un gobierno corrupto y funcionarios vendidos protegieron las organizaciones de

Guzmán Loera, Nacho Coronel y Mayo Zambada, por gente vendida como el General Genocidio Loera y el federal Cesáreo Carvajal", dice otro mensaje colocado en Nuevo Laredo, Tamaulipas.

El guionista

Quienes conocen a Genaro García Luna lo describen como un hombre soberbio, intolerante e impulsivo que a lo largo de los años, como ejemplo de uno de los productos más acabados del viejo sistema priísta, conoce el inestimable valor del autocontrol, la discreción, la simulación y el arte de estar en el momento indicado a la hora indicada. Es muy eficiente en cuestiones de inteligencia y espionaje. La gran pregunta es para quién está en servicio su talento.

Parece un hombre razonable, firme pero calmado. Sin embargo, cuando se sale de sus casillas es totalmente irascible, grita, levanta la voz, se le enciende el rostro y se atropella más. Cuando está así suele tomar decisiones equivocadas. Genaro García Luna no es el mejor policía que existe, pero sin duda es un gran guionista y un auténtico director de escena experto en recrear historias, hacer montajes y crear escenarios para cada ocasión, dependiendo del público que lo esté observando. Lo hace igual en su vida privada que en su actuar público.

En el aspecto privado García Luna es muy reservado, pocos entran en su círculo íntimo porque en el fondo es un hombre inseguro. Tiene un severo problema para articular ideas. Es tartamudo y cuando logra conectar palabras es prácticamente imposible entender lo que dice porque las arrastra. Por eso en sus comparecencias públicas luce nervioso, suda. Y en las conversaciones privadas trata de evitar lo más posible sostener una conversación. Está casado con una mujer a quien se describe como una persona sencilla. Tienen dos hijos: Genaro y Luna.

Una de las pasiones de Genaro son los autos, gusto que compartía con su ex colaborador Igor Labastida Calderón, asesinado el 26 de junio pasado. Oficialmente, según su declaración patrimonial, posee una Land Rover Discovery modelo 2004, con un valor de 617 mil pesos, y dos Mustang clásicos 1966 y 1970.

Vivió su juventud en la calle de Herón número 6, colonia Primero de Mayo, en la delegación Venustiano Carranza, una colonia popular del Distrito Federal, por la que atraviesa el eje 2 Norte.

Actualmente García Luna vive en una residencia nueva en la exclusiva colonia de Jardines de la Montaña, al sur de la capital, en donde, según la información de corredores de bienes raíces, una casa con las características de la de Genaro no cuesta menos de 700 mil dólares. Se trata de una casa blanca y portón verde, de dos y medio niveles, un garage para cuatro automóviles y un sótano en la planta baja. Lo que más llama la atención es quizá el techo de vidrio en forma de triángulo que corona la entrada principal de la residencia.

El 31 de marzo de 2007, García Luna recibió en mangas de camisa a sus colaboradores más cercanos en una comida familiar. Sólo estaban los integrantes de su equipo y el secretario de Seguridad Pública del D. F., Joel Ortega. Hubo taquitos, cerveza y tequila.

La casa donde vive no está registrada en ninguna de sus declaraciones patrimoniales de los últimos cinco años. En mayo de 2008 declaró ser propietario de dos casas compradas a crédito, una de 862 800 pesos, y otra de 2 350 000 pesos. Por el valor registrado se deduce que no es la casa en la que vive en Jardines de la Montaña.

Además posee una extensa propiedad en Cuautla, Morelos —de reciente adquisición—, en donde suele pasar los fines de semana. Aunque muchos de los miembros de su equipo se dejan ver con joyas y hacen públicas propiedades lujosas, García Luna se maneja con bajo perfil.

El secretario de Seguridad Pública del gobierno de Felipe Calderón es capaz de invertir tiempo y dinero con tal de encontrar minuciosamente el esquema en el que salga mejor librado, tanto en su vida personal como profesional. Por ejemplo, consciente de su problema para expresar sus ideas, lo cual hacía que sus reuniones sociales fueran muy difíciles de sobrellevar, creó un *set* en el sótano de Jardines de la Montaña, para evitar tener que hablar.

Convirtió su sótano en un video bar, cuyas paredes llenas de pantallas, potentes bocinas y luces multicolores hacen imposible el diálogo. Así los invitados no tienen que lidiar con la pésima dicción del anfitrión y su escasa elocuencia, ni tampoco hay oportunidad para que reparen mucho en ello. En diciembre de 2007 organizó una reunión con sus hombres más cercanos. El *disc jockey* de la tarde fue el propio Genaro García Luna, quien escondido detrás de la consola de sonido se libró de tener que entablar conversación.

Creó un peculiar ambiente para los asistentes a la reunión. Puso música y vídeos acordes con las edades de sus invitados y con las distintas modas musicales que han vivido. Tras la ruidosa consola, el único diálogo que García Luna entablaba con los asistentes era *nest*, monosílabo que anunciaba un nuevo video y una nueva canción. Cuando alguno de sus invitados se preparaba para marcharse, el secretario de Seguridad Pública lo detenía poniéndole una música o un video especial para él.

En las cuestiones de trabajo, también es muy bueno para montar escenarios. En más de una ocasión se percibió que ejecutaba operativos de rescate de secuestrados justo en momentos clave, como la muerte del secretario de Seguridad Pública, Ramón Martín Huerta. Curiosamente ese mismo día, 21 de septiembre de 2005, como por arte de magia después de dos meses de secuestro, sus elementos rescataron al entrenador del Cruz Azul, Rubén Omar Romano.

Cómo olvidar el caso de la francesa Florence Cassez, relacionada sentimentalmente con Israel Vallarta —líder de la banda Los Zodiaco—, y condenada a 60 años de cárcel por complicidad en secuestro. En febrero de 2006 García Luna y el entonces subprocurador de Investigación Especializada contra la Delincuencia Organizada, José Luis Santiago Vasconcelos, tuvieron que reconocer públicamente que las impactantes escenas de la aprehensión de dicha banda fueron fabricadas para los noticieros televisivos. A raíz de ello se habló de que el rescate de Rubén Omar Romano, que fue transmitido en televisión el día de la muerte de Martín Huerta, se habría dado en circunstancias iguales.

El Guionista ha sabido hacerse querer. Se afirma que con la ex primera dama Marta Sahagún llegó a tener una muy buena relación, era uno de sus "consentidos". Asimismo cuando el ex procurador general de la República, Rafael Macedo de la Concha, regresó de haber sido enviado como agregado militar en la embajada de México en Italia, García Luna le organizó la fiesta de bienvenida.

Última llamada, señor presidente

La mañana del 7 de mayo de 2008 Javier Herrera Valles tecleó el punto final de una carta dirigida al presidente de la República,

> México, DF. a 7 de mayo de 2008
>
> **C. LIC. FELIPE CALDERON HINOJOSA**
> **PRESIDENTE CONSTITUCIONAL DE LOS ESTADOS UNIDOS MEXICANOS**
> **PRESENTE.**
>
> El día 15 de febrero del año en curso escribí una carta dirigida a Usted, en la que narro una serie de graves irregularidades operativas y administrativas en la Policía Federal Preventiva, por parte del Ing. Genaro García Luna, Secretario de Seguridad Pública, mismas que me constan y se encuentran debidamente documentadas (**ANEXO 1**). Posterior a la conclusión, estuve analizando la forma de asegurar que le fuera entregada directamente para evitar fuga de información, ya que consideraba que era de vital importancia que fuera leída por Usted y tomara las medidas pertinentes.
>
> El lunes 25 de febrero en el transcurso de la mañana se la entregue al Lic. Miguel Vázquez Secretario Particular del Maestro Juan de Dios Castro Lozano, Subprocurador de Derechos Humanos, Atención a Víctimas y Servicios a la Comunidad de la Procuraduría General de la República, solicitándole se la diera al Maestro Juan de Dios con la petición de que fuera el amable conducto para hacérsela llegar a Usted; posteriormente fui recibido por el Lic. Roberto Gavaldón Arbide, Secretario Particular del Lic. Rodolfo Elizondo Torres Secretario de Turismo con la misma petición, con la entera confianza de que se la entregarían, ya que los dos son paisanos, amigos de mis padres desde hace muchos años y miembros del Partido Acción Nacional, compartían los mismos ideales de luchar por un México mejor.
>
> El martes 26 de febrero recibí llamada telefónica del Lic. Miguel Vázquez quien en nombre del Maestro Juan de Dios Castro, me recomendaba que no le entregara la carta a Usted porque me podía ir muy mal y meterme en problemas ya que el Ing. Genaro García Luna era uno de los "**consentidos**" del C. Presidente de México y el Lic. Roberto Gavaldón Arbide nunca atendió mis llamadas telefónicas, enterándome posteriormente con sorpresa que el mismo día lunes 25 de febrero, dicho documento, incluidos los anexos estaban en poder del Ing. García Luna, afortunadamente la carta fue recibida el martes 26 de febrero por su Secretario Particular el Lic. César Nava Vázquez, misma que fue enviada por una persona, digna representante en la Cámara de Diputados, quien con anterioridad la tenía en su poder y entendió la importancia del documento **(tengo el acuse de recibido)**, de la que no menciono su identidad por obvias razones
>
> C. Presidente, mis padres en su juventud se conocieron en mi tierra natal Durango, Dgo. como militantes del Partido Acción Nacional, luchadores incansables por obtener una verdadera democracia y contribuir a tener una "**Patria Ordenada y Generosa**", quienes siempre nos inculcaron el amor por nuestro querido México y la fortaleza a no callar y luchar contra las injusticias, como las que comete el Ing. Genaro García Luna, que deteriora cada día más el ánimo de los integrantes de la PFP, quien por su falta de capacidad sacrifica innecesariamente
>
> Página 1 de 8

Carátula de la carta de Javier Herrera Valles enviada a Felipe Calderón.

redactada durante 15 días. "Esperando que mi aportación le sea de utilidad, le reitero la seguridad de mi subordinación y respeto."

Si la primera carta conocida públicamente en marzo de 2008 era un golpe a las cuentas alegres del secretario de Seguridad Pública, Genaro García Luna, en su lucha contra el narcotráfico, la segunda, inédita hasta ahora, era un misil. Fue entregada al presidente de la República a mediados de mayo. Se tiene el acuse de recibo de la puerta 1 de la residencia oficial de Los Pinos.

A sus 53 años no es muy afecto a escribir, pero ésta era la segunda misiva enviada a Felipe Calderón en menos de dos meses. No era cualquier carta, era una última llamada. En ella estaban las respuestas de por qué los operativos contra el crimen organizado encabezados por la SSP no han tenido resultados después de 18 meses.

Había pasado la noche en vela ajustando los últimos detalles. Quería ser objetivo y, pese a todos los oscuros rumores que corren en torno a García Luna y su equipo más cercano, sólo se refirió a las irregularidades que tenía documentadas. Menos mal. Conforme redactaba, página por página la carta se convirtió en un rosario de trapacerías. Resumir en ocho páginas los desmanes en la SSP debió de resultar una tarea titánica para el policía con 30 años de trayectoria.

La carta la envió acompañada de su extenso currículum. El legajo es casi tan grande como el de las pruebas en contra de García Luna. Hace ocho años Herrera Valles, comisario general adscrito al Estado Mayor de la SSP, se había convertido en uno de los 23 policías mexicanos aceptados por el FBI para el "General Course of Criminal Justice Education", en la academia nacional del FBI en Quantico, Virginia. Llegó ahí, según señala el oficio 0630/00 escrito por Wilfrido Robledo el 21 de junio de 2000, después de haber aprobado los estrictos exámenes de control de confianza, idioma y aptitud del Buró Federal de Investigaciones de Estados Unidos.

Sin duda esta última jugada, la segunda carta, era quizá la más difícil de toda su carrera. Desglosó los principales problemas de la SSP. Los 31 anexos documentales que la acompañan —un legajo de más de 200 fojas— hacen ver con claridad que, en lugar de fortalecer a la institución, García Luna la ha eclipsado y saboteado con sus acciones.

Entre García Luna y su círculo más cercano: Francisco Javier Garza Palacios, Armando Espinosa de Benito, Facundo Rosas Rosas, Luis Cárdenas Palomino, el difunto Edgar Eusebio Millán, Ramón Pequeño García, Benito Roa Lara y Oswaldo Luna técnicamente han desmantelado a la SSP.

Herrera Valles comunicó al presidente Calderón que los operativos contra el narcotráfico se hacen de manera improvisada, sin coordinación ni estrategia. Denunció que con la aprobación de García Luna ingresan a la PFP elementos que no pasan los exámenes de control de confianza: polígrafo, toxicológico y psicológico, además de que muchos de ellos no tienen el nivel profesional ni la edad que la ley requiere. Entran sólo por la gracia de ser parte del equipo de García Luna.

Denunció las licencias discrecionales que se dan a algunos elementos de la PFP de 180 días o más, y luego resultan detenidos en actos de delincuencia. Reveló que personal sin capacitación, salido del escritorio, es enviado a tareas de inteligencia y se convierte en carne de cañón, y personal especializado en un área es enviado a cumplir con tareas totalmente opuestas.

Herrera Valles conoció a García Luna en 1999 cuando éste último era el coordinador de inteligencia de la PFP. Prácticamente no hubo ningún trato. Herrera Valles entonces estaba al frente de la seguridad del Aeropuerto de la Ciudad de México. Fue hasta diciembre de 2006 cuando García Luna se convirtió en el nuevo secretario de Seguridad Pública, que Herrera Valles comenzó a conocerlo de verdad. Pronto se dio cuenta del peculiar estilo. Entonces era jefe de distrito de la zona centro de la Coordinación de Seguridad Regional y lo enviaron a encabezar los primeros operativos del sexenio.

Primero a Michoacán, con 200 elementos y 40 radiopatrullas. Los enviaron sin planeación, sin trabajo de inteligencia previo, sin instrucciones claras, a ciegas. Aunque iban literalmente armados, en realidad fueron enviados a la guerra sin fusil. Era una operación destinada al fracaso. Ése fue el primer gran operativo del sexenio, el Operativo Michoacán. Después lo enviaron a Guerrero con otros 200 elementos. Cien de ellos no tenían siquiera licencia para portar armas. Tampoco hubo estrategia alguna, o más bien parecía que la estrategia era fallar. Primero los mandaron a cuidar las carreteras y terminaron vigilando a turistas en el Malecón. Para Herrera Valles cualquier policía con mínimo sentido común sabría que de esa forma era imposible atrapar a los capos del narcotráfico y poner orden en las calles. Lo mismo pasó en Nuevo León y Tamaulipas.

Las órdenes las recibía de Francisco Javier Garza Palacios, quien entonces era el comisionado de la División de Proximidad Social de la PFP, cargo inexistente en el reglamento interno. La cosa se puso peor cuando Herrera Valles fue nombrado coordinador de Seguridad Regional de la PFP en mayo de 2007.

En agosto de 2007 García Luna ordenó la incorporación de 12 comandantes de la AFI a la Coordinación de Seguridad Regional de la PFP, responsable de la vigilancia de las carreteras, corporación que encabezó hasta el 30 de noviembre de 2006. Los quería para ocupar cargos de comisarios y director general adjunto. Siete de ellos, delegados de la AFI, reprobaron los exámenes de confianza: polígrafo, toxicológico y psicológico. Entre ellos se encontraban Martín Armendáriz Chaparro y Artemio Juárez García, cuya carta de presentación era que ambos habían estado arraigados 90 días en febrero de 2003, por su probable participación en el homicidio de su jefe, el comandante Rubén Castillo Conde en Mexicali, Baja California.

"La línea de investigación más sólida, hasta el momento, se relaciona con el decomiso de 370 kilos de cocaína que fueron descubiertos en Mexicali el 13 de enero pasado por elementos del Ejército Mexicano y personal de la UEDO [Unidad Especializada en Delincuencia Organizada]", publicó *Milenio Diario* el 4 de febrero de 2003.

Aun así se le pidió a Herrera Valles firmar unas cartas responsivas, las cuales decían que los elementos contaban con los requisitos de ingreso y permanencia. Él asegura que no firmó. Quien lo hizo en su lugar fue Facundo Rosas Rosas —actual subsecretario de la dependencia—, quien ocupaba la Coordinación de Inteligencia. Dichos elementos fueron enviados a la Coordinación de Seguridad Regional. Esta área se encarga de la vigilancia en las vías generales de comunicación, puertos, aeropuertos y puntos fronterizos.

En enero de 2004 Artemio Juárez García volvió a ser arraigado por la desaparición de un cargamento de cocaína y heroína incautado en el Aeropuerto de la Ciudad de México, y una vez más la libró.

Cuando Herrera Valles se negó a firmar las cartas comenzaron las hostilidades en su contra. El 12 de febrero de 2008 fue relevado del cargo por Facundo Rosas Rosas, entonces comisionado de la PFP, y se le ordenó presentarse ante el Estado Mayor de la PFP. El 15 de febrero Herrera Valles hizo su primera carta al presidente. En ella plantea lo que estaba a la vista. García Luna había entregado malas cuentas. En la misiva denunció los operativos a los que fue enviado sin ninguna estrategia: Michoacán, Guerrero, Tamaulipas. Asimismo Herrera Valles hace una solicitud puntual:

Señor presidente, lo más preocupante para la seguridad pública de nuestro país es que el ingeniero Genaro García Luna continúa sin dirección en la policía, mintiéndole a usted y a la sociedad, haciéndole creer en una coordinación entre la PFP y la AFI que no existe, siendo ampliamente comentado por los medios de comunicación su pugna con el secretario de la Defensa Nacional y el procurador general de la República.

Por todo lo anterior, de forma respetuosa y atenta, solicito a usted señor Presidente, designe a alguna persona de su confianza, ajena totalmente a la gente del ingeniero Genaro García Luna, para que efectúe un análisis de lo anteriormente citado y este (*sic*) en posibilidad de conocer la veracidad de lo aquí escrito.

No hubo respuesta del jefe del Ejecutivo. Ni una palabra. Herrera Valles afirma que el documento fue interceptado por García Luna; por eso decidió hacerlo público a los medios de comunicación, pues pensó que al hacerlo salvaguardaría su vida. Después logró que la carta llegara al presidente enviándosela a su secretario particular, César Nava. A raíz de eso, Herrera Valles y su familia comenzaron a ser espiados y el hostigamiento aumentó.

El 14 de marzo de 2008 a su hijo Javier Herrera Partida, suboficial, le concluyeron su periodo de prácticas. El 28 de abril de 2008 su hermano José Ángel Herrera fue retirado de la subsede de Izúcar de Matamoros, Puebla, y lo mandaron a la oficina regional de la AFI.

Herrera Valles decidió escribir la segunda misiva el 22 de abril, luego de que él y su esposa fueran fotografiados y videograbados cuando ella fue a recogerlo a las oficinas de la PFP. El comisario general acumuló pruebas sobre las irregularidades en la SSP que escandalizarían a cualquiera.

En la segunda carta señala que escribió la primera pese a la advertencia que recibió del subprocurador de Derechos Humanos de la PGR, el panista Juan de Dios Castro —ex consejero jurídico de la Presidencia en el sexenio de Vicente Fox—, quien le recomendó que no la entregara.

El escrito fechado el 7 de mayo señala:

[...] me recomendaba que no le entregara la carta a usted porque me podía ir muy mal y meterme en problemas ya que el ingeniero Genaro García Luna era uno de los "consentidos" del C. presidente [...].

Señor Presidente, el ingeniero Genaro García Luna ha mentido y le sigue mintiendo a usted y a la sociedad mexicana, [...] continúa con sus arbitrariedades e intimidaciones, manipulando a la Policía Federal Preventiva como una empresa particular, en donde ingresan los amigos, familiares y recomendados, con altos puestos y grado jerárquicos, quienes en su mayoría no reúnen los requisitos para ingresar a la institución.

Documentó que el Comité de Reclutamiento, Selección e Ingreso de la PFP, encabezado por el ex chofer de García Luna, Oswaldo Luna Valderrábano, jefe del Estado Mayor, permite el ingreso de personas que no pasan los exámenes de confianza. Por eso los vemos como secuestradores, matapolicías o narcotraficantes.

Por ejemplo, el 19 de septiembre de 2007 se realizó una reunión para definir la entrada de ocho elementos en la PFP. Entre ellos Nahum García Martínez, ex director de Atención de Mandamientos Ministeriales de la AFI en 2005. Nahum viene de la Dirección General de Asuntos Jurídicos de la PGJDF; trabajó ahí cuando el jefe de la judicial era el polémico Jesús Miyazawa. Después estuvo con García Luna en la PFP y en la AFI, en donde fue involucrado con el homicidio de Enrique Salinas de Gortari.

La reunión del Comité terminó pareciendo la jaula de los locos. La minuta quedó así:

Propuesta:

La inspector en jefe Gabriela Peláez Acero, directora general adjunta de Control de Confianza, informó cada una de las fases del proceso de evaluación y cuáles fueron los resultados del aspirante propuesto por el Estado Mayor para ingresar a la institución y las causas por la cuales se consideró que no cumple con el perfil requerido.

Por lo anterior el inspector Luis Romero García, representante del Estado Mayor, al conocer el resultado del aspirante, manifestó que cuenta con el perfil requerido, tiene buenos antecedentes laborales, experiencia y además reúne las características que necesita para las funciones que desempeñará; lo que permitirá fortalecer a esa Unidad Administrativa, así como integrar personal de confianza del titular.

Y así, haciendo oídos sordos a que no había pasado los exámenes de confianza: polígrafo, toxicológico y psicológico, aprobaron su ingreso.

Lo mismo ocurrió con los otros siete elementos: Vicente Ibarra González, en Comunicación Social; Juan Roberto Rogel García, Miguel Elías Rivas Mora, Miguel Ángel Ortega Mejía y Juan Trujillo Martínez en la Coordinación de Administración y Servicios.

POLICÍA FEDERAL PREVENTIVA
COMISIÓN DEL SERVICIO CIVIL DE CARRERA POLICIAL
COMITÉ DE RECLUTAMIENTO, SELECCIÓN E INGRESO

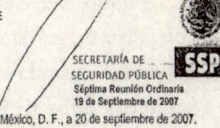

SECRETARÍA DE
SEGURIDAD PÚBLICA
Séptima Reunión Ordinaria
19 de Septiembre de 2007

México, D. F., a 20 de septiembre de 2007.

REUNIÓN DEL COMITÉ DE RECLUTAMIENTO, SELECCIÓN E INGRESO DEL DÍA 19 DE SEPTIEMBRE DEL 2007

En la ciudad de México, Distrito Federal, siendo las 18:00 horas del día 19 de septiembre del año dos mil siete, reunidos los miembros del Comité de Reclutamiento, Selección e Ingreso en la sala de juntas del primer piso de la Torre Pedregal II, sita en Blvd. Adolfo Ruiz Cortínez 3648 en la Col. Jardines del Pedregal, en la Delegación Álvaro Obregón, dio inició la sesión convocada para el día de la fecha, y siguiendo con el orden del día, se pasó a lista de asistencia a los integrantes del Comité encontrándose presentes el Representante del Presidente, C. Comisario Alberto Valencia Velázco y el C. Inspector Miguel Ángel Quiroz Córdova, Secretario Técnico y los CC. Vocales Lic. Edgar Ascencio Ortiz de la Coordinación del Instituto de Formación, Comisario Arturo Corona Gonzalez de la Coordinación de Seguridad Regional, Comisario Inspector Fernando Mario Varela López de la Coordinación de Servicios Técnicos, Inspector Jefe Gabriela Peláez Acero Suplente de la Coordinación de la Unidad de Desarrollo, Inspector Jefe Guillermo E. Gonzalez Medina Suplente de la Coordinación de Administración y Servicios, Inspector Jefe José Martínez Díaz de la Coordinación de Transportes Aéreos, Inspector Mónica Jeanete Rodríguez Hernández y el Lic. Marco Antonio Vázquez Rosales de la Unidad Administrativa Central de Asuntos Jurídicos.

5.- Aspirante propuesto por el Estado Mayor:
Antecedentes:
El Inspector Luis Romero García, Representante del Estado Mayor, propuso para ingresar a la Institución al C. Nahum García Martínez.

Propuesta:
La Inspector Jefe Gabriela Peláez Acero, Director General Adjunta de Control de Confianza, Informó cada una de las fases del proceso de evaluación y cuales fueron los resultados del aspirante propuesto por el

América No. 300, Col. Los Reyes Coyoacán, Del. Coyoacán, México D. F., 04340
Tel. 54-84-03-00 Ext:48901 y 48376

Estado Mayor, para ingresar a la Institución, y las causas por las cuales se considero que no cumple con el perfil requerido.

Por lo anterior el Inspector Luis Romero García, Representante del Estado Mayor, al conocer el resultado del aspirante manifestó que cuentan con el perfil requerido, tienen buenos antecedentes laborales, experiencia y además reúnen las características que se necesita para las funciones que desempeñarán; lo que permitiría fortalecer a esa Unidad Administrativa, así como integrar personal de confianza del titular.

ACUERDO:
El Pleno del Comité informa que el C. Nahum García Martínez, cumple con el perfil requerido por la Institución.

Así que se le indicó al Inspector Luis Romero García, Representante del Estado Mayor, realice los trámites respectivos, para que se continúe con la contratación del aspirante que cumplió con el perfil requerido.

Documento del Comité de Reclutamiento de la Policía Federal Preventiva en el que se acepta el ingreso de Nahum García Martínez.

"El licenciado Nahum García Martínez ingresó como jefe de la sección I del Estado Mayor de la PFP con el grado jerárquico de inspector en jefe y cargo de director general adjunto...", señala Herrera Valles en su segunda carta al presidente.

García Martínez asigna las plazas en la PFP y hace los cambios de personal. Es un área susceptible a la venta de plazas. Una vez que llegó a su nuevo cargo comenzó a dar licencias, incluso por 180 días, como es el caso del suboficial Francisco Javier Ruiz García (del 22 de octubre de 2007 al 18 de abril de 2008); "sin tener facultades reglamentarias, efectuó cambios de adscripción de personal dentro del territorio nacional", indica Herrera Valles en su segunda carta. Era la tercera licencia que Ruiz García sacaba. Durante el goce de su permiso, los medios de comunicación publicaron que fue detenido por el robo de vehículos blindados.

Otro caso escandaloso es el de Benito Roa Lara, quien fue incorporado a la PFP en enero de 2007 pese a que no tenía la preparatoria terminada, lo cual es un requisito indispensable incluso para poder hacer los exámenes de control de confianza. En una carta fechada el 1º de febrero de 2007, Roa Lara, perteneciente a la burbuja de García Luna, se comprometió a terminar la educación media superior en un plazo no mayor a los tres años. Qué considerado.

La información llama la atención porque en su declaración patrimonial presentada ante la Secretaría de la Función Pública el 28 de mayo de 2007 expone que tiene terminada la licenciatura en ciencias políticas en la UNAM. Roa Lara fue colocado como director general de Secuestros y Robos con el cargo de inspector general en la PFP. Luego fue nombrado por corto tiempo coordinador de Inteligencia para la Prevención en la misma corporación.

CARTA COMPROMISO

Ciudad de México, a 1° de febrero del 2007

C. Licenciado
ARDELIO VARGAS FOSADO
Presidente de la Comisión del Servicio Civil de Carrera Policial
de la Policía Federal Preventiva
P R E S E N T E

Por este conducto, me permito manifestar a usted que actualmente no cuento con los estudios correspondientes a la enseñanza media superior o equivalente, por lo que con pleno conocimiento de los requisitos de ingreso o permanencia estipulados en el artículo 14, fracción III, de la Ley de la Policía Federal Preventiva, así como de su sanción contemplada en el artículo 15 del mismo ordenamiento legal, observando en todo momento los deberes y necesidades del servicio de esta Institución policial, ME COMPROMETO VOLUNTARIAMENTE, CON FUNDAMENTO EN EL ARTÍCULO 55, PÁRRAFO SEGUNDO, DEL REGLAMENTO DE LA POLICÍA FEDERAL PREVENTIVA, A PRESENTAR EN UN TERMINO NO MAYOR A TRES AÑOS A PARTIR DE LA FECHA DE MI INGRESO CONDICIONADO A LA POLICÍA FEDERAL PREVENTIVA, LA DOCUMENTACIÓN OFICIAL EN ORIGINAL QUE ACREDITE FEHACIENTEMENTE LA CONCLUSIÓN DE POR LO MENOS MIS ESTUDIOS CORRESPONDIENTES A LA ENSEÑANZA MEDIA SUPERIOR O EQUIVALENTE, aceptando que de no cumplir con lo antes expuesto, la Policía Federal Preventiva a través de la Comisión del Servicio Civil de Carrera Policial que Usted preside, se proceda a dejar sin efectos el nombramiento que se haya otorgado a mi favor, sin que implique esto responsabilidad alguna para dicha Institución, renunciando desde este momento a ejercitar cualquier acción que resulte contraria a los interese de la misma.

**RESPETUOSAMENTE
EXPRESO Y RATIFICO MI COMPROMISO**

C. BENITO ROA LARA   ' HUELLA DIGITAL.

Carta de compromiso de Benito Roa Lara para terminar la educación media superior.

CONSTANCIA DE ESTUDIOS

La que suscribe Directora del Instituto Tecnológico del Valle de México, S. C. hace constar que el (la) Alumno (a):

ROA LARA BENITO

Cursó en este Instituto la carrera de:

PREPARATORIA ABIERTA

Cabe mencionar que se encuentran pendientes las calificaciones de 08 materias de un plan de estudios de 33 (SEP), en el área de humanidades.

Anexo tira de materias aprobadas.

Se extiende la presente para los fines que al interesado convengan a los dieciséis días del mes de enero de 2007.

ATENTAMENTE

LIC. JHOANA BECERRIL ROCHA
DIRECTORA

INSTITUTO TECNOLOGICO
DEL VALLE DE MEXICO, S. C.
C.C.T 15PBT11973

INSTITUTO TECNOLÓGICO DEL VALLE DE MÉXICO, S.C.

BLVD. ADOLFO LÓPEZ MATEOS No. 45 ATIZAPAN DE ZARAGOZA, EDO. DE MEXICO
TELS. 5398 6168   5398 5879
e-mail: itvam@prodigy.net.mx

Constancia de estudios de Benito Roa Lara en la que se consigna que cursó la preparatoria abierta y que adeuda materias, 16 de enero de 2007.

BENITO ROA LARA
TIPO DE DECLARACIÓN: MODIFICACION PATRIMONIAL 2008
FECHA DE LA DECLARACION: 28/05/2008
DEPENDENCIA: POLICIA FEDERAL PREVENTIVA

DATOS GENERALES DEL SERVIDOR PUBLICO
NOMBRE(S):	ROA LARA BENITO
FECHA DE NACIMIENTO:	15/01/1964
SEXO:	HOMBRE
ESTADO CIVIL:	SOLTERO (A)
PAÍS DONDE NACIÓ:	MEXICO
NACIONALIDAD:	MEXICANA
ENTIDAD DONDE NACIÓ:	DISTRITO FEDERAL

DATOS DEL PUESTO O ENCARGO DEL SERVIDOR PÚBLICO
NOMBRE DEL ENCARGO O PUESTO:	COORDINADOR GENERAL
DEPENDENCIA O ENTIDAD:	POLICIA FEDERAL PREVENTIVA
DOMICILIO:	CALLE: AV CONSTITUYENTES; NÚMERO EXTERIOR: 947; LOCALIDAD O COLONIA: BELEN DE LAS FLORES; CÓDIGO POSTAL: 01110; ENTIDAD FEDERATIVA: DISTRITO FEDERAL; MUNICIPIO O DELEGACIÓN: ALVARO OBREGON;
ÁREA DE ADSCRIPCIÓN:	COORDINACION DE INTELIGENCIA PARA LA PREVENCION
FUNCIONES PRINCIPALES:	INVESTIGACION DE DELITOS;
TELÉFONO:	21226702
CORREO ELECTRÓNICO INSTITUCIONAL:	benito.roa@ssp.gob.mx
FECHA DE INICIO DEL ENCARGO:	16/05/2008
ESTÁ CONTRATADO(A) POR HONORARIOS?	NO
CLAVE PRESUPUESTAL O EQUIVALENTE:	PF03

DATOS CURRICULARES DEL SERVIDOR PÚBLICO
ESCOLARIDAD
GRADO MÁXIMO DE ESTUDIOS: LICENCIATURA

NIVEL	UBICACIÓN	NOMBRE DE LA INSTITUCIÓN	CARRERA O ÁREA DE CONOCIMIENTO	ESTATUS	PERIODOS CURSADOS	DOCUMENTO OBTENIDO
LICENCIATURA	Estado:DISTRITO FEDERAL Municipio:TLALPAN	UNIVERSIDAD AUTONOMA DE MEXICO	CIENCIAS POLITICAS	FINALIZADO		CONSTANCIA

EXPERIENCIA LABORAL

SECTOR PODER	AMBITO	INSTITUCIÓN O EMPRESA	UNIDAD ADMINISTRATIVA	PUESTO	FUNCIÓN PRINCIPAL	INGRESO - EGRESO
PUBLICO	EJECUTIVO	FEDERAL	SECRETARIA DE GOBERNACION	POLICIA FEDERAL PREVENTIVA	DIRECTOR DE AREA	INVESTIGACIONES EPECIALES	03/2000 - 12/2000
PUBLICO	EJECUTIVO	FEDERAL	CENTRO DE INVESTIGACION Y SEGURIDAD NACIONAL	DIRECCION DE PROTECCION	DIRECTOR DE AREA	INVESTIGACIONES ESPECIALES	09/1990 - 12/1999
PUBLICO	EJECUTIVO	FEDERAL	PROCURADURIA GENERAL DE LA REPUBLICA	POLICIA JUDICIAL FEDERAL	JEFE DE DEPARTAMENTO	ANALISTA	01/2001 - 12/2002
PUBLICO	EJECUTIVO	FEDERAL	PROCURADURIA	AGENCIA FEDERAL DE INVESTIGACION	DIRECTOR DE AREA	INVESTIGACION DE DELITOS FEDERAL	01/2002 - 12/2006

EXPERIENCIA ACADEMICA

TIPO	NIVEL	INSTITUCIÓN	ÁREA(S) DE CONOCIMIENTO	INICIO - TERMINO
CAPACITACION Y/O ADIESTRAMIENTO	ESPECIALIDAD	ACADEMIA DE FORMACION DE LA POLICIA FEDERAL PREVENTIVA	CRIMEN ORGANIZADO	07/2000 - 08/2000
CAPACITACION Y/O ADIESTRAMIENTO	ESPECIALIDAD	INACIPE	VICTIMOLOGIA	01/2002 - 01/2002
CAPACITACION Y/O ADIESTRAMIENTO	ESPECIALIDAD	ACADEMIA NACIONAL DE SEGURIDAD PUBLICA	MANEJO DE CRISIS	07/2002 - 07/2002
CAPACITACION Y/O ADIESTRAMIENTO	ESPECIALIDAD	INSTITUTO DE FORMACION SUPERIOR DE LA POLICIA NACIONAL ESPAÑOLA	INVESTIGACION DE SECUESTROS	10/11/2007 -

LOGROS LABORALES O ACADEMICOS A DESTACAR

CERTIFICACION ISO 9001:2000 DE LOS PROCESOS DE NEGOCIACION Y ANALISIS
PREMIO DE INOVACION GUBERNAMENTAL 2003

DECLARACION ANTERIOR

TIPO DE DECLARACIÓN ANTERIOR:	MODIFICACION PATRIMONIAL
FECHA DE PRESENTACIÓN DE LA DECLARACIÓN ANTERIOR:	28/05/2007

EL SERVIDOR NO ACEPTO HACER PUBLICOS SUS DATOS PATRIMONIALES

* TODA LA INFORMACIÓN FUE CAPTURADA DIRECTAMENTE POR EL SERVIDOR PÚBLICO

Declaración patrimonial de Benito Roa Lara.

Herrera Valles también documentó que Edgar Eusebio Millán, asesinado el 8 de mayo de 2008, daba órdenes para que se mandaran elementos en comisiones a diferentes partes de la República, con derecho a viáticos sin comprobar. Los que se van en esas tareas no rinden informes de lo que hacen en los lugares donde son enviados. Por ejemplo, está el caso de Juan Pablo Carpio Huguez, elemento de la PFP que ejecutaron el 16 de abril de 2008 en Guadalajara, Jalisco.

"Tras las investigaciones se pudo saber que el agente de la Federal de Caminos había sido arraigado por la Procuraduría General de la República en el Distrito Federal y había sido consignado a un juez de distrito por delincuencia organizada", publicó el diario *El Occidental*.[1] Presuntamente Carpio Huguez era uno de los elementos en comisión, aunque la SSP dijo que había abandonado el trabajo.

Herrera Valles denunció al presidente que en enero de 2008 recibió a 110 elementos egresados de la Academia Estatal de Seguridad Pública de San Luis Potosí que venían de un "curso policial con perfil de investigadores" con duración de tres meses. En lugar de mandarlos a la Coordinación de Inteligencia los enviaron a vigilar el Aeropuerto Internacional de la Ciudad de México. Y a los que vigilaban el aeropuerto con capacitación para ello los mandaron a vigilar las carreteras federales.

"Lo que da una idea clara de cómo se improvisan las actividades a los elementos para que realicen operaciones distintas para las que se les capacitó originalmente, con el consiguiente riesgo para los oficiales", señala en la segunda carta enviada al presidente.

---

[1] Eduardo González, "Identifican a dos de los ejecutados", *El Occidental*, Guadalajara, 18 de abril de 2008.

Reveló asimismo el caso de nepotismo en la SSP. Esperanza García Luna, hermana de Genaro, ocupa un cargo directivo en la institución y en menos de un año le han casi triplicado el sueldo.

> C. presidente, me dirijo nuevamente a usted con la intención de hacer de su superior conocimiento lo que está pasando en el interior de la Policía Federal Preventiva, aportando elementos de prueba que tengo en mi poder, con el firme convencimiento de que en el problema de inseguridad pública que vive nuestro país, si no somos parte de la solución somos parte del problema y aunque ya pasaron más de dos meses de que le denuncié estos hechos y ahora aporto mayor información de la conducción ineficiente y prepotente del ingeniero Genaro García Luna, en donde privilegia el desorden, el influyentismo y la cultura del amiguismo, donde tuvo tiempo de maquillar muchas irregularidades, no puede borrar todas las evidencias de sus malos manejos ni el de sus colaboradores.
>
> Actualmente curso la maestría en criminología y durante 30 años de antigüedad no he tenido problema alguno por comportamiento o en la prestación de mi servicio, dentro y fuera de la corporación, por lo que me atrevo a enviarle mi currículum vitae así como un ejemplar del libro *La historia del PAN en Durango* de la autoría de mi señor padre, don José de la Luz Herrera (QEPD), hombre honesto con una idea muy clara de que este país iba a cambiar con gobernantes comprometidos con la sociedad mexicana.

Así redactó Herrera Valles esa mañana del 7 de mayo el penúltimo párrafo de su carta a Felipe Calderón. El presidente exige que se denuncie la corrupción. Y cuando un servidor público tiene el valor civil de hacerlo con pruebas y nombres, la "justicia" se viene en su contra. "Justicia" que será impuesta por aquellos que fueron denunciados.

Hoy Javier Herrera Valles es perseguido y amedrentado por aquellos servidores públicos a quienes denunció. La impunidad de la que gozan les permite cometer más arbitrariedades. El 22 de agosto de 2008 la SSP inició un procedimiento administrativo en su contra porque supuestamente no se presentó durante ocho días ante la sección segunda del Estado Mayor de la PFP y porque no presentó a tiempo su ficha de incapacidad 0922LM5416007, expedida por el ISSSTE. Así se señala en el oficio SSP-PFP-SHCHJ-1250-08, del cual se tiene copia.

Por ese hecho —falso, afirma el comisario general— la Comisión de Honor y Justicia le hizo un juicio sumario. A fines de septiembre de 2008 fue expulsado de la PFP luego de 30 años de trayectoria. La Comisión fue encabezada por quienes él denunció: Luis Cárdenas Palomino, coordinador de Inteligencia para la Prevención, Ramón Pequeño, coordinador de Seguridad Regional y Víctor Gerardo Garay Cadena, actual comisionado interino de la PFP.

Las hermanas de García Luna

Genaro García Luna proviene de una familia grande. Tiene varios hermanos; dos de sus hermanas, Gloria y Esperanza, trabajan en la policía. Han hecho sus carreras gracias a la influencia de su hermano.

Gloria, de 45 años de edad, es licenciada en sociología egresada de la escuela de la UNAM ENEP Acatlán. Trabajó en la PGR como directora general de Coordinación Interinstitucional de 1998 a 2000. Cuando Genaro entró como coordinador de inteligencia en la PFP, Gloria fue nombrada jefa de departamento de la Dirección de Enlace y Comunicación, donde trabajó de octubre de 2000 a enero de 2001.

De ahí, sin ninguna experiencia en la materia, sólo por el hecho de ser hermana del entonces director de la AFI, Gloria se fue a trabajar al gobierno de Morelos en la Secretaría de Seguridad Pública como directora general académica del Colegio Estatal de Seguridad Pública.

El gobernador era el panista Sergio Estrada Cajigal. El coordinador general de la Policía Judicial del Estado era el controvertido Alberto Pliego Fuentes, quien fue procesado por proteger a secuestradores y narcotraficantes en la entidad. El secretario de Seguridad Pública era Cesáreo Carvajal. Cuando Pliego Fuentes fue aprehendido en febrero de 2005, el propio gobernador Estrada Cajigal se quejó de que Cesáreo Carvajal fue quien le recomendó contratar a Pliego Fuentes. Actualmente Carvajal es secretario general del Consejo Estatal de Seguridad Pública de San Luis Potosí, a quien le dedican narcomantas en Nuevo Laredo. Cabe señalar que es en San Luis Potosí donde se encuentra el Instituto de Formación Policial de la PFP.

En medio de los escándalos en Morelos por colusión de los mandos policiacos con el crimen organizado, la hermana de Genaro regresó a trabajar al gobierno federal. Ingresó en el Cisen en julio de 2003 como subjefe de unidad, en donde elaboraba documentos de análisis. El director general del Cisen era el actual procurador general de la República, Eduardo Medina Mora. Actualmente Gloria García Luna es directora de Participación Ciudadana y Servicios a la Comunidad y Municipios de la Secretaría de Seguridad Pública de Morelos. El secretario de Seguridad Pública es Luis Ángel Cabeza de Vaca Rodríguez, quien ingresó en la policía de Morelos cuando Carvajal era el secretario.

Esperanza, de 48 años de edad, es egresada de la escuela de periodismo Carlos Septién García. No tiene ninguna preparación en el ámbito de la seguridad pública. Fue editora de la sección de sociales del periódico *El Mañana*, de Nuevo Laredo, Tamaulipas, de 1986 a 1987. Después trabajó como jefa de departamento de seguridad en Ferrocarriles Nacionales de México, de 1996 a 1999. Cuando su hermano Genaro entró en la PFP, ella también ingresó. Su carrera de ascenso fue paralela a la de su hermano.

Hay quienes todavía recuerdan a Esperanza García Luna en un modesto cargo en la PFP en 2000. Genaro era coordinador de Inteligencia para la Prevención. Esperanza estaba en el área de instalaciones estratégicas, encargada de la vigilancia de las oficinas del gobierno federal. Tenía grado de suboficial. Señalan que era una buena persona, pero poco competente para estar en la policía. De ahí subió a jefa del Departamento de Secuestros y Robos de la PFP. Ganaba 22 156 pesos mensuales netos como subdirectora de área.

Cuando en noviembre de 2001 Genaro creó la AFI era conocida su cercanía con la Presidencia de la República, en particular con la primera dama. Muchos querían quedar bien con él. En 2002 Fernando Arreguín, director general adjunto de la PFP, ascendió a Esperanza García Luna a un nivel directivo en el área de secuestros y robos. En ese cargo ganaba 30 400 pesos mensuales netos.

En 2002 Arreguín fue detenido y acusado de asociación delictuosa y uso indebido de atribuciones porque se quedaban con la mitad de los decomisos que hacía. Después fue liberado.

La Unidad de Policía Cibernética fue creada en 2000. Estaba adscrita a la Dirección General de Tráfico y Contrabando de la PFP, que forma parte de la Coordinación General de Inteligencia. La unidad funcionaba pero no estaba en el organigrama, existía de nombre pero no con infraestructura. El responsable era el director general de Tráfico y Contrabando, quien nombraba a un encargado informal de la Unidad. El primer director general de Tráfico y Contrabando fue Hervé Hurtado Ruiz. Lo corrieron por estar presuntamente vinculado con el tráfico de personas y una banda de asalto al transporte.

Pese a todo, la Unidad de Policía Cibernética había dado resultados. En 2002 logró desmantelar una de las redes de pornografía infantil más grandes del mundo encabezada por el estadounidense Robert Deber. Esto se logró gracias al trabajo de Roberto Caballero y de su pequeño equipo. En 2003 la Policía Cibernética de la PFP había detectado 397 comunidades o sitios web con pornografía infantil, de los cuales 197 eran mexicanos. En 2004 lograron detener a un hombre, acusado de asesinato en el estado de Veracruz, gracias a que dejó sus huellas en internet y la Policía Cibernética de la PFP lo capturó.

Como Esperanza García Luna estudió la carrera de periodismo, a alguien se le ocurrió cambiarla del área de Secuestros y Robos a la Unidad de Policía Cibernética.

En 2005 el director de Tráfico y Contrabando era Alfredo Ávila Uribe, quien había sido director de Asuntos Internos de la PFP. Ávila Uribe tampoco tenía fama de buen policía. Hay cinco expedientes en su contra porque aprovechando su puesto, según las denuncias, vendía la resolución de problemas y cobraba en dólares. Quienes no tenían dinero le podían pagar con los salarios caídos que la PFP tenía que pagarle cuando ganara el caso.

Esperanza García Luna entró como jefa de la Unidad de Policía Cibernética en la época de Ávila Uribe. Tenía un sueldo de poco más de 60 mil pesos mensuales. La nombró Humberto Fabré Bandini, coordinador de Inteligencia. Según se afirma dentro de la PFP, la colocó en ese puesto para quedar bien con Genaro, entonces jefe de la AFI. Esperanza fue designada jefa de Unidad, pero seguía siendo un cargo informal.

En ese entonces la editora de sociales no sabía ni escribir un correo electrónico y pedía ayuda para poder enviarlos. Su evidente desconocimiento del área era riesgoso porque la Unidad tiene la delicada tarea de detectar y combatir los delitos que se cometen en la red, como explotación sexual infantil, pornografía infantil y operaciones de narcotráfico. Realiza operaciones de patrullaje en el ciberespacio como un instrumento para atrapar a delincuentes que cometen fraudes, intrusiones y organizan sus actividades delictivas en ese medio.

Cuando Genaro García Luna fue nombrado por Felipe Calderón secretario de Seguridad Pública, los bonos de su hermana se fueron a las nubes. La Unidad de Policía Cibernética dejó de estar en la Dirección de Tráfico y Contrabando y pasó a formar parte de la Dirección de Apoyo Técnico a cargo del comisario general Humberto Martínez González, quien ya había ocupado ese cargo en 2001. En 2002 lo dejó para irse con Genaro a la AFI y regresó a la PFP el 1º de julio de 2007 —aunque sobrepasa la edad límite para estar en la institución—. Es el mismo hombre que el día de la fuga del Chapo Guzmán acompañó a Tello Peón a Puente Grande.

Antes las oficinas de la Unidad de Policía Cibernética estaban en la torre de la PFP en Periférico Sur. Ahora la hermana de Genaro despacha en el mismo edificio que él: en las remodeladas oficinas generales de la SSP en avenida Constituyentes.

Qué tantas deferencias tendrá Humberto Martínez González con Esperanza García Luna que gana el mismo sueldo que él: 189 159 pesos mensuales.

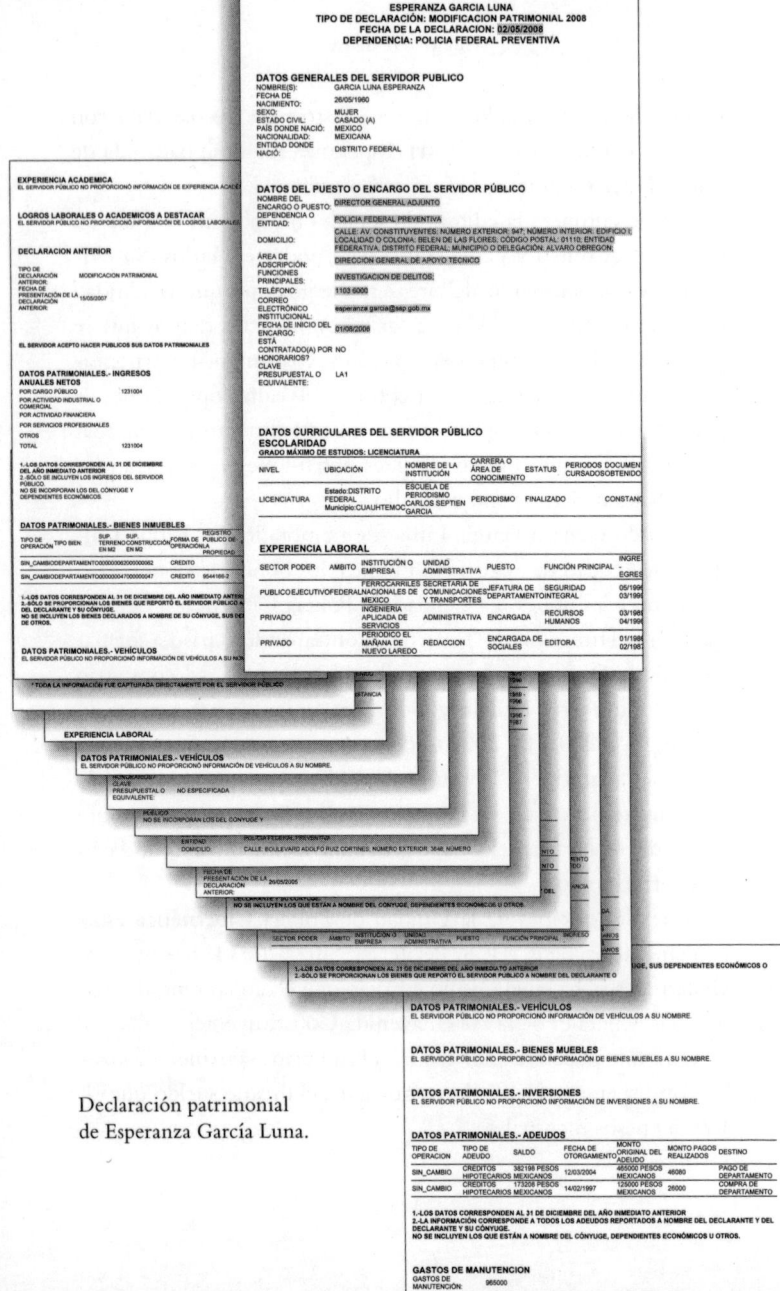

Declaración patrimonial de Esperanza García Luna.

PFP

POLICIA FEDERAL PREVENTIVA
SISTEMA INTEGRAL DE ADMINISTRACIÓN
NÓMINA
LISTADO DE FIRMAS (HISTÓRICO)
LOCAL

PERIODO : 01/01/2008 AL 15/01/2008

Página: 448
Folio: 2008010001

MANDOS MEDIOS — **PAGADOS**

No.EXP.	R.F.C.	CENTRO DE TRABAJO	CLAVE DE PAGO	ESTADO	MUNICIPIO	NO. CUENTA	NO. CHEQUE	FIRMA DE CONFORMIDAD
	NOMBRE			PERCEPCIONES	DEDUCCIONES		LIQUIDO	C.U.R.P.

CENTRO DE DISTRIBUCIÓN : 140T — COORD. DE SEGURIDAD REGIONAL

No.EXP.	R.F.C. / Nombre	Centro	Clave de Pago	Estado / Percepciones	Municipio / Deducciones	No. Cuenta	No. Cheque / Líquido	CURP
13864	MEDR780305AY9	140	36-C00-SBPF019-000122	09	003	1195396409	0	
	MENDOZA DAVALOS ROBERTO			9,828.69	-2,078.27		7,750.42	MEDR780305HDFNVB05
3151	MEMV650912J41	140	36-C00-SBPF015-000231	09	003	1116778097	0	
	MEDINA MORENO VICTOR HUGO			19,092.53	-8,675.42		10,417.11	MEMV650912HDFDRC08
21000	MOAS680819Q29	140	36-C00-SIPF010-000133	09	003	1499364889	0	
	MORALES ALVARADO SAUL			37,146.60	-15,604.70		21,541.90	MOAS680819HDFRLL03
11448	MOGL760115375	140	36-C00-SSPF010-000198	09	003	1270708399	0	
	MOSQUEIRA GARCIA LILIANA			34,883.92	-11,505.63		23,378.29	MOGL760115MDFSRL09
16863	MOHM661014E3	140	36-C00-IGPF005-000028	09	003	1474608844	0	
	MORENO HERNANDEZ MIGUEL ANGEL			72,411.70	-33,004.53		39,407.17	MOHM661014HDFRRG00
19194	MOMH620602A29	140	36-C00-CJPF003-000008	09	003	1556765289	0	
	MORENO MENDOZA HECTOR ALEJANDRO			94,579.78	-41,865.84		52,713.94	MOMH620602HDFRNC03
2399	MOPL711017B14	140	36-C00-SSPF015-000467	09	003	1438570914	0	
	MONTIEL PEREZ LEOPOLDO			17,927.88	-6,920.43		11,007.45	MOPL711017HDFNRP00

Nómina de la Policía Federal Preventiva en la que se observan los sueldos de los mandos medios.

El sueldo de la hermana de García Luna no sólo no corresponde con la tarea que realiza, tampoco con el grado que tiene. De acuerdo con documentos oficiales, ella es "inspector", arriba hay cuatro grados antes de comisionado general, pero gana lo mismo que uno. Esperanza García Luna gana lo mismo que un subsecretario de Estado. Apenas 18 mil pesos mensuales menos que el presidente de la República. Para darse una mayor idea, percibe más ingresos mensuales que el jefe del Estado Mayor de la Secretaría de la Defensa Nacional y que el gobernador del Banco de México, Guillermo Ortiz Martínez, responsable de la política monetaria e inflación del país. Quienes hace 8 años crearon la Unidad de Policía Cibernética en la PFP siguen siendo sólo jefes de departamento o analistas y con grado de suboficial.

CAPÍTULO 8

Obituario

Para el almirante Wilfrido Robledo Madrid, por darme la oportunidad de compartir sus conocimientos y experiencia.

Al ingeniero Jorge Tello Peón, por conducirme al mundo de la inteligencia y la investigación.

Al licenciado Marcos Castillejos y familia, por su invaluable respaldo y apoyo incondicional.

A quienes me acompañaron en la fundación de la Agencia Federal de Investigación: Luis Cárdenas, Facundo Rosas, Maribel Cervantes, Pedro Roberto Huerta, Patricio Patiño, Rafael Avilés, Víctor Hugo García, Benito Roa, María Elena Pérez, Oswaldo Luna, Humberto Martínez, José Luis Chávez, Arturo Luna, Javier Garza, Edgar Millán, Guadalupe Franco, Aristeo Gómez y Roberto Reyna.

Así dedicó Genaro García Luna a sus amigos el libro *Contra el crimen. ¿Por qué 1 661 corporaciones de policía no bastan? Pasado, presente y futuro de la policía en México*, impreso en 2006. Más que una lista de agradecimientos hoy parece un obituario o un pliego de consignación. Todos ellos forman parte de lo que se conoce como "Los Geranios", la hermandad de García Luna.

En menos de dos meses, del 1º de mayo al 9 de julio de 2008, tres hombres de esa lista fueron ejecutados. Tres más que no están ahí, pero que también forman parte del círculo primario de García Luna, también fueron asesinados en ese periodo al estilo del narcotráfico. Cinco de los seis ejecutados son mandos de la PFP. En 70 días cinco ejecutados. Uno cada 14 días.

Algunos piensan que están matando a los hombres de García Luna en venganza por la detención de Alfredo Beltrán Leyva, el Mochomo; así, presuntamente su hermano Arturo amenazó a García Luna y su equipo, a quienes se supone pagaba sobornos por protección y luego lo traicionarían a petición de Joaquín Guzmán Loera, el Chapo.

En 2005 llegó un fax a la PGR, presumiblemente de Los Zetas dirigido al entonces procurador Daniel Cabeza de Vaca y al ex subprocurador de Investigación Especializada en Delincuencia Organizada, José Luis Santiago Vasconcelos.

De acuerdo con el oficio SIEDO/CSA/DGACA/1752/2005, en el fax se acusa a García Luna de estar coludido con la organización de Arturo Beltrán Leyva y se dice que "ha recibido grandes cantidades de dinero por medio del ex director de Operaciones Especiales de la AFI, Domingo González", a quien se le inició una investigación y actualmente se encuentra prófugo. En el fax se dio aviso del secuestro de sicarios de Los Zetas perpetrado por la AFI y que fueron entregados a Beltrán Leyva. Después aparecieron públicamente los vídeos en los cuales se torturaba a los hombres secuestrados. Según el fax, Los Zetas afirman que "ello demuestra que son agentes que se encuentran actuando como bandidos con charola, como auténticos sicarios al servicio de esa organización, y ésas sí son marranadas. Eso no se vale porque nosotros sabemos perder legalmente con esta institución, y en ese caso actuaron de una forma por demás vil y cobarde por no respetar a nuestras familias. Hemos respetado esta institución que usted comanda, pero de no haber alguna reacción por parte de ustedes nos obligan a efectuar acciones violentas".

Sin embargo, no todos piensan que las ejecuciones fueron orquestadas por los Beltrán Leyva. Hay quienes señalan que las muertes en el equipo de García Luna podrían tratarse de una limpia interna en el grupo integrado por presuntos secuestradores, asesinos, corruptos y narcopolicías. Hay quienes incluso comentan que cuatro de los seis ejecutados estuvieron involucrados en la extorsión y homicidio de Enrique Salinas de Gortari.

Cualquiera que sea la razón por la que los hombres del círculo primario de García Luna están siendo asesinados, en cualquier policía del mundo las áreas de asuntos internos estarían investigando a fondo lo ocurrido. De todos los homicidios sólo hay detenidos respecto al caso de Edgar Eusebio Millán, asesinado el 8 de mayo. El presunto autor intelectual fue un hombre a quien García Luna metió en la PFP en 2000.

"¡Ejecutan a abogado!, ¡lo matan afuera de su oficina!", pregonaba el voceador de la segunda de *Ovaciones* a las 2 de la tarde el 9 de julio de 2008 sobre la avenida Michoacán, en la colonia Condesa, a unas cuantas cuadras de las oficinas de Mazatlán número 112, frente a las cuales fue acribillado el abogado Marcos Castillejos Escobar a plena luz del día. Por unos momentos los comensales de la concurrida zona se sintieron en las calles de Culiacán, Ciudad Juárez o Durango, en donde todos los días los voceadores dan cuenta de los nuevos ejecutados.

Castillejos Escobar era suegro de Luis Cárdenas Palomino, actual coordinador general de Inteligencia para la Prevención de la PFP, quien trabaja con García Luna desde el Cisen. El hombre asesinado —el quinto de cinco— fue abogado del propio Genaro a principios del sexenio pasado cuando fue acusado por el ex secretario de Seguridad Pública, Alejandro Gertz Manero, por presunto desvío de recursos en la Coordinación General de Inteligencia de la Policía Federal Preventiva.

Por la sentida dedicatoria que consigna en su libro, Castillejos era para García Luna mucho más que un abogado y el suegro de uno de sus mejores amigos. Era un hombre muy cercano a él. Hasta la ejecución de Igor Labastida todos los asesinados tenían el común denominador de estar relacionados directa o indirectamente con el caso de la detención del Mochomo. Sin embargo, la ejecución de Castillejos le dio una variante a los homicidios; él, Edgar Millán, al igual que Igor Labastida, fueron acusados de haber estado involucrados con la extorsión y asesinato del hermano del ex presidente Carlos Salinas de Gortari.

El abogado penalista ejecutado dejó dos hijos: Minerva Elizabeth Castillejos Cervantes y Humberto Castillejos Cervantes. Minerva estaba hasta hace un año casada con Cárdenas Palomino. Fue diputada suplente de Jorge Kahwagi, líder de la bancada del Partido Verde Ecologista (PVEM) en la 59 Legislatura (2003-2006). Hoy Kahwagi es dirigente del partido Nueva Alianza, creado por la dirigente del Sindicato Nacional de Trabajadores de la Educación, Elba Esther Gordillo. Kahwagi realizó funciones de recaudación de fondos para la fundación Vamos México de la ex primera dama. Marta Sahagún es una íntima amiga de Gordillo, a quien en más de una ocasión pidió consejo para resolver sus problemas personales y de la Presidencia.

Las relaciones de la hija del abogado pueden explicar por qué Castillejos Escobar fue abogado tanto de Elba Esther Gordillo —como lo publicaron diversos medios de comunicación— como de los hijos de la ex primera dama. Manuel Bribiesca Sahagún afirmó el 9 de julio, día de la ejecución, que no tenía ninguna relación con el abogado y que ni siquiera lo conocía. Pero abogados cercanos a Castillejos Escobar y amigos de su familia afirmaron que su despacho sí prestó servicios a los hijos de Marta Sahagún por un breve tiempo, a principios del sexenio de Fox.

El hijo de Castillejos Escobar, Humberto, fue asesor del ex procurador Rafael Macedo de la Concha mientras estuvo al frente de la PGR. La relación entre Macedo y la familia Castillejos es tan cercana que incluso se afirma que fue padrino de boda de Minerva Elizabeth y Cárdenas Palomino.

Al inicio del sexenio de Fox, Macedo de la Concha puso a Genaro García Luna al frente de la Policía Judicial Federal (PJF). En septiembre de 2001 cambió de nombre a Agencia Federal de Investigaciones, y García Luna fue su director durante todo el sexenio.

El nuevo procurador, Eduardo Medina Mora, nombró a Humberto Castillejos Cervantes como su coordinador de asesores. Cargo que ocupó hasta fines de mayo pasado. Según fuentes de la PGR dejó el puesto por conflictos de intereses entre su trabajo como asesor del procurador y su despacho de litigante penalista.

En el medio de los litigantes, Marcos Castillejos Escobar tenía fama de usar relaciones personales para sacar adelante muchos de sus casos. En más de una ocasión Castillejos Escobar fue acusado de prevaricato, es decir, por estar involucrado con partes contrarias en un caso judicial.

Concretamente en 2005 el fiscal especial para Movimientos Sociales y Políticos del Pasado (Femospp), Ignacio Carrillo Prieto, llegó a la oficina del súper asesor de Fox en Los Pinos, Ramón Muñoz, para acusar a Castillejos Escobar de boicotear, a través de sus relaciones en la PGR, la aprehensión del capitán Luis de la Barreda Moreno, acusado por la desaparición de Jesús Piedra Ibarra, durante el periodo conocido como "guerra sucia", en la década de 1970.

Carrillo Prieto denunció que cuando se giró la orden de aprehensión en contra de Luis de la Barreda el responsable de cumplimentarla era Cárdenas Palomino, pero curiosamente se le escapó: no pudo atrapar al cliente de su suegro. Carrillo Prieto estaba tan molesto que incluso presentó su renuncia. Muñoz lo convenció de quedarse.

Castillejos tenía el círculo perfecto. Por un lado su hijo Humberto era asesor del procurador Macedo de la Concha. Por otro su yerno, Luis Cárdenas Palomino, era el director de Investigación Policial de la AFI.

El cuarto miembro del equipo de García Luna asesinado fue Igor Labastida Calderón, de 45 años de edad, director de investigaciones de la PFP adscrito a la Coordinación General de Seguridad Regional. Su jefe inmediato era Ramón Eduardo Pequeño García. Labastida, como otros hombres muy cercanos a García Luna, viene de la PGJDF. De 2000 a 2001 fue subdirector de la Policía Municipal de Naucalpan, en el Estado de México. Después entró en la AFI a invitación de Edgar Millán y su compadre Francisco Javier Garza Palacios y ocupó el cargo de director de Investigación de Delitos Federales. Lo mataron el jueves 26 de mayo en la cocina económica Anita, ubicada en la calzada México-Tacuba, delegación Miguel Hidalgo, a plena luz del día. Iba acompañado de Jesús María Ochoa Martínez, Álvaro Pérez Mendoza, Humberto Torices y Heidi Yezel Cruz Osorio.

Ochoa Martínez murió y otros dos resultaron heridos. Para simular la gravedad del incidente, la SSP dijo que eran escoltas de Labastida. La dependencia emitió un comunicado de prensa (339) ese mismo día:

La Secretaría de Seguridad Pública federal informa que esta tarde fueron agredidos, con arma de fuego, el inspector Igor Labastida Calderón y sus escoltas, mientras comían en un local comercial ubicado en la ciudad de México.

Martínez se encontraba adscrito a la Dirección General de Investigación Policial como agente "c" y estaba asignado como escolta del comandante Labastida Calderón.

De acuerdo con documentación oficial, Ochoa Martínez no era escolta de Labastida sino director general de la Coordinación de Inteligencia para la Prevención del Delito de la PFP, cuyo jefe era Luis Cárdenas Palomino y el subsecretario Facundo Rosas Rosas. Concretamente era director de Terrorismo y tenía el nivel SIPFIO. Ganaba 74 mil pesos mensuales.

Álvaro Pérez Mendoza, de 41 años, fue uno de los heridos. Era compañero de Labastida desde que trabajaban juntos en la Policía Judicial del D. F. de 1991 hasta noviembre de 2001. Cuando ocurrió el incidente tenía el grado de subinspector y el cargo de subdirector de Seguridad Regional.

Torices Morales, de 53 años, fue otro de los lesionados. Proveniente del despacho Torices, González, Rodríguez Puig & Asociados, ingresó en la AFI en noviembre de 2006 como comandante primero y en enero de 2007 se cambió a la PFP. Fue colaborador de Adrián Carrera Fuentes, ex director de la Policía Judicial Federal que estuvo preso varios años por lavado de dinero. Participó en la investigación de los asesinatos de Luis Donaldo Colosio y José Francisco Ruiz Massieu. En 1994 era el comandante de la PJF responsable de la plaza de Mexicali y en marzo de ese año fue uno de los responsables del traslado de Mario Aburto al Distrito Federal. Fue inhabilitado en 1998 por la Secretaría de la Contraloría debido a "delitos contra la administración de justicia, intimidación, encubrimiento". Su debilidad eran las joyas. Tenía un anillo de oro amarillo tipo Rolex, un reloj de la marca Mont Blanc —con un valor de poco más de 15 mil pesos— y una pluma de la misma marca con valor de 6 mil pesos.

La cuarta acompañante, Heidi Yezel Cruz Osorio, suboficial de la PFP, fue la única que salió ilesa. Ingresó en la policía de manera forzada en febrero de 2008 pese a que sobrepasaba la edad reglamentaria. La propuso René Alcántara Luna, director general adjunto de Enlace Administrativo de la Coordinación General Regional, a la que Igor estaba adscrito.

El día de la ejecución, Labastida viajaba en una camioneta Cadillac Escalade, con placas de Campeche. Elementos de la PFP afirman que en la cajuela llevaba un millón de dólares. La investigación del homicidio está a cargo de la Unidad Especializada en Delitos contra la Salud de la Subprocuraduría de Investigación Especializada en Delincuencia Organizada (SIEDO). Aseguran que la titular de la SIEDO, Marisela Morales, tiene conocimiento del dinero que estaba ahí. Oficialmente las autoridades no dijeron nada. Igor Labastida se vio involucrado en el escándalo de Domingo González. Supuestamente él y Garza Palacios facilitaron que escapara de la justicia cuando se le dictó orden de aprehensión.

El tercer ejecutado del equipo primario del secretario de Seguridad Pública fue Edgar Eusebio Millán, comisionado interino de la PFP y coordinador general de Seguridad Regional (fue sustituido por Pequeño). Lo mataron la madrugada del 8 de mayo —el mismo día en que también fue ejecutado el hijo del Chapo—. Lo sorprendieron cuando llegaba a uno de sus domicilios ubicado en la calle Camelia, la vía con más incidencia de narcomenudeo en toda la colonia Guerrero. Antes de ser ejecutado Millán había sufrido un atentado en las instalaciones de la PFP en Periférico Sur, presuntamente perpetrado por un francotirador.

Millán arrastraba su mala reputación desde los tiempos del primer procurador panista, Antonio Lozano Gracia, por la presunta venta de plazas y como presunto protector de bandas de crimen organizado dedicadas al secuestro. No obstante, fue enterrado con honores de héroe en una ceremonia encabezada por Genaro García Luna y el presidente de la República Felipe Calderón.

Cuando Genaro y Edgar contaban cómo se habían conocido señalaban que fue haciendo el examen para ingresar en la Policía Judicial Federal, pero reprobaron. Después los llamaron para entrar en el Cisen y desde ahí se volvieron inseparables.

Antes de Edgar Millán, fueron asesinados casi de manera simultánea Roberto Velasco Bravo, director de Crimen Organizado de la Dirección General de Análisis Táctico de la SSP, y Aristeo López Martínez, director administrativo de la Jefatura del Estado Mayor de la PFP.

Velasco Bravo, de 36 años, fue ejecutado el 1º de mayo de 2008 en la colonia Irrigación de la delegación Miguel Hidalgo, en el Distrito Federal. Dependía de la Coordinación de Inteligencia. Cuando lo mataron su jefe era Pequeño García. Después de la muerte de Millán lo habían enviado como coordinador de Seguridad Regional. El trabajo de Velasco Bravo era de gabinete, hacía análisis policial; se conducía con bajo perfil. Pocos sabían que él realizaba esa labor.

Aristeo, de 34 años, había trabajado con García Luna desde los primeros meses de 1999 en Cisen. Era brazo derecho de Oswaldo Luna Valderrábano —ex chofer de García Luna convertido en jefe del Estado Mayor de la PFP— y su enlace administrativo. Hacía todas las gestiones administrativas del Estado Mayor.

Desde que Oswaldo ocupa su cargo avala ingresos de elementos que no pasan los exámenes de confianza y otorga licencias irregulares. Aunque el titular de la SSP lo ha negado, hay quienes afirman que Oswaldo Luna es su familiar.

También se dice que en la lista de ejecutables están Luis Cárdenas Palomino, Francisco Javier Garza Palacios, Facundo Rosas Rosas y el propio García Luna.

A SANGRE FRÍA

De entre los oscuros personajes que rodean a García Luna, uno de los que más llama la atención es Luis Cárdenas Palomino. Su negro historial deja entrever las redes y los intereses a los que sirven García Luna y su equipo, esos poderes fácticos que no se ven pero que perduran y mantienen el control de las instituciones de seguridad pública del país.

En el exterior, el Pollo, como lo llaman, es el rostro amable de la SSP. En el interior los agentes de la AFI y los antiguos elementos de la PFP se quejan de su arrogancia, malos tratos y corrupción. A lo largo de esta investigación, en más de una ocasión he escuchado decir a sus compañeros de la SSP: "Son capaces de todo, no tienen escrúpulos". Hasta que tuve acceso al pasado de Cárdenas Palomino comprendí esa apreciación en su totalidad. Algo al parecer digno de *A sangre fría* de Truman Capote escribiría la biografía de Cárdenas Palomino y recrearía su más célebre obra.

En 1987, tres amigos de la colonia Lindavista, en el Distrito Federal, asesinaron al taxista Jesús Palafox Aranda. Después del disparo vinieron las risas y se fueron a un bar de moda de la zona Rosa a beber champaña.

Uno de esos tres jóvenes se llama Luis Cárdenas Palomino. Fue acusado de homicidio calificado, pero el crimen quedó impune. Veintiún años después Luis Cárdenas Palomino, de 39 años, es uno de los policías con mayor poder en el país y tiene como obligación proteger a los ciudadanos de hombres como él.

El 12 de agosto de 1987 Cárdenas Palomino fue a comer con sus amigos René Alavez Rosas, de 18 años, y Octavio Navarro Medellín, de 21, quien estaba casado. Todos eran vecinos. Estuvieron en el bar Puebla, ubicado en la colonia Guerrero. No traían dinero para pagar la cuenta y para salir del apuro dejaron sus relojes en prenda. Al salir del bar Octavio propuso pedir aventón a algún vehículo en el que viajaran mujeres, o en su caso bajar de su coche a alguna persona para así trasladarse a su casa. Cárdenas Palomino estuvo de acuerdo con el plan.

René les dijo que no se metieran en problemas, que mejor tomaran un taxi y cuando llegaran él le pediría a su madre que le diera dinero para pagar el pasaje. Cárdenas Palomino le hizo el alto a un taxi Volkswagen color coral tripulado por un hombre de 29 años, llamado Jesús Palafox Aranda, quien los llevó a la colonia Lindavista. Octavio le pidió al conductor que se detuviera.

Según su declaración asentada en el acta de la Policía Judicial número PJ/VII/67/987, René declaró que cuando llegaron a la colonia, él se quedó en el taxi y Octavio y Luis se bajaron porque supuestamente iban a ir por dinero.

Regresaron y le dijeron a René que ahora se iban a ir con unas viejas. Abordaron el auto y le indicaron al conductor la ruta que debía seguir. Detuvieron al chofer a unas calles.

...hasta que al circular por una calle obscura de pronto Octavio sacó de entre sus ropas, sin saber de dónde, una pistola tipo escuadra de la que ignora otras características y riéndose se dirigió al taxista apuntándole con el arma en la cabeza y le dijo que era su día de mala suerte preguntándole al chofer que si traía dinero, a lo que el taxista no contestó, y entonces Octavio, sin dejar de apuntar con el arma, le indicó que se orillara y cuando le dijo lo anterior el taxista efectivamente se orilló hacia la derecha pero lo hizo bruscamente y en esos momentos fue que el de la voz escuchó una detonación sin saber en esos momentos lo que ocurría, pero instantes después se percató de que el chofer del taxi sangraba abundantemente de la cabeza a la altura de la sien y viendo que Octavio aún le apuntaba con el arma hacia la cabeza y que se estaba riendo, por lo que le preguntó a Octavio que qué había hecho respondiéndole éste que era para que no se pasara de verga.

Así declaró Luis Cárdenas Palomino en la décima Agencia Investigadora del Departamento de Averiguaciones Previas del sector Oriental del Distrito Federal el 28 de agosto de 1987.

No acudió a denunciar voluntariamente, fue presentado a declarar 16 días después del homicidio y con un amparo (655/87) para evitar ser detenido en la agencia del Ministerio Público.

De hecho gracias a ese amparo pudo salir de la agencia del MP luego de rendir su declaración, ya que tenía orden de aprehensión en su contra desde el 14 de agosto. Gracias a que Cárdenas Palomino no denunció el homicidio de su amigo, Octavio pudo darse a la fuga.

Cárdenas Palomino confesó:

Framento de la declaración ministerial de Luis Cárdenas Palomino, 1987.

firma al margen para constancia.- - - - - - - - - - - - - -
DECLARA LUIS CARDENAS PALOMINO.- En seguida estando presente en esta oficina el que dijo llamarse LUIS CARDENAS PALOMINO, quien EXHORTADO que fue para que se conduzca con verdad en la diligencia en que va a intervenir, por sus generales manifestó: llamarse como ha quedado escrito, ser de 18 años de edad, soltero, católico, con un año de Preparatoria, de ocupación estudiante, originario de Oaxaca,Oaxaca, con domicilio en las calles de SANTA BARBARA, número 112, Colonia Planetario Lindavista, Delegación Gustavo A. Madero, ignorando el Código Postal, con teléfono 586-30-16, y en relación a los hechos.- -
DECLARO: Que en este acto al serle leída su declaración rendida en el Acta de Policía Judicial número PJ/VII/67/1987 el dicente la ratifica en todas y cada una de sus partes por contener la verdad de los hechos, reconociendo igualmente como suya la firma y la huella digital que aparecen al margen de dicha declaración por haberlas estampado de propia mano sin ninguna presión física o moral; y sobre los hechos que se investigan manifestó que efectivamente el pasado día miércoles 12 doce de los corrientes siendo aproximadamente como las 16:00 dieciseis horas el exponente se encontraba en el interior de su domicilio dado en sus generales, cuando de pronto tocaron el timbre de su casa por lo que él de la voz fue a abrir percatándose que era su amigo RENE ALAVEZ ROSAS quien había tocado y al preguntarle qué hacía éste le dijo -

DIRECCION GENERAL TECNICO JURIDICA
Y DE SUPERVISION.

SUBDIRECCION JURIDICA Y DE AMPAROS

OFICIO NUM. 42886

EXPEDIENTE. 6030/87

PROCURADURIA GENERAL DE JUSTICIA
DEL
DISTRITO FEDERAL

C. FRANCISCO ANTONIO BOTELLO VIZCARRA
SUBDIRECTOR OPERATIVO DE LA POLICIA
JUDICIAL DEL DISTRITO FEDERAL DEL
SECTOR ORIENTE.

En contestación a su solicitud de fecha 20 de octubre del año en curso, para proporcionar informes respecto a la existencia de alguna suspensión provisional concedida en favor de Octavio Navarro Medellín, Luis Cárdenas Palomino y René Alvarez Rosas, se manifiesta lo siguiente:

Que Luis Cárdenas Palomino solicitó el amparo de la Justicia de la Unión en contra de actos que reclamó del titular y de otras autoridades de la Institución y que hizo consistir en las órdenes de aprehensión o detención, privación de la libertad y la ejecución de ellas, mismo que con fecha 8 de septiembre del año en curso el Juez Sexto de Distrito en Materia Penal en el Distrito Federal resolvió sobreseer el juicio y el día 1º de los corrientes causó ejecutoria dicha sentencia.

Por lo que respecta a Octavio Navarro Medellín y René Alvarez Rosas no se tiene conocimiento de que hayan solicitado amparo alguno contra actos de autoridades de la Institución.

A T E N T A M E N T E .
SUFRAGIO EFECTIVO. NO REELECCION.
México, D. F. 27 de octubre de 1987
EL DIRECTOR GENERAL TECNICO JURIDICO
Y DE SUPERVISION.

LIC. AGUSTIN RAMON MENENDEZ RODRIGUEZ

MAR/jod'

Documento de la Procuraduría General de Justicia del D. F. sobre el amparo solicitado por Luis Cárdenas Palomino.

...pero momentos más tarde se bajó Octavio del taxi y el dicente también se bajó del vehículo en tanto que René se bajó por el lado izquierdo del vehículo, es decir por el lado donde iba sentado el taxista, y una vez abajo del taxi el externante y René comenzaron a tratar de alejarse del taxi, pero en esos momentos Octavio le gritó que se esperaran, que no corrieran, o de lo contrario iba a valer madres por lo que él que habla y René se detuvieron esperando a Octavio y una vez juntos, comenzaron a caminar alejándose del taxi diciéndoles que los tres estaban en eso y que no se iban a separar.

Cárdenas Palomino dijo en su declaración ministerial que después del homicidio del taxista se fueron a la casa de la madre de Octavio, que irónicamente vivía en la calle Matanzas, esquina calzada Ticomán. Ahí tomaron un auto, dinero y se fueron a tomar unas cervezas.

...Octavio vio una tienda denominada el supercito y fue que le dijo al de la voz que se iban a bajar a tomar unas cervezas ya que si los veían tranquilos no iban a pensar que habían hecho algo, y como ya antes había visto actuar tan fríamente a su amigo al matar al taxista, el declarante no quiso replicarle y continuó haciendo lo que Octavio decía; entonces se pararon a tomarse las cervezas...

Cárdenas Palomino argumentó ante el MP que por miedo a su amigo no se separaba de él. ¿También por miedo bebió? Cárdenas Palomino regresó a su casa, pero después, persuadido por su amigo Octavio, tomó su coche e hicieron planes para ir a Cuernavaca.

Lo lógico hubiera sido que, de haberlo querido, habría pedido auxilio en su casa o llamado a la policía para denunciar el crimen. No lo hizo, mejor se fue de parranda con su amigo el homicida.

"Octavio le dijo al del habla que si ya se iban a ir a Cuernavaca pasaran por unas viejas para que los acompañaran, diciéndole que fueran a ver a unas amigas de él en una calle cuyo nombre ignora, pero es en la colonia Lindavista al otro lado de Montevideo."

Cuando llegaron al lugar, estaba estacionado un Tsuru color rojo en el cual había unos hombres tomando. Octavio y Cárdenas Palomino se bajaron del coche y como uno de los sujetos comenzó a insultar a Luis éste lo golpeó. Así comenzó una pelea, Octavio agarró a patadas a uno de los otros jóvenes. Corrieron al coche, se subieron y se dieron a la fuga. Entonces Octavio propuso que se fueran al aeropuerto, pero luego le dijo a Cárdenas Palomino que mejor se fueran a la discoteque Sugar en la Zona Rosa para ir por unas "viejas" para llevárselas a Cuernavaca.

Cárdenas Palomino declaró ante el MP:

...entonces Octavio le dijo al que habla que se fueran al aeropuerto pero enseguida le dijo que no, que mejor se fueran al Sugar que es un bar ubicado en la Zona Rosa y que de ahí sacarían a unas viejas para llevárselas a Cuernavaca a lo que el exponente le dijo a Octavio que como quisiera, dirigiéndose entonces al citado Sugar, en donde el emitente estacionó su coche... Octavio le dijo al de la voz que iba a pedir una botella de Champaña y que no la iban a pagar, a lo que el exponente le dijo que ya no buscara problemas pero Octavio persistió en su actitud y pidió una botella de champaña.

[...] después Octavio comenzó a platicar con una muchacha amiga suya que encontró en el lugar y rato después dicha amiga se retiró y enseguida Octavio se levantó de su lugar y sin saber el motivo comenzó a pelearse con varias personas que estaban en el lugar, por lo que el declarante para ver qué pasaba, también fue golpeado por los sujetos con los que estaba peleando Octavio y cuando lo estaban golpeando llegaron varios meseros y sacaron al dicente del bar...

Dijo que él aprovechó el momento para separarse de su amigo y supuestamente no lo volvió a ver. ¿Por qué si ya no estaba con su amigo no lo fue a denunciar?

René se había separado de sus dos amigos. Después del homicidio él se fue a su casa, después fue a visitar a su novia, fue a ver a su hermano y luego regresó a su casa, en donde recibió una llamada de Octavio en la madrugada del día 13 de agosto.

Declaró que a las 2 de la mañana Octavio le dijo que después de lo ocurrido, Luis y él se habían ido a la dicoteque Sugar de la Zona Rosa, pero que los habían sacado de ahí y Cárdenas Palomino se había echado a correr.

Declaró que Octavio pasó a buscarlo a su casa en un Volkswagen Caribe color naranja. Ya estando juntos, él le contó que después de la trifulca en la discoteque el jefe de seguridad del antro y uno de los socios le exigieron que pagara lo que habían consumido.

Llamaron a una patrulla que se lo llevó detenido, pero a mitad del camino llegaron a un arreglo y Octavio se subió al Mustang prometiendo que les iba a pagar. Octavio no les pagó, los mató. Así lo dijo René en su declaración ministerial repitiendo lo que Octavio le había contado.

La madrugada del 13 de agosto, frente al número 207 de Avenida Ticomán aparecieron muertos en el interior de un Mustang blanco modelo 1984 dos sujetos de entre 20 y 25 años —uno de ellos de nombre Guillermo Ocejo Aja— asesinados por arma de fuego, la misma que le había dado muerte al taxista. Uno de un disparo en la cabeza y otro de dos tiros a la altura de la base del cuello. A uno de los dos sujetos le fue robado un Rolex y 50 mil pesos. Ambos eran hijos de familias acomodadas de Lomas de Chapultepec y Tecamachalco.

René Alavez Rosas señaló que en la Caribe naranja viajaron a Cuernavaca y se hospedaron en el hotel Casino de La Selva. Al otro día, agosto 14, regresaron a la Ciudad de México y partieron en autobús a Guadalajara y de esa ciudad a Cojumatlán, Michoacán.

Se quedaron en la casa de la abuelita de René; nadie sospechaba que los dos muchachos venían de asesinar a alguien. Esa misma noche regresaron a Guadalajara, donde finalmente se separaron. Octavio se fue a Monterrey, Nuevo León, con la promesa de un amigo suyo de que lo ayudaría a cruzar Estados Unidos y René se regresó a la casa de su abuela.

En su loca fuga, según está asentado en la declaración ministerial de René, Octavio se estuvo comunicando vía telefónica con Cárdenas Palomino.

Luis y René afirmaron que ellos no estaban presentes cuando ocurrieron las otras dos ejecuciones. Pero Rosana, la esposa de Octavio, declaró lo contrario. Dijo que la última vez que vio a su esposo fue cuando se iba a ir a comer con sus amigos.

Rosana declaró bajo protesta de decir verdad.

Y que también supo que su esposo había sido acompañado por Luis Cárdenas Palomino y René Rosas "N", quienes lo acompañaron a cenar el día 12 del mes de agosto y también se enteró que los mismos sujetos acompañaron a su esposo en los hechos del Mustang blanco sin poderlo ella asegurar.

solamente que se enojara se ponía pesado y también se ponía así si ingería bebidas embriagantes y que también supo que su esposo había sido acompañado por LUIS CARDENAS PALOMINO Y RENE ROSAS "N" quienes lo acompañaron a cenar el día 12 doce del mes de Agosto y también se entero que los mismos sujetos acompañaron a su esposo durante los hechos del mustang blanco sin poderlo ella asegurar, que es todo lo que tiene que declarar y previa lectura de lo antes escrito lo ratifica en todas y cada una de sus partes firmando y estampando su huella dactilar al márgen para constancia. - C O N S T E. - - - - - - - - - - - - R A Z O N.- El personal actuante hace constar que momentos antes de ser las 14.55 horas catorce horas con cincuenta y cinco minutos, del día veintinueve de Octubre de mil novecientos ochenta y siete, el C. Agente de la Policía Judicial FRANCISCO RSAL BENITEZ, presentó en el local de estas oficinas del Grupo B de investigaciones de Homicidios al que dice llamarse: RAFAEL ULISES OLIVEROS ANGELES, por encontrarse relacionado con el Triple Homicidio por disparo de arma de fuego cometido en agravio de los que en vida llevaron

...amarse: ROSANA MELGAREJO GONZALEZ, quien es protestada en términos de ley para que se conduzca con verdad en las diligencias judiciales en las que va a intervenir advertida de las penas en que incurren los falsos declarantes por sus generales manifestó llamarse Como a quedado escrito, ser de 22 veintidos años de edad, Casada, Católica, Instrucción de Comercio, Originaria del Distrito Federal, Ocupación Maestra de Ingles, con domicilio en la calle CALLAO Número 910 novecientos diez en la colonia Vista, con teléfono 781-17-43 y con relación a los hechos que se investigan. - - - - - - - - - - - - - - - - MANIFESTO.- Que la declarante es esposa del que responde al nombre de OCTAVIO NAVARRO MEDELLIN, con el que contrajo matrimonio en 1984 el día 25 de Febrero y que en las ultimas fechas tuvieron desavenencias, lo que provocar su divorcio y que el día 12 doce de Agosto de

Fragmentos de la declaración ministerial de Rosana Melgarejo González, esposa de Octavio, 1987.

El tío de Octavio se presentó a declarar el 29 de octubre de 1987. Y su testimonio compromete definitivamente al actual coordinador general de Inteligencia para la Prevención del Delito. Afirmó que desde principios de agosto no veía a su sobrino y hasta ese día no lo había vuelto a ver. Pero comenta que desayunó con Cárdenas Palomino el día posterior al homicidio del taxista.

Sin recordar la fecha exacta le llama por vía telefónica a Luis Cárdenas Palomino, amigo de su sobrino Octavio Navarro Medellín con el objeto de saludarlo e invitarlo a desayunar y efectivamente se vieron en un expendio de birria ubicado en la avenida Montevideo de la Colonia Lindavista a lo cual entre la plática el externante le pregunta a Luis que qué había hecho un día anterior, contestándole Luis Cardenas Palomino que había estado en compañía de su sobrino Octavio Navarro Medellín por la tarde y parte de la noche siendo esto a las 19:00 horas, por lo que el externante le pregunta que cómo se habían portado, externando Luis Cárdenas que bien. Terminaron de desayunar y el externante procedió a llevarlo hasta la esquina de su casa dejándolo en la esquina de Montevideo y que desde ese día no lo volvió a ver ni a saber nada de él hasta el día de la fecha que lo vuelve a ver en estas oficinas de la Policía Judicial, que es todo lo que ocurrió en esa ocasión, que el externante días después de esa entrevista se entera que la Policía Judicial buscaba a su sobrino Octavio Navarro Medellín y a su amigo Luis Cárdenas Palomino.

Después de las crudas declaraciones hechas por Luis Cárdenas Palomino y su amigo René, el agente del MP Francisco Sentecal Cuevas solicitó al juez sexto penal del fuero común en el Distrito Federal girara órdenes de aprehensión en contra de Cárdenas Palomino, Alavez Rosas y Navarro Medellín.

CIUDADANO JUEZ SEXTO PENAL DEL FUERO COMUN EN EL D.F.
PRESENTE.

En 185 fojas útiles remito a usted la averiguación previa números 13a./4419/987 y 13a./4413/987 de cuyo contenido resultan elementos suficientes para ejercitar acción penal en contra de:

RENE ALAVES ROSAS y LUIS CARDENAS PALOMINO como presuntos responsables del delito de HOMICIDIO CALIFICADO, previsto en los artículos:

302, 303, 315 párrafo primero y segundo, hipótesis de premeditación, ventaja y alevo-

...

JESUS PALAFOX DE ANDA; conducta ampliamente descrita en el pliego de consignación que remitió a Usted C. JUEZ con fecha 3 de septiembre del año en curso, en la inteligencia de que los indiciados RENE ALAVES ROSAS Y LUIS CARDENAS PALOMINO al encontrarse a bordo del mismo vehículo intencionalmente prestaron ayuda al autor material del HOMICIDIO; así como su auxilio en la comisión; asimismo y a partir de ese momento los inculpados desidieron huir de ésta Capital separandose el indiciado RENE ALAVES ROSAS y alejandose la pareja de OCTAVIO NAVARRO MEDELLIN y LUIS CARDENAS PALOMINO, siendo éstos dos trasladarse fuera de la Ciudad para lo cual se trasladaron a la

...

sanción del Código Penal que tipifican y sancionan el hecho denunciado. En consecuencia, con fundamento en dichos artículos del Código Penal y 1, 2, 3, 5 y 10 del Código Procedimientos Penales, ésta Representación Social con las facultades que así también le confieren los artículos 1, 2 y 3, apartado B, fracción I y 7 de la Ley Orgánica de la Procuraduría General de Justicia del Distrito Federal, 4 y 17 fracción I del Reglamento Interior de la propia Institución, ejercita acción penal en contra de:

RENE ALAVEZ ROSAS, LUIS CARDENAS PALOMINO y OCTAVIO NAVARRO MEDELLIN como presuntos responsables del delito de HOMICIDIO CALIFICADO.

Por tanto, solicito a usted se sirva dictar ORDEN DE APREHENSION en contra de los inculpados.

Y con fundamento en lo que establece el artículo 34 del Código Penal, ésta Representación social solicita en contra de los mismos inculpados la REPARACION DEL DAÑO, proveniente del delito por el que se ejercita acción penal.

Ciudad de México, a

EL C. AGENTE DEL MINISTERIO PUBLICO
CONSIGNADOR.

LIC. FRANCISCO BENTECAL CUEVAS.

PROCURADURIA GENERAL DE
JUSTICIA DEL DISTRITO FEDERAL
DIRECCION DE CONSIGNACION

Fragmentos de la órden de aprehensión en contra de René Alavez Rosas, Luis Cárdenas Palomino y Octavio Navarro Medellín, por el delito de Homicidio Calificado.

El Ministerio Público encontró los elementos suficientes para culpar a Cárdenas Palomino y Alavez Rosas de "prestar ayuda intencional al autor material del homicidio y prestar auxilio en la comisión del delito".

Sin embargo, al parecer el juez no dictó las órdenes de aprehensión. Los familiares de los dos jóvenes asesinados en el Mustang blanco explicaron su versión de por qué quedó impune la participación de Luis y René.

En la campaña presidencial de 1988 los padres enviaron una carta al candidato presidencial del PRI, Carlos Salinas de Gortari, exigiendo justicia.

La carta señala:

> ...recurrimos a usted para hacer de su conocimiento hechos lamentables que lesionan profundamente no sólo el orden jurídico sino que por su naturaleza nos han horrorizado, poniendo de manifiesto la comisión de actos de corrupción, originando en buena medida la inseguridad en la que vivimos inmersos todos y en la que participan abiertamente servidores públicos.

La familia narró que en un inicio el caso del triple homicidio fue tomado en primera instancia por el comandante Roberto Cuevas Antolín. El 14 de agosto el comandante Antolín, jefe del Grupo B de homicidios y responsable del caso, identificó al presunto homicida y sus cómplices. En el momento en que iban a ser detenidos intervino el comandante Pedro Rosales Quiroz, jefe de la séptima comandancia de la Policía Judicial y por instrucciones del entonces director de la Policía Judicial del D. F., el capitán Jesús Miyazawa, quien le ordenó a Antolín dar carpetazo al caso.

Para las familias de las víctimas del Mustang blanco era un claro tráfico de influencias porque en aquel entonces la novia de Cárdenas Palomino era Teresa Rosales, hija de Rosales Quiroz, quien tomó bajo su control el caso. Además señalaron la influencia del capitán Cuauhtémoc Cárdenas Ramírez, padre de Cárdenas Palomino, quien fue director de la policía judicial del D. F. y en ese momento trabajaba con Pedro Vázquez Colmenares en la División de Investigación y Seguridad Nacional (Disen), creada por Jorge Carrillo Olea, siendo subsecretario de Gobernación, en el sexenio de Miguel de la Madrid.

Octavio también tenía influencias, señalaron. Su padre Octaviano Navarro Barrón era subdelegado de aduanas en Cancún y todos sus tíos tenían puestos en la Dirección General de Aduanas.

Los familiares de los jóvenes asesinados hicieron sus propias pesquisas y llegaron a identificar plenamente el lugar donde Octavio se escondía. Era en Brownsville en una propiedad que estaba a nombre del ex cónsul de México en Estados Unidos, Eduardo Hubbard.

Hace poco Cárdenas Palomino reveló que lleva 20 años de policía. Eso significa que inició su carrera un año después del triple homicidio. Su historia ha estado rodeada de señalamientos, escándalos, corrupción y encubrimiento.

Cárdenas Palomino fue secretario particular del fiscal de la PGR Cuauhtémoc Herrera Suástegui, quien sufrió un atentado en marzo de 2000 en la ciudad de México, a unas horas de tener que presentarse a declarar por su presunta vinculación con el cártel de Juárez. Al final fue exonerado. En ese atentado Herrera Suástegui se refugió en el hospital del Estado Mayor Presidencial al amparo del entonces vicealmirante José Luis Figueroa Cuevas, quien entonces era jefe de ayudantes del jefe del Estado Mayor

Presidencial. Figueroa Cuevas es compadre de Wilfrido Robledo Madrid, quien estaba al frente de la Dirección de Protección del Cisen. Trabajaron juntos con Jorge Carrillo Olea en el sexenio de Luis Echeverría en el Estado Mayor Presidencial

Gracias a ese triángulo de amistades Cárdenas Palomino se fue a trabajar a fines de la década de 1990 al Centro de Inteligencia bajo las órdenes de Genaro García Luna, quien desde entonces es su jefe.

Fuentes militares afirman que a Cárdenas Palomino se le señala como un sujeto que durante los últimos años se ha dedicado a construir redes de complicidad y corrupción en el interior de la AFI y ahora en la PFP. Se señala que igual protege a narcotraficantes que a secuestradores, tráfico de indocumentados y contrabando. Todo ello, se dice, con el apoyo y conocimiento de García Luna.

En el sexenio pasado funcionarios de la Secretaría de Seguridad Pública del D. F. comentaron que elementos de la escolta de Cárdenas Palomino fueron sorprendidos vendiendo relojes Rolex en joyerías. Lorena González Hernández, quien ha sido reconocida como una de las secuestradoras de Fernando Martí, plagiado el 4 de junio de 2008, trabajaba con Cárdenas Palomino.

El homicidio de Enrique Salinas de Gortari

La mañana del 6 de diciembre de 2004, en la colonia Ampliación Tecamachalco del municipio de Huixquilucan, fue encontrado, dentro de un automóvil Volkswagen Pasatt color gris plata, el cuerpo inerte de un hombre de 55 años con una bolsa de plástico en la cabeza. Era Enrique Eduardo Guillermo Salinas de Gortari, el hermano del ex presidente Carlos Salinas de Gortari. La investigación del caso era un bocado apetecible para un hombre persistente como el procurador general de Justicia del Estado de México, Alfonso Navarrete Prida.

La carta encontrada al lado del cadáver decía:

> Siento necesario explicar mi situación personal a partir de los sucesos que han involucrado a mi familia.
>
> Desde febrero de 1995 en que se inició el acoso a mi persona consistente en la imposibilidad de seguir con mi vida profesional al cerrar mi empresa y fuente de trabajo que había creado por más de 10 años y tenía que enfrentar una situación social extremadamente adversa.
>
> Esta situación se extendió a mis amigos y personas relacionadas con mis actividades profesionales, así como especialmente a mis hijos, que han tenido que afrontar un gran riesgo a su seguridad, tanto física como emocional.
>
> Las filtraciones recientes y amigos me han puesto en una situación extremadamente crítica y desesperada al enfrentar de nueva cuenta graves peligros e inseguridad para mis hijos.

El pedazo de papel y los 98 segundos de secuencia videograbada de las cámaras de circuito cerrado que vigilan la colonia fueron las primeras pistas. Tengo el "informe de la investigación sobre el homicidio del ingeniero Enrique Eduardo Guillermo Salinas de Gortari" de 29 hojas presentado el 6 de diciembre de 2005, un año después del asesinato del hermano del ex presidente. Lo primero que se aclaró es que sí había muerto por asfixia, pero no causada por la bolsa de plástico que le cubría la cabeza. Tampoco murió en el lugar donde fue encontrado el cuerpo. La carta sí la había escrito él, pero lo había hecho bajo presión de alguien. El caso comenzó a destrabarse cuando la PGJEM descubrió que faltaban cuatro minutos de grabación de las cámaras de seguridad. El documento mencionado señala:

> Corresponde al tiempo en que servidores públicos de la PGR arribaron, permanecieron y abandonaron el lugar del hallazgo del cadáver, esto debido a que los elementos de la policía municipal dieron aviso en primer lugar a la autoridad federal y posteriormente a las locales sin fundamento legal para ello.

La Procuraduría hizo un análisis minucioso de 95 756 llamadas que recibió Enrique Salinas a través de Telmex, Telcel y Iusacell, que eran las compañías con las que tenía contratado su servicio telefónico.

Se descubrió que el 1º de diciembre de 2004 viajó a Monterrey, Nuevo León, acompañado de José Ricardo Hernández Iturbide, para solicitar la transferencia de 2.9 millones de dólares a una cuenta de su acompañante. El depósito debía hacerse a más tardar el 3 de diciembre, pero por cuestiones técnicas no se logró hacer.

> La investigación confirmó que ésta es la cantidad de la cual tendría que disponer para pagar la extorsión de la que estaba siendo objeto.
>
> Se sabe que diversas personas a las que testigos indirectos identificaron como agentes federales de Interpol exigían al ingeniero Enrique Salinas cantidades de dinero para no causarle daño por una supuesta investigación que el gobierno francés llevaba en su contra.

El 22 de noviembre de 2004 la Dirección de Asuntos Policiales Internacionales de la AFI e Interpol de la PGR recibieron un comunicado de la Oficina de la Organización Internacional de Policía Criminal de París por el cual se solicitaba la búsqueda y detención de Enrique Salinas de Gortari. La detención sólo podía efectuarse si él se encontraba en países de la Unión Europea; con respecto a México sólo aplicaba que se notificara si estaba en territorio nacional; de ninguna manera significaba su detención mientras no se hiciera una solicitud de extradición de parte del gobierno francés. El 26 de noviembre se comisionó a Jesús Medellín Simental, de 44 años, realizar esa tarea. Era agente de la AFI. Venía de la Policía Judicial Federal y cuando García Luna creó la nueva corporación mantuvo su plaza.

La pregunta era quién lo estaba extorsionando. En un teléfono celular de Enrique Salinas se detectó que el 29 de noviembre de 2004 recibió dos llamadas de oficinas de la PGR, adonde estaba adscrita la AFI.

> Que el día 30 de noviembre de 2004 los agentes José de Jesús Medellín Simental y Eduardo Paredes Monroy, en compañía de una tercera persona de quien han omitido su identidad, acudieron a los domicilios del Ing. Salinas donde tomaron fotografías haciendo esta acción de forma ostensible presumiblemente con el propósito de ejercer presión sobre él.

Paredes Monroy, de 34 años, acababa de ser ascendido a agente federal de investigación para el área de despliegue regional.

> Que el 3 de diciembre de 2004, alrededor de las 10:46 a.m., Enrique Salinas recibió una llamada en su domicilio, proveniente de la PGR, minutos después según consta en las declaraciones ministeriales, confió a una de sus hijas "ya tengo a los de la PGR encima, me están siguiendo, tengo cita con ellos mañana".

Cuando la Procuraduría del Estado de México solicitó informes sobre esa llamada se le respondió que precisamente ese día el conmutador había sufrido un desperfecto, por lo que no era posible proporcionar esa información.

A partir del momento en que la Procuraduría del Estado de México sigue la pista de la extorsión, la AFI, encabezada por Genaro García Luna, y la PGR, cuyo responsable era Rafael Macedo de la Concha, comenzaron a obstruir la investigación.

Ese día, el 3 de diciembre, casi una hora después, Mariano Flores, abogado de Enrique Salinas, llamó a la PGR y después se reunió con su cliente.

—Nunca he sobornado a nadie, nunca le he dado dinero a nadie, lo he hecho con mi trabajo —narran testigos que dijo Enrique Salinas.

Las pistas llegaban hasta los chicos de García Luna. Ellos eran los extorsionadores.

"Se estableció de forma indubitable (innegable) que el licenciado Humberto Castillejos Cervantes, entonces asesor de la PGR en asuntos internacionales, contactó por radio a una persona cercana al entorno del ingeniero Enrique Salinas." El teléfono de donde Humberto había llamado estaba a nombre de su padre, el suegro de Luis Cárdenas Palomino.

—A los buenos nos protege Dios —dijo Marcos Castillejos Escobar[1] después de que fue citado a declarar en el caso Salinas de Gortari. Tres años más tarde murió ejecutado en la banqueta.

El director de Interpol era Rodolfo de la Guardia García, y el director de Investigación Luis Cárdenas Palomino. El

---

[1] David Aponte y Javier Divany Bárcenas, "Implican a dos abogados en el caso Salinas", *El Universal*, México, 12 de mayo de 2005.

gobierno de Francia sí había pedido a la AFI que le ayudara a localizar a Enrique Salinas, pero jamás le solicitó que lo aprehendiera ni lo vigilara. El 26 de noviembre, según documentos internos de la PGR, se comisionó a Medellín Simental para realizar esa tarea.

"La investigación se robusteció al corroborar que en efecto la videograbación tomada por las cámaras de seguridad del municipio de Huixquilucan fue editada."

Jorge Domínguez, director de operaciones de la Dirección de Seguridad Pública del municipio, reconoció ser amigo de directivos de la AFI.

"Por otra parte, obra en la averiguación previa la declaración ministerial de un testigo, quien afirma que escuchó decir a Mariano Flores que la zona de Huixquilucan en que se encontró el cadáver es coto de poder de los AFI."

Alfonso Navarrete Prida —hombre cercano a la familia Salinas de Gortari— implicó directamente a dos mandos de la AFI, Luis Cárdenas Palomino y Edgar Eusebio Millán, en el homicidio del hermano del ex presidente.

Luis Cárdenas, director de investigación de la AFI, comunicó a Interpol que desconocía el paradero del ingeniero Salinas cuando en realidad sí lo conocía. Edgar Millán, jefe antisecuestros de la PGR, firmó un oficio afirmando que desconocía el paradero de Salinas de Gortari al mismo tiempo que su personal le había confirmado que estaba muerto.

Nahúm García Martínez, director de Atención de Mandamientos Ministeriales de la AFI, bajo las órdenes de Cárdenas Palomino, fue el encargado de defender a los elementos ante las acusaciones de la Procuraduría del Estado de México. Fue citado a declarar para aclarar las contradicciones en los testimonios sobre el actuar de los agentes de la AFI Medellín y Paredes Monroy, pero consiguió un amparo.

Sin aprobar los exámenes de confianza, gracias a su cercanía con García Luna, Nahúm García ingresó en la PFP el 19 de septiembre de 2007 como jefe de la sección I del Estado Mayor de la PFP con el grado jerárquico de inspector en jefe y cargo de director general adjunto. García era agente del Ministerio Público de la Procuraduría General de Justicia del D. F. cuando Cárdenas Palomino estuvo involucrado en el homicidio del taxista en 1987.

El más incriminado fue Edgar Eusebio Millán, quien el 6 de diciembre por la noche firmó un oficio, en representación de Cárdenas Palomino, en el que informó al director general de asuntos internacionales e Interpol de la PGR que no había encontrado antecedente alguno que permitiera conocer que Enrique Salinas estaba en México. Cuando giró el oficio ya era pública su muerte. Pero si alguien lo sabía era él.

> Porque el servidor público que firmó el oficio fue precisamente quien ordenó, a elementos bajo su mando, acudir al lugar en el que se localizó el cadáver del ingeniero Salinas ese día, 6 de diciembre, alrededor de las 10:00 hrs. Y esos agentes federales se lo reportaron, resultando inconcebible que ese documento se emitiera a las 21:00 horas con información contradictoria que ya había verificado.

La Procuraduría del Estado de México pudo comprobar que Mariano Flores, abogado de Enrique Salinas, tuvo diversos intercambios telefónicos con la PGR, pero ambas partes lo ocultaron. Con todas las evidencias se ejerció acción penal en contra del abogado y de los dos agentes de la AFI, Paredes Monroy y Medellín Simental. En el caso de estos últimos, el delito es considerado grave y no permitía la libertad bajo fianza.

De acuerdo con el documento que tengo en mi poder llama la atención que la Procuraduría del Estado de México, como parte del caso Enrique Salinas, hizo una diligencia en la cárcel militar del Campo Militar número 1-A, donde le tomaron declaración a Mario Arturo Acosta Chaparro.

> Fue señalado por el abogado Mariano de Jesús Flores Arciniega como la persona que tenía conocimiento y le informó de la extorsión de la cual era víctima el ingeniero Salinas de Gortari; además de precisarle mediante un croquis el lugar en que aconteció el homicidio y el trayecto seguido por sus víctimas hasta llegar al sitio del hallazgo y la mecánica que siguieron los responsables para lesionarlo y causarle la muerte.

Acosta Chaparro negó haberle hecho algún comentario al respecto al abogado Flores Arciniega. La Procuraduría del Estado de México concluyó de manera definitiva:

> Que las investigaciones realizadas permitieron determinar que el ingeniero Salinas de Gortari estaba siendo extorsionado por una supuesta investigación que el gobierno francés llevaba en su contra; por ese motivo y de acuerdo con declaraciones vertidas en el expediente, existían elementos de la AFI que le exigían dinero para no causarle daño.
>
> De la investigación se determinó que personas allegadas a su círculo cercano (pareja sentimental, compadre y abogado) mintieron a la autoridad investigadora y probablemente alguno de ellos era partícipe de la extorsión pretendida al ingeniero Salinas.

De acuerdo con las indagatorias, la extorsión fue el móvil del homicidio. Navarrete Prida tenía claro que los autores materiales de la extorsión eran Medellín Simental y Paredes Monroy. Pero los autores intelectuales estaban más arriba en el escalafón de la AFI.

De acuerdo con las indagatorias hechas en julio de 2005, se dictó auto de formal prisión a los agentes de la AFI Eduardo Paredes Monroy y José de Jesús Medellín. Navarrete Prida siempre sostuvo que eran parte de un grupo mayor que estaba extorsionando a Salinas de Gortari.

Cuando una parte del caso pasó a manos de la PGR, al estar involucrados servidores públicos del gobierno federal, la investigación sobre el homicidio de Enrique Salinas de Gortari se detuvo. Se creó un grupo de trabajo entre la PGR y la PGJEM, pero a la fecha del informe no se habían vuelto a reunir.

El informe Salinas afirma:

> Al determinarse que la Procuraduría General de Justicia siga investigando el homicidio del ingeniero Salinas de Gortari y la General de la República la extorsión, que se considera el móvil del mismo, ha quedado rota la continencia de la causa: para poder llegar a conocer a los autores materiales del delito es necesario identificar a los autores intelectuales, una situación depende de la otra; si no existe unidad en la investigación de ese delito corre el riesgo de no ser castigado.

El 19 de octubre de 2006 el juez Óscar Alejandro López Cruz, Juez Segundo de Distrito de Procesos Penales, liberó a los agentes detenidos. Las últimas líneas del informe del homicidio fueron:

La Procuraduría General de Justicia del Estado de México agotó todas las posibilidades legales para evitar que este caso quede impune.

Hay cadenas de impunidad que se van haciendo cada vez más sólidas con el tiempo. Se componen de complicidad, apoyo mutuo, silencio, dinero mal habido. Las cadenas que unen al equipo de García Luna son viejas y pesan. Y conforme pasan nuevos actos ilegales se vuelven más sólidas.

¿Quién asesinó a Edgar Eusebio Millán?

José Antonio Martín Montes Garfias, de 41 años, maestro normalista, ingresó en la Policía Federal de Caminos en 1994, y el 16 de agosto de 2000 entró en las filas de la PFP por invitación de Genaro García Luna, quien entonces tenía el cargo de coordinador de Inteligencia para la Prevención de la PFP.

Así lo demuestra la hoja de la Dirección de Control de Confianza de la PFP, en la que aparece García Luna como "coordinador del área que propone" y José Aristeo Martínez como "enlace administrativo que propone". El comisionado de la PFP era Wilfrido Robledo Madrid. Aristeo Martínez fue uno de los integrantes del círculo primario de García Luna ejecutados en mayo de 2008.

La Dirección General de Control de Confianza, encabezada por Rogelio López Maya, afirmó que Montes Garfias era "apto por desempeño". Eso no significa que haya pasado los exámenes toxicológicos, de polígrafo y psicológicos. De hecho en la hoja de "resultado de aplicación de exámenes" no se precisa si los pasó. Actualmente López Maya trabaja en el Centro de Evaluación y Desarrollo Humano de la PGR.

DIRECCION GENERAL DE CONTROL DE CONFIANZA 00011

RESULTADOS DE APLICACIÓN DE EXAMENES

Area Solicitante: COORDINACION DE INTELIGENCIA PARA LA PREVENCION

México D.F., a __01__ de __Agosto__ del 2000

No. Oficio. PFP/CGIP/0343/2000

DIRECTOR GENERAL DE
CONTROL DE CONFIANZA
PRESENTE

De acuerdo a los lineamientos de Reclutamiento y Selección, y de Contratación de Personal me permito solicitar a usted envíe los resultados de evaluación de ingreso del (de la):

C. __MONTES GARFIAS JOSE ANTONIO MARTIN__

R.F.C.: __MOGA670128__   Aspirante a ocupar el puesto de: __PUESTO OCUPACIONAL DE MANEJO DE COORDINACION 4__

Nivel: __MC04__   Plaza No. __CFMC004/296__

Fecha de Ingreso: __16 | 08 | 2000__   En sustitución de: _____
                  Día Mes   Año

Motivo de la Vacante: __PLAZA DE NUEVA CREACION__

ATENTAMENTE

Nombre: JOSE ARISTEO GOMEZ MARTINEZ
Enlace Administrativo que propone

Vo. Bo.

Nombre: ING. GENARO GARCIA LUNA
Coordinador del área que propone

ESPACIO PARA SER LLENADO EXCLUSIVAMENTE POR	
D.G.CONTROL DE CONFIANZA	D.G. RECURSOS HUMANOS
Fecha de elaboración 3-Ago-2000	Fecha de elaboración _____
No. Oficio. PFP/UD/DGCC/1002/2000	No. Oficio. _____
RESULTADOS	**RESULTADOS**
Evaluación. **APTO POR DESEMPEÑO**	Integración Documental. _____
Estudio Socioeconómico. _____	_____
p.p. [firma]	
LIC. ROGELIO LÓPEZ MAYA	
Vo. Bo. Director General de Control de Confianza	Vo. Bo. Director General de Recursos Humanos

Hoja de la Dirección de Control de Confianza en la que aparece García Luna como coordinador del área que propone a José Antonio Martín Montes Garfias.

Montes Garfias traía buenas cartas de recomendación. El vicealmirante José Luis Figueroa Cuevas, compadre de Robledo Madrid, lo recomendó ampliamente. El hecho no era menor: en ese entonces Figueroa Cuevas era jefe de ayudantes del jefe del Estado Mayor Presidencial del sexenio de Ernesto Zedillo. El vicealmirante Figueroa, quien actualmente es el jefe de seguridad de todos los puertos y aeropuertos por parte de la Secretaría de Comunicaciones y Transportes, afirmó:

> A través de la presente me permito recomendar al Sr. José Antonio Montes Garfias quien es una persona con una excelente actitud para desarrollar su trabajo y cualidades de crecimiento personal.

De 2001 a 2005 Montes Garfias estuvo adscrito a diferentes zonas del país: La Paz, Tijuana y Monterrey.

El 12 de mayo de 2008 la PFP informó que la banda de narcotraficantes de los hermanos Beltrán Leyva ordenó a una célula criminal que encabeza un agente de la Policía Federal de Caminos matar a Edgar Millán, coordinador de Seguridad Regional de la PFP. En conferencia de prensa, el coordinador de la División Antidrogas de la PFP, Gerardo Garay Cadena, informó que José Antonio Montes Garfias era el líder de esa célula criminal. Refirió que hasta octubre de 2007 trabajó en el área de antinarcóticos del Aeropuerto Internacional de la Ciudad de México y desde esa fecha fue comisionado en Culiacán, Sinaloa.

Desde entonces, dijo, Montes Garfias no se presentó a cumplir con su comisión en la capital sinaloense, toda vez que había presentado una licencia médica.

La PFP afirmó que "al momento de ser detenido llevaba consigo evidencias que lo relacionan con el homicidio del subins-

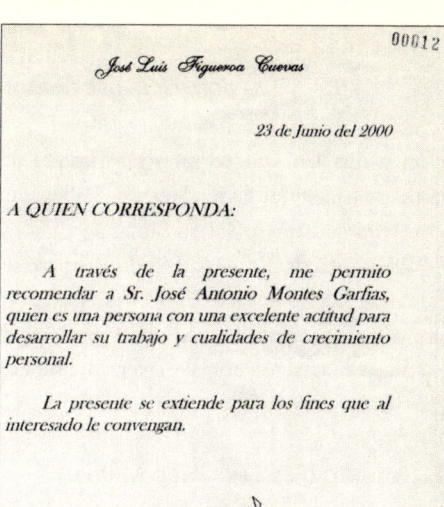

Recomendación extendida por José Luis Figueroa Cuevas a José Antonio Montes Garfias.

pector Roberto Velasco Bravo, ocurrido una semana antes, pero además se encontró que las armas utilizadas en ambos asesinatos tienen una relación cercana".

En el expediente de Montes Garfias se registran varios arrestos "por no mantener los equipos en condiciones para el buen desempeño del servicio" y "por no dar cabal cumplimiento al manual de lineamientos, específicamente en las funciones que desempeña el encargado de una unidad aeroportuaria para supervisar a su personal". Asimismo aparecen citatorios al Reclusorio Preventivo Varonil Oriente para diligencias, aunque no se especifica sobre qué caso o tema.

Se afirma que fue directamente Millán quien invitó a Montes Garfias a trabajar con él en la Coordinación General de Seguridad Regional. Cuando se le detuvo, la SSP quiso desviar la atención y filtraron que Montes Garfias era un hombre cercano al comisario general Javier Herrera Valles, cuando en realidad era más bien cercano a García Luna.

En agosto de 2008 el Juzgado Primero de Distrito en Materia Penal de Jalisco le dictó a Montes Garfias auto de formal prisión junto con dos presuntos cómplices. Está interno en el Centro Federal de Readaptación Social (Cefereso) número 2 de Puente Grande.

El secuestro de Fernando Martí

"El caso Martí es un ejemplo arquetípico del proceso de engaño y de corrupción de la autoridad a un padre de familia", señala Samuel González, ex titular de la Unidad Especializada contra la Delincuencia Organizada (UEDO) de la PGR y actual asesor de la ONU para el combate a las drogas y la corrupción.

"El señor Martí —explica González— supo desde el principio qué pasó, tuvo la información de manera directa, el gobierno federal le negó que fueran agentes de la AFI, se lo negó en reuniones donde estuvo Facundo Rosas (subsecretario de Seguridad Pública), se lo negó, le garantizó que era mentira, que lo estaban engañando."

En una entrevista que le hice para *Reporte Índigo*, González afirma que la misma banda había concretado siete secuestros antes del de Fernando Martí. Comentó que la SSP quiso distraer la atención de lo ocurrido en el secuestro, pretendiendo responsabilizar al negociador contratado por la familia de que las cosas hubieran salido mal.

Lo que García Luna y su equipo intentaron evitar a toda costa es que se supiera que un alto funcionario de la SSP estaba involucrado en el secuestro del hijo del empresario de tiendas deportivas Alejandro Martí.

A raíz de la información obtenida durante las negociaciones del secuestro, Martí preguntó directamente al subsecretario de la SSP, Facundo Rosas Rosas, si era verdad que alguien de la dependencia estaba implicado. Ellos dijeron que no, lo dijeron mil veces. Mintieron.

Lorena González Hernández, identificada como la responsable de montar un retén policiaco para secuestrar a Fernando Martí, es miembro activo de la Policía Federal Preventiva de la Secretaría de Seguridad Pública. Tiene el rango de subinspector y una plaza de directora en la Dirección General de Secuestros y Robos de la Coordinación de Inteligencia para la Prevención del Delito.

Cuando ocurrió el secuestro, el 4 de junio de 2008, su jefe directo era Benito Roa Lara, entonces director general de Secuestros y Robos, quien fue el responsable directo de su ingreso; y su jefe superior el subsecretario Rosas Rosas, a quien se afirma rendía cuentas directamente.

Cuando Fernando Martí apareció muerto el 1º de agosto de 2008 el jefe directo de Lorena ya no era Roa Lara sino el polémico Cárdenas Palomino. Lorena tenía un sueldo mensual en la PFP de 74 mil pesos. Así lo indica en su declaración de "modificación patrimonial" presentada el 17 de mayo de 2008, apenas 18 días antes de secuestrar a Fernando Martí.

Qué ironía: la función principal de Lorena González Hernández era la "investigación de delitos", pero en vez de investigarlos los cometía escudada en su placa de policía y los escasos mecanismos de control en la PFP.

De 35 años, nacida el 8 de julio de 1973, Lorena ingresó en la Coordinación de Inteligencia para la Prevención del Delito el

Recibo de ingresos de Lorena González Hernández como subinspector de la Policía Federal; corresponde al 31 de julio de 2008.

16 de octubre de 2007. Venía de la AFI, en donde también había trabajado muy cercana a Rosas Rosas, Roa Lara, Cárdenas Palomino e Igor Labastida.

Estaba adscrita a la Subdirección de Delitos Federales y se afirma que era la responsable de asignar los mandatos ministeriales, es decir, ella decidía qué agente investigaría cada uno de los casos de delitos federales. Asimismo, asignaba los viáticos para realizar las investigaciones.

En el sexenio pasado, la AFI, como policía ministerial, dependía de la Procuraduría General de la República. A partir de este sexenio, por sugerencia de García Luna, la AFI depende de la SSP al igual que la PFP. Las dos corporaciones dependen de Facundo Rosas.

Cuando Lorena González Hernández llegó al séptimo piso de la Torre Pedregal II, de la Policía Federal Preventiva en Periférico Sur, a sus compañeros les quedó claro que venía recomendada de muy arriba. Era una de las favoritas de los altos mandos de la

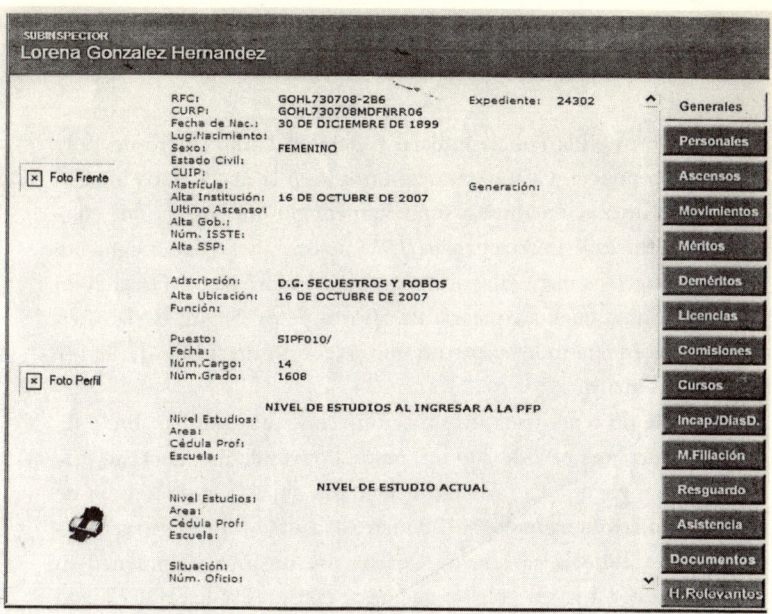

Documento de adscripción de Lorena González Hernández a la Policía Federal Preventiva.

Secretaría de Seguridad Pública. Aunque oficialmente entró en la corporación el 16 de octubre de 2007, se afirma que llegó a instalarse en el edificio desde marzo de ese año mientras se hacían los trámites para su ingreso formal. De acuerdo con los datos oficiales, Facundo Rosas Rosas ingresó en la misma época a la PFP.

Por su cargo directivo, a Lorena le asignaron una amplia oficina en el ala del baño de las mujeres y contaba con asistentes personales. Quienes trabajaban en el piso siete tenían la instrucción de no acercarse a ella. La describen como una mujer muy reservada, inexpresiva, "no tenía un trato normal".

Lorena estudió en la Escuela Superior de Comercio y Administración del IPN, plantel Azcapotzalco, la licenciatura de negocios internacionales. Terminó la carrera aunque no está titulada.

Entró en la Policía Judicial Federal el 1º de febrero de 1999 como policía. Cuando García Luna creó la AFI, Lorena ingresó en la institución al pasar supuestamente los mecanismos de control. En 2001 Lorena ganaba 9 914 pesos al mes. Al año siguiente sus ingresos mensuales aumentaron a 13 787 pesos. Hasta 2003 abrió una cuenta bancaria de 50 mil pesos. Según declaró, en 2004 ése era todo su patrimonio. Reportó un sueldo de 14 147 pesos mensuales.

De no tener nada, su situación económica cambió. En 2005 compró una casa de 700 mil pesos a través de un "contrato privado a pagos". La propiedad tiene una superficie de terreno de 153 metros cuadrados y 120 metros cuadrados de construcción.

En 2006 la carrera de Lorena dio un giro y comenzó su ascenso. La joven policía, que hasta entonces se había declarado soltera, se fue a vivir en unión libre con una pareja de cuyo nombre no se tiene información. Sólo se sabe que comenzaron a vivir juntos en 2006. Fue promocionada de agente al cargo de subdirector de área el 1º de junio de 2006, cuando todavía Genaro García Luna y su equipo estaban en la AFI. Su sueldo se duplicó. En ese año ganó 33 197 pesos mensuales.

El viernes 5 de septiembre de 2008 varias patrullas de la Policía Judicial del D. F. estaban en las afueras de las oficinas de la AFI: se presentaron para detener a la presunta secuestradora. No los dejaron ingresar. El procurador general de justicia del D. F., Miguel Ángel Mancera, tuvo que hablarle a García Luna para que entregara a la policía. Genaro tuvo que aceptar, no tuvo más remedio, sólo que le pidió que no trascendiera a la opinión pública que ella era elemento de la corporación.

La versión fue corroborada por fuentes del gobierno del Distrito Federal. Como es la costumbre de García Luna y su equipo, la SSP mintió respecto al estatus de Lorena en la corporación y la forma en que fue detenida. El engaño provocó un fuerte reclamo por parte de diferentes sectores de la sociedad. ¿Qué escondía García Luna y su equipo? ¿A quién o qué protegían?

El martes 9 de septiembre, en conferencia de prensa, Rosas Rosas reconoció que Lorena González Hernández trabajó en la AFI y afirmó ante la opinión pública que apenas estaba en trámite su ingreso en la PFP.

—Respecto a Lorena González Hernández, precisar que esta persona tenía un antecedente laboral en la extinta Policía Judicial Federal, de ahí se fue a la AFI donde colaboró en el área de Interpol, ahí estuvo laborando hasta finales de 2007, cuando inicia su trámite para ingresar en la Policía Federal. En este estatus se encuentra, se encontraba, estaba realizando su trámite para poder ingresar y estaba en proceso de evolución en el tema de control de confianza —afirmó Facundo Rosas Rosas en conferencia de prensa.

Lorena ya estaba dentro de la PFP y tenía un cargo de directora; así lo revelé en *Reporte Índigo* al día siguiente de la desafortunada declaración del subsecretario. Ese día, acompañado de su fiel comparsa, Juan Camilo Mouriño, García Luna apareció ante los medios y volvió a decir que Lorena no estaba en la PFP y no tenía ninguna relación con Rosas y Cárdenas Palomino.

"Sí tiene plaza vigente, sin embargo, el cargo de ella; en principio el ingeniero Facundo Rosas y Cárdenas son directores, uno de ellos del área de Delitos Federales, Facundo era su secretario, no tienen ningún vínculo, no tienen ninguna relación directa, no tienen nada que ver con su función específica para cada uno de ellos", dijo García Luna el 10 de septiembre saliendo a dar la cara por su equipo.

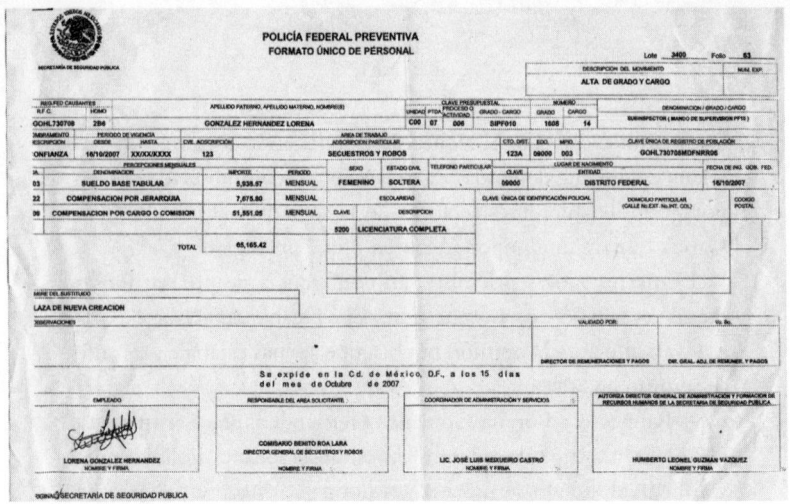

Formato único de personal de la Policía Federal Preventiva en el que Lorena González Hernández se ostenta como subinspector.

"Hay la referencia; por lo que entiendo se generó la confusión, es que ella estando en AFI en su inscripción original era Interpol y físicamente el edificio donde está AFI hoy están todos los policías que eran de AFI de todas las áreas, incluyendo secuestro, delitos federales, Interpol, y físicamente están en el inmueble donde hoy está AFI como inmueble, y ahí está físicamente también un área que tiene el licenciado Cárdenas.

"No tiene que ver nada, no tiene que ver ningún vínculo personal, ningún vínculo específico; su función corresponde necesariamente a lo que tenía como actividad en AFI."

Hasta el día de su detención Lorena estaba adscrita a la Dirección General de Secuestros y Robos, bajo las órdenes de Facundo Rosas Rosas. Labora en la Torre Pedregal II en Boulevard Adolfo Ruiz Cortines número 3648, en el séptimo piso, donde están las oficinas centrales de la PFP.

La mañana del 4 de junio montó un retén con elementos presuntamente de la policía federal y le hicieron un alto en el camino a Fernando Martí, resguardado por un escolta y su chofer Cristian Flores. El retén fue colocado a las 7 de la mañana, hora de mucha circulación vehicular, sin ser molestados por la policía. Duró tan sólo de 10 a 15 minutos, según reveló el escolta de Martí, el único sobreviviente.

Ese día, escudada en su cargo público y uniforme —auténtico, no clonado—, la responsable de investigar y combatir secuestros de la SSP a plena luz del día colaboró en el secuestro de Fernando Martí. El cuerpo del joven fue localizado el 1º de agosto de 2008 en el interior de una cajuela.

"¿Dónde están los que vigilaban a Lorena… los que la vigilaban, los que la supervisaban, ésa es la responsabilidad que exigimos desde la sociedad civil", señala Samuel González.

Eso nos preguntamos todos.

Cuando el 20 de agosto de 2008 Alejandro Martí fue invitado como voz ciudadana a la firma del acuerdo nacional por la seguridad, la legalidad y la justicia, lo hizo confiando en la palabra del gobierno federal.

—Si no pueden renuncien, pero no sigamos usando las oficinas de gobierno, no sigan recibiendo un sueldo por no hacer nada, porque eso también es corrupción —afirmó el señor Martí.

García Luna y sus muchachos no sólo no pueden, sino que no quieren cambiar el estado actual de las cosas. Incluso trabajan para que eso no ocurra.

Samuel González señala que en 2003 él y otros asesores fueron contratados por un grupo de prominentes empresarios para hacer un plan contra secuestros. Dijeron al gobierno que donarían 10 millones de dólares para apoyar la puesta en marcha del programa.

Reunieron a los mejores expertos de Estados Unidos, Israel, Italia y Colombia e hicieron un plan que fue adoptado por la ONU. La subsecretaria de Relaciones Exteriores, Patricia Olamendi, vivió de cerca el proceso por parte del gobierno mexicano. Cuando iban a poner en marcha el plan para acabar con la fuerte ola de secuestros, un hombre lo boicoteó e impidió que se pusiera en práctica: Genaro García Luna, entonces director de la AFI.

El plan se basaba en la verdadera cooperación entre la policía y el Ministerio Público, pero García Luna quería y quiere una policía que controle todo el proceso para investigar los delitos, lo cual, afirma González, "no ocurre en ninguna parte del mundo".

El caso de Lorena González Hernández revive las acusaciones hechas hace años por secuestradores como el Coronel y el Mochaorejas de que gente ligada con García Luna protegía a secuestradores, y que incluso ellos mismos comandaban sus propias bandas de secuestro, como el caso de Alberto Pliego Fuentes.

Estos hechos parecerían alucinantes si no tuviéramos un ejemplo tan concreto y reciente. ¿Para quién trabaja Lorena? ¿Por qué mataron al niño Fernando Martí si el rescate había sido pagado? ¿Las recientes ejecuciones en su equipo tienen que ver con esa industria? ¿De dónde sacó Igor Labastida un millón de dólares para traerlos paseando en su camioneta?

A García Luna lo persigue la sombra de la duda, de la muerte de sus colaboradores más cercanos y la falta de legitimidad para seguir ocupando un cargo en el que sólo permanece gracias a sus complicidades dentro y fuera del gobierno. El presidente Felipe Calderón no quiere o ya no puede quitarlo del cargo. Será que las presiones del segundo hombre más rico del mundo lo impresionan.

El señor Slim

García Luna añadió a los agradecimientos de su libro:

> Al licenciado Héctor Slim Seade, por su amistad y apoyo; por todos los conocimientos, experiencias profesionales y personales compartidas.

Dicen que la información es poder y si alguien entiende de eso es Carlos Slim Helú, el segundo hombre más rico del mundo. Hizo el negocio de su vida comprando Teléfonos de México en 1990, no sólo por las utilidades directas que significa sino por las indirectas, las que le dan el auténtico poder.

Teléfonos de México, al tener prácticamente el monopolio de la telefonía fija del país, aun en manos del gobierno era un buen negocio para quienes tenían el control de la paraestatal. En la ventanilla se vendían líneas telefónicas y se cobraban los recibos de cada mes, por debajo de la mesa se traficaba con la información de las conversaciones de los usuarios. Telmex, dicen los expertos en inteligencia militar, es el primer gran centro de inteligencia y espionaje del país. Por sus líneas pasa la vida de millones de personas. Es el Gran Hermano que vigila la vida de los otros.

Cuando Carlos Salinas de Gortari puso la empresa en manos privadas no eran las manos de cualquier persona, eran las de su amigo Slim Helú. Como hombre de negocios de peso completo, el señor Slim Helú es imparable. No le basta con tener sus 62 mil millones de dólares. Además del monopolio telefónico que tiene en México, ahora quiere el monopolio de la inteligencia y seguridad nacional. Para ello su sobrino Héctor, Genaro García Luna y su mentor Wilfrido Robledo Madrid son indispensables.

Desde que Héctor Slim Seade era director de Soporte a la Operación de Telmex se hizo amigo de Genaro García Luna, coordinador general del Cisen en estrategias para la obtención de información. En muchos de sus trabajos de inteligencia requería el apoyo de la compañía telefónica para hacer intervenciones o conseguir grabaciones, y su contacto con Telmex era Héctor.

Son muy cercanos, los une ya no una relación de trabajo sino una relación personal, de amistad. Frecuentemente Héctor Slim se lleva de cacería a su rancho del Estado de México a García Luna; por eso la citada dedicatoria de su libro.

Para quienes la conocen, esa relación es incomprensible. ¿Qué pueden tener en común el sobrino del segundo hombre más rico del mundo con Genaro García Luna? Uno es un hombre de mundo, acostumbrado a todos los lujos y comodidades; el otro es un policía que viene de los sótanos del poder del viejo sistema, hechura de Jorge Carrillo Olea y Wilfrido Robledo.

En realidad Héctor y Genaro sí tienen cosas en común. El padre de Héctor es Julián Slim Helú y se afirma que fue comandante de la temida Dirección Federal de Seguridad con Miguel Nazar Haro.

> Julián Slim [Helú] fue nombrado director de seguridad en sustitución de Alberto Estrella quien hace días dimitió como titular operativo. Slim [Helú] fue jefe del departamento jurídico y subdirector administrativo en la administración que ejerció Miguel Nazar Haro.
>
> Como director técnico fue ratificado Pablo González Ruelas quien fungió como director interino de la DFS; Félix Lozano ocupará el puesto de director de protección, subversión e inteligencia. Este último fue jefe de ayudantes de Mario Moya Palencia cuando

ocupaba el cargo de secretario de Gobernación. Así mismo, el titular de seguridad nacional, Pedro Vázquez Colmenares, dio posesión a Lucio H. Mendoza Ríos como director de movimientos.[2]

Integrantes de la comunidad libanesa afirman que Julián es un hombre que siempre se ha manejado con muy bajo perfil, prácticamente nunca aparece en actos sociales. Y se le atribuye el éxito de los negocios de su hermano Carlos. Se comenta que él y su hijo Héctor son los listos de la familia.

Cuando Julián Slim fue nombrado en ese cargo, la cabeza era Jorge Carrillo Olea, subsecretario de Gobernación. Vázquez Colmenares era director del Disen y Jorge Tello Peón era subdirector.

En su currículum del *Diccionario enciclopédico de mexicanos de origen libanés y de otros pueblos del Levante*, de la investigadora Patricia Jacobs Barquet, aparecen los siguientes datos: Slim Helú, Julián (1938). Abogado. Nació en la ciudad de México. Familia originaria de Jezzine y Ba'abda, Líbano. Licenciado en derecho por la UNAM (1962). Secretario del primer consejo directivo del Club Centro Libanés y de la Asociación de Pesca y caza del Distrito Federal. Ha sido catedrático en diversas universidades del Distrito Federal.

La ficha de Julián Slim aparece páginas después de la de Miguel Nazar Haro, su amigo, ex compañero y ex jefe en la Dirección Federal de Seguridad.

La DFS tuvo un papel muy activo en la llamada guerra sucia de los sesenta y setenta. Combatió sin cuartel a la guerrilla, al terrorismo y al narcotráfico, pero fue desarticulada durante el gobierno de Miguel de la Madrid después del asesinato del periodista Manuel

---

[2] *El Universal*, México, 1° de marzo de 1986.

Buendía cuando se pusieron al descubierto las vinculaciones de numerosos agentes y comandantes con los cárteles de la droga.

Jorge Carrillo Olea, mentor de Jorge Tello Peón y García Luna afirmaba: "La Dirección Federal de Seguridad era un verdadero nido de criminales".[3] Claro que Carrillo Olea no es precisamente la voz más autorizada para hacer una crítica así; él mismo y la gente de la que se rodeó a lo largo de su carrera de policía y experto en tareas de inteligencia no fueron mejores.

Su amigo Jesús Miyazawa, su Waterloo, no fue de la DFS, pero como jefe de la Policía Judicial del D. F. de 1971 a 1982 igual participaba en las tareas represivas de la guerra sucia.

Héctor y Genaro están identificados. Y de la empatía a los negocios sólo hay un paso. Además de Héctor, Carlos Slim Helú tiene agarrado por el sartén a otro de los grandes amigos de García Luna: el vicealmirante Wilfrido Robledo Madrid.

Wilfrido fue compañero en el Estado Mayor Presidencial de Luis Echeverría, Carrillo Olea y Figueroa Álvarez. Oaxaqueño de nacimiento, de 60 años, Robledo Madrid es un hombre controvertido que tiene la habilidad de siempre caer de pie. Oficialmente desde el 1º de enero de 2008 es presidente de la Junta de Almirantes de la Secretaría de Marina. Extraoficialmente es el encargado de la seguridad de las empresas de Carlos Slim Helú, a quien, afirman, le maneja su Cisen particular.

De manera extraordinaria, en mayo de 2008 Wili declaró ingresos en 2007 por 6 995 456 pesos por concepto de su cargo público y 689 220 pesos por otros conceptos.

---

[3] Rosa Elvira Vargas, "La Dirección Federal de Seguridad era un nido de criminales", *La Jornada*, México, 28 de noviembre de 2001.

WILFRIDO ROBLEDO MADRID
TIPO DE DECLARACIÓN: MODIFICACION PATRIMONIAL 2008
FECHA DE LA DECLARACION: 22/05/2008
DEPENDENCIA: SECRETARIA DE MARINA

DATOS GENERALES DEL SERVIDOR PUBLICO
- **NOMBRE(S):** ROBLEDO MADRID WILFRIDO
- **FECHA DE NACIMIENTO:** 29/08/1948
- **SEXO:** HOMBRE
- **ESTADO CIVIL:** CASADO (A)
- **PAÍS DONDE NACIÓ:** MEXICO
- **NACIONALIDAD:** MEXICANA
- **ENTIDAD DONDE NACIÓ:** OAXACA

DATOS DEL PUESTO O ENCARGO DEL SERVIDOR PÚBLICO
- **NOMBRE DEL ENCARGO O PUESTO:** PRESIDENTE DE LA JUNTA DE ALMIRANTES
- **DEPENDENCIA O ENTIDAD:** SECRETARIA DE MARINA
- **DOMICILIO:** CALLE: EJE 2 ORIENTE, TRAMO HEROICA ESCUELA NAVAL MILITAR; NÚMERO EXTERIOR: 861; LOCALIDAD O COLONIA: LOS CIPRESES, CÓDIGO POSTAL: 04830; ENTIDAD FEDERATIVA: DISTRITO FEDERAL; MUNICIPIO O DELEGACIÓN: COYOACAN;
- **ÁREA DE ADSCRIPCIÓN:** OFICINA DEL C. SECRETARIO
- **FUNCIONES PRINCIPALES:** ORGANO DISCIPLINARIO
- **TELÉFONO:** 56246275
- **CORREO ELECTRÓNICO INSTITUCIONAL:**
- **FECHA DE INICIO DEL ENCARGO:** 01/01/2008
- **ESTÁ CONTRATADO(A) POR HONORARIOS?:** NO
- **CLAVE PRESUPUESTAL O EQUIVALENTE:** SM06

DATOS CURRICULARES DEL SERVIDOR
ESCOLARIDAD
GRADO MÁXIMO DE ESTUDIOS: LICENCIATURA

NIVEL	UBICACIÓN	NOMBRE INSTITU...
LICENCIATURA	Estado: VERACRUZ HEROIC... Municipio: VERACRUZ NAVAL-M...	

EXPERIENCIA LABORAL

SECTOR	PODER	AMBITO	INSTITUCIÓN O EMPRESA
PUBLICO	EJECUTIVO	ESTATAL	SECRETARIA GENERAL DE GOBIERNO DEL ESTADO DE MEXICO
PUBLICO	EJECUTIVO	FEDERAL	SECRETARIA DE GOBERNACION
PUBLICO	EJECUTIVO	FEDERAL	SECRETARIA DE ... GOBERNACION INVESTIGACION Y SEGURIDAD NACIONAL PROTECCION Y DIRECTOR DE SERVICIOS TECNICOS DEL CISEN LOS PROGRAMAS ESPECIALES Y TECNICOS 12/1996

EXPERIENCIA ACADEMICA
EL SERVIDOR PÚBLICO NO PROPORCIONÓ INFORMACIÓN DE EXPERIENCIA ACADÉMICA.

LOGROS LABORALES O ACADEMICOS A DESTACAR
- INTEGRACION Y OPERACION DE LOS GRUPOS INTERINSTITUCIONALES DE ACCIONES ANTITERRORISTAS (GAT)
- INTEGRACION Y OPERACION DE LOS GRUPOS DE COORDINACION DE SEGURIDAD A INSTALACIONES ESTRATEGICAS
- DISEÑO, CREACION Y OPERACION DEL SISTEMA DE INFORMACION POLICIAL
- DISEÑO, INTEGRACION Y OPERACION DE LA POLICIA FEDERAL PREVENTIVA
- DISEÑO Y PUESTA EN PRACTICA DE LA CURRICULA DE LA CARRERA DE OFICIAL DE LA PFP
- PLANEACION, ORGANIZACION Y PUESTA EN PRACTICA DEL SERVICIO CIVIL DE CARRERA POLICIAL DE LA PFP.

DECLARACION ANTERIOR
- **TIPO DE DECLARACIÓN ANTERIOR:** MODIFICACION PATRIMONIAL
- **FECHA DE PRESENTACIÓN DE LA DECLARACIÓN ANTERIOR:** 17/05/2007

EL SERVIDOR ACEPTO HACER PUBLICOS SUS DATOS PATRIMONIALES

DATOS PATRIMONIALES.- INGRESOS
ANUALES NETOS

POR CARGO PUBLICO	6995456
POR ACTIVIDAD INDUSTRIAL O COMERCIAL	
POR ACTIVIDAD FINANCIERA	
POR SERVICIOS PROFESIONALES	
OTROS	689220
TOTAL	7684676

1.-LOS DATOS CORRESPONDEN AL 31 DE DICIEMBRE DEL AÑO INMEDIATO ANTERIOR
2.-SÓLO SE INCLUYEN LOS INGRESOS DEL SERVIDOR PÚBLICO.
NO SE INCORPORAN LOS DEL CÓNYUGE Y DEPENDIENTES ECONÓMICOS.

DATOS PATRIMONIALES.- BIENES INMUEBLES

TIPO DE OPERACIÓN	TIPO BIEN:	SUP TERRENO EN M2	SUP CONSTRU... EN M2
INCORPORACION	CASA	1004	575

1.-LOS DATOS CORRESPONDEN AL 31 DE DICIEM...
2.-SÓLO SE PROPORCIONAN LOS BIENES QUE RE...
DEL DECLARANTE Y SU CÓNYUGE.

NO SE INCLUYEN LOS BIENES DECLARADOS A NOMBRE DE SU CÓNYUGE, SUS DEPENDIENTES ECONÓMICOS O DE OTROS.

DATOS PATRIMONIALES.- VEHÍCULOS

TIPO DE OPERACIÓN	MARCA	TIPO	MODELO	FORMA DE OPERACIÓN	VALOR DE LA OPERACIÓN	MONEDA	FECHA
INCORPORACION	CHRYSLER	GRAND CHEROKEE	2007	CREDITO	416145	PESOS MEXICANOS	17/02/2007

1.-LOS DATOS CORRESPONDEN AL 31 DE DICIEMBRE DEL AÑO INMEDIATO ANTERIOR
2.-SÓLO SE PROPORCIONAN LOS VEHÍCULOS QUE REPORTÓ EL SERVIDOR PÚBLICO A NOMBRE DEL DECLARANTE O DEL DECLARANTE Y SU CÓNYUGE.
NO SE INCLUYEN LOS BIENES DECLARADOS A NOMBRE DE SU CÓNYUGE, SUS DEPENDIENTES ECONÓMICOS O DE OTROS.

DATOS PATRIMONIALES.- BIENES MUEBLES
EL SERVIDOR PÚBLICO NO PROPORCIONÓ INFORMACIÓN DE BIENES MUEBLES A SU NOMBRE.

DATOS PATRIMONIALES.- INVERSIONES

TIPO DE OPERACION	TIPO DE INVERSIÓN	SALDO	MONEDA
SALDO	BANCARIA	2347968	PESOS MEXICANOS

1.-LOS DATOS CORRESPONDEN AL 31 DE DICIEMBRE DEL AÑO INMEDIATO ANTERIOR
2.-LOS DATOS CORRESPONDEN A LAS CUENTAS REPORTADAS POR TIPO DE INVERSIÓN Y MONEDA.
3.-SÓLO SE INCORPORA LA INFORMACIÓN REPORTADA DE CUENTAS E INVERSIONES A NOMBRE DEL DECLARANTE Y DEL DECLARANTE Y SU CÓNYUGE.
NO SE INCLUYEN LAS QUE ESTÁN A NOMBRE DEL CÓNYUGE, DEPENDIENTES ECONÓMICOS O DE OTROS.

DATOS PATRIMONIALES.- ADEUDOS

TIPO DE OPERACION	TIPO DE ADEUDO	SALDO	FECHA DE OTORGAMIENTO	MONTO ORIGINAL DEL ADEUDO	MONTO PAGOS REALIZADOS	DESTINO
INCORPORACION	COMPRA DE VEHICULO	36550 PESOS MEXICANOS	17/02/2007	219302 PESOS MEXICANOS	182752	

1.-LOS DATOS CORRESPONDEN AL 31 DE DICIEMBRE DEL AÑO INMEDIATO ANTERIOR
2.-LA INFORMACIÓN CORRESPONDE A TODOS LOS ADEUDOS REPORTADOS A NOMBRE DEL DECLARANTE Y DEL DECLARANTE Y SU CÓNYUGE.
NO SE INCLUYEN LOS QUE ESTÁN A NOMBRE DEL CÓNYUGE, DEPENDIENTES ECONÓMICOS U OTROS.

GASTOS DE MANUTENCION
- **GASTOS DE MANUTENCIÓN:** 730000

* TODA LA INFORMACIÓN FUE CAPTURADA DIRECTAMENTE POR EL SERVIDOR PÚBLICO

Declaración patrimonial de Wilfrido Robledo Madrid, 2008.

Cercana la fecha de su cumpleaños, en 2007 adquirió de contado una residencia con un valor de 6 600 000 pesos. No hay en el gobierno federal una plaza que tenga un sueldo anual de 6 995 456 pesos. El presidente Felipe Calderón declaró ingresos en 2007 por concepto de su cargo de 2 471 508 pesos, casi la tercera parte de lo que ganó Robledo Madrid.

En 2006 Robledo ganó 1 901 668 pesos y él mismo declaró que sólo tenía una cuenta bancaria por 1 854 033 pesos. No tenía ninguna propiedad a su nombre; por lo menos eso fue lo que dijo en su declaración patrimonial del 17 de mayo de 2007. Trabajar con el señor Slim puede tener sus grandes recompensas. Para justificar su nueva residencia ha dicho a sus amigos que es producto de unos "salarios caídos" que le pagó la Secretaría de Marina.

Desde siempre Robledo Madrid ha sido un hombre polémico, empezando por sus parientes. Nadie los escoge, pero sí se puede elegir ayudarlos o no. De acuerdo con sus compañeros de la Marina, Robledo Madrid es primo del ex gobernador de Quintana Roo, Mario Villanueva Madrid, detenido en 2001 y sentenciado el 4 de junio de 2008 a 36 años y 9 meses de prisión por tener vínculos con el cártel de Juárez, entonces liderado por Amado Carrillo Fuentes, el Señor de los Cielos. Hay una solicitud de extradición por parte del gobierno de Estados Unidos. Un reportaje publicado por *Milenio Semanal* en su número 183 señala:

> A la medianoche del 4 de abril de 1999, horas antes de que Joaquín Hendricks Díaz tomará posesión de la administración, el aún gobernador de Quintana Roo, Mario Villanueva Madrid, salió del país con 28 acusaciones a cuestas que lo involucraban con el narco y el lavado de dinero y que acreditaban su especial cercanía con

WILFRIDO ROBLEDO MADRID
TIPO DE DECLARACIÓN: MODIFICACION PATRIMONIAL 2008
FECHA DE LA DECLARACIÓN: 22/05/2008
DEPENDENCIA: SECRETARIA DE MARINA

DATOS GENERALES DEL SERVIDOR PUBLICO
NOMBRE(S): ROBLEDO MADRID WILFRIDO
FECHA DE NACIMIENTO: 29/08/1948
SEXO: HOMBRE
ESTADO CIVIL: CASADO (A)
PAÍS DONDE NACIÓ: MEXICO
NACIONALIDAD: MEXICANA
ENTIDAD DONDE NACIÓ: OAXACA

DATOS DEL PUESTO O ENCARGO DEL SERVIDOR PÚBLICO
NOMBRE DEL ENCARGO O PUESTO: PRESIDENTE DE LA JUNTA DE ALMIRANTES
DEPENDENCIA O ENTIDAD: SECRETARIA DE MARINA
DOMICILIO: CALLE: EJE 2 ORIENTE, TRAMO HEROICA ESCUELA NAVAL MILITAR; NÚMERO EXTERIOR: 861; LOCALIDAD O COLONIA: LOS CIPRESES; CÓDIGO POSTAL: 04830; ENTIDAD FEDERATIVA: DISTRITO FEDERAL; MUNICIPIO O DELEGACIÓN: COYOACAN;
ÁREA DE ADSCRIPCIÓN: OFICINA DEL C. SECRETARIO
FUNCIONES PRINCIPALES: ORGANO DISCIPLINARIO
TELÉFONO: 56246275
CORREO ELECTRÓNICO INSTITUCIONAL:
FECHA DE INICIO DEL ENCARGO: 01/01/2008
ESTÁ CONTRATADO(A) POR HONORARIOS? NO
CLAVE PRESUPUESTAL O EQUIVALENTE: SM06

DATOS CURRICULARES DEL SERVIDO
ESCOLARIDAD
GRADO MÁXIMO DE ESTUDIOS: LICENCIATURA

NIVEL	UBICACIÓN	NOMBRE INSTITU
LICENCIATURA	Estado:VERACRUZ HEROICA Municipio:VERACRUZNAVAL M	

EXPERIENCIA LABORAL

SECTOR	PODER	AMBITO	INSTITUCIÓN O EMPRESA
PUBLICO	EJECUTIVO	ESTATAL	SECRETARIA GENERAL DE GOBIERNO DEL ESTADO DE MEXICO
PUBLICO	EJECUTIVO	FEDERAL	SECRETARIA DE GOBERNACION
PUBLICO	EJECUTIVO	FEDERAL	SECRETARIA DE

| | GOBERNACION | INVESTIGACION Y SEGURIDAD NACIONAL | PROTECCIÓN Y DIRECTOR DE SERVICIOS TECNICOS | LOS PROGRAMAS ESPECIALES Y TECNICOS DEL CISEN | 12/1998 |

EXPERIENCIA ACADEMICA
EL SERVIDOR PÚBLICO NO PROPORCIONÓ INFORMACIÓN DE EXPERIENCIA ACADÉMICA.

LOGROS LABORALES O ACADEMICOS A DESTACAR
INTEGRACION Y OPERACION DE LOS GRUPOS INTERINSTITUCIONALES DE ACCIONES ANTITERRORISTAS (GAT)
INTEGRACION Y OPERACION DE LOS GRUPOS DE COORDINACION DE SEGURIDAD A INSTALACIONES ESTRATEGICAS
DISEÑO, CREACION Y OPERACION DEL SISTEMA DE INFORMACION POLICIAL.
DISEÑO, INTEGRACION Y OPERACION DE LA POLICIA FEDERAL PREVENTIVA.
DISEÑO Y PUESTA EN PRACTICA DE LA CURRICULA DE LA CARRERA DE OFICIAL DE LA PFP.
PLANEACION, ORGANIZACION Y PUESTA EN PRACTICA DEL SERVICIO CIVIL DE CARRERA POLICIAL DE LA PFP.

DECLARACION ANTERIOR
TIPO DE DECLARACIÓN ANTERIOR: MODIFICACION PATRIMONIAL
FECHA DE PRESENTACIÓN DE LA DECLARACIÓN ANTERIOR: 17/05/2007

EL SERVIDOR ACEPTO HACER PUBLICOS SUS DAT

DATOS PATRIMONIALES.- INGRESOS ANUALES NETOS
POR CARGO PÚBLICO: 6995456
POR ACTIVIDAD INDUSTRIAL O COMERCIAL:
POR ACTIVIDAD FINANCIERA:
POR SERVICIOS PROFESIONALES:
OTROS: 689220
TOTAL: 7684676

1.-LOS DATOS CORRESPONDEN AL 31 DE DICIEM DEL AÑO INMEDIATO ANTERIOR
2.-SÓLO SE INCLUYEN LOS INGRESOS DEL SERVI PÚBLICO.
NO SE INCORPORAN LOS DEL CÓNYUGE Y DEPENDIENTES ECONÓMICOS.

DATOS PATRIMONIALES.- BIENES INM

TIPO DE OPERACIÓN	TIPO BIEN	SUP. TERRENO EN M2	SUP. CONSTRUI EN M2
INCORPORACION	CASA	1004	575

1.-LOS DATOS CORRESPONDEN AL 31 DE DICIEM
2.-SÓLO SE PROPORCIONAN LOS BIENES QUE RE DEL DECLARANTE Y SU CÓNYUGE.

NO SE INCLUYEN LOS BIENES DECLARADOS A NOMBRE DE SU CÓNYUGE, SUS DEPENDIENTES ECONÓMICOS O DE OTROS.

DATOS PATRIMONIALES.- VEHÍCULOS

TIPO DE OPERACIÓN	MARCA	TIPO	MODELO	FORMA DE OPERACIÓN	VALOR DE LA OPERACIÓN	MONEDA	FECHA
INCORPORACION	CHRYSLER	GRAND CHEROKEE	2007	CREDITO	416145	PESOS MEXICANOS	17/02/2007

1.-LOS DATOS CORRESPONDEN AL 31 DE DICIEMBRE DEL AÑO INMEDIATO ANTERIOR
2.-SÓLO SE PROPORCIONAN LOS VEHÍCULOS QUE REPORTÓ EL SERVIDOR PÚBLICO A NOMBRE DEL DECLARANTE O DEL DECLARANTE Y SU CÓNYUGE.
NO SE INCLUYEN LOS BIENES DECLARADOS A NOMBRE DE SU CÓNYUGE, SUS DEPENDIENTES ECONÓMICOS O DE OTROS.

DATOS PATRIMONIALES.- BIENES MUEBLES
EL SERVIDOR PÚBLICO NO PROPORCIONÓ INFORMACIÓN DE BIENES MUEBLES A SU NOMBRE.

DATOS PATRIMONIALES.- INVERSIONES

TIPO DE OPERACION	TIPO DE INVERSIÓN	SALDO	MONEDA
SALDO	BANCARIA	2347968	PESOS MEXICANOS

1.-LOS DATOS CORRESPONDEN AL 31 DE DICIEMBRE DEL AÑO INMEDIATO ANTERIOR Y MONEDA.
2.-LOS DATOS CORRESPONDEN A LAS CUENTAS REPORTADAS POR TIPO DE INVERSIÓN Y MONEDA.
3.-SÓLO SE INCORPORA LA INFORMACIÓN REPORTADA DE CUENTAS E INVERSIONES A NOMBRE DEL DECLARANTE Y DEL DECLARANTE Y SU CÓNYUGE.
NO SE INCLUYEN LAS QUE ESTÁN A NOMBRE DEL CÓNYUGE, DEPENDIENTES ECONÓMICOS O DE OTROS.

DATOS PATRIMONIALES.- ADEUDOS

TIPO DE OPERACION	TIPO DE ADEUDO	SALDO	FECHA DE OTORGAMIENTO	MONTO ORIGINAL DEL ADEUDO	MONTO PAGOS REALIZADOS	DESTINO
INCORPORACION	COMPRA DE VEHICULO	36550 PESOS MEXICANOS	17/02/2007	219302 PESOS MEXICANOS	182752	

1.-LOS DATOS CORRESPONDEN AL 31 DE DICIEMBRE DEL AÑO INMEDIATO ANTERIOR
2.-LA INFORMACIÓN CORRESPONDE A TODOS LOS ADEUDOS REPORTADOS A NOMBRE DEL DECLARANTE Y DEL DECLARANTE Y SU CÓNYUGE.
NO SE INCLUYEN LOS QUE ESTÁN A NOMBRE DEL CÓNYUGE, DEPENDIENTES ECONÓMICOS U OTROS.

GASTOS DE MANUTENCION
GASTOS DE MANUTENCIÓN: 730000

* TODA LA INFORMACIÓN FUE CAPTURADA DIRECTAMENTE POR EL SERVIDOR PÚBLICO

WILFRIDO ROBLEDO MADRID
TIPO DE DECLARACIÓN: MODIFICACION PATRIMONIAL 2007
FECHA DE LA DECLARACION: 17/05/2007
DEPENDENCIA: SECRETARIA DE MARINA

DATOS GENERALES DEL SERVIDOR PUBLICO
NOMBRE(S): ROBLEDO MADRID WILFRIDO
FECHA DE NACIMIENTO: 29/08/1948
SEXO: HOMBRE
ESTADO CIVIL: CASADO (A)
PAÍS DONDE NACIÓ: MEXICO
NACIONALIDAD: MEXICANA
ENTIDAD DONDE NACIÓ: OAXACA

Declaración patrimonial de Wilfrido Robledo Madrid, 2007.

Ramón Alcides Magaña, el Metro, operador del cártel de Juárez. De nada sirvió el cerco de las autoridades que intentó pararlo en la península, toda vez que la salida del Chueco Villanueva se habría dado desde la ciudad de México.

Según versiones, un avión Lear Jet 28, matrícula XC-HIE, despegó del aeropuerto de la ciudad de México, específicamente en el hangar propiedad de la Secretaría de Gobernación, entonces a cargo del sinaloense Francisco Labastida Ochoa, llevando a Villanueva Madrid con rumbo a Panamá.

Según personal de ese hangar, el vuelo fue ordenado por el comisionado adjunto de la Policía Federal Preventiva, Wilfrido Robledo Madrid, quien había recibido el puesto, cuatro días antes, de manos de Labastida Ochoa y quien hasta antes de ocupar la nueva posición adjunta al comisionado de la PFP, Omar Fayad Meneses, se había desempeñado como director de Servicios Técnicos y de Protección del Cisen. Contralmirante de la Armada de México y primo hermano de Villanueva Madrid, Wilfrido Robledo Madrid tenía control absoluto, desde el Cisen y luego desde la PFP, del equipo aéreo de la dependencia, poder que iba más allá del que ejercía el propio comisionado de la Federal Preventiva.

Apenas terminó la lectura de su informe, Villanueva abordó un avión que lo llevó a los dominios de su amigo, el gobernador Víctor Cervera Pacheco. El todavía gobernador de Quintana Roo sabía que estaba por girarse orden de aprehensión en su contra. Conocía incluso las averiguaciones previas, pues había sobornado a algunas autoridades para allegarse la información. Las primeras pesquisas de la PGR irían sobre la Unidad Especializada contra la Delincuencia Organizada, específicamente sobre Cuauhtémoc Herrera Suástegui, víctima de un atentado el 23 de marzo del año pasado [2001].

La relación de Wili con Genaro ha sido siempre muy cercana. Como todas las relaciones largas, ha tenido sus altibajos por la personalidad protagonista de ambos. Hablar de Wilfrido y Genaro es hablar del mismo grupo, del mismo estilo, de la misma cosa.

En 2001 Alejandro Gertz Manero, secretario de Seguridad Pública, al tomar control de la PFP, denunció a Wilfrido Robledo —comisionado de la PFP a finales del sexenio de Ernesto Zedillo— por irregularidades administrativas en la adquisición de nueve aviones y tres helicópteros para la corporación por 150 millones.

Cuando se le pregunta a Francisco Barrio —entonces contralor general de la República— por qué no se procedió penalmente contra Robledo Madrid y García Luna suele responder molesto que él tuvo que seguir las instrucciones del presidente Vicente Fox. Wili sólo fue sancionado administrativamente y se le inhabilitó durante cinco años para trabajar en el servicio público federal.

Durante ese tiempo se fue a trabajar al Estado de México como titular de la Agencia de Seguridad del Estado de México. El 8 de febrero de 2007 Wilfrido tuvo que dejar su cargo después de nueve meses de críticas por la intervención en San Salvador Atenco, donde se reportaron casos de maltrato, golpes y agresiones sexuales a los detenidos. Varios integrantes de su equipo se quedaron sin trabajo y el fiel García Luna acogió en la SSP a muchos de ellos, por ejemplo: a Lourdes Martínez Medellín, gente del también oaxaqueño Diódoro Carrasco Guerra.

Wili tiene un hijo de 32 años que sigue sus pasos: Wilfrido Robledo Luna. Trabaja en el Cisen desde el 16 de enero de 2002. Hace apenas dos años era jefe de departamento, dedicado al análisis de información. Desde mayo de 2006 es delegado del Cisen en Colima y tiene una medalla de "cruz del mérito naval con distintivo blanco".

Carlos Slim Helú nombró estratégicamente a su sobrino, Héctor Slim Seade, como nuevo director general de Telmex en septiembre de 2006, a unos meses de que Calderón tomara posesión. Slim Seade llegó a sustituir a Jaime Chico Pardo, quien estuvo 11 años al frente de la telefónica.

El magnate se encargaría de que García Luna quedara como secretario de Seguridad Pública. Envió a su sobrino a aquella reunión en el Churchill's con Juan Camilo Mouriño; el mensaje era que daba todo su apoyo a García Luna, pese a todos sus antecedentes y pese a las grandes dudas que existen en la Secretaría de la Defensa sobre su probidad.

Slim Helú busca el control de cuatro de los instrumentos base de inteligencia y seguridad nacional del país, a través de contratos que le otorgue el gobierno federal para implementarlos y administrarlos: Plataforma México, el Centro Operativo de Mando de la PFP, el Registro Público Vehicular (Repuve) y un servicio de protección federal. Carlos Slim va por el monopolio de las áreas más sensibles del país. Cabe mencionar que en noviembre de 2009, Felipe Calderón inauguró el deslumbrante Centro de Inteligencia de la Policía Federal. Naturalmente, en primera fila, entre los asistentes, se encontraba el señor Slim.

En su estrategia el hombre de los millones colocó a otra pieza fundamental dentro de la SSP, sólo para asegurarse de que todo salga como lo planeó. Propuso como subsecretario de Evaluación y Desarrollo Institucional a Francisco Niembro González, ingeniero en comunicaciones y electrónica, egresado del Instituto Politécnico Nacional. Antes de estar en la SSP, Niembro había cobrado nueve años en la nómina de Telmex. De 1999 a 2003 fue director general de Teléfonos del Noroeste, propiedad de Telmex; de 2003 a 2005 fue director de la División Metropolitana

JOSE FRANCISCO NIEMBRO GONZALEZ
TIPO DE DECLARACIÓN: MODIFICACION PATRIMONIAL 2008
FECHA DE LA DECLARACION: 13/05/2008
DEPENDENCIA: SECRETARIA DE SEGURIDAD PUBLICA

DATOS GENERALES DEL SERVIDOR PUBLICO

NOMBRE(S):	NIEMBRO GONZALEZ JOSE FRANCISCO
FECHA DE NACIMIENTO:	04/10/1957
SEXO:	HOMBRE
ESTADO CIVIL:	CASADO (A)
PAÍS DONDE NACIÓ:	MEXICO
NACIONALIDAD:	MEXICANA
ENTIDAD DONDE NACIÓ:	DISTRITO FEDERAL

DATOS DEL PUESTO O ENCARGO DEL SERVIDOR PÚBLICO

NOMBRE DEL ENCARGO O PUESTO:	SUBSECRETARIO DE ESTADO
DEPENDENCIA O ENTIDAD:	SECRETARIA DE SEGURIDAD PUBLICA
DOMICILIO:	CALLE: AV. CONSTI... PLANTA ALTA; LOC... ENTIDAD FEDERATI... OBREGON;
ÁREA DE ADSCRIPCIÓN:	SUBSECRETARIA DE...
FUNCIONES PRINCIPALES:	AREAS TECNICAS, ...
TELEFONO:	11036077
CORREO ELECTRÓNICO INSTITUCIONAL:	FRANCISCO.NIEMB...
FECHA DE INICIO DEL ENCARGO:	01/04/2007
ESTÁ CONTRATADO(A) POR HONORARIOS?	NO
CLAVE PRESUPUESTAL O EQUIVALENTE:	HC1

DATOS CURRICULARES DEL SE...
ESCOLARIDAD
GRADO MÁXIMO DE ESTUDIOS: LICENCIAT...

NIVEL	UBICACIÓN		
LICENCIATURA	Estado:DISTRITO FEDERAL Municipio:GUSTAVO A. MADERO	INS PO NA	

EXPERIENCIA LABORAL

SECTOR PODERAMBITO	INSTITUCIÓN G EMPRESA		
PRIVADO	TELEFONOS DE MEXICO S.A.		
PRIVADO	TELEFONOS DE MEXICO S.A.		
PRIVADO	(FILIAL) TELEFONOS DEL NOROESTE S.A.	DIRECTOR GENERAL	DIRIGIR Y ADMINISTRAR LA EMPRESA Y SUS RECURSOS	11/1999 - 03/2003

EXPERIENCIA ACADEMICA
EL SERVIDOR PÚBLICO NO PROPORCIONÓ INFORMACIÓN DE EXPERIENCIA ACADÉMICA.

LOGROS LABORALES O ACADEMICOS A DESTACAR

DIPLOMADO EN ADMINISTRACION EN EL TECNOLOGICO DE MONTERREY
ESPECIALIZACION EN MARKETING EN EL INSTITUTO DE CAPACITACIÓN DE TELMEX

DECLARACION ANTERIOR
EL SERVIDOR NO INDICÓ INFORMACIÓN DE LA DECLARACIÓN ANTERIOR.

EL SERVIDOR ACEPTO HACER PUBLICOS SUS DATOS PATRIMONIALES

DATOS PATRIMONIALES.- INGRESOS
ANUALES NETOS

POR CARGO PÚBLICO	1963200
POR ACTIVIDAD INDUSTRIAL O COMERCIAL	
POR ACTIVIDAD FINANCIERA	144000
POR SERVICIOS PROFESIONALES	
OTROS	2...
TOTAL	213...

1.- LOS DATOS CORRESPONDEN AL 31 DE DICIEMBRE DEL AÑO INMEDIATO ANTERIOR
2.- SÓLO SE INCLUYEN LOS INGRESOS DEL...
NO SE INCORPORAN LOS DEL CÓNYUGE Y DEPENDIENTES ECONÓMICOS.

DATOS PATRIMONIALES.- VEHÍCULOS

TIPO DE OPERACIÓN	MARCA	TIPO	MODELO	FORMA DE OPERACIÓN	VALOR DE LA OPERACIÓN	MONEDA	FECHA
INCORPORACION	HONDA	PILOT EXL. AUTOMATICA	2007	CONTADO	460000	PESOS MEXICANOS	02/05/2007
VENTA	BMW	SEDÁN SERIE 3201 TOP LINE 6 CILINDROS	2002	CONTADO	200000	PESOS MEXICANOS	10/10/2007

1.- LOS DATOS CORRESPONDEN AL 31 DE DICIEMBRE DEL AÑO INMEDIATO ANTERIOR
2.- SÓLO SE PROPORCIONAN LOS VEHÍCULOS QUE REPORTÓ EL SERVIDOR PÚBLICO A NOMBRE DEL DECLARANTE Y DEL DECLARANTE Y SU CÓNYUGE.
NO SE INCLUYEN LOS BIENES DECLARADOS A NOMBRE DE SU CÓNYUGE, SUS DEPENDIENTES ECONÓMICOS O DE OTROS.

DATOS PATRIMONIALES.- BIEN...

TIPO DE OPERACIÓN	TIPO BIEN	SUP TERRENO EN M2	SU CU E...
INCORPORACION	LOCAL	3	3
INCORPORACION	LOCAL	3	3
VENTA	CASA	244	32...
INCORPORACION	CASA	523	52...

1.- LOS DATOS CORRESPONDEN AL 31 DE...
2.- SÓLO SE PROPORCIONAN LOS BIENES... DEL DECLARANTE Y SU CÓNYUGE.
NO SE INCLUYEN LOS BIENES DECLARAD... DE OTROS.

DATOS PATRIMONIALES.- BIENES MUEBLES
EL SERVIDOR PÚBLICO NO PROPORCIONÓ INFORMACIÓN DE BIENES MUEBLES A SU NOMBRE.

DATOS PATRIMONIALES.- INVERSIONES

TIPO DE OPERACION	TIPO DE INVERSIÓN	SALDO	MONEDA
MODIFICACION	BANCARIA	60201	PESOS MEXICANOS
SALDO	BANCARIA	63642	PESOS MEXICANOS
MODIFICACION	FONDOS DE INVERSION	302417	PESOS MEXICANOS
INCORPORACION	BANCARIA	250643	PESOS MEXICANOS
INCORPORACION	OTROS	500000	PESOS MEXICANOS

1.- LOS DATOS CORRESPONDEN AL 31 DE DICIEMBRE DEL AÑO INMEDIATO ANTERIOR
2.- LOS DATOS CORRESPONDEN A LAS CUENTAS REPORTADAS POR TIPO DE INVERSIÓN Y MONEDA.
3.- SÓLO SE INCORPORA LA INFORMACIÓN REPORTADA DE CUENTAS E INVERSIONES A NOMBRE DEL DECLARANTE Y DEL DECLARANTE Y SU CÓNYUGE.
NO SE INCLUYEN LAS QUE ESTÁN A NOMBRE DEL CÓNYUGE, DEPENDIENTES ECONÓMICOS O DE OTROS.

DATOS PATRIMONIALES.- ADEUDOS

TIPO DE OPERACION	TIPO DE ADEUDO	SALDO	FECHA DE OTORGAMIENTO	MONTO ORIGINAL DEL ADEUDO	MONTO PAGOS REALIZADOS	DESTINO
INCORPORACION	TARJETAS DE CREDITO	24189 PESOS MEXICANOS		PESOS MEXICANOS		
INCORPORACION	TARJETAS DE CREDITO	20326 PESOS MEXICANOS		PESOS MEXICANOS		
INCORPORACION	TARJETAS DE CREDITO	0 PESOS MEXICANOS		PESOS MEXICANOS	59448	
INCORPORACION	CREDITOS HIPOTECARIOS	1000000 PESOS MEXICANOS	30/11/2007	1000000 PESOS MEXICANOS	6000	ADQUISICIÓN DE INMUEBLE

1.- LOS DATOS CORRESPONDEN AL 31 DE DICIEMBRE DEL AÑO INMEDIATO ANTERIOR
2.- LA INFORMACIÓN CORRESPONDE A TODOS LOS ADEUDOS REPORTADOS A NOMBRE DEL DECLARANTE Y DEL DECLARANTE Y SU CÓNYUGE.
NO SE INCLUYEN LOS QUE ESTÁN A NOMBRE DEL CÓNYUGE, DEPENDIENTES ECONÓMICOS U OTROS.

GASTOS DE MANUTENCION
GASTOS DE MANUTENCIÓN: 1320000

* TODA LA INFORMACIÓN FUE CAPTURADA DIRECTAMENTE POR EL SERVIDOR PÚBLICO

Declaración patrimonial de
José Francisco Niembro González.

de Telmex; y de 2005 a marzo de 2007 —cuando se cambió de oficina para irse con García Luna a la SSP— fue director de la División Metro Norte de Telmex.

Niembro González es el responsable de desarrollar la Plataforma México y de diseñar e implementar nuevas tecnologías para la seguridad pública. Por lo pronto el contrato para el desarrollo e implementación de la Plataforma se le dio a Telmex por adjudicación directa —sin concurso de por medio— en 2007 por un monto inicial de 5 mil millones de pesos. Ése fue el primer pilar de inteligencia y seguridad nacional del que se apropió Carlos Slim.

Plataforma México, cuando funcione, tendrá la información de todos los policías del país, federales, estatales y municipales y contará con la información de los centros de prevención y readaptación social. Sin duda lo que hace la administración de la Plataforma tan apetecible es que en ella se van a interconectar la Secretaría de Hacienda, la Secretaría de Relaciones Exteriores, la Secretaría de Gobernación, Pemex, Comisión Federal de Electricidad y la Sedena. Plataforma México tendrá la información más sensible del país.

Telmex es responsable de instrumentar y administrar el sistema no sólo en relación con telecomunicaciones e interconexión, sino con aspectos de informática, instalaciones técnicas y equipamiento. A propuesta de la SSP, para 2009 Plataforma México debería contar con un presupuesto de al menos 1 600 millones de pesos. Hasta ahora la voracidad de Genaro García Luna y Telmex ha impedido que Plataforma México funcione. En la policía hay un término coloquial que es una regla de oro: el que administra no puede ser usuario. Genaro quiere ser las dos cosas; por eso hasta ahora la Plataforma México no es operante.

Los gobiernos de los estados y municipios no confían plenamente en el uso que se le dé a la información que ellos proporcionen; no saben si será respetada. También comienzan a ver que Plataforma México, más que un sistema nacional de información, es un gran negocio para alguien.

Para 2008 el gobierno tiene una bolsa de 3 mil millones de pesos para apoyo en seguridad a municipios. En el *Diario Oficial de la Federación* se publicó una lista de 20 municipios que son susceptibles de recibir esos apoyos. Ahí se especificaron los criterios para asignar a ellos ese dinero.

Una de las condiciones es que cuenten con la Plataforma México. La conexión tiene un costo de 90 mil pesos mensuales por estado. Una vez inscrito, la SSP no tiene ninguna obligación de reciprocidad; les pide a todos información pero no tiene obligación de proporcionarla.

La peor parte es que, para manejar la Plataforma, Genaro García Luna está condicionando a los presidentes municipales y gobernadores a que manden a capacitación durante seis meses a sus jefes de policía, mientras él les nombra un sustituto. Con los negros antecedentes de García Luna y su equipo, en el que igual hay cabida para secuestradores, narcotraficantes y asesinos, ¿qué gobernante quiere entregarle su policía a García Luna? Ninguno.

Si García Luna lograra persuadir a todos los presidentes municipales y gobernadores tendría prácticamente el control del país al servicio de sus intereses. Algo así como un ejército paralelo. Ésa es la primera razón por la cual muchos municipios se resisten a entrar en el sistema. La segunda es que cuando alguien sí está dispuesto a aceptar esas condiciones, la SSP les señala con quién comprar la tecnología, el software y las computadoras.

Se afirma que en esa parte del negocio está involucrado el secretario de Gobernación, Juan Camilo Mouriño, a través de Luis Fernando Gómez Fragoso, quien diseñó sistemas y estrategias informáticas para la campaña presidencial de Calderón, aparte de los trabajos que hizo para el cuñado incómodo, Hildebrando.

Se afirma que la SSP ya asignó un contrato multianual por 45 millones de dólares a Microsoft para el desarrollo del software que les quiere vender a los estados y municipios. Cuando menos hasta 2006 Gómez Fragoso era director de Servicios de Microsoft México. Ese interés económico podría ser la razón de fondo del nombramiento de Edgardo Flores Campbell como oficial mayor de la SSP. Gómez Fragoso es actualmente el presidente del Consejo.

Aparte de todo eso, la SSP también condiciona a los estados y municipios a unificar las patrullas y uniformes con un solo color y la entidad les entrega la lista de proveedores que prestan el servicio. Hasta ahora, por supuesto nadie ha querido.

Pero el señor Slim quiere más. Telmex obtuvo el contrato, también por adjudicación directa, para la construcción y desarrollo tecnológico y equipamiento integral de la Academia de Formación de Policía localizada en San Luis Potosí y el Centro de Mando de la PFP, localizado en la delegación Iztapalapa de la ciudad de México, recién inaugurado por Calderón, Mouriño y García Luna el 16 de junio pasado.

Se supone que desde ese centro podrán monitorearse en tiempo real los operativos de la PFP en cualquier lugar del país. Con los sistemas GPS podrá ubicarse dónde se encuentra cada patrulla y quiénes son los policías que participan en esos operativos.

Tengo copia de un documento interno de la SSP en donde plantean los argumentos que se deben de dar para justificar la adjudicación directa. Y de acuerdo con su contenido la SSP forzó los argumentos para que Telmex se quedara con los contratos. Incluso inventó excusas, como queda plasmado en el documento:

> Justificación para no llevar a cabo el procedimiento de licitación pública y adjudicación en forma directa por caso de excepción, la contratación de servicios de equipamiento integral piloto de la estación modelo de la policía federal y de la academia de formación de la policía federal, con fundamento en lo dispuesto por los artículos 26, fracción III; 40,41, fracción IV y 47 de la ley de adquisiciones arrendamientos y servicios del sector público (LAASSP).

Para la academia de San Luis Potosí se proponía que Telmex equipara seis aulas de cómputo, un aula magna, dos auditorios, dos simuladores de manejo, salones de tiro, un salón descubierto de 100 metros para prácticas de arma larga, centro de documentación, helipuerto, laboratorio de investigación criminalística, armero y polvorín, edificio de gobierno, patio de maniobras, unidad médica, 336 habitaciones, 42 habitaciones para instructores, comedor, auditorio gimnasio, una alberca techada y canchas de futbol, basquetbol, voleibol y tenis.

"En el contrato propuesto se considera establecer una vigencia de un año, con fecha propuesta de inicio el 1 de enero de 2008; lo anterior bajo la premisa de lograr el equipamiento máximo y operación óptima durante el primer trimestre del mismo", señala el documento.

Respecto a la construcción y equipamiento del Centro de Mando de la PFP o también llamado "Estación Modelo de Policía Federal" no se especifica lo que Telmex tiene que hacer.

…una vez analizado el sondeo de mercado correspondiente se considera que Telmex es la empresa idónea para proporcionar el alto grado de seguridad, la tecnología y los servicios especializados que requieren la Estación de Policía y la Academia de Seguridad Pública. Lo anterior en virtud de que, como ya se mencionó, se requiere una empresa que por sí sola cuente con la infraestructura, los proveedores y la cobertura necesaria, toda vez que, de realizarse con diversos proveedores, la logística de administración del proyecto se volvería extremadamente complicada.

La SSP propone en ese documento que para justificar la adjudicación directa se diga —porque en el texto queda claro que no lo han hecho— que al intentar buscar comparar precios no existe información en el mercado de servicios similares.

…por lo que al no contar con ellos, el día XYZ de enero de 2008 se solicitaron cotizaciones a posibles proveedores de los cuales se obtuvieron x negativas a cotizar y x empresas simplemente no contestaron.

La contratación del equipamiento con la empresa Telmex garantiza un abastecimiento flexible en tiempo y forma, toda vez que se trata de un solo proveedor con el carácter integrador.

Asimismo Telmex es una empresa con experiencia probada y reconocida a nivel nacional e internacional, cuya contratación en todo momento garantiza las mejores condiciones en cuanto a disponibilidad y tecnología de punta.

Se contempló un pago a Telmex de 104 040 763 a 140 040 763 pesos. No es tanto el dinero, sino la información privilegiada a la que se puede tener acceso controlando la parte tecnológica del centro de mando. El documento interno citado señala que la academia y la estación modelo serán proyectos que se replicarán en otros lugares del país.

El 5 de agosto pasado, a través de la *Ley Federal de Transparencia y Acceso a la Información Pública*, solicité la información sobre el contrato del Centro Operativo de Iztapalapa:

En mi solicitud quedó asentado:

> Nombre de la o las empresas a quien se asignó el contrato y/o convenio para los servicios de equipamiento de la estación modelo de la Policía Federal, centro de mando operativo de la policía federal (ubicado en Iztapalapa).... Así mismo solicito el monto de dicho y/o dichos contratos, fecha de inicio, fecha de terminación, y la copia de cada uno de dichos contratos.

El 6 de octubre pasado la PFP se negó a dar la información y la clasificó por 12 años, tiempo máximo que puede estar reservada. ¿Qué esconden?

Argumentaron que era por cuestiones de seguridad nacional; sin embargo, la *Ley Federal de Transparencia* privilegia la publicidad de la información sobre la secrecía; por lo menos debieron dar el nombre de la empresa —que es Telmex, según reconfirmó personal de la dependencia de manera extraoficial— y el monto del contrato.

En agosto de 2008 también solicité el monto y la copia del contrato de Plataforma México, pero al cierre de la edición de esta investigación no lo habían entregado.

El Centro Operativo de la PFP y la Academia son el segundo pilar de inteligencia y seguridad nacional en poder de Slim.

El segundo hombre más rico del mundo ahora va por el Registro Público Vehicular (Repuve). Ahora que Roberto Campa Cifrián no está al frente del secretariado ejecutivo del Sistema Nacional de Seguridad Pública, el señor Slim encontrará menos trabas para que a su empresa le resulte más fácil hacerse del nuevo registro de control vehicular.

A través del Repuve se tendrán los datos de todos los vehículos del país: el número de identificación vehicular, las características esenciales del vehículo, el nombre del dueño, sea persona física o moral, y la dirección del propietario.

Durante más de un año hubo un largo y cansado jaloneo entre Campa Cifrián, el equipo de Niembro y Telmex en el proceso de licitación para la compra de 20 a 25 millones de chips de radiofrecuencia.

Campa Cifrián y un grupo académico que sirvió como órgano asesor externo querían un sistema seguro, que no fuera fácil de clonar y la empresa relacionada con Slim no cumplía con esas características. Personal ligado con García Luna y Niembro querían las condiciones para que la empresa con la que Slim está asociado, Corporativo Integra, que opera la Tarjeta IAVE, ganara el concurso.

Era tal la confrontación que se decidió solicitar la opinión de universidades. Después de varios análisis se determinó que la mejor tecnología era un chip pasivo y no de radiofrecuencia. Slim quedaba fuera. Lo que el Sistema Nacional de Seguridad quería asegurar era que se contara con la mejor tecnología y los chips que se compraran fueran difíciles de clonar en el mercado negro.

Desde el 19 de septiembre de 2008 el nuevo secretario ejecutivo del Sistema Nacional de Seguridad Pública será Monte Alejandro Rubido García, viejo amigo e incondicional de Wilfrido Robledo y Genaro García Luna desde el Cisen. Si Slim obtiene el contrato del Repuve tendrá los tres pilares de la seguridad nacional del país.

Actualmente hay un anteproyecto de decreto que pretende la creación de un organismo descentralizado denominado Servicio de Protección Federal. La responsabilidad de dicho organismo será la de custodiar, vigilar, proteger y mantener la seguridad en los inmuebles de las dependencias y entidades del gobierno federal. Las únicas dependencias que quedarían fuera serían la Secretaría de Marina, la Secretaría de la Defensa y el Estado Mayor Presidencial. Además de esas atribuciones deberá prestar servicios de seguridad a los servidores públicos que integren el Consejo de Seguridad Nacional, entre los que figuran los secretarios de Gobernación, de la Defensa, de Marina, de Seguridad Pública y de Hacienda.

Quien aparece como responsable del anteproyecto es Niembro González, el hombre de Slim. Si hombres de Carlos Slim tienen el control del Servicio de Protección Federal, él podrá cerrar la pinza en el monopolio de las áreas de inteligencia y seguridad nacional del país.

Suena a todas luces aberrante que la seguridad nacional de un país quede en manos de una sola compañía y de un solo hombre. Carlos Slim tiene el poder que le da el dinero, ahora quiere el poder que da la información, la seguridad nacional y la inteligencia. ¿Para qué?

Para obtener todo lo que se propone, Carlos Slim Helú sostiene con su aval a Genaro García Luna en la SSP pese a las claras muestras de corrupción del secretario y su equipo. Más evidenciado imposible.

Hasta que se haya hecho del control de todas las ramas de inteligencia, García Luna le será útil. Será por eso que pese a las denuncias documentadas contra el secretario de Seguridad Pública, cuando ha sonado el rumor de que finalmente se va del gabinete, se afirma que Carlos Slim hace llamadas o visitas a Los Pinos para volver a recomendarlo.

Lo que no mide Slim es que García Luna y Robledo Madrid son hombres de otros códigos y de otros tiempos. Fueron creados y criados en los sótanos del viejo poder del PRI, con los mejores maestros en corrupción y abuso de autoridad. Al final no reconocen más dueño que sus propios intereses.

Las consecuencias de mantener a un hombre como García Luna al frente de la SSP ya las vivió el empresario Alejandro Martí y las padecemos la gran mayoría de los mexicanos todos los días.

El señor Slim puede tomar un avión o un crucero e irse al otro lado del mundo cuando los muchachos de García Luna salgan a hacer de las suyas. Los demás nos tenemos que quedar aquí, incluyendo las empresas de Slim, que, pese al mundo globalizado, no puede transportarlas en una valija.

La hermandad de García Luna

Nombre	Edad	Nivel escolar	Perfil
Jorge Carrillo Olea	71	Desconocido	Fue jefe de la sección segunda del Estado Mayor Presidencial (EMP) con Luis Echeverría Álvarez. Establece contacto con la DFS encabezada por el libanés Nazar Haro.
			Fue subsecretario de Investigación y Ejecución Fiscal de la Secretaría de Hacienda (1974). Director de Astilleros Unidos (1976), donde conoció a Jorge Tello Peón y lo formó. Subsecretario de Gobernación (1982 a 1985).
			En 1985 creó el Disen. En 1989 creó el Cisen. Fue coordinador del Combate al Narcotráfico en la PGR (1990).
			Gobernador de Morelos (1994-1998). Nombró como coordinador de la Policía Judicial de Morelos a Jesús Miyazawa, ex integrante de la Brigada Blanca, cuando Nazar Haro era director de la DFS. Fue comandante, subdirector y director de la policía judicial del D. F. (de 1971 a 1982 y de 1986 a 1988).
			Tuvo que dimitir como gobernador debido a que Miyazawa y su jefe del Grupo Antisecuestros, Armando Martínez Salgado, protegían a secuestradores y narcotraficantes.
Jorge Tello Peón	52	Ingeniero Civil	Es uno de los mentores y promotores de la carrera de Genaro García Luna desde el Cisen en 1989. Fue uno de los hombres más cercanos al general brigadier retirado Jorge Carrillo Olea desde que trabajaron juntos en Astilleros Unidos en 1976.
			Trabajó en el Disen, Cisen y en la SSP en áreas de inteligencia y seguridad nacional durante 25 años.
			Fue uno de los artífices de la teoría del homicidio accidental del Cardenal Jesús Posadas Ocampo (1993).
			Tuvo que renunciar a la subsecretaría de Seguridad Pública en 2001 luego de que bajo su responsabilidad se fugó Joaquín Guzmán Loera, alias el Chapo, del penal de máxima seguridad de Puente Grande, Jalisco, minutos después de que él hizo un recorrido en las instalaciones.
			Actualmente es el responsable de la seguridad de grupo Cemex.

Nombre	Edad	Nivel escolar	Perfil
Wilfrido Robledo Madrid	60	Vicealmirante. Ingeniero Mecánico y Geólogo	Es uno de los mentores y promotores de la carrera de Genaro García Luna desde el Cisen (1990-1999). Trabajó con Jorge Carrillo Olea en el EMP en la época de Luis Echeverría, era uno de sus ayudantes. Se afirma que su esposa es hermana de la madre de García Luna y de ahí viene el padrinazgo.
			Fue director general de la Dirección de Seguridad Pública y Tránsito de Tabasco (1983-1988).
			Fue comisionado adjunto y comisionado de la PFP (1999-2000). En 2002 fue inhabilitado por tres años por la compra irregular de aeronaves para la PFP.
			Fue titular de la Agencia de Seguridad Estatal del Estado de México (2005-2007). Tuvo que renunciar al cargo en febrero de 2007 por la presión ante los abusos y arbitrariedades cometidas en San Salvador Atenco en 2006.
			Oficialmente es presidente de la junta de Almirantes de la Secretaría de Marina. Extraoficialmente es el responsable de la seguridad de grupo Carso de Carlos Slim Helú. En particular trabaja para Telmex con Héctor Slim Seade.
José Luis Figueroa Cuevas	64	Ingeniero Mecánico Naval e ingeniero Geógrafo	Formó parte del EMP con Luis Echeverría. Ex director general de Centro de Plantación para el control de drogas (1994-1995). De 1995 a 2000 regresó al Estado Mayor Presidencial como "jefe de ayudantes" del Jefe del Estado Mayor Presidencial.
			Fue director general del Cisen (2004-2004) y comisionado de la PFP (2004). Actualmente trabaja en la SCT como director general.

OBITUARIO

Nombre	Edad	Nivel escolar	Perfil
Rafael Macedo de la Concha	58	Licenciado en Derecho	Fue compañero en el EMP de Carrillo Olea, Robledo Madrid y Figueroa.
			Fue procurador de justicia militar de 1996 a 2000.
			En diciembre de 2000 Vicente Fox lo nombró Procurador General de la República.
			Tenía una relación muy estrecha con Marcos Castillejos, suegro de Cárdenas Palomino, tan cercana que incluso se afirma que fue padrino de boda de Minerva Elizabeth (hija de Castillejos) y Cárdenas Palomino.
			Al inicio del sexenio de Fox, Macedo de la Concha colocó a Genaro García Luna al frente de la Policía Judicial Federal y después lo dejó al frente de la AFI.
			No dio seguimiento a la denuncia de José Antonio Ortega ni del secuestrador Marcos Tinoco Gancedo, alias el Coronel, en contra de García Luna.
			Renunció a la PGR en junio de 2005. Se dijo que había sido amenazado por el crimen organizado. La División de Investigación Criminal de San Antonio, Texas, del FBI, hizo un informe en julio de 2005 que lo involucra con el narcotráfico.
			Cuando regresó en 2007, luego de estar como agregado en la embajada de México en Italia, García Luna le hizo una fiesta de bienvenida.
			Actualmente es primer magistrado en el Supremo Tribunal Militar.
Humberto Martínez González	67	Ingeniero en Transmisiones	Trabajó en la Sedena de 1957 a 1990. De 1990 a 1999 trabajó en el Cisen, fue jefe de García Luna.
			Fue director general de la PFP de 1999 a 2002, cuando Wilfrido Robledo Madrid y García Luna estaban ahí.
			Actualmente es director general de Apoyo Técnico de la PFP. Es jefe directo de Esperanza García Luna, hermana de Genaro.

Nombre	Edad	Nivel escolar	Perfil
Monte Alejandro Rubido García	54	Licenciado en Derecho	Trabajó en el Disen (1986 -1989) con Pedro Vázquez Colmenares, Jorge Tello Peón, Julián Slim Helú y Cuauhtémoc Cárdenas Ramírez (padre de Cárdenas Palomino); y luego en el Cisen, donde coincidió con García Luna.
			Creó en el gobierno del Estado de México la Unidad de Información y Análisis (1994-1995). Después se afirmó que esa unidad se dedicaba al espionaje político en el gobierno de Arturo Montiel.
			Regresó al Cisen (1995-2001) en donde coincidió con García Luna. En 2001 fue nombrado director general de Inteligencia Civil. El director general del Cisen en ese momento era Figueroa Cuevas.
			En 2007 ingresó en la ssp con García Luna como subsecretario de Política Criminal.
			Actualmente es el secretario técnico del Sistema Nacional de Seguridad.
José Patricio Patiño Arias	60	Licenciado en Ciencias Políticas	Trabajó en el Comité de Planeación para el Desarrollo del Estado de Tabasco de 1987 a 1988, cuando Robledo Madrid estaba en la Dirección General de Seguridad Pública.
			Fue oficial mayor del Departamento del Distrito Federal (1989) y secretario particular del Jefe de Gobierno del D. F. (1990-1991) cuando Manuel Camacho Solís era el jefe de Gobierno.
			Fue secretario técnico de la pfp (2000-2001). En 2001 se fue a la pjf con García Luna y luego a la afi, donde fue director general de Planeación y Control.
			En 2002 fue acusado por la Contraloría Interna por un quebranto de más de ocho millones de pesos y la dependencia solicitó su inhabilitación por cinco años en el gobierno federal. De 2002 a 2006 trabajó en un gobierno local y en 2007 entró en la ssp con García Luna.
			Actualmente es subsecretario del sistema penitenciario federal.

OBITUARIO

Nombre	Edad	Nivel escolar	Perfil
Facundo Rosas Rosas	44	Ingeniero Agrónomo	Compañero de García Luna en la UAM Azcapotzalco. Primero estuvo en el Cendro. Ha trabajado con García Luna en el Cisen, la PFP y la AFI. Es conocido por su talento para las intervenciones telefónicas y se dice que fue el coordinador del espionaje en la campaña de Felipe Calderón.
			Fue director de Análisis Táctico de la AFI el sexenio pasado.
			Cuando era el coordinador general de Inteligencia para la Prevención del Delito entró a trabajar en su coordinación Lorena González Hernández con el grado de subinspector y el cargo de directora. Lorena es acusada de haber montado un retén policiaco para secuestrar a Fernando Martí en junio de 2008.
			Cuando ocurrió el secuestro de Martí, era jefe superior de González Hernández, adscrita a la Dirección General de Secuestros y Robos.
			Su cargo actual es subsecretario de Estrategia e Inteligencia Policial de la SSP.
Edgar Eusebio Millán / asesinado el 8 de mayo de 2008	42	Concluyó la licenciatura en Derecho	Trabajó con García Luna en el Cisen (1989). En 1992 era chofer de un subdirector del Cisen.
			Cuando entró en la AFI (2001) tenía apenas cursado el bachillerato y se supone que ya terminó la licenciatura. Fue director de Investigación Policial.
			La Procuraduría del Estado de México lo señala como uno de los presuntos responsables de la extorsión a Enrique Salinas de Gortari, la cual fue el móvil de su asesinato.
			Fue ejecutado el 8 de mayo de 2008. Era el coordinador general de Seguridad Regional.
			Fue asesinado en casa de sus padres en la colonia Guerrero del D. F. La calle esta plagada de sitios de venta de narcomenudeo.

Nombre	Edad	Nivel escolar	Perfil
Luis Cárdenas Palomino	39	Licenciado en Derecho	Su padre Cuauhtémoc Cárdenas Ramírez, ex director de la Policía Judicial del D. F. Trabajó con Pedro Vázquez Colmenares y Jorge Tello Peón en el Disen.
			En 1987 fue acusado de triple homicidio, el delito quedó impune y un año después ingresó en la policía. Trabaja con García Luna desde el Cisen. Él presentó a García Luna con Javier Garza Palacios.
			Fue director general de Investigación Policial de la AFI. Se vio involucrado en el caso del homicidio de Enrique Salinas de Gortari porque se negó a dar su paradero al gobierno francés que lo buscaba por lavado de dinero.
			Elementos de la AFI lo acusan de obstruir sus investigaciones.
			Cuando Genaro fue nombrado titular de la SSP se quedó como encargado de la AFI. En este sexenio ha sido responsable de la División Antidrogas. Actualmente es coordinador general de Inteligencia para la Prevención del Delito. Fue jefe de Lorena González Hernández, presunta secuestradora de Fernando Martí.
			Su suegro, Marcos Castillejos, fue asesinado el 9 de julio de 2008.
Esperanza García Luna	48	Concluyó la licenciatura en Periodismo	Hermana. De encargada de un suplemento de sociales pasó a policía.
			Entró en la PFP en 2000 cuando su hermano trabajaba ahí de coordinador. Su carrera ha progresado a la sombra de Genaro. Se afirma que cuando la nombraron responsable del área de inteligencia cibernética no sabía ni escribir un correo electrónico.
			Actualmente es directora general adjunta de la Dirección general de Apoyo Técnico y gana 15 mil pesos menos que el presidente Felipe Calderón.

OBITUARIO

Nombre	Edad	Nivel escolar	Perfil
Víctor Hugo García Padilla	37	Concluyó la licenciatura en Derecho	Sobrino. Trabaja con su tío desde el Cisen donde empezó como subdirector de área. En 1999 se fue con él a la PFP como director de área. En 2001 lo siguió a la PJF y luego a la AFI como director de área.
			De 2006 a 2007 fue gerente de seguridad regional en América Latina de la farmacéutica Pfizer.
			En 2007 regresó a trabajar con su tío como Director General de Investigación de Delitos en la PFP en donde estuvo hasta julio de ese año.
			Actualmente trabaja como director general en la Unidad de Inteligencia Financiera de la Secretaría de Hacienda y Crédito Público que encabeza el secretario Agustín Carstens.
Marcos Castillejos **Fue ejecutado el 9 de julio de 2008**	65	Doctor en Derecho	Fue suegro de Luis Cárdenas Palomino hasta hace pocos años.
			Su hijo Humberto fue asesor del ex procurador Rafael Macedo de la Concha mientras estuvo al frente de la PGR y del procurador Eduardo Medina Mora hasta mayo de 2008.
			Fue señalado por utilizar su relación personal con Cárdenas Palomino para proteger a sus clientes, uno de ellos Luis de la Barreda.
			Defendió a García Luna cuando el órgano interno de control de la PFP lo acusó en 2001 de malversación de fondos. Fue abogado de Mario Bezares y Paola Durante en el caso del homicidio de Paco Stanley.
			Sus compañeros litigantes afirman que fue abogado de los hijos de Marta Sahagún el sexenio pasado.
			Estuvo implicado en el caso de la extorsión y homicidio de Enrique Salinas de Gortari.
			Fue ejecutado la mañana del 9 de julio de 2008. El homicidio es investigado por la PGR pese a tratarse de un caso del fuero común.

Nombre	Edad	Nivel escolar	Perfil
Benito Roa Lara	40	Desconocido	Trabaja con García Luna desde el Cisen (1990). En 2007 firmó una carta señalando que no había terminado el bachillerato. En su declaración patrimonial de 2008 afirma que terminó la licenciatura en Ciencias Políticas. En este sexenio fue nombrado director general de Secuestros y Robos de la PFP. Él solicitó el ingreso en la PFP de Lorena González Hernández, presunta plagiaria de Fernando Martí. En 2008 fue nombrado coordinador general de Inteligencia para la Prevención del Delito. Actualmente está en la sección segunda del Estado Mayor de la PFP con Oswaldo Luna.
Oswaldo Luna Valderrábano	41	Concluyó la licenciatura en Administración.	Trabaja con García Luna desde el Cisen (1993). Fue su chofer en la AFI. Con su firma ha avalado el ingreso de personal en la PFP que no cumple con los exámenes de control de confianza como Nahum García. Actualmente es jefe del Estado Mayor de la PFP.
Aristeo Gómez Martínez/ asesinado el 3 de mayo de 2008	34	Licenciado en Contaduría	Trabaja con García Luna en el Cisen (1999). Era el enlace administrativo de Oswaldo Luna Valderrábano. Hacía todas las gestiones administrativas del Estado Mayor. Junto con García Luna firmó en 2000 el ingreso de Montes Garfias, presunto asesino de Edgar Eusebio Millán. Fue ejecutado el 3 de mayo de 2008. Era director de la jefatura del Estado Mayor de la PFP.

OBITUARIO

Nombre	Edad	Nivel escolar	Perfil
Roberto Velasco Bravo Ejecutado el 1 de mayo de 2008	36	Concluyó la licenciatura en Psicología Clínica	En su currículum oficial sólo aparece que trabajó en Liverpool (1998). En 2006 era jefe de departamento en Investigación de Delitos de la AFI En octubre de 2007 se incorporó a la PFP como investigador, adscrito a la Coordinación de Inteligencia para la Prevención del Delito como supervisor. Era director de Crimen Organizado de la Dirección General de Análisis Táctico de la PFP cuando fue ejecutado el 1º de mayo de 2008. Su trabajo era de gabinete, hacía análisis policial.
Marco Tulio López Escamilla	38	Concluyó la licenciatura en Derecho Constitucional	En 1998 fue subprocurador regional de Justicia de la Cuenca en Oaxaca. El gobernador de la entidad era Diódoro Carrasco Altamirano, el neopanista que visita frecuentemente las oficinas de la SSP. En 1998 se vio involucrado en la represión que sufrieron hombres y mujeres indígenas pertenecientes al Consejo Indígena y Popular de Oaxaca "Ricardo Flores Magón" que querían rescatar a unos compañeros detenidos. La CNDH hizo una recomendación (026/1999) por el uso "excesivo e indiscriminado de la fuerza pública" al desalojar una protesta de los indígenas en las oficinas de Marco Tulio. Los indígenas fueron torturados sentándolos en láminas calientes. Trabajó en el Primer Tribunal Colegiado en materia penal del primer circuito como secretario proyectista (2003), en el Quinto Tribunal Colegiado en materia penal del primer circuito, y como auxiliar de la consejera María Teresa Herrera Tello en el Consejo de la Judicatura. Actualmente es coordinador jurídico de la SSP.

Nombre	Edad	Nivel escolar	Perfil
Roberto Reyna Delgado	34	Estudia la licenciatura en Informática	Trabajó en la Feria de Chapultepec como responsable del almacén de alimentos (1994-1996). Trabajó para Hilamex.
			En 1998 ingresó en la PJF, y en la AFI en noviembre de 2001. Entró como subdirector en el área. En 2007 ingresó en la SSP como director general de la Unidad de Evaluación.
			Se señala que él y su familia tienen bienes muebles e inmuebles que no corresponden con su salario. Incluyendo propiedades en Cancún. Dicen que maneja las cuentas personales de García Luna.
Francisco Javier Garza Palacios	43	Licenciado en Derecho	Trabajó en la Policía Judicial de Nuevo León y luego en la Policía Judicial del D. F. con Domingo González Díaz (2000).
			Fue director de Operaciones Especiales de la AFI. Se dice compadre de Igor Labastida.
			Comenzó el sexenio como jefe de la División de Policía de Proximidad Social. En 2007 García Luna lo nombró coordinador general de Seguridad Regional de la PFP.
			En 2007 el gobernador de Sonora Eduardo Bours exigió su salida luego de que permitió que un comando armado de 12 vehículos llegara a Cananea y mató a 22 policías. Se presume que solapó a los sicarios.
			García Luna anunció su cese pero en realidad nunca lo despidió. Actualmente es agregado en la embajada de México en Colombia.
Armando Espinosa de Benito	50	Bachillerato	Fue agente de la Dirección Federal de Seguridad (DFS) y de la Policía Judicial Federal. Fue director de Crimen Organizado de la AFI. Fue comisionado de la División Antidrogas al inicio del sexenio y jefe de la División de Inteligencia Policial.

OBITUARIO

Nombre	Edad	Nivel escolar	Perfil
Igor Labastida Calderón/ Asesinado el 26 de junio de 2008	46	Concluyó la licenciatura en Derecho Burocrático	Fue subdirector de la Secretaría de Seguridad Pública del municipio de Naucalpan cuando el director era Alfredo Zavala, quien fue acusado de fraude. Llegó a la AFI en 2001 como subdirector de área de Investigación de Delitos y llegó a ser director de área. Su equipo en la AFI lo acusa de bloquear investigaciones que comprometían a sus amigos. Ingresó en la PFP con el grado de Inspector General, uno de los niveles más altos en la dependencia. Era director de investigaciones de la PFP. Lo mataron el 26 de junio en una fonda cercana a la AFI. Viajaba en una camioneta Cadillac con un millón de dólares en la cajuela.
Ramón Pequeño García	42	Licenciado en Ciencias Políticas y Administración Pública	Fue Delegado del Cisen de 2001 a 2003 y jefe de Estación de la misma institución de 2006 a 2007. En 2007 llegó como coordinador general de la PFP. En menos de dos años ha pasado prácticamente por todas las coordinaciones de la estructura de la SSP: antidrogas, delitos federales, inteligencia y análisis policial. Actualmente es Coordinador de Seguridad Regional.
Nahúm García Martínez	55	Licenciado en Derecho	Trabajó en la PGJDF con Jesús Miyazawa cuando Cárdenas Palomino fue acusado de homicidio calificado (1987-1992). Fue agente del MP en la PGR. Era director de mandamientos judiciales de la AFI. Esta señalado como uno de los responsables de extorsión en contra de Enrique Salinas de Gortari en 2004. Este sexenio entró sin cumplir los exámenes de confianza en la PFP. Actualmente es jefe de la Sección Primera, encargado de la asignación de plazas. Junto con Oswaldo Luna Valderrábano ha otorgado licencias y ha otorgado plazas en la PFP de manera irregular.

Nombre	Edad	Nivel escolar	Perfil
Alberto Pliego Fuentes	57	Desconocido	De 1996 a 1997 fue subdirector de Antisecuestros de la Policía Judicial del Distrito Federal.
			Fue subdirector de la Policía Judicial del Estado de México.
			Trabajó con García Luna en el Cisen en 1998. García Luna y Robledo Madrid fueron sus jefes. Se fue con ellos a trabajar a la PFP en 1999.
			Trabajó con García Luna en la aprehensión de Daniel Arizmendi, el Mochaorejas, y Marcos Tinoco Gancedo, el Coronel. Fue acusado por ambos delincuentes de que le pagaban por protección.
			Fue coordinador general de la Policía Judicial del Estado de Morelos hasta junio de 2002.
			Fue detenido en 2005 por proteger a narcotraficantes del cártel de Juárez y a bandas de secuestradores. Murió de cáncer purgando su condena en el penal de máxima seguridad de La Palma, Estado de México, en febrero de 2007.
Domingo González Díaz	50	Bachillerato	Fue comandante de la Policía Judicial de Nuevo León (1992-1993). Fue agente de la Policía Judicial Federal de la PGR (1995-1997). Fue director general en la PGJDF (1998-200), ahí trabajó con Garza Palacios.
			Cuando García Luna creó la AFI ingresó como director de área en Servicio de Apoyo. En 2004, cuando era director de Centro de Mando de la AFI se hizo público que la PGR inició una investigación en su contra por dar protección al cártel de Sinaloa y al cártel de Juárez. Supuestamente recibió un soborno de cuatro millones de dólares.
			Se giró una orden de aprehensión en su contra que debía cumplir la AFI. Se señala que fue protegido por Cárdenas Palomino y Garza Palacios.
			Actualmente está prófugo.

CAPÍTULO 9

Los cómplices

RETRATO DE UN PRESIDENTE

Iniciaba enero de 2007. En unos días el presidente de la Organización Demócrata Cristiana (ODCA), Manuel Espino Barrientos, inauguraría la nueva sede de sus oficinas en un hermoso caserón en Lomas de Chapultepec. Era la primera vez que México presidía la organización de derecha. Espino Barrientos quería poner la imagen de los dos presidentes de la República emanados del PAN: Vicente Fox y Felipe Calderón. A cada uno le pidió un retrato para decorar el amplio *lobby* de la sede.

Cada uno mandó un representante para ver el lugar y calcular el tamaño de la imagen. Para evitar suspicacias, de ésas que sólo se dan entre los hombres de poder, Espino designó una pared de similares proporciones a cada uno. El tiempo se hacía corto. Fox envió su retrato y fue colgado en la pared. El equipo de Calderón volvió a visitar el lugar y al poco tiempo enviaron un cuadro del doble de grande que el enviado por Fox. Era una foto súper amplificada del retrato oficial del presidente que cuelga de las paredes grises de las oficinas de la burocracia federal. Era tan grande que no cabía en la pared.

Manuel Espino llamó a Los Pinos para decir que el retrato era demasiado grande, que no había una pared lo suficientemente amplia para colgarlo, así que les pidió que mandaran una foto más pequeña. El siguiente envío fue un cuadro aún más grande que el primero.

La noche de la inauguración de las oficinas en un extremo del salón estaba el rostro de Fox. Justo enfrente había un minibusto de Calderón sobre la cornisa de una chimenea, quizá como toque irónico del ex líder nacional del PAN. El gigantesco rostro de Calderón sigue guardado en la bodega de la ODCA esperando una pared lo suficientemente grande para que quepa. O quién sabe, quizá pueda salir en una subasta entre sus simpatizantes.

La anécdota dibuja con pinceladas el verdadero rostro de Calderón. Antes de que Carlos Castillo Peraza viajara a Europa, de donde ya nunca regresó, conversó con algunos panistas sobre su distanciamiento con Felipe Calderón.

—Siente la sombra demasiado grande y no soporta que nadie le haga sombra —comentó.

Afirmó que Calderón era pequeño, soberbio y le faltaba carácter. Si alguien lo conocía era justamente Castillo Peraza, su mentor. Felipe Calderón no volvió a hablar con él desde que Castillo decidió renunciar al PAN después de las elecciones a jefe de Gobierno del D. F. en 1997, en las cuales resultó arrolladoramente perdedor.

Quienes conocen a Felipe Calderón lo describen como voluntarioso y arrogante. Tiene su lista de odiados y amados, y es muy difícil salir de ella. No le gusta que la gente brille a su alrededor, quizá por eso entre su equipo más cercano, al que le llaman el "Gymboree", la mayoría son hombres y mujeres con menor experiencia que él o con un bajo perfil, común denominador de los miembros del gabinete, a excepción de Juan Camilo Mouriño y Genaro García Luna, quienes parecen ser los únicos con permiso de Calderón para brillar.

Mucho se ha escrito sobre la carrera política de Felipe. Mucho escribió él mismo en su libro *El hijo desobediente. Notas en campaña* (Aguilar, 2006). Acerca de su personalidad poco se ha dicho, aunque en varios círculos se habla insistentemente de su posible debilidad por el alcohol. Aún no iniciaba su gobierno y ya lo habíamos perdido, comentan algunos panistas que formaron parte de su equipo de transición. Distante y prepotente son sólo algunas de las expresiones con las que se refieren a él.

Entre algunos colaboradores invitados para sumarse a su equipo de transición hubo irritación e incertidumbre. A muchos comenzó a molestarles las formas del presidente electo, desde su manera de ser hasta sus tortuosos métodos de trabajo que, según se afirma, en vez de alentar las labores en equipo provocan pleitos fratricidas. Para nadie era una sorpresa el carácter altivo de Calderón, pero más de uno señala que a partir de la época de transición se acentuó y "eso que aún no asumía el poder", comentan.

Políticos de primer nivel que se integraron en su equipo se quejaron de que el presidente electo apenas les dirigía la mirada, mucho menos la palabra. Se encontraban con él frente a frente y no los saludaba. Entre los quejosos estaban dos guanajuatenses: Carlos Medina Plascencia y Juan Carlos Romero Hicks.

Medina Plascencia, coordinador del Proyecto México 20-30, dado a conocer con bombo y platillo por el propio Calderón y que fue la única actividad con cierta sustancia en el equipo de transición. Si algo distingue a Medina Plascencia es su paciencia, pero llegó a decir que, de no ser por cuidar las formas, le hubiera botado el proyecto 20-30 a Calderón.

Otro que estaba muy desconcertado era el ex gobernador de Guanajuato, Juan Carlos Romero Hicks. Se integró al Proyecto México 20-30 como coordinador de la agenda social. Calderón ni siquiera le había llamado para darle las gracias, menos para conversar sobre sus actividades, así que tuvo que recurrir a Alejandro Zapata Perogordo para comentarle que estaba desconcertado por la actitud de Calderón.

Un ejemplo más fue el caso de Cuauhtémoc Cardona, hombre que por mucho tiempo fue cercano a Calderón y responsable de la coordinación general con las unidades regionales de la campaña presidencial. Según se afirma desde adentro del equipo, también se encuentra muy desconcertado porque a partir del 2 de julio el presidente electo se olvidó de él. Ahora despacha en un puesto menor dentro de la oficina de Juan Camilo Mouriño en la Secretaría de Gobernación, y como tarjetero de los funcionarios que comparecieron ante la Cámara de Diputados en la glosa del segundo informe de gobierno de Calderón.

Los primeros días su gobierno Felipe sostuvo un encuentro con su gabinete. Luis Téllez, recién nombrado secretario de Comunicaciones y Transportes, intervino e hizo algunas sugerencias. Calderón le lanzó una mirada fulminante.

—Aquí estás para obedecer lo que te digo, no para hacer propuestas —dicen que respondió Calderón.

Algunos veían la soberbia de Calderón con optimismo, "el hombre de la mano dura", pero otros comenzaron a considerar esta actitud como un foco de alerta. Hoy lo confirman.

"Está aislado", "no escucha más que a Juan Camilo y Genaro", son las voces entre los panistas y entre su propio equipo en Los Pinos.

Felipe Calderón es así.

Personal administrativo de la Cámara de Diputados no olvida todavía la escena en la que alguien osó contrariar al líder de la bancada panista en la LIX Legislatura. A finales de 2000, en una reunión de trabajo de la Junta de Coordinación Política de la Cámara de Diputados, que presidía Beatriz Paredes, Felipe Calderón planteaba algunos arreglos a los honores de ordenanza del presidente para la toma de posesión de Vicente Fox el 1° de diciembre de ese año.

Fernando González, primer secretario general de la Cámara, le señaló que lo que pedía no podía hacerse por lo que estipulaba la ley sobre el escudo, la bandera e himno nacionales. Como Calderón aseguraba tener la razón en ese momento, González trajo la ley y le leyó el artículo en cuestión. Felipe montó en cólera y sin más le gritó a todo el personal administrativo que se encontraba ahí para discutir el presupuesto de la Cámara para 2001.

—¡Sálganse!

El director administrativo de la Cámara, Sergio Ordóñez, intentaba desconectar su computadora y llevarse los papeles para salir de la sala de juntas.

—¡¿Qué no oyó lo que le dije?! ¡Sálgase! —le gritó el impaciente Calderón.

La lentitud de Ordóñez no era a propósito: por un accidente sufrido hace años, sólo tiene un brazo.

También recuerdan como cuando era titular de Banobras, una cartera que dependía del secretario de Hacienda, Calderón llamaba directamente a Francisco Gil Díaz para avisarle cuándo iba a ser la reunión del Consejo Directivo —que el propio Gil Díaz presidía—, a qué hora y que sería en sus oficinas. Por supuesto, dicen que el secretario de Hacienda jamás se presentó: enviaba a algún subsecretario.

Afirman que Calderón, cuando estaba al frente de la Secretaría de Energía, era prácticamente el único secretario de Estado que no se dignaba a responder los saludos de quienes le daban los buenos días o las buenas tardes mientras atravesaba veloz por los pasillos de las oficinas presidenciales. Muchas veces dejó plantados a sus compañeros en las reuniones de gabinete.

Ante estos desplantes, señalan quienes lo conocen bien, sólo hay un plan "B" para acercarse a él: la adulación, ante la que, según afirman, el presidente electo suele sucumbir. Será ésa la fórmula mágica con la que pese a todos sus abusos y corrupción evidenciada, Juan Camilo Mouriño y Genaro García Luna siguen en el gabinete como lastres. Eso o las complicidades que unen a los tres.

Calderón tiene dificultades para pedir favores. Cuando las cosas le salen mal prefiere echarles la culpa a otros en vez de asumir la responsabilidad.

—No se vale —se quejaba amargamente Felipe Calderón con el alcalde de Tlalnepantla, Rubén Mendoza Ayala—, por ser panista no me quieren poner agua en mi rancho. ¡Y ahí estamos sin agua!

Calderón era entonces coordinador de la fracción parlamentaria del PAN en la Cámara de Diputados (2002-2003). No quería tener que llamarle al alcalde de Ayapango, de extracción priísta, para pedirle el favor. Él siempre se ha hecho el puro, así que le solicitó a Mendoza Ayala que se lo pidiera en su lugar.

—No te preocupes, yo te lo arreglo —le respondió Mendoza Ayala, condescendiente.

El rancho al que se refería Calderón se llama San José y se localiza en el municipio de Ayapango, Estado de México. Oficialmente es propiedad de sus suegros Mercedes Gómez del Campo y Diego Heriberto Zavala.

La finca, que abarca una extensión aproximada de cinco hectáreas, se encuentra en el paraje Acozac. Desde que Calderón es presidente de la República está fuertemente vigilada por el Estado Mayor Presidencial (EPM), como lo estuvo durante 6 años el rancho San Cristóbal de Vicente Fox en San Francisco del Rincón, Guanajuato. Ahora Felipe suele llegar al lugar en helicóptero; qué lejos quedaron esos días cuando se quejaba de que no tenía agua.

El alcalde de Tlalnepantla habló con el presidente municipal de Ayapango, de extracción priísta, y quedaron en el arreglo de que Mendoza Ayala pondría la tubería y el municipio daría el servicio. Del ayuntamiento de Tlalnepantla se mandó una cuadrilla de trabajadores que colocaron cerca de tres kilómetros de tubería. Calderón se quedó muy contento con su agua hasta que el tema explotó en la precampaña presidencial de 2006.

Se supo que en 2003 integrantes de la oposición del ayuntamiento de Tlalnepantla hicieron una denuncia contra el municipio en la que iba anexada una foto de la instalación hidráulica. Se levantó la averiguación previa número TLA/MR/I/188/2003-02 en el Ministerio Público de la Subprocuraduría de Justicia en Tlalnepantla de Baz, dependiente de la Procuraduría General de Justicia del Estado de México (PGJEM). En ella aparecía el nombre de Calderón. Se le acusaba de presunta responsabilidad y participación directa en el uso indebido de recursos públicos que sirvieron para instalar dicha toma de agua en el rancho San José.

Cuando el tema salió a la luz en la campaña presidencial, Calderón estaba muy preocupado. Una cosa era pedir el favor y otra que lo descubrieran. En un reportaje publicado por el periódico *El Universal* se informó que la mayor parte de los materiales y las herramientas utilizadas para la instalación de la toma de agua fue suministrada en uno de los almacenes del Organismo Público Descentralizado Municipal (OPDM) para la prestación de servicios de agua, drenaje y saneamiento, dependiente del ayuntamiento de Tlalnepantla. Se detallaron incluso el tipo y la cantidad de material, así como las herramientas y los vehículos del ayuntamiento de Tlalnepantla que presuntamente fueron utilizados en el rancho San José.

Se afirma que con recursos públicos se pagaron 10 rollos de tubo Kitec de 150 metros cada uno; dos rollos de poliducto de media pulgada para riego, de 100 metros cada uno; dos medidores de media pulgada y 30 contenedores de media pulgada, entre otros materiales. También se utilizaron diversos vehículos para el traslado y transporte del material y de la cuadrilla de trabajadores de Tlalnepantla a Ayapango: un coche marca Volkswagen color rojo, número económico 067, con placas de circulación número LKV-6639, propiedad del OPDM; una camioneta de tres y media toneladas marca Ford color blanco, número económico 83, con placas de circulación número KL-78458, también del OPDM; una camioneta de tres y media toneladas, color blanco, marca Ford, número económico 24, con placas de circulación KR-50739, del OPDM, y una camioneta pick up, marca Dodge color azul con blanco, número económico 18, con placas de circulación número KR-50756, también propiedad del OPDM.

"Se calcula que el costo de la instalación de la toma de agua referida asciende a la cantidad aproximada de 250 mil pesos, que comprende los materiales, herramienta, mano de obra, transportación, gasolina y asesoría técnica, entre otros rubros", se indica en la averiguación previa asentada en la PGJEM, señaló el periódico.

—¿Ya viste lo que sacaron? —le preguntó Calderón a Mendoza Ayala vía telefónica el día de la publicación—. Pero ¿verdad que yo nunca te pedí…?

—¡Nooo, Felipe! Tú nunca me pediste… —dijo el alcalde.

Calderón no quiso enfrentar su responsabilidad en torno al favor que había pedido.

Hoy el rancho San José de los Zavala-Calderón va que vuela para convertirse en el nuevo San Cristóbal. Durante el sexenio de Fox se inyectaron recursos públicos del Estado y federales para arreglar el poblado y el rancho. Con el pretexto de "cuidar" al presidente, el EMP construyó con recursos públicos un minicuartel a un costado de la casa de Fox. Hoy ese lugar es ocupado por las oficinas de Vamos México de la ex primera dama Marta Sahagún. En el poblado se hicieron banquetas, se empedraron calles, hasta se remodeló la plaza central y se hizo un quiosco. Cuando terminó su sexenio, a través de trampas y engaños a los ejidatarios, Fox se adueñó de todo el poblado con la ayuda del Registro Agrario Nacional (RAN). Hoy es su reino y él es propietario de todo, hasta de la iglesia, los otrora parques públicos y los terrenos donde están las escuelas primarias.

Calderón ya empezó. Desde la Secretaría de Desarrollo Social (Sedesol), particularmente desde el Instituto Nacional de Desarrollo Social (Indesol), ya se giraron instrucciones para destinar recursos públicos en el arreglo de Ayapango, según señalan trabajadores de la dependencia.

De manera oficial solicité la información a través de la *Ley Federal de Transparencia y Acceso a la Información Pública* de cuánto dinero se ha destinado al poblado de Ayapango de diciembre de 2006 a la fecha. No sólo no me respondieron sino que desaparecieron mi petición del sistema del Instituto Federal de Acceso a la Información Pública (IFAI) de seguimiento a las solicitudes, lo cual viola la ley de transparencia. Tengo copia de la solicitud presentada.

Acuse de Recibo
02/09/2008 22:27:30

Solicitud de Información Pública o de Acceso a Datos Personales

Número de Folio: 2099900032808

Solicitante:

Nombre o Razón Social:	Anabel Hernandez García
RFC:	
Representante:	
Domicilio:	Paseo de la Reforma, 350, piso 11, Juárez. C.P. 06600; CUAUHTEMOC, DISTRITO FEDERAL

Unidad de enlace:

Dependencia o entidad:	INSTITUTO NACIONAL DE DESARROLLO SOCIAL

Para efecto del cómputo del plazo establecido en el artículo 44 (en el caso de solicitudes de acceso a información pública) y 24 (para las solicitudes de acceso a datos personales), de la Ley Federal de Transparencia y Acceso a la Información Pública Gubernamental, se ha recibido su solicitud con fecha 4 de Septiembre de 2008.

Al haber enviado su solicitud por medio electrónico, acepta que las notificaciones y resoluciones que se formulen en atención a la misma, se pondrán a su disposición en los plazos establecidos en la Ley referida, en esta página, misma que se obliga a consultar para dar seguimiento a su solicitud. En el caso de acceso a datos personales se expedirán copias simples o certificadas. La entrega de éstas se hará en el domicilio de la Unidad de enlace o en el del solicitante mediante correo certificado con notificación.

El seguimiento a su solicitud podrá realizarlo, mediante el número de folio que se indica en este acuse, en la página de internet con dirección:

http://www.sisi.org.mx

Si por alguna falla técnica del sistema, no pudiera abrir las notificaciones y resoluciones que se pongan a su disposición en esta página, deberá informarlo a la unidad de enlace de la dependencia o entidad a la que solicitó información en un plazo de 5 días hábiles, a fin de que se le notifique por otro medio.

Plazo de respuesta a la solicitud de acceso a información pública gubernamental:

Conforme se establece en los artículos 40 y 44 de la Ley referida, los tiempos de respuesta o posibles notificaciones referentes a su solicitud, son los siguientes:

Respuesta a la solicitud, indicando la forma y medio en que se pondrá a su disposición la información, así como en su caso, el costo:	20 días hábiles (06/10/2008)
Notificación en caso de que la información solicitada no sea de competencia de la dependencia o entidad:	5 días hábiles (11/09/2008)
Requerimiento para proporcionar elementos adicionales o corregir información que permitan localizar la información solicitada:	10 días hábiles (22/09/2008)
Notificación de ampliación de plazo para dar atención a la solicitud:	20 días hábiles (06/10/2008)
Respuesta a la solicitud, en caso de que se haya recibido notificación de ampliación de plazo:	40 días hábiles (03/11/2008)
Acceso o envío de información una vez que indique el medio y forma de entrega y de tener costo, una vez efectuado el pago:	10 días hábiles

Conforme se establece en el artículo 24 de la Ley referida, los tiempos de respuesta o posibles notificaciones referentes a su solicitud de acceso a datos personales, son los siguientes:

Respuesta a la solicitud, indicando la forma y medio en que se pondrá a su disposición los datos personales, así como en su caso, el costo:	10 días hábiles (22/09/2008)
Requerimiento para proporcionar elementos adicionales o corregir información que permitan localizar los datos solicitados:	10 días hábiles (22/09/2008)
Acceso o envío de información una vez que indique el medio y forma de entrega y de tener costo, una vez efectuado el pago:	10 días hábiles

1. Las solicitudes recibidas después de las 15:00 horas de un día hábil o en un día inhábil, se dan por recibidas al día hábil siguiente.
2. La solicitud deberá enviarse a la unidad de enlace competente, reiniciándose el proceso de solicitud y los plazos de respuesta.
3. Este requerimiento interrumpirá el plazo de respuesta.
4. El solicitante deberá acreditar su identidad para recibir los datos personales con credencial de elector, cartilla del servicio militar, cédula profesional o pasaporte. La entrega de dichos datos se hará en la Unidad de Enlace (si decide recogerlos personalmente) o le serán enviados por medio de correo certificado con notificación. Si desea nombrar a un representante legal para que reciba sus datos, dicho representante deberá acudir directamente a la Unidad de Enlace para acreditar tal representación y recibir los datos personales.
5. La expedición de los datos personales solicitados, únicamente podrá ser en copias simples (sin costo) o en copias certificadas (con costo). En caso de que usted haya realizado una nueva solicitud respecto del mismo sistema de datos personales en un periodo menor a doce meses a partir de la última solicitud, las copias simples generarán un costo.

* A partir del 15 de julio de 2008 el INEGI es un organismo constitucional autónomo, por lo que toda solicitud de información deberá realizarse directamente en la dirección http://www.inegi.org.mx. El SISI continuará recibiendo solicitudes para esta Institución hasta el 14 de agosto de 2008.

Solicitud de Información Pública o de Acceso a Datos Personales

Número de Folio: 2099900032808
04/09/2008

Descripción de la solicitud:

Nombre:	Anabel
Primer Apellido:	Hernandez
Segundo Apellido:	García
CURP:	
Calle:	Paseo de la Reforma
Número Exterior:	350
Número Interior:	piso 11
Colonia:	Juárez
Entidad Federativa:	DISTRITO FEDERAL
Delegación o Municipio:	CUAUHTEMOC
Código Postal:	06600
Teléfono:	
Correo electrónico:	anabelhernandezg@hotmail.com

Solicitud de información a

Dependencia o entidad:	INSTITUTO NACIONAL DE DESARROLLO SOCIAL

Modalidad en la que se prefiere se le otorgue acceso a la información, de estar disponible en dicho medio

Modalidad de entrega:	Entrega por Internet en el SISI*

Descripción clara de la solicitud de información

archivo de word

Otros datos para su localización

Archivo de la descripción, recibido con código	2099900032808.doc
Autenticidad de la información	8a965fa75c32fb44c5a6b530f41d0a43e237f55f
Autenticidad del archivo:	085d6c52364f5c3df50571236cdbcbd91d0ec3ec
Autenticidad del acuse:	e982d377def71bc478c676e45043e2ccc8df5c6

Se recomienda conservar el presente acuse para fines informativos y aclaratorios.

Solicitud de información sobre cuánto dinero se destinó al poblado de Ayapango de diciembre de 2006 a la fecha.

El caso de la toma de agua de Ayapango lo ganó el municipio de Tlalnepantla al presentar supuestas facturas de una empresa privada que le había hecho la instalación hidráulica a Calderón de forma gratuita.

Cuando Calderón no pasa el fin de semana en Ayapango, intenta tripular un velero en la bahía de Acapulco o en las tranquilas aguas azul turquesa de Cozumel.

Desde ahí pareciera que Calderón ve otro país, no el país que viven a diario millones de mexicanos víctimas de la corrupción, la violencia y los delincuentes vestidos de policías.

Un barco chiquito

En el club del Estado Mayor Presidencial ubicado en avenida Constituyentes, delegación Gustavo A. Madero, Distrito Federal, hay un tema que se ha convertido en la comidilla de quienes asisten: el velerito del presidente Felipe Calderón.

Se afirma que en lo que va de 2008 el jefe del Ejecutivo ha pasado varios fines de semana en Acapulco intentando aprender a conducir el navío en las turbias aguas de la bahía. A eso se debe el intenso bronceado que muchas veces luce el presidente entre semana.

El velero es de color blanco y mide unos siete metros de largo. Tiene capacidad para seis o siete personas. La embarcación, se dice, no es propiedad de Calderón. Es uno de los bienes incautados por el gobierno federal, él lo toma "prestado". Como en aquellas épocas en las que los secretarios de Estado o hijos de políticos andaban en vehículos incautados al narcotráfico. De acuerdo con la ley, el velero forma parte del inventario de bienes del Sistema de Administración y Enajenación de Bienes (SAE). Se debe vender y así recuperar ingresos para el gobierno federal. El navío no tiene que estar al servicio de los caprichos del presidente. Cuando Calderón va a Acapulco a velear lo hace a bordo de aeronaves de la Presidencia y se hospeda en cualquiera de las dos casas de visita que tienen la Armada y el Ejército en Acapulco, cuyo mantenimiento y glamour es pagado con recursos públicos.

La de la Armada está dentro de la octava Zona Naval Militar y tiene acceso directo a la mejor playa de Acapulco. Es donde Manuel Bribiesca Sahagún llevaba el sexenio pasado a sus amigas o cerraba jugosos negocios. Donde se decía que había quienes pedían que se llenara la alberca con champaña. La otra casa se ubica en la Quinta Guerrero, en el Campo Militar Número 27-A, en la colonia Cumbres de Llano Largo. La residencia tiene una espléndida vista desde la cual se domina la bahía, y una alberca panorámica desde donde se puede contemplar el paisaje. Se dice que ahí se llegó a hospedar el ex gobernador del Estado de México Arturo Montiel con su entonces esposa, la francesa Maude Versini.

De acuerdo con información oficial de la Secretaría de la Defensa Nacional (Sedena) obtenida en la solicitud de información 0000700089908, la dependencia gastó de enero a junio de 2008 en dicha residencia 174 830 pesos, sin incluir los gastos de "orden social". La propia Sedena afirma que en todo 2007 sólo se erogaron en la Quinta Guerrero 8 776 pesos. El gasto más fuerte en 2008 se hizo para comprar material de construcción para arreglar la casa que con tanta frecuencia visita el presidente, no siempre acompañado de su familia.

Pregunté expresamente a la Presidencia cuántas veces ha ido el presidente a las casas de visita de Acapulco en lo que va del sexenio. Dicen que sí ha ido, pero que por cuestiones de seguridad nacional no pueden decir cuándo ni con quién.

Otro lugar al que a Calderón le gusta ir mucho es Cozumel. Ahí se localiza la llamada Quinta Maya, administrada por la Sedena y usada por el presidente y visitantes distinguidos. En 2007 se erogaron recursos públicos para la Quinta Maya por un monto de 235 mil pesos. Tan sólo del pago de agua se gastaron 50 mil pesos. De enero a junio de 2008 se han gastado 141 244 pesos.

Hasta la fecha Calderón no aprende a dominar el velero, según afirman quienes lo ven intentándolo; quién sabe si lo vaya a lograr. Es un deporte para el que se requiere experiencia y él no tiene ninguna.

La vida loca en Los Pinos

> Es bueno dejar la bebida, lo malo es no saber dónde.
>
> Todo con tequila nada con refresco.
>
> Disfruta, come y bebe que la vida es breve.

Éstas son algunas de las frases pintadas en los muros del restaurante preferido de Felipe Calderón, La Barraca, ubicado en Insurgentes Sur número 950, en el Distrito Federal, justo enfrente de la Secretaría de Energía, en donde despachó durante algunos meses en 2004.

—Ahorita que estamos en el tema de conflictos agrarios, a ver, ¿por qué no se echan "Un puño de tierra"? Por lo menos, a ver, que suene la banda —comentó Calderón en tono festivo el 2 de julio de 2008 en una gira de trabajo en Michoacán, su estado natal.

Se escuchaba muy alegre y arrastraba un poco las palabras, algo muy frecuente en el jefe del Ejecutivo, quizá por un problema de articulación al hablar. La banda sonó y tocó la canción que el presidente quería.

—Así dice la canción amigos: "El día que yo me muera no voy a llevarme nada, por eso hay que darle gusto al gusto" —recomendó a la concurrencia.

"Ya no puedo cantar porque luego me regaña mi equipo, pero por lo menos me acuerdo de la letrita. Así que ya saben, ya muerto voy a llevarme nada más un puño de tierra."

Durante mucho tiempo Calderón y su equipo más antiguo fueron clientes distinguidos de La Barraca, desde que era secretario general del PAN y las oficinas del partido estaban en Gabriel Mancera y Ángel Urraza, a unas cuadras de dicho establecimiento.

Sus compañeros de parranda eran entonces Adrián Fernández, Germán Martínez, José Luis Luego, José Luis Torres Ortega y Jordy Herrera. La parranda la iniciaban en las instalaciones del propio Comité Ejecutivo Nacional (CEN) y la continuaban en La Barraca. El bar se convirtió en su segunda casa, en la sede alterna de su oficina: cuando alguien quería localizar a Calderón y su equipo cercano y no los encontraban en el CEN, sabían que era prácticamente seguro que estarían ahí.

En la Secretaría de Energía, Calderón siguió asistiendo a La Barraca, le quedaba a tiro de piedra. Sus visitas llegaron a ser tan frecuentes y las cuentas tan largas que hasta hace poco en el respaldo de las sillas de madera clara había una placa cobriza con sus nombres: Felipe, Alejandra (Sota), Iván (Juan Camilo), César (Nava), Max y otros. A ese lugar, en el que se discutieron decisiones políticas de Calderón, muchas veces fue su esposa Margarita o algún amigo a recogerlo.

Quienes lo han tratado definen a Calderón como un bohemio. En torno a él se ha agudizado un comentario que inició desde la campaña presidencial como una anécdota de las acostumbradas giras de proselitismo. A inicios del sexenio se convirtió en un comentario sarcástico. Al parecer hoy el hecho atrae la preocupación de sus compañeros de partido, del Estado Mayor Presidencial e incluso de integrantes de los partidos de oposición.

Se dice mucho que Felipe Calderón tiene un problema con su manera de beber. Muchas son las anécdotas que divulgan los propensos al chisme y que lo dibujan en situación incómoda. En caso de ser así, no se trataría del primero ni del último político del mundo en sobrellevar una situación similar. De hecho la historia habla de destacados mandatarios que eran capaces de beber y beber coñac y gobernar de manera eficiente. Ahí está el ejemplo del primer ministro de Inglaterra, Winston Churchill, cuya vida fue un brindis. Sus biógrafos afirman que decía: "He sacado más del alcohol de lo que el alcohol ha sacado de mí".

En la LVIII Legislatura de la Cámara de Diputados, en la cual Calderón fue coordinador de la bancada del PAN y presidente de la mesa directiva, hubo un incidente que aún recuerdan algunos de sus compañeros de partido en aquella diputación. Antes de iniciar el periodo ordinario, la bancada del PAN tuvo una reunión preliminar en un importante hotel de Querétaro. Ya entrada la noche algunos diputados fueron a tocar a la puerta de Manuel Espino, quien pertenecía a esa legislatura. La queja era que ya iban a cerrar el lugar donde los legisladores estaban reunidos —ya quedaban pocos— pero el coordinador parlamentario no quería irse. Manuel Espino bajó y finalmente logró persuadir a Calderón de parar la fiesta. Entonces Espino era cercano al grupo de Calderón. Sin embargo, según narran los propios testigos de los hechos, con el tiempo la situación se hizo cada vez más tensa, más difícil y finalmente se separó del grupo.

Jordy Herrera, uno de los colaboradores que en otros tiempos fue de los más cercanos a Calderón, contrajo nupcias a fines de 2005. Era mediodía. A la celebración, llevada a cabo en Cuernavaca, Morelos, llegaron unos 300 invitados. Asistieron JC, Abraham Cherem, Arne Aus Den Ruthen Haag, Max Cortázar, Miguel Ángel Toscano, Felipe Calderón y su esposa Margarita, entre otros. Ahí mismo, en un lugar aparte, se llevó a cabo el enlace civil, en el que sólo estuvo presente el grupo de amigos más cercanos.

Felipe firmó el acta de matrimonio de su amigo. También firmó el acta Santiago Ardavín, hijo del jefe nacional del Yunque. Ya avanzada la fiesta, en la noche, Jordy y sus amigos, Juan Camilo, Arne y otros, se pusieron máscaras y en la penumbra de un rincón del jardín comenzaron a jugar lucha libre. Calderón no jugó porque se quedó en la mesa con su esposa y prefirió seguir tomando.

En lo personal, la inclinación a beber de Felipe Calderón fue un tema que planteé en la cobertura de la campaña presidencial en 2006 cuando trabajaba para *El Universal*. Después de una discusión editorial, la mayoría de los periodistas coincidieron en que ésa era una materia que no tenía interés público. Hoy, para muchos actores que tratan con Calderón, lo es. Es un asunto de preocupación que se ventila entre empresarios, políticos y religiosos. ¿Por qué no hablar de ello con la sociedad? Todo el mundo desea que el presidente esté en las mejores condiciones para tomar las mejores decisiones.

Sobre su problema con la manera de beber hay insinuaciones veladas o comentarios francos sobre el tema. El editorial escrito por Juan Enríquez Cabot —fundador del proyecto de ciencias de la vida en Harvard— el 28 de mayo de 2008 en el periódico *Reforma* comienza así:

> Se dice por ahí que en triste cabañita de Chapultepec, de repente, en la nochecita, se escucha triste voz, ligeramente alcoholizada, cantar: "Caminante, no hay camino…" A partir de la salida del duque de Mouriño, Pemex y Conexas, en Los Pinoles ya nadie saca la cabecita, nadie manda por las tardes, y salvo ocasionales rayos y centellas del cacique en turno, no se escucha ni pío. Solito, solito se va quedando el presidente. La pantalla de humo se esfumó. Sustituye la imagen del Tlatoani un desesperado Kruschev nacionalizado, regañando y dando manazos en atriles (aunque sin quitarse zapato) […].
>
> Hace un año había, en el discurso común, esperanza y compromiso; el narco se tiene que enfrentar. Hay que ponerle un hasta aquí. Hoy son cada vez menos los que siquiera hacen la finta de apoyar, mucho menos de actuar en serio. Individuo por individuo, grupo por grupo, la sociedad mexicana abandona a Calderón en su guerra contra el narco. Declara a toda voz que eso no le toca, que no es su responsabilidad, que actúe el presidente. Muchos aprovecharon el exabrupto de un presidente asustado y desesperado para pintar su rayita, blindarse, y decir a mí no me maten, a mí no me toca. Cual Napoleón post Waterloo, Calderón se queda solito, solito. Y lo único que se escucha por las tardes, como disco rayado es "golpe a golpe…" Lástima. Primero porque no canta bien, y también por el pequeño detalle de que si pierde Calderón, en este momento, perdemos todos.

A principios de 2008 en el sótano de la residencia Miguel Alemán, donde el presidente despacha, se construyó una especie de *lounge* con una enorme barra de ónix que surge del suelo en forma serpenteada. Atrás de ella hay otra barra del mismo material —iluminada desde adentro como en los bares de moda— con una tarja. Al lugar sólo tienen acceso los colaboradores más cercanos de Felipe Calderón.

Desde 2007 eran cada vez más frecuentes los comentarios sobre la presencia de los integrantes del círculo más cercano al presidente en los bares de moda de la ciudad de México. Ahora ya tienen un espacio para el esparcimiento a sus anchas.

Cuando Vicente Fox llegó a Los Pinos convirtió la residencia Miguel Alemán en oficinas y se fue a vivir en las llamadas "cabañas" ubicadas en los jardines. La residencia fue totalmente remodelada. La onerosa obra de 61 millones de pesos —que incluía también la remodelación de las cabañas presidenciales— la realizó el arquitecto Humberto Artigas en medio de un mar de irregularidades: sobreprecios, pagos de servicios que no se hicieron, las toallas de 4 025 pesos y la subcontratación de los trabajos. Con la remodelación el sótano dejó de ser un lugar de entretenimiento para convertirse en área de trabajo, excepto por la sala de cine que sí se conservó. Ahí se acondicionó el salón Francisco I. Madero y oficinas que albergaban a más de 70 trabajadores de la secretaría particular (giras, agenda, eventos y secretaría técnica).

La sala Francisco I. Madero se remodeló con lo último en equipo de comunicación que le permitían al presidente seguir acontecimientos en vivo. Para amueblarla se mandó hacer una mesa especial en forma de herradura. Se compraron sillones de piel y se cubrieron las paredes con libreros de maderas finas del piso hasta el techo, excepto donde estaba la pantalla multimedia. Al lado quedó una pequeña sala de juntas llamada "Maderito", que sólo tenía una mesa y sillas.

Con la nueva remodelación para poner el *lounge*, casi todas las oficinas desaparecieron, y los trabajadores que dependen de César Nava, secretario particular del presidente, fueron reubicados en la casa Benito Juárez de Los Pinos. El *lounge*, una sala VIP, quedó ubicado justo debajo del salón comedor de la planta baja, donde el presidente suele comer con sus invitados distinguidos. Fue decorado con sillas modernas de madera y mesas cubiertas por manteles de paño azul marino. En el lugar también hay molinos para café gourmet, máquinas para *smoothies* y refrigeradores industriales.

Pese a los decretos y promesas de austeridad, la Presidencia de la República gastó en esos trabajos más de 1 600 millones de pesos, eso sin contar con el costo del mobiliario y equipo comprado para reacondicionar el sótano de la residencia Miguel Alemán, donde están las oficinas del presidente Felipe Calderón. Pregunté a la Presidencia el motivo de la remodelación: "La razón es llevar a cabo una redistribución de espacios en el sótano de la casa Miguel Alemán para contar con áreas de trabajo de uso compartido, acordes con las necesidades actuales de la Presidencia de la República, tales como salas de juntas, salas de trabajo y espacios de trabajo temporales", me respondió.

A unos pasos del *lounge* se construyó un nuevo *war room* adicional a la sala Francisco I. Madero. El nuevo cuarto de guerra de Calderón es un verdadero búnker cuyo acceso es controlado con un sistema similar al que se usa en las bóvedas bancarias. En el multifacético sótano presidencial también se construyó *ex profeso* una bien equipada sala para videojuegos, con cómodos sillones y una amplia pantalla. Según fuentes de información de Los Pinos, supuestamente la habitación está destinada para el uso de los hijos del presidente.

De acuerdo con los contratos del proyecto arquitectónico de los cuales tengo copia, la remodelación del sótano presidencial y el acondicionamiento del *lounge* fueron autorizados en 2007 por Juan Camilo Mouriño cuando se desempeñaba como jefe de la oficina de la Presidencia. Quizá pensaba en hacer una versión chilanga del Chupis bar de Campeche

El contrato AD-049-07 señala:

> Se cuenta con la autorización del jefe de la oficina de la Presidencia de la República, de fecha 2 de abril de 2007, para la contratación de los servicios de asesoría para la elaboración de un anteproyecto de remodelación de la Planta Sótano de la Casa Miguel Alemán de los Pinos se afecte la partida 3304, de acuerdo a los objetivos y estrategias que establezca la Presidencia [...].
>
> Las firmas que anteceden corresponden al contrato número AD-194-07, de fecha 14 de agosto de 2007, celebrado por la oficina de la Presidencia de la República con el arquitecto Miguel Federico Murguía Díaz.

El proyecto arquitectónico fue otorgado por adjudicación directa a Miguel Federico Murguía Díaz, a quien se le pagaron 241 500 pesos con recursos de la partida presupuestal 3304, la cual se usa para pagar la "asesoría de personas físicas para la operación de programas". La Presidencia se negó a entregarme la copia del proyecto. El pretexto fue que era información de seguridad nacional y que se podría poner en riesgo la vida del presidente Felipe Calderón.

Me entregaron una copia de los dos contratos. Pero las copias no cumplen con la *Ley Federal de Transparencia y Acceso a la Información Pública*, ya que tacharon el nombre del funcionario que

CONTRATO No. AD-046/07

CONTRATO DE PRESTACIÓN DE SERVICIOS DE ASESORÍA PARA ELABORACIÓN DEL ANTEPROYECTO DE REMODELACIÓN DE LA PLANTA SÓTANO DE LA CASA MIGUEL ALEMÁN DE LOS PINOS, QUE CELEBRAN POR UNA PARTE, EL EJECUTIVO FEDERAL POR CONDUCTO DE LA OFICINA DE LA PRESIDENCIA DE LA REPÚBLICA, REPRESENTADA EN ESTE ACTO POR EL ███████████████ DIRECTOR DE ADQUISICIONES DE LA DIRECCIÓN GENERAL DE RECURSOS MATERIALES Y SERVICIOS GENERALES DE LA COORDINACIÓN GENERAL DE ADMINISTRACIÓN, Y POR LA OTRA PARTE, POR SU PROPIO DERECHO EL ██████████████████ A QUIENES EN LO SUCESIVO SE LES DENOMINARÁ COMO "LA PRESIDENCIA" Y "EL PROVEEDOR", RESPECTIVAMENTE, DE CONFORMIDAD CON LAS DECLARACIONES Y CLÁUSULAS SIGUIENTES:

DECLARACIONES

I.- De "LA PRESIDENCIA":

I.1.- Que forma parte de la Administración Pública Centralizada de conformidad con el artículo 90 de la Constitución Política de los Estados Unidos Mexicanos y de acuerdo con lo previsto por el artículo 1° de la Ley Orgánica de la Administración Pública Federal.

I.2.- Que el ██████████████████ en su carácter de Director de Adquisiciones de la Dirección General de Recursos Materiales y Servicios Generales de la Coordinación General de Administración, suscribe el presente contrato de conformidad con lo dispuesto en los Artículos Tercero y Quinto del Acuerdo por el que se crea la Oficina de la Presidencia de la República publicado en el Diario Oficial de la Federación el 4 de diciembre de 2006, y en el numeral 27 de las Políticas, Bases y Lineamientos en Materia de Adquisiciones, Arrendamientos de Bienes Muebles y de Prestación de Servicios de Cualquier Naturaleza, aprobadas por el Comité de Adquisiciones, Arrendamientos y Servicios de Presidencia de la República con fecha 22 de febrero de 2007.

I.3.- Que para cubrir las erogaciones que se deriven del presente contrato "LA PRESIDENCIA" cuenta con saldo disponible dentro de su presupuesto aprobado en la partida número 3304, como se señala en el número de control de suficiencia presupuestaria 120.1/07 de fecha 04 de abril de 2007 autorizada por el Director de Programación y Presupuesto de acuerdo a los artículos 35 de la Ley Federal de Presupuesto y Responsabilidad Hacendaria y 25 de la Ley de Adquisiciones Arrendamientos y Servicios del Sector Público.

I.4.- En cumplimiento a los artículos 26 fracción III y 42 de la Ley de Adquisiciones, Arrendamientos y Servicios del Sector Público se realizó la adjudicación directa al ████████████████ la Dirección de Adquisiciones operó el procedimiento de adjudicación directa solicitado por la Dirección de Operación y Servicios Generales, mediante el oficio No. CGA/DGRMSG/DOSG/386/2007, de fecha 13 de abril de 2007, objeto del presente contrato.

I.5.- Que la celebración del presente contrato se llevó a cabo con apego a las disposiciones del Decreto que establece las medidas de austeridad y disciplina del gasto de la Administración Pública Federal, publicado en el Diario Oficial de Federación el día 4 de diciembre de 2006 y en los Lineamientos específicos para la aplicación y seguimiento de las medidas de austeridad y disciplina del gasto de la Administración Pública Federal, publicado en el mismo medio con fecha 29 de diciembre de 2006.

I.6.- De conformidad con el oficio número CGA/DGRMSG/260/2007, de fecha 02 de abril de 2007, la Dirección General de Recursos Materiales y Servicios Generales revisó en sus archivos, concluyendo que no se cuenta con asesorías, estudios e investigaciones en los trabajos de la materia de la contratación en comento, y asimismo, que no cuenta con personal capacitado o disponible para su realización, toda vez que los trabajos a desarrollar materia de este contrato son los servicios de asesoría para la elaboración de un Anteproyecto de Remodelación de la Planta Sótano de la Casa Miguel Alemán de Los Pinos.

I.7.- Se cuenta con la autorización del Jefe de la Oficina de la Presidencia de la República, de fecha 02 de abril de 2007 para que la contratación de los servicios de servicios de asesoría para la elaboración de un Anteproyecto de Remodelación de la Planta Sótano de la Casa Miguel Alemán de Los Pinos, se afecte a la partida 3304, de acuerdo a los objetivos y estrategias que establezca "LA PRESIDENCIA" por conducto de la Dirección de Operación y Servicios Generales de la Dirección de Recursos Materiales y Servicios Generales.

I.8.- Que "LA PRESIDENCIA" cuenta con Registro Federal de Contribuyentes número ███████

I.9.- Para todos los efectos legales de este contrato señala como su domicilio el ubicado en ████████████████████████████████

II.- DE "EL PROVEEDOR":

II.1.- Que es una persona física.

II.2.- Que su Clave Única de Registro de Población ████████████████████

II.3.- Que cuenta ████████ Registro ██████ Contribuyentes número █████████

firmó el contrato por parte de Los Pinos y la firma de quien signó el contrato con Murguía Díaz. También tacharon los nombres de quienes dieron el visto bueno de dichos contratos y del "responsable de la solicitud de los servicios". Además, no entregaron el "anexo único" en el que vienen las características y especificaciones técnicas y de operación, modalidades de servicio y plazo del mismo. Ahí vienen incluso los precios de cada uno de los trabajos.

Parece ser que el equipo de Calderón no lo ayuda mucho a tomar distancia del problema. También se afirma que varios de sus colaboradores beben mucho, lo que incluso les ha provocado separaciones de sus esposas a tan sólo dos años de gobierno. Estoy convencida de que, en caso de que sea verdad todo lo que se dice, el tema es de interés público. Llama la atención que desde que el presidente Felipe Calderón inició su gobierno, en su agenda hay una constante: la mayor parte de sus actos públicos terminan a la hora de la comida. Después, se afirma que tiene agenda privada.

El 3 de diciembre de 2006 Calderón afirmó:

> Decía don Benito Juárez que bajo el sistema federativo no pueden gobernar a impulsos de una voluntad caprichosa, sino con sujeción a las leyes, no pueden improvisar fortunas ni entregarse al ocio y a la disipación, sino consagrarse asiduamente al trabajo, disponiéndose a vivir en la honrada medianía que proporciona la retribución que la ley les señala.
>
> Hoy los ciudadanos demandan de los servidores públicos el ejercicio de un buen gobierno, es decir, velar por los intereses de la nación y ser responsables en el uso de los recursos de los mexicanos.
>
> Por eso mi gobierno se regirá por estrictas reglas de austeridad y eficiencia, ésta es una exigencia ciudadana que no debemos igno-

Recuadro
La agenda de Calderón.
Julio 2008

Fecha	Día	Horario de actividades
1 de julio de 2008	Martes	9:00 a 17:00
2 de julio de 2008	Miércoles	8:40 a 14:45
3de julio de 2008	Jueves	10:30 a 13:00
4 de julio de 2008	Viernes	9:00 a 11:00
5 de julio de 2008	Sábado	8:25 a 15:05
6 de julio de 2008	Domingo	Gira de trabajo por Asia
7 de julio de 2008	Lunes	(14 horas más respecto de la Ciudad de México, martes 8 de julio en Japón) 11:30
8 de julio de 2008	Martes	14:30 a 18:45
9 de julio de 2008	Miércoles	14:45 a 20:50
10 de julio de 2008	Jueves	14:30 a 17:20
11 de julio de 2008	Viernes	10:30 a 12:00
12 de julio de 2008	Sabado	8:40 a 12:40/ regreso a México
13 de julio de 2008	Domingo	Actividades personales
14 de julio de 2008	Lunes	13:00
15 de julio de 2008	Martes	10:45 a 12:15
16 de julio de 2008	Miércoles	8:45 a 13:00
17 de julio de 2008	Jueves	9:50 a 19:30
18 de julio de 2008	Viernes	10:30 a 14:30
19 de julio de 2008	Sábado	10:45 a 16:00
20 de julio de 2008	Domingo	Actividades personales
21 de julio de 2008	Lunes	13:00
22 de julio de 2008	Martes	10:40 a 14:30
23 de julio de 2008	Miércoles	8:30 a 11:30
24 de julio de 2008	Jueves	Actividades privadas
25 de julio de 2008	Viernes	Actividades privadas
26 de julio de 2008	Sábado	Actividades privadas
27 de julio de 2008	Domingo	Actividades privadas
28 de julio de 2008	Lunes	12:00
29 de julio de 2008	Martes	10:30 a 14:30
30 de julio de 2008	Miércoles	10:15 a 14:30

Fuente de información: Presidencia de la República, www.presidencia.gob.mx

rar quienes estamos al frente de la responsabilidad de gobernar, es también mi convicción.

Nada erosiona más la confianza de los ciudadanos en las instituciones públicas que la corrupción, el despilfarro o los malos manejos de los recursos que son de todos, como bien se señaló ya aquí.

CÓMPLICES

El secretario de Gobernación, Juan Camilo Mouriño, y el secretario de Seguridad Pública, Genaro García Luna, son hoy por hoy los dos hombres más cercanos al presidente Felipe Calderón, quien cada día paga un alto precio por mantenerlos en sus cargos; y cada día que pasa nos hace pagar una parte de ese costo a todos.

Mouriño es un funcionario muerto desde que se hicieron públicos sus contratos con Pemex. No es interlocutor, ni tampoco le interesa serlo. Sigue más ocupado en sus negocios que en servir al país. Ahí están los nuevos contratos en el sexenio y las nuevas franquicias de gasolina que su familia obtuvo. Sigue más ocupado en manipular los asuntos internos del PAN para satisfacer sus ambiciones para 2012 que en atender los asuntos internos del Estado. Su viejo estilo corrupto de hacer política y negocios, envuelto en un traje de Ermenegildo Zegna y con un rostro joven, hoy no engaña a nadie.

García Luna es más peligroso aún. Ni Calderón ni Mouriño han caído en la cuenta del perfil del secretario de Seguridad Pública. Es un hombre cuya biografía prueba que fue creado en las cañerías del viejo sistema del PRI, el sistema represor, el sistema en el que hombres como Miguel Nazar Haro, Luis de la Barreda, Jesús Miyazawa, Arturo el Negro Durazo, Jorge Carrillo Olea, Francisco Quiroz Hermosillo y José Antonio Zorrilla, por citar algunos, tenían el poder para hacer y deshacer.

El sistema totalitario les permitía los abusos, la violación a los derechos humanos, la delincuencia organizada desde las instituciones, llámese secuestro o narcotráfico, a cambio de hacer el trabajo sucio para el sistema. Usaban la charola para delinquir, empleaban los sistemas de inteligencia no para garantizar la estabilidad del país sino para combatir a los adversarios de sus jefes. Ellos fueron los que de uno u otro modo crearon y solaparon durante décadas a los narcotraficantes que hoy tienen asolado al país. Al final estos animales del sistema no reconocían un dueño y se volvían incontrolables. Cuando los excesos de esos hombres responsables de la seguridad del país comenzaban a significar un costo para el sistema, éste los desechaba, los devoraba.

Algunos maestros de esa escuela sobreviven con cargos públicos de segundo nivel: Wilfrido Robledo Madrid, Monte Alejandro Rubido y José Luis Figueroa Cuevas. Los herederos vivos de esa decadente dinastía son quienes recientemente han tenido los principales puestos a nivel federal en materia de seguridad pública: Genaro García Luna, Luis Cárdenas Palomino, Facundo Rosas Rosas, Nahum García Martínez, Francisco Javier Garza Palacios.

Calderón ha recurrido a esa vieja escuela pensando quizá que así va a controlar al país, que se le sale de las manos. No mide que no tiene la fuerza de un sistema totalitario que estaba diseñado de tal manera que podía destruir a sus propias criaturas. Tampoco lo mide Carlos Slim Helú. Quizá piense que la experiencia vivida con su hermano Julián y su poder económico son suficientes para controlar a Genaro García Luna llegado el momento. Es una moneda en el aire. Mientras consigue el monopolio de las áreas de inteligencia y seguridad nacional, García Luna le será útil. ¿Y cuando ya no lo sea?

Sin embargo, Juan Camilo y Genaro no son la enfermedad sino el síntoma de un problema más grave: Felipe Calderón. La situación de ingobernabilidad que vive el país, por un lado la parálisis política y por otro la crisis de violencia e inseguridad, se la debemos a los tres, aunque en el fondo el presidente es el único responsable de mantener a JC y Genaro en sus puestos. Es el presidente de la República quien los tolera y mantiene a pesar de todo.

¿Lo hace voluntaria o involuntariamente? Hay incluso quienes se preguntan si en vez de jefe es rehén de los dos. De ese tamaño es el nivel de complicidad de lo ocurrido en la campaña y en lo que va del presente gobierno: infiltración en las áreas clave del IFE, boicot y espionaje en la campaña de 2006.

Se habla de la existencia de más de 36 casetes de conversaciones privadas de diferentes actores políticos del país, de diversos partidos, realizadas por el equipo de García Luna como un servicio al presidente. Quienes conservan pruebas documentales de los hechos podrían derrumbar la poca gobernabilidad que le queda a Calderón.

A lo largo de la investigación que realicé se revelaron hechos que explican por qué el presidente está amarrado a los dos mayores lastres de su gobierno, pero no se justifica. La existencia de las complicidades entre Mouriño, García Luna y Calderón es muestra de la descomposición política del país. La impunidad de uno es la impunidad de los tres. El crimen organizado campea, reta y actúa ilimitadamente porque no hay Estado de derecho y porque muchos de quienes dicen públicamente combatirlos se reúnen en privado para hacer sus componendas: militares, policías y funcionarios de los tres niveles de gobierno.

Otros que en público dicen combatirlos en privado aceptan carretadas de dinero para sus campañas sin preguntar de dónde vienen los recursos. El financiamiento paralelo que prevalece en las campañas de los partidos políticos es el caldo de cultivo de la situación que vivimos hoy. En esta investigación más de una ocasión escuché las grandes, muy grandes, cantidades de dinero que la campaña de Calderón recibió como financiamiento paralelo que nunca pasaron por la fiscalización de su partido ni del IFE. Cuando pregunté a uno de los actores de la campaña presidencial del PAN de 2006 si el caso de la casa de las Lomas de Zhenli Ye Gon podría ser real y si podría ser verdad que es dinero de la campaña de Calderón, su frase me dejó más incertidumbre que tranquilidad: "Hoy puedo creer que pasó todo".

En el obituario particular de García Luna habrá que aumentar los nombres de ocho de los nueve agentes de la AFI que participaron en el cateo de la casa de Ye Gon, de donde se supone sólo sacaron 250 millones de dólares.

A cada suceso violento, secuestros, ejecuciones, granadas que explotan en plazas públicas le preceden frases vacías que convocan al Estado de derecho: "Nadie por encima de la ley", "México no se arrodilla", "habrá castigos ejemplares".

¿Cuál Estado de derecho? ¿Cuál ley? ¿Cuáles castigos ejemplares a quienes violan la ley? Los primeros en tener que ajustarse a esos marcos constitucionales son los gobernantes y servidores públicos que violan la ley, ellos son los primeros en romperla sin castigo alguno.

Juan Camilo Mouriño y Genaro García Luna son la muestra de ello. Aquí están las pruebas. Mucha de esta documentación antes de llegar a este libro pasó por los escritorios del presidente de la República sin que se hiciera nada. La descomposición social en México viene de arriba hacia abajo, no al revés. Surge de la ilegalidad de los servidores públicos desde las instituciones, permea como cáncer el resto de la sociedad y contamina cada célula.

Este libro lo escribo convencida de que mi primera obligación como periodista es no quedarme callada ante las evidencias. Cuando un periodista se vuelve indiferente, indolente ante lo que está mal, pierde su esencia como periodista y pierde su esencia como ciudadano.

La sociedad mexicana es indiferente hasta que cada uno de nosotros vive en carne propia las consecuencias de la corrupción y la impunidad. ¿Los 100 millones de mexicanos, incluyendo a nuestros niños, tenemos que perder algo para entender que tenemos que actuar?

Alguien le tiene que decir al presidente feliz que no todo es el velero blanco que navega en Acapulco —el cual se puede dar el lujo de no tripular— ni la vista de la casa en el puerto, ni las cavas repletas de Los Pinos. A sus casi dos años de gobierno no ha aprendido que los resabios poselectorales no sanan porque su equipo se empeña en mantener las impunidades y las heridas abiertas.

La reconciliación política con el grupo de Andrés Manuel López Obrador, con el propio Manuel Espino Barrientos y con muchos políticos de su partido no es ni va a ser por decreto, porque el presidente lo diga y ya. Ocurrirá cuando dejen de agraviar a los damnificados de sus sucias operaciones y castiguen de manera ejemplar a aquellos que las ejecutaron, aunque sean sus cómplices.

La cadena de complicidad de Felipe Calderón con Juan Camilo Mouriño y Genaro García Luna le ha salido muy cara al país. La ineficacia, corrupción y cinismo de ambos impiden que el país avance, impiden que pueda haber una reconciliación, impiden que el ejército, la PGR y la SSP trabajen de manera coordinada. Felipe Calderón tiene un solo camino: dejar de gobernar para sus cómplices y comenzar a gobernar para todos.

Índice onomástico

Abascal Carranza, Carlos, 193, 204
Abreu Sierra, Xavier, 25, 26, 27
Aburto, Mario, 315
Acosta Chaparro, Mario Arturo, 338
Acosta, Nahúm, 280
Adame, Marco Antonio, 137
Aguayo Quezada, Sergio, 225n, 229n
Aguayo, Lourdes, 23
Aguiar Retes, Carlos, 274, 275
Aguilar, Rubén, 30, 31, 32
Aguilera Olivera, Roberto, 273
Agundis, Francisco, 130
Ahumada, Carlos, 253
Aladro, Benigno, 32
Alanís Figueroa, María del Carmen, 34, 39, 40, 41
Alanís Fuentes, Agustín, 34
Alavez Rosas, René, 319, 322, 324, 325, 327, 329
Albo, Andrés, 37
Alcalá Ortiz, Rafael, 166
Alcántara Luna, René, 316
Alcides Magaña, Ramón, 360
Alcocer Villanueva, Jorge, 40
Alemán, Miguel, 401
Álvarez, Luis H., 20, 40, 54
Álvarez, María Elena, 20
Amezcua Barreda, Norberto, 243
Amezcua, los, 278
Anaya, Guillermo, 124, 128, 130

Anduiza Zúñiga Nicolás, o Nicolás Rodríguez Zúñiga, "el Nico", 254
Ángeles Dahuajare, Tomás, 261
Angulo, Carlos, 20
Apolinar Sánchez, Orlando, 165
Aponte Polito, Sergio, 269, 270, 271
Aponte, David, 335n
Aranda, Ana Teresa, 27
Arceo Corchera, Álvaro, 54, 58
Ardavín, Santiago, 400
Arellano Félix, los, 230, 277, 270, 278, 281
Arizmendi, Daniel "el Mochaorejas", 214, 220, 231, 233, 258
Aristegui, Carmen, 45
Armendáriz Chaparro, Martín, 290
Armendáriz Rosas, Jacinto, 231
Arreguín, Fernando, 303
Artigas, Humberto, 402
Ávila Lizárraga, Mario, 159
Ávila Uribe, Alfredo, 304
Avilés, Rafael, 309
Azar García, Jorge Salomón, 98, 108

Ballados Villagómez, Patricio, 40
Barker, Bernard, 190
Barreda Moreno, Luis de la, 313, 314, 408
Barrio, Francisco, 54, 127, 210, 361
Bartlett Díaz, Manuel, 224

Bayardo, Alberto, 217
Beltrán Leyva, Alfredo, "el Mochomo", 262, 279, 281, 310
Beltrán Leyva, Marcos Arturo, 262, 275, 276, 279, 280, 281, 310
Beltrán Leyva, Carlos, 279
Beltrán Leyva, Héctor, 279
Beltrán Leyva, los, 278, 280, 311, 342
Beltrán Leyva, Mario, 279
Beltrones Rivera, Manlio Fabio, 211, 230
Benoit Segovre, Paul, 253
Berger, Mauricio, 253
Bernstein, Carl, 191
Bianchi Valcarce, Emilio, 83
Bianchi Valcarce, María del Carmen, 83
Bobadilla, Karim Elías, 149, 150, 162, 163
Bouchot Alfaro, Alfredo, 42
Bours, Eduardo, 238, 267
Bravo Mena, Luis Felipe, 210
Bribiesca Sahagún, Jorge Alberto, 140
Bribiesca Sahagún, los, 142-147
Bribiesca Sahagún, Manuel, 46, 139, 140, 312, 396
Brown Gantús, Francisco Gilberto, 68, 69
Buendía, Manuel, 224, 355, 356

Caballero, Roberto, 304
Cabeza de Vaca Rodríguez, Luis Ángel, 302
Cabeza de Vaca, Daniel, 203, 205, 259, 310
Cabot, Juan Enríquez, 401
Calderón Hinojosa, Felipe de Jesús, 9-11, 14-17, 19, 21-32, 34-37, 39-41, 46-49, 54, 68, 76, 78, 86, 87, 89, 95, 108-113, 115-118, 120, 122-124, 129, 132, 133, 135-139, 144, 147, 150, 151, 161, 173, 178, 183, 190-193, 195, 196, 199, 200, 202, 204, 205, 208-212, 245, 259, 261-264, 266, 267, 277, 282, 285, 288, 289, 300, 305, 317, 352, 358, 362, 366, 385-393, 395-398, 400-404, 406-410, 412
Calderón Vega, Luis, 54
Caletri, Andrés, 214, 233
Camacho Quiroz, César, 233
Camarena Salazar, Enrique, 224
Campa Cifrián, Roberto, 132, 370
Campos, Carlos (hijo), 253
Campos, Carlos (padre), 253
Campos, Ricardo, 120
Cantú Contreras, Alejandro de la Cruz, 156
Capote, Truman, 318
Cárdenas Guillén, Osiel, 268, 271-273, 276
Cárdenas Jiménez, Alberto, 19, 24, 25, 27
Cárdenas Palomino, Luis, "el Pollo", 17, 234, 237, 273, 289, 301, 309, 311-315, 318-320, 322-325, 327, 329-331, 335-337, 345, 346, 349, 350, 409
Cárdenas Ramírez, Cuauhtémoc, 330
Cárdenas Solórzano, Cuauhtémoc, 19, 21, 25
Cárdenas, Jaime, 49
Cardona, Cuauhtémoc, 388
Cardona, Miguel Ángel, 252
Caro Quintero, Rafael, 224
Carpio Huguez, Juan Pablo, 299
Carpizo McGregor, Jorge, 52, 53, 67
Carrasco Guerra, Diódoro, 361
Carreón Valdez, Jorge David, 270
Carrera Fuentes, Adrián, 315
Carrillo Fuentes, Amado "el Señor de los Cielos", 230, 358

ÍNDICE ONOMÁSTICO

Carrillo Fuentes, los, 280
Carrillo Fuentes, Rodolfo, 280
Carrillo Fuentes, Vicente, 277-279
Carrillo Olea, Jorge, 207, 220-225, 228-232, 237, 239, 268, 330, 331, 354-356, 408
Carrillo Prieto, Ignacio, 313, 314
Carrillo Zavala, Abelardo, 55, 60
Carvajal, Cesáreo, 283, 302
Carvajal, Rogelio, 20, 128
Cassez, Florence, 286
Castellanos, Julio, 20
Castillejos Cervantes, Humberto, 312-314, 335
Castillejos Cervantes, Minerva Elizabeth, 312, 313
Castillejos Escobar, Marcos, 309, 311-314, 335
Castillo Carpizo, Armida, 67
Castillo Cervera, Sergio, 153, 155, 156
Castillo Conde, Rubén, 291
Castillo Lanz, Ángel, 67
Castillo Peraza, Carlos, 53, 54, 210, 386
Castillo, Landy Verónica, 165, 166
Castro, Fidel, 185
Castro, Juan de Dios, 293
Cerisola, Pedro, 20
Cervantes, Maribel, 309
Cervera Pacheco, Víctor, 53, 360
Céspedes Herbert, Maylene, 167, 168
Cisneros, José Eduardo, 195
Colosio Murrieta, Luis Donaldo, 36, 315
Collado Mocelo, Antonio, 253
Collado Mocelo, Juan Ramón, 246, 253, 254
Córdoba Montoya, Joseph Marie, 28, 228
Coronel, Ignacio "Changoleón", 276, 281-283

Corral, Maricarmen, 20
Correa Mena, Luis, 20, 22-24, 28
Correa Pérez, Marco Antonio "el Comandante", 219
Cortázar, Gerardo Maximiliano, 30, 125, 398, 400
Cortez Nuño, Miguel, 270
Creel Miranda, Santiago, 19, 21-25, 254
Cruz Carranza, Enrique Pastor, 52-56, 64, 67, 77, 79, 114, 115
Cruz Osorio, Heidi Yezel, 314, 316
Cruz Pérez, Alfredo, 243
Cruz, Enrique Javier, 151, 152, 154, 155, 157-159
Cuevas Antolín, Roberto, 329
Cuevas, Norma, 58

Cha, Delia, 120
Chao, Andrés, 203
Charolet, Blanca, 130
Chávez, José Luis, 309
Cherem Mizrahi, Abraham, 124, 400
Chico Pardo, Jaime, 362
Chuayffet, Emilio, 225
Churchill, Winston, 398

D'Artigues, Katia, 34n
Dass Tzuc, María, 23
Dávalos, Renato, 58 n, 79n
Dean, John, 191
Deber, Robert, 304
Díaz Ortiz, Martín, 241
Díaz Parrada, José, 272
Díaz Paz, Raúl, "Hunter", 251
Divany Bárcenas, Javier, 335n
Domínguez, Jorge, 336
Dorador, Rodolfo, 112
Durán Vallejos, Ulises, 166
Durazo, Alfonso, 144
Durazo, Arturo, "el Negro", 408

Ebrard Casaubon, Marcelo 138, 274
Echeverría Álvarez, Luis, 220-223, 331, 232, 356
Echeverría Castellot, Eugenio, 52, 53, 67
Echeverría Lanz, Arcadio, 53, 121
Elías Ayub, Alfredo, 89
Elías Ayub, Arturo, 89
Elizondo, Rodolfo, 70, 132
Ervin Jr., Samuel J., 191
Escalante Castillo, Carlos Eduardo, 69
Escalante Castillo, Gabriel, 131
Escalante Castillo, María de los Ángeles, 67, 102, 131-133, 140, 162, 163
Escalante Escalante, Eduardo, 67, 69, 131
Escandón Cusi, familia, 49
Esparragoza Moreno, Manuel, "el Azul", 278
Espina Reyes, Jorge, 218, 248, 249
Espina, José, 20, 251
Espino Barrientos, Manuel, 11, 19, 20, 25, 26, 192, 193, 204-206, 210, 211, 385, 398, 412
Espínola Toraya, Ramón, 58
Espinosa de Benito, Armando, 237, 273, 289
Espinoza López, Fidel Pascual, 231
Espósito Semerena, Santiago, 61, 173
Estrada Cajigal, Sergio, 302
Estrella, Alberto, 354

Fabré Bandini, Humberto, 304
Fayad Meneses, Omar, 360
Fernández, Adrián, 398
Figueroa Álvarez, 356
Figueroa Cuevas, José Luis, 222, 223, 330, 331, 342, 409
Figueroa, Martha, 130, 130n
Flores Arciniega, Mariano de Jesús, 335-338

Flores Campbell, Edgardo, 199, 200, 366
Flores Gutiérrez, Carlos, 112
Flores, Cristian, 351
Flores, Víctor Hugo, 32
Fox Quesada, Vicente, 10, 12, 15, 21, 28, 30-32, 46, 49, 64, 70, 99, 110, 111, 113, 116, 117, 129, 139, 144, 145, 164, 185, 192, 204-206, 211, 234, 254, 258, 262, 263, 267, 272, 278-280, 293, 361, 385, 386, 389, 391, 402
Franco, Guadalupe, 309
Füguemann y López, Adalberto Enrique, 65, 67, 163

Galván Galván, Guillermo, 261, 263, 265, 274
Gálvez Rodríguez, José, 271
Gálvez Ruiz, Xóchitl, 32
Gamboa Vela, Socorro, 168
Garay Cadena, Víctor Gerardo, 301, 342
García Cervantes, Ricardo, 20, 128
García García, Carlos, "Calo", 251
García Luna, Esperanza, 300, 301, 303-305, 308
García Luna, Genaro, 10, 11, 14-17, 86, 129, 192, 202-207, 212, 214-217, 219, 220, 222, 223, 225, 228, 229, 231-234, 236-241, 243, 246-251, 254, 255, 259, 262-269, 271, 273-275, 282-285, 287-289, 291-294, 296, 300, 301, 303, 305, 309-314, 317, 318, 331, 334, 335, 337, 340, 344, 346, 348, 349, 351-354, 356, 361, 362, 364, 365, 366, 371, 372, 386, 388, 390, 407-412
García Luna, Gloria, 301, 302
García Martínez, Nahúm, 234, 237, 293, 296, 336, 337, 409
García, Amalia, 267

ÍNDICE ONOMÁSTICO

García, Víctor Hugo, 309
Garza Palacios, Francisco Javier, "el Frutilupis", 234, 237, 238, 271, 273, 289, 290, 309, 314, 316, 318, 409
Garza Sada, familia, 49
Garza, Ramón Alberto, 133, 135
Gertz Manero, Alejandro, 249, 250, 312, 361
Gil Díaz, Francisco, 389
Goicoechea, Emilio, 30, 32
Gómez del Campo, Mercedes, 390
Gómez Fragoso, Luis Fernando, 366
Gómez Martínez, José Aristeo, 232, 233, 340
Gómez Mercado, Jorge Alberto, 198
Gómez, Aristeo, 309
González Barrera, Roberto, 132
González Calderoni, Guillermo, 144
González Kuri, José Antonio, 98, 114, 115
González Díaz, Domingo, 237, 238, 310, 316
González G, Pablo, 270
González Hernández, Lorena, 331, 345-349, 351, 352
González López, Enrique Iván, 168
González Márquez, Emilio, 118
González Morfín, José, 20, 112
González Navarrete, Juan Manuel, 168
González Parás, Natividad, 267
González Ruelas, Pablo, 354
González, Abraham, 210
González, Adriana, 130
González, Eduardo, 299n
González, Fernando, 389
González, Samuel, 344, 351
González, Virgilio, 190
Gordillo, Elba Esther, 132, 312
Govantes Chávez, Héctor, 253
Guardia García, Rodolfo de la, 335

Gurza, Alejandro, 128, 129
Gustavo Guzmán, 253
Gutiérrez Barrios, Francisco, 225
Gutiérrez, Jaime, 41, 42
Guzmán Alcocer, José Carlos, 92, 94
Guzmán Loera, Joaquín "el Chapo", 13, 23, 230, 252, 263, 273, 274, 278-283, 305, 310
Guzmán Montalvo, José, 272
Guzmán Vázquez, Antonio, 253

Halloran Kuvener, Elizabeth Cesardette, "la Licenciada", 252
Hank González, Carlos, 52, 53, 55
Hendricks Díaz, Joaquín, 358
Hernández Alemán, Ana Talía, 71
Hernández González, Arturo "el Chaky", 143
Hernández Iturbide, José Ricardo, 333
Hernández Villanueva, Jorge Alberto, 92
Hernández, Juan, 30
Herrera Avendaño, Armando, 94
Herrera Flores, Jordy Hernán, 111-113, 117, 124, 125, 127, 196, 398, 400
Herrera Partida, Javier, 292
Herrera Suástegui, Cuauhtémoc, 330, 360
Herrera Valles, Javier, 285, 288-292, 296, 299, 300, 301, 344
Herrera, Fidel, 272
Herrera, José Ángel, 292
Hubbard, Eduardo, 330
Huerta, Pedro Roberto, 309
Hurtado Pérez, Ricardo, 241
Hurtado Ruiz, Hervé, 304

Ibargüengoitia, Jorge, 162
Ibarra González, Vicente, 294

Islas González, Maciel, 241, 243
Issa, Antonio Juan Marcos, 142

Jacobs Barquet, Patricia, 355
Janeiro Barros de Merelles, Esther, 61, 173
Javier "el Mamado", 275
Juan Carlos I, 47
Juárez García, Artemio, 290, 291

Kahwagi, Jorge, 312
Kapuściński, Ryszard, 13
Kosberg "N", Jorge "Jorgito", 253, 258
Kruschev, Nikita, 401

Labastida Calderón, Igor, 237, 238, 284, 312, 314-316, 346, 352
Labastida Ochoa, Francisco, 64, 360
Langre Rosado, Pedro, 28
Larios, Héctor, 20
Laviada, Cecilia, 118
León García, Francisco, 142, 143, 143n, 144
León Hinojosa, Merardo, "el Abulón", 270
León López, Francisco, 142, 143
Levario, Martín, 247, 250, 255, 258
Lima Malvido, María de la Luz, 215-217
Limón Rojas, Miguel, 34
Limón, Lía, 32, 34, 37, 39
Loera, Genocidio, 283
López Bernal, Manuel, 36, 39, 41, 42
López Cruz, Óscar Alejandro, 339
López Manrique, Víctor Manuel, 92
López Martínez, Aristeo, 238, 317
López Maya, Rogelio, 340
López Obrador, Andrés Manuel, 22, 26, 31, 134-136, 169, 196, 197, 200, 205, 412
López Portillo, Humberto, 269

López Portillo, José, 34, 53
López, Mireya, 269
López-Dóriga, Joaquín, 213
Lorenzo Relloso, Juan Carlos, 61, 173
Loret de Mola, Carlos, 134
Loyola, José, 20
Lozano Gracia, Antonio, 317
Lozano, Félix, 354
Luego, José Luis, 398
Luna Valderrábano, Oswaldo, 233, 237, 289, 293, 309, 317, 318
Luna, Arturo, 309
Lundes Mercado, Javier, 198
Luz Herrera, José de la, 300

Llamas Mojardín, Gabriel, 20
Llovera Baranda, José Luis, 54

Macedo de la Concha, Rafael, 217, 234, 247-251, 285, 313, 314, 335
Madrazo Cuéllar, Jorge, 99, 230
Madrazo Pintado, Roberto, 64, 65, 67, 70
Madrid Hurtado, Miguel de la 223, 224, 330, 355
Malo Bolívar, Ian, 125, 127
Mancera, Miguel Ángel, 348
Manero Moreno, Enrique, 94
Manzanera, Jorge, 209-211
Manzanero Carrillo, Hiram, 168
Mares, Cosme, 12
Margolis, Eliot, 254
Marín Muñoz, Miguel Ángel, 256
Marinas, Jesús A., 69
Martí Haik, Fernando, 16, 214, 240, 331, 344, 345, 351, 352
Martí, Alejandro, 214, 345, 351, 372
Martín Huerta, Ramón, 272, 286
Martín Martín, Silvio de la Cruz, 24
Martínez González, Humberto, 228, 229, 232, 238, 273, 305, 309

Martínez López, Sergio Alberto, 243
Martínez Medellín, Lourdes, 361
Martínez Mora, Guillermo, 118
Martínez Salgado, Armando, 221, 231, 254
Martínez, Eugenio, 190
Martínez, Germán, 112, 117, 135-137, 208-211, 398
Marván Laborde, María, 186
Maya Durán, Jaime, 274
Maza Ruiz, Sinforiano Miguel, 61, 173
McCord, James, 190, 191
Medellín Simental, José de Jesús, 334, 336-339
Medina Gamboa, Fernando, 94
Medina Mora, Eduardo, 132, 204-206, 240, 245, 263, 266, 302, 313
Medina Plascencia, Carlos, 114, 115, 387
Mejía Chávez, Artemio, 269
Mendoza Ayala, Rubén, 194, 195, 390-392
Mendoza Ríos, Lucio H., 355
Melgarejo González, Rosana, 325
Mereles Díaz, Juan Carlos, 61, 173
Meza Canseco, Eduardo, 252
Millán Gómez, Edgar Eusebio, 228, 229, 232, 237, 238, 289, 299, 309, 311, 312, 314, 316, 317, 336, 337, 342, 343
Miranda Sánchez, Alfredo Jesús, 242
Miyazawa Álvarez, Jesús, 221, 225, 230, 231, 234, 293, 329, 356, 408
Mollinedo Bastar, Nicolás, "Nico", 197
Mondragón Alvarado, Mario, 251
Mondragón Marín, Mario, 251
Montes Garfias, José Antonio Martín, 340, 342-344
Montiel Rojas, Arturo, 16, 225, 396
Morales Gil, Carlos Arnoldo, 150
Morales Manzanares, Rodrigo, 36, 41, 45
Morales Pérez, Evaristo, 271
Morales, Marisela, 316
Moreno Manjarrez, Rommel, 270
Morera, María Elena, 216
Mottola, Tommy, 215
Mourey Romero, Roberto, 31, 32
Mouriño Atanes, Manuel Carlos, 47, 48, 50, 50n, 51, 53, 55, 56, 58-61, 63-65, 67-71, 73, 76-79, 79n, 80-89, 91, 92, 95, 99, 100, 108, 111, 114, 116, 121, 122, 151, 160, 164, 169, 173, 181
Mouriño Escalante, Iván 131
Mouriño Escalante, Juan Camilo, 131
Mouriño Escalante, María de los Ángeles, 131
Mouriño Terrazo, Carlos, 51, 58, 61, 63, 65, 68, 69, 73, 77, 99, 121, 121n, 151, 154, 159-161, 163, 181
Mouriño Terrazo, Juan Camilo, "Iván", 10, 11, 14, 15, 23, 27-31, 40, 47-49, 51, 53, 56, 61, 63, 67-70, 73, 76, 77, 80, 82, 83, 85, 86, 87, 89-92, 94, 95, 97, 99, 100-104, 107-118, 120, 121, 121n, 124, 127-131, 131n, 132-140, 144, 146, 147, 149-151, 155, 156, 160-162, 166, 168, 169, 170, 172, 174, 175, 181, 183, 190, 192-196, 199, 202, 204-212, 261, 262, 263, 349, 362, 366, 386, 388, 390, 398, 400, 401, 404, 407-412
Mouriño Terrazo, María de los Ángeles, 51, 81, 82, 83, 99
Mouriño, los, 76, 88, 94, 146, 152, 153, 155, 161, 163, 171-174, 178
Moya Palencia, Mario, 354
Muñoz Leos, Raúl, 113, 142
Muñoz Muñoz, Ramón, 28-31, 313, 314
Murat Casab, José, 221, 272

Murguía Díaz, Miguel Federico, 404, 406
Murillo Flores, Juan Carlos, 28
Muro Arellano, Hugo Armando, 239-243, 245, 256
Muro Cabrera, Adrián, 243

Nájera García, Clemente, 241
Nava Avilés, Jorge, 231
Nava, Carlos, 203
Nava, César 30, 112, 113, 117, 133, 135, 196, 208, 209, 292, 398, 403
Navarrete Prida, Alfonso, 332, 336, 339
Navarro Barrón, Octaviano, 330
Navarro Medellín, Octavio, 319, 320, 322-325, 327, 330
Nazar Haro, Miguel, 354, 355, 408
Nicklaus, Jack, 164
Niembro González, Francisco, 362, 364, 366, 371
Nixon, Richard, 190, 191
Nordhausen, Jorge Rubén, 114
Noval García, Julio, 164
Novelo Rosado, Sergio, 166, 167
Novoa López, Ignacio, 118
Núñez Ortiz, Mario Alberto, 241, 243

Ocejo Aja, Guillermo, 324
Ochoa Martínez, Jesús María, 314, 315
Ojeda Aguilar, David, 252
Olamendi, Patricia, 352
Olavarrieta, Leonardo, 140
Ordóñez, Sergio, 389
Oropeza Garnica, Juan Alfredo, 261
Orozco Servín, Jaime, 241, 243
Ortega Lomelín, Roberto, 36, 42
Ortega Mejía, Miguel Ángel, 294
Ortega Sánchez, José Antonio, 128, 214-216, 218-220, 248, 249, 251, 259, 274
Ortega Serrano, Juan José, 218
Ortega Vila, Javier, "el Cantinero", 165, 166
Ortega, Alejandro, 240, 241
Ortega, Fernando, 114-116
Ortega, Ivonne, 26, 91, 92
Ortega, Joel, 284
Ortiz Martínez, Guillermo, 308
Orwell, George, 185
Ostos, Jaime, 252
Oznerol Pacheco, Carlos, 158

Palafox Aranda, Jesús, 318, 319
Palma, Héctor, "el Güero", 246, 252, 258
Paniagua Salazar, Héctor Miguel, 210
Paredes Monroy, Eduardo, 334, 337, 339
Paredes Rangel, Beatriz, 211
Paredes, Beatriz, 389
Patiño, Patricio, 309
Patrón Laviada, Carlos José, 27
Patrón Laviada, hermanos, 94
Patrón Laviada, Patricio, 25, 26, 91, 92, 94
Payán, Ana Rosa, 24, 25, 26
Peláez Acero, Gabriela, 294
Peña Nieto, Enrique, 118, 131, 131n, 138, 195, 267
Pequeño García, Ramón Eduardo, 232, 233, 237, 289, 301, 314, 317
Pérez Carrillo, Alberto, 94
Pérez Cuéllar, Rafael, 196, 197
Pérez Curmina, Nelia del Pilar, 169, 170, 171
Pérez Esquer, Marcos, 117
Pérez Marrufo, Karla, 163
Pérez Mendoza, Álvaro, 314, 315
Pérez, María Elena, 309
Piedra Ibarra, Jesús, 313, 314
Piñones Triada, Víctor Manuel, 197, 198

ÍNDICE ONOMÁSTICO

Pliego Fuentes, Alberto, 220, 233, 238, 246, 247, 249, 250, 254-256, 258, 302, 352
Ponce de León, Jorge, "el Primo", 252
Portela Chaparro, Francisco, 168
Portela Chaparro, Luz del Carmen, 168
Portela Rodríguez, Yahaira, 168
Portugal Popoca, Óscar Ignacio, 231
Posadas Ocampo, Juan Jesús, 230
Priego Navarro, Silvia, 71

Quintana González, Valente, 98
Quintero, Arelí, 144n
Quiroz Hermosillo, Francisco, 408

Ramírez Acuña, Francisco, 118
Ramírez Pech, Edgar, 23, 27
Ramírez, Ulises, 124, 127, 128, 193-200
Rangel Ayala, Verónica, 71
Regino, Gabriel, 274
Relista, Carlos, 127
Reybal Martínez, Pedro Rafael, 231
Reyes Heroles, Jesús, 34-36, 39, 41, 42, 45, 46, 147
Reyna, Roberto, 309
Reynoso Durand, Juan, 142
Río, Juan Carlos del 114
Ríos Camarena Rodríguez, Alejandro, 41
Ríos, Luis Antonio, 165
Rivas Gutiérrez, Pedro, 94
Rivas Mora, Miguel Elías, 294
Rivas Vargas, Arturo, 92
Roa Lara, Benito, 232, 233, 237, 289, 296, 309, 345, 346
Robledo Luna, Wilfrido, 361
Robledo Madrid, Wilfrido, 221-223, 228-230, 233, 250, 288, 309, 331, 340, 342, 353, 354, 356, 358, 360, 361, 371, 372, 409

Rodarte, Miguel, 130
Rodríguez Barrera, Rafael, 52, 53, 67
Rodríguez Cabrera, Óscar, 65
Rodríguez de la Gala Gómez, Tirso Agustín, 145, 146
Rodríguez de la Gala Guerrero, Tirso René 146
Rodríguez González, José Antonio, 84, 83
Rodríguez Mundo, Jorge, 270
Rodríguez, Alfredo, 80
Rodríguez, Francisco, 229
Rogel García, Juan Roberto, 294
Rojas Cardona, Juan José, 195
Romano, Rubén Omar, 285
Romero Deschamps, Carlos, 132
Romero García, Luis, 294
Romero Hicks, Juan Carlos, 387
Romero Ramos, José Luis, 146
Romero Verdugo, Cynthia Mercedes "la Gorda", "la Nalgona", "Botero", 251, 252
Romero Verdugo, Enrique, 252
Romo Reyes, Israel, 270
Roosevelt, Theodore, 12
Rosales Quiroz, Pedro, 329, 330
Rosales, Teresa, 330
Rosas Rosas, Facundo, 232, 233, 236, 237, 289, 291, 309, 315, 318, 344-347, 349, 350, 409
Rubido García, Monte Alejandro, 200, 225, 227-229, 232, 233, 238, 366, 371, 409
Rubio, Guillermo, 58
Rueda Pérez, José María, 82, 83
Rugueiro Juárez, Mario, 253
Ruiz Funes Macedo, Mariano, 35, 36
Ruiz García, Francisco Javier, 296
Ruiz Massieu, José Francisco, 315
Ruiz Massieu, Mario, 253
Ruiz Mateos, Gerardo, 209
Ruiz, Ulises, 272

Ruthen Haag, Arne Aus den, 199, 400

Saavedra, Omar, 32
Sabau García, José Luis, 253
Saborido, Antonio, 50n
Sahagún Jiménez, Guillermo, 140, 142
Sahagún Jiménez, Marta, 12, 15, 21, 22, 30, 32, 139, 143, 144, 214, 215, 278, 285, 312, 313, 393
Saines Mendoza, Mariano Francisco, 263
Salazar Orihuela, Ramón, 241
Salazar, Francisco, 20
Salcedo, Armando, 253
Saldaña, Ramón, 210
Salinas de Gortari, Adriana, 254
Salinas de Gortari, Carlos, 35, 36, 200, 222, 223, 225, 228-230, 232, 254, 312, 329, 332, 353
Salinas de Gortari, Enrique Eduardo Guillermo, 16, 294, 311, 331-339
Salinas de Gortari, Raúl, 253
Sallard, Alfonso, 144
Sánchez Chávez, Erick Alberto, 254
Sánchez Luna, Héctor Noé, 252
Sánchez, Apolinar, 166
Sandoval Íñiguez, Juan, 230
Sansores Pérez, Carlos, 53, 67
Sansores, Layda, 67, 70, 98, 108, 110, 115, 137
Santiago Vasconcelos, José Luis, 203, 285, 310
Sarukhán, Arturo, 203, 205
Saynez Mendoza, Francisco, 265
Schön, Alan Daniel, 86
Senderos, Fernando, 263, 264
Sentecal Cuevas, Francisco, 327
Serrano, Miguel Ángel, 131n
Servitje, Lorenzo, 263, 264
Servitje, Roberto, 49

Sirica, John J., 191
Slim Helú, Carlos, 49, 89, 263, 353, 355, 356, 358, 362, 364, 366, 369, 371, 372, 409
Slim Helú, Julián, 354, 355, 409
Slim Seade, Héctor, 129, 264, 353, 354, 355, 362
Sodi, Ernestina, 214-217, 219
Sojo, Eduardo, 32
Sol, Lucio, 275
Solá, Antonio, 31
Solís Rubio, Edgar, 252
Solís, Antonio, 23
Sota Mirafuentes, Alejandra, 209, 398
Soto, Manuel, 78
Sturgis, Frank, 190
Suárez Valenzuela, Nicolás, 273

Tamayo Casillas, José, 32
Téllez, Luis, 223
Tello de Meneses, Jaime, "Gymo", 251
Tello Peón, Jorge, 223, 225, 227-230, 232, 237, 262-264, 273, 278, 305, 309, 355, 356
Terrazo Blanco, María de los Ángeles, 50-52, 61, 63, 82, 83, 173
Thalía, 213, 215, 216, 220
Tinoco Gancedo, Marcos, "el Coronel", 214, 245-248, 250-254, 256, 258
Titievsky Skurovich, José, 253
Torices Morales, Humberto, 314, 315
Torres Ortega, José Luis, 398
Toscano, Miguel Ángel, 400
Trujado Sánchez, Erasmo Florentino, 271
Trujillo Martínez, Juan, 294

Ugalde, Luis Carlos, 32, 34-37, 39, 41, 42, 45, 46

Valdés Castellanos, Guillermo, 35, 36, 46, 200
Valencia, los, 278
Vallarta Ceceña, Álvaro, 223
Vallarta, Israel, 286
Vargas, Rosa Elvira, 356n
Vargas, Silvia, 16
Vázquez Aguirre, María del Carmen, 61, 173
Vázquez Aldir, Olegario, 129
Vázquez Cendón, Evaristo, 61
Vázquez Colmenares, Pedro, 225, 330, 355
Vázquez Mota, Josefina, 20, 30, 32, 196, 205
Vázquez Raña, Olegario, 129
Vázquez, Canek, 130
Velasco Bernal, Tonatiuh, 192
Velasco Bravo, Roberto, 317, 343
Velásquez, Manuel, 155, 156
Vélez Mendoza, Guillermo, 239-243
Vélez, (padre), Guillermo 219, 239-242, 244, 245
Versini, Maude, 16
Villalobos Cubero, Luis Manuel, 243
Villanueva Madrid, Mario, 253, 358, 360
Villar Moreno, Fernando del, 228
Villarreal, Sergio, "el Grande", 124, 280, 281

Woodward, Bob, 191

Yáñez Osuna, Amado, 140, 142, 144, 151
Yáñez Osuna, Carlos Daniel, 140
Ye, Gon, 410, 411
Yunes Linares, Miguel Ángel, 132
Yunes Márquez, Miguel Ángel, 132, 272

Zambada, Ismael, "el Mayo", 278, 282-283
Zambrano, Lorenzo, 89, 263
Zapata Perogordo, Alejandro, 112, 128, 129, 388
Zapata, Laura, 213, 215, 216, 217, 219
Zavala Gómez del Campo, Diego Hildebrando, 42, 45, 197, 366
Zavala Gómez del Campo, Margarita, 22, 34, 39, 118, 183, 197, 211, 398, 400
Zavala Gómez del Campo, Mónica, 31
Zavala, Diego Heriberto, 390
Zedillo Ponce de León, Ernesto 34, 35, 99, 342, 361
Zegna, Ermenegildo, 408
Zetas, Los, 279, 310
Zorrilla, José Antonio, 224, 408

Índice

Nota de la autora a la edición Debolsillo — 5
Presentación — 9

Capítulo 1. Operaciones previas — 19

Capítulo 2. Don Carlos — 47

Capítulo 3. El primer hombre del presidente — 97

Capítulo 4. Los 167 contratos de JC — 139

Capítulo 5. Iván el terrible — 183

Capítulo 6. Genaro García Luna bajo sospecha — 213

Capítulo 7. El Guionista — 261

Capítulo 8. Obituario — 309

Capítulo 9. Los cómplices — 385

Índice onomástico — 413

Los cómplices del presidente, de Anabel Henández,
se terminó de imprimir en marzo de 2010
en los talleres de Litográfica Ingramex, S.A. de C.V.
Centeno 162-1, Col. Granjas Esmeralda,
C.P. 09810 México, D.F.